역주 일본판 삼강행실도 3
- 열녀 -

이 저서는 인하대학교의 지원에 의하여 연구되었음.
This work was supported by INHA UNIVERSITY Research Grant.

역주 일본판 삼강행실도 3

- 열녀 -

도서출판 시간의물레

| 머리말 |

이 책은 출간된 시기를 단정하기는 어렵지만 일본인 아사이 료이(浅井了意, 1612-1691)가 일본어로 번역한 『삼강행실도(三綱行實圖)』 가운데 열녀(烈女) 上·中·下를 한국어로 옮기고 그 원문 텍스트를 일본어 고전문법의 틀 속에서 상세히 풀이한 전문도서다.

현재 한국에서 이루어지고 있는 일본어 교육은 현대일본어의 의사소통능력 배양에 초점을 맞추고 있으며 '일본어문법' '일본어강독' '일본어작문' 등 각종 학습서에 등장하는 '일본어'는 당연히 모두 현대일본어를 가리키는 것으로 이해하고 학습한다. 또한 '일본문화'가 관심의 대상이 되는 경우에도 여기에서의 '일본' 역시 '지금의 일본'을 뜻하는 경우가 대부분인데, 한편으로는 일본의 전통문화나 역사에 대한 관심 역시 적잖이 존재하는 것으로 보인다.

요사이 서점에 나가보면 가히 일본도서의 홍수라고 할 만하다. 베스트셀러 서가에는 일본인 저자의 책들이 즐비하다. 모두 한국어로 번역된 책이기는 하지만. 사실 이건 영미도서의 경우도 마찬가지다.

일본어 학습자라면, 소위 중급 이상의 능력을 갖춘 학습자라면 일본어 원서에 도전해보기 마련이다. 사전을 옆에 끼고, 아니 스마트폰으로 단어를 검색하며 나름의 방식으로 원서를 읽어나간다. 이때 미리 갖추어야 할 능력이 바로 현대일본어에 대한 문법 지식이다. 어디에서 끊어야 하는지 정도는 알아야 할 테니. 시간과 수고는 들지만 이만한 학습법도 없을 듯싶다.

고전(古典)문법이 한국에서나 일본에서나 대학 수험생들에게 기피대상인 것은 매한가지인 모양이다. 분명 자국어인데 생소하고 복잡하고 귀찮고 쓸데없는 것 같고, 해서 다가가지 않는다. 수능 끝 고전 끝이다. '홍길동전'을 옛글로 모두 읽어본 사람이 몇이나 되겠는가. 그럼에도 이러한 문헌 하나를 골라서 처음부터 끝까지 완독하는 것만큼 '옛글'에 대한 지식을 향상시킬 수 있는 방법은 흔치 않을 것이다.

사실 한국인 학습자를 대상으로 저술된 일본어 고전문법 교재는 많지 않다. 또 있다 해도 면대면 강의 없이 교재만으로 독학하기란 불가능에 가깝다. 그만큼 문법에 관한 또는 그 주변 사항에 대한 다양한 기초지식이 전제가 되기 때문이다. 현대일본어 학습 과정이 그러하듯이 일본어 옛글 역시 '원서'와 직접 마주하고 앉아서 한걸음씩 나아가는 것이 지름길일 터라고 적잖은 시간 동안 일본어고전문법을 강의해온 필자는 생각해왔다.

그렇다면 무엇을 읽을 것인가? 사실 일본에서 옛글은 언문일치 여부를 기준으로 둘 수도 있겠지만, 1946년 즉 일제강점 종료 직후 현대가나표기법(現代かなづかい)이 일본 내각(內閣)훈령(訓令)으로 제정되기 이전 역사적가나표기법(歷史的仮名遣)에 준하여 작성된 글들을 가리키는 것으로 보는 것이 간단하다. 그렇다면 대략 천 년에 이르고 선택지도 물론 다양하다. 필자는 그 가운데 비록 이것을 정독한 사람이 얼마나 될지는 모르겠지만 그래도 왠지 우리에게 친숙한 『삼강행실도』를 선택했다.

주지하는 바와 같이 세종대왕의 명으로 1434년 처음 간행된 『삼강행실도』는 〈한문본〉과 〈언해본〉이 있고 이후 여러 차례 모습을 달리하여 간행되었다. 그런데 이 책이 경로는 확실치 않지만 일본인에 의해 같은 제목으로 17세기에 일본어로 옮겨져 간행되었고, 이를 순수하게 언어자료 그것도 일본어 고전문법 학습서로 활용하기에 적절하겠다는 판단을 필자는 내렸다.

이 책에서는 료이(了意)의 『三綱行實圖』의 '효자(孝子)' '충신(忠臣)' '열녀(烈女)' 가운데 마지막으로 '열녀'편을 한국어로 옮기고 풀이하고자 하는데, 이를 통해 일본 고전에 흥미를 갖고 있는 학습자에게 조금이나마 보탬이 되기를 바란다.

2019년 3월
민병찬 씀

목 차

♣ 머리말 / 4
♣ 일러두기 / 9

1. 伯(はく)姫(き)逮(をよぶ)ㄴ火(ひに) ……………………… 10
   백희가 불에 닿다

2. 女(ぢよ)宗(そう)知(しる)ㄴ礼(れいを) ……………………… 17
   여종이 예를 알다

3. 殖(しよく)妻(さい)哭(こくす)ㄴ夫(ふを) ……………………… 29
   식 처 지아비를 곡하다

4. 宋(そう)女(ぢよ)不ㄴ改(あらためず) ……………………… 38
   송나라 여자가 고치지 아니하다

5. 節(せつ)女(ぢよ)代(かはる)ㄴ死(しに) ……………………… 43
   절녀가 죽음에 대신하다

6. 高(かう)行(〵〳)割(そぐ)ㄴ鼻(はなを) ……………………… 57
   고행이 코를 도려내다

7. 穆(ぼく)姜(きやう)撫(ぶす)ㄴ子(こを) ……………………… 65
   목강이 자식을 가여워하다

8. 貞(てい)義(ぎ)刎(くびはね)死(しす) ……………………… 75
   정의가 목 베어 죽다

9. 禮(れい)宗(そう)罵(のる)ㄴ卓(たくを) ……………………… 90
   예종이 동탁을 꾸짖다

10. 媛(ゑん)姜(きやう)解(とく)ㄴ梏(こくを) ……………………… 102
    원강이 수갑을 풀다

11. 令(れい)女(ぢよ)截(きる)ㄴ耳(ミゝを) ……………………… 112
    영녀가 귀를 자르다

목 차

12. 李(り)氏(し)感(かんず)ㄴ燕(つばめを) ················· 123
　　이 씨가 제비를 감동시키다
13. 崔(さい)氏(し)見ㄴ射(いらる) ·························· 134
　　최 씨가 (화살에) 쏘이다
14. 淑(しく)英(えい)断(たつ)ㄴ髪(かミを) ·············· 141
　　숙영이 머리카락을 자르다
15. 魏(ぎ)氏(し)斬(きる)ㄴ指(ゆびを) ···················· 151
　　위 씨가 손가락을 자르다
16. 李(り)氏(し)負(をふ)ㄴ骸(かバねを) ················ 162
　　이 씨가 주검을 둘러메다
17. 趙(てう)氏(し)縊(くひる)ㄴ輿(こしに) ············· 171
　　조 씨가 가마에 목매달다
18. 徐(じょ)氏(し)罵(のり)死(しす) ······················· 183
　　서 씨가 욕하며 죽다
19. 李(り)氏(し)縊(くびる)ㄴ獄(ごくに) ················ 190
　　이 씨가 옥에서 목매달다
20. 雍(よう)氏(し)同(おなしくす)ㄴ死(しを) ········· 201
　　옹 씨가 죽음을 한가지로 하다
21. 貞(てい)婦(ふ)清(せい)風(ふう) ······················· 215
　　정부청풍
22. 梁(りやう)氏(し)被ㄴ殺(ころさる) ··················· 225
　　양 씨가 죽임 당하다
23. 明(めい)秀(しう)具(そなふ)ㄴ棺(ひつきを) ······ 232
　　명수가 관을 마련하다

= 목 차 =

24. 義(ぎ)婦(ふ)臥(ふす)ㇾ氷(こほりに) ·················· 238
　　의부가 얼음에 엎드리다

25. 童(とう)氏(し)皮(ひ)面(めん) ························ 252
　　동씨피면

26. 王(わう)氏(し)経(くびり)死(しす) ···················· 259
　　왕 씨가 목매달아 죽다

27. 朱(しゆ)氏(し)懼(おそる)ㇾ辱(ぢよくを) ············· 271
　　주 씨가 치욕을 두려워하다

28. 翠(すい)哥(か)就(つく)ㇾ烹(ハうに) ················· 279
　　취가가 삶은 음식이 되다

29. 甯(ねい)女(ぢよ)貞(てい)節(せつ) ··················· 286
　　영녀정절

30. 彌(び)妻(さい)啖(くらふ)ㇾ草(くさを) ··············· 296
　　미의 아내가 풀을 먹다

31. 崔(さい)氏(し)奮(ふるひ)罵(のる) ··················· 313
　　최 씨가 떨쳐 욕설하다

32. 烈(れつ)婦(ふ)入(いる)ㇾ江(えに) ··················· 321
　　열부가 강에 들어가다

33. 林(りん)氏(し)斷(きる)ㇾ足(あしを) ················· 328
　　임 씨 발을 자르다

34. 金(きん)氏(し)撲(うつ)ㇾ虎(とらを) ················· 332
　　김 씨가 호랑이를 치다

35. 金(きん)氏(し)同(とう)定(てい) ····················· 339
　　김씨동정

♣ 참고문헌 / 345

> ### 일러두기

1. 본서는 에도(江戶)시대 승려로서 가나조시(仮名草子;무로마치[室町]시대에서 에도시대 전기에 걸쳐 일본 仮名로 작성된 이야기나 소설)의 작가로 알려진 아사이 료이(浅井了意, 1612-1691)가 일본어로 번역 출간한 『三綱行實圖』를 다시 한국어로 옮기고 주석을 붙인 책이다.
2. 기본 텍스트는 朝倉治彦編(1980) 『假名草子集成』 제32권에 실려 있는 『三綱行實図』이다. 이하 〈원문〉이라 함은 이를 가리킨다.
3. 가나표기법이나 한자는 모두 〈원문〉에 따른다.
4. 〈원문〉에는 読点(、)은 있으나 句点(。)이 찍혀있지 않은데, 読点은 〈원문〉에 따르고 句点은 적의 기입한다.
5. 한자 읽기는 〈원문〉에 있는 경우에는 ( ) 안에 넣어 표시하고, 〈원문〉에 없는 경우 적의 [ ]에 기입한다.
6. 본문중의 회화문은 〈원문〉과 같이 줄을 바꾸지 않고 「 」안에 넣어 표시한다.
7. 일본어를 한국어로 번역할 때는 가급적 모든 문법형식을 반영하며, 다소 어색한 부분이 있어도 축어역을 지향한다.
8. 주석에서는 단어의 뜻을 사전적 방식으로 기술하며 조동사 등 문법형식을 상세히 분석하여 제시한다.
9. 단어의 뜻풀이는 주로 『広辞苑』(제6판)과 『日本国語大辞典』(제2판)을 참조한다.
10. 단어의 품사는 [名] [副]와 같이 [ ] 안에 넣어 제시한다.
11. 일본어에서 助詞로 분류되는 「て」는 이를 [助詞]로 명기하지 않고 단지 「て」로만 기술한다.
12. 일본어의 활용형은 학교문법의 용어를 차용하여 「未然形・連用形・終止形・連体形・已然形・命令形」으로 기술한다.
13. 본래 濁点이 있는 말인데 이를 표시하지 않은 경우 「無濁点표기」로 기술한다.
14. 「歴史的仮名遣」에 위배되는 표기의 경우 「정서법에 어긋남」으로 기술한다. 다만 그것이 「現代仮名づかい」에는 부합하는 경우 「歴史的仮名遣에 어긋남」으로 기술한다.
15. 『三綱行實圖』의 한문 원문을 언급할 때는 〈김정수 역주(2010) 『역주 삼강행실도』 세종대왕기념사업회〉를 가리키며 〈한문본〉으로 기술한다. 또한 〈언해본〉도 이에 따른다.

1. 伯(はく)姫(き)逮(をよぶ)ㇾ火(ひに)
백희가 불에 닿다

❏魯(ろ)の¹⁾宣公(せんこう)のむすめ²⁾伯姫(はくき)ハ³⁾、徳孝(とくかう)⁴⁾はなハだ、あつく⁵⁾、婦容(ふよう)⁶⁾また、うるハし⁷⁾、

⇨ 노나라 선공의 딸 백희는 덕과 효가 매우 두텁고 여자의 맵시가 또한 곱다.

❏宋そう]の⁸⁾恭公(けうこう)に嫁(か)して⁹⁾、礼(れい)をまもりて¹⁰⁾、ミだりならず¹¹⁾。

---

1) 「ろ【魯】 노나라. 중국 고대 서주(西周)·춘추시대 열국 가운데 하나(?~BC257)」+「の[助詞]」.

2) 「の[助詞]」+「むすめ【娘】 딸. 젊은 미혼여성」.

3) 이 부분은 〈한문본〉에 「伯姫魯宣公之女」로 되어 있어서 료이(了意)의 풀이와 일치한다. 그런데 〈언해본〉에는 이에 대한 언급이 없다.

4) 「徳孝」는 사전에 등재되지 않은 말로서 「とく【徳】덕」+「かう → こう【孝】효」로 풀이해야겠다.

5) 「はなはだ【甚だ】[副]매우. 몹시. 대단히. 현저히」+「あつし【厚し·篤し】[形ク]두텁다. 후하다. 풍부하다」의 連用形 「あつく」.

6) 「婦容」은 일본 사전에는 등재되지 않은 말이다. 〈표준국어대사전〉에는 「부용(婦容)」이 표제어로 있으며 '여자의 몸맵시'로 풀이되어 있다. 「婦(ふ)」는 '아내. 성인여성'의 뜻이고 「容(よう)」는 '모습. 용모'의 뜻이므로 역시 '여자의 몸맵시'로 이해할 수 있겠다. 한편 〈한문본〉과 〈언해본〉에는 이에 관한 언급이 없다.

7) 「また【又·亦·復】[副]다시. 같이. 달리. 또한. 게다가」+「うるはし[形シク]→ うるわしい【麗しい·美しい·愛しい】[形]단정하다. 곱다. 기분이나 표정이 밝다」.

8) 「そう【宋】송나라」+「の[助詞]」.

9) 「に[助詞]」+「かす[サ変] → かする【嫁する】[サ変]시집가다. 시집보내다」의 連用形 「かし」+「て」.

10) 「れい【礼】예」+「を[助詞]」+「まもる【守る·護る】[4]지키다. 막다」의 連用形 「まもり」+「て」.

⇨ 송나라 공공에게 시집가서 예를 지켜 흐트러지지 않는다.

❏ けうこう死(し)してのちハ[12]、ひとり深宮(しんきう)に、こもりて[13]、とし月[つき]を過(すご)しけり[14]。
⇨ 공공이 죽은 후에는 홀로 심궁에 들어앉아 세월을 보냈다.

❏ ある夜[よ][15]、おもひかけず[16]、後宮(こうきう)より[17]火[ひ]いで ゝ[18]、さかりに、もえあがり[19]、炎(ほのほ)のぼりてハ[20]、雲(くも)をやき[21]、けふりミだれてハ[22]、地(ち)ををかす[23]。
⇨ 어느 날 밤 뜻하지 않게 후궁에서 불이 나서 거세게 타올라 불길이 일어서는 구

---

11) 「みだり【乱·妄·濫·猥·漫】[形動ナリ]질서를 무시하는 모습. 함부로 하는 모습. 제멋대로인 모습. 예의범절을 지키지 않는 모습」의 未然形「みだりなら」+「ず[助動]부정」.

12) 「しす【死す】[サ変]죽다」의 連用形「しし」+「て」+「のち【後】후」+「は」.

13) 「ひとり【一人·独り】한 사람. 혼자」+「しんきゅう【深宮】심궁. 깊숙한 궁전」+「に[助詞]」+「こもる【籠もる·隠る】[4]안에 들어가 있다. 숨다. 틀어박히다. 농성하다」의 連用形「こもり」+「て」.

14) 「としつき【年月】년과 월. 세월. 오랜 세월」+「を[助詞]」+「すごす【過ごす】[4]지내다. 생활하다. 살다」의 連用形「すごし」+「けり[助動회상·과거]」.

15) 「ある【或る】[連体]어떤. 어느」+「よ【夜】밤」.

16) 「おもひかく【思ひ掛く】[下2]마음 쓰다. 예상하다」의 未然形「おもひかけ」+「ず[助動]부정」의 連用形「ず」.

17) 「こうきゅう【後宮】후궁」+「より[助詞]①동작·장소·시간의 起點. ~부터 ②동작이 이루어지는 경유지. ~을 지나 ③비교의 기준. ~보다」.

18) 「ひ【火】불」+「いづ【出づ】[下2]나오다. 드러나다. 생기다. 발생하다」의 連用形「いで」+「て」.

19) 「さかり【盛】[形動ナリ]기세가 왕성한 것」의 連用形「さかりに」+「もえあがる【燃え上がる】[4]불타서 화염이 높이 오르다」의 連用形「もえあがり」.

20) 「ほのほ→ほのお【炎·焰】화염」+「のぼる【上る·登る·昇る】[4]올라가(오)다」의 連用形「のぼり」+「て」+「は[助詞]」.

21) 「くも【雲】구름」+「を[助詞]」+「やく【焼く】[4]태우다. 굽다」의 連用形「やき」.

22) 「けぶり【煙·烟】(〈けむり〉의 옛 형태)연기」(〈-ふ〉는 無濁点표기)+「みだる[下2]→みだれる【乱れる·紊れる】[下1]혼란하다. 흐트러지다. 뒤섞이다. 소동이 일어나다. 산란(散亂)하다」의 連用形「みだれ」+「て」+「は[助詞]」.

름을 태우고 연기가 어지러이 땅을 덮친다.

☐ 折[おり]ふし24)、御[み]まへの女[にょう]バうたち25)、伯(はく)姫(き)にむかひて26)、
   ⇨ 그때 앞에 있는 시녀들이 백희를 향해,

☐「しバらく27)爰(こゝ)を立(たち)出[いで]給[たま]ひて28)、火(ひ)をのがれ給[たま]へ29)。」と申[もう]す30)。
   ⇨ "잠시 여기를 떠나셔서 불을 피하십시오."라고 아뢴다.

☐ 伯姫(はくき)が、いはく31)、「婦人(ふじん)の義(ぎ)ハ32)、保傅(ほうふ)33)とて34)、年[とし]ごろなる35)、かいしゃくのもの、なければ36)、

---

23) 「ち【地】땅. 바닥」+「を[助詞]」+「をかす【犯す・侵す・冒す】[4]범하다. 거스르다. 더럽히다」.

24) 「をりふし → おりふし【折節】[副]바로 그때. 때마침. 우연히」.

25) 「みまへ → みまえ【御前】귀인이나 신불(神佛)의 앞」+「の[助詞]」+「にょうばう → にょうぼう【女房】귀족 집에서 일하는 여자. 여종. 부인. 여자. 아내」+「たち【達】[接尾]복수(複數)의 뜻. ~들」.

26) 「に[助詞]」+「むかふ【向かふ・対ふ】[4]향하다. 맞서다」의 連用形「むかひ」+「て」.

27) 「しばらく【暫く・須臾】[副]잠시. 잠간. 한동안」.

28) 「ここ【此処・此所・此・是・爰】[代]여기. 이것」+「を[助詞]」+「たちいづ【立ち出づ】[下2]일어서서 나가다. 떠나다」의 連用形「たちいで」+「たまふ【給ふ】[助動]존경」의 連用形「たまひ」+「て」.

29) 「ひ【火】불」+「を[助詞]」+「のがる[下2] → のがれる【逃れる・遁れる】[下1]벗어나다. 피하다. 도망치다」의 連用形「のがれ」+「たまふ【給ふ】[助動]존경」의 命令形「たまへ」.

30) 「と[助詞]~라고」+「まうす[4] → もうす【申す】[5]'말하다・고하다'의 겸양어. 부탁드리다」.

31) 「が[助詞]」+「いはく【曰く】말하길. 이르길」.

32) 「ふじん【婦人】부인. 여성」+「の[助詞]」+「ぎ【義】의. 도리」+「は[助詞]」.

33) 「保傅」는 사전에 등재되지 않은 말인데, 이어지는 본문 내용에「保母」와「傅母」가 있으므로「保」와「傅」를 떼어서 풀이해야겠다.「保母(ほぼ)」는 '아동의 보육에 종사하는 여성'의 뜻으로 사전에 등재되어 있으나「傅母」는 일본 사전에서 확인되지 않는다. 그런데 〈표준국어대사전〉에는「부모(傅母)」가 '집에서 어린아이를 돌보아 주는 사람'으로 풀이되어 있다. 참고로「乳母」는「めのと」로 읽으며 '유모'

⇨ 백희가 말하길 "부인의 도리는 보부라 하여 예로부터 있는 후견인이 없어서는,

☐ 夜[よ]にいりて37)、堂(だう)より下(した)に38)、くだらず、と、いへり39)。
　　⇨ 밤에 들어 당에서 아래로 내려가지 않는다고 했다.

☐ われ、しばらく40)保傅(ほうふ)の来(きた)るを41)、まつへし42)。」と。
　　⇨ 나는 잠시 보부가 오는 것을 기다려야겠다."라고.

☐ 保母(ほうぼ)すでに、きたれり43)、傅母(ふぼ)いまだ、きたらず44)。
　　⇨ 보모가 이제 왔다. 부모는 아직 오지 않았다.

　　의 뜻인데「傅」역시「めのと」로 읽어서 '귀인의 아이를 양육하는 임무를 맡는 남성. 후견인'의 뜻이다.

34)「とて[助詞]인용. ~라 해서. ~라는 것으로. ~라는 이름으로」.
35)「としごろ【年頃】여러 해 동안. 오래」+「なり:〈にあり(~에 있다)〉의 준말」의 連体形「なる」. 한편「年頃(としごろ)」는 形容動詞로서의 용법도 있는데 '상당히 나이를 먹은 것'의 뜻이며 그렇다면「としごろなる」는 그 連体形으로 풀이할 수도 있겠다.
36)「かいしゃく【介錯】돌보는 것(사람). 후견(인)」+「の[助詞]」+「もの【者】자. 사람」+「なし【無し】[形]없다」의 已然形「なけれ」+「ば[助詞]확정조건. 원인·이유」.
37)「よ【夜】밤」+「に[助詞]」+「いる【入る】[4]들어오다(가다)」의 連用形「いり」+「て」.
38)「だう → どう【堂】당. 침전(寝殿)」+「より[助詞]~로부터」+「した【下】아래」+「に[助詞]」.
39)「くだる【下る·降る】[4]내려가다」의 未然形「くだら」+「ず[助動]부정」+「と[助詞]~라고」+「いふ【言ふ·云ふ】[4]말하다」의 命令形「いへ」+「り[助動]완료·존속」.
40)「われ【我·吾】[代]나」+「しばらく【暫く·須臾】[副]잠시. 잠간. 한동안」.
41)「の[助詞]현대일본어〈が〉의 쓰임」+「きたる【来る】[4]오다」의 連体形「きたる」+「を[助詞]」.
42)「まつ【待つ】[4]기다리다」의 終止形「まつ」+「べし[助動]의무·당연·추량·가능 등」(〈へ〉는 無濁点표기).
43)「ほぼ【保母·保姆】보모」(〈保〉를〈ホ〉로 읽는 것은 관용음.〈ホウ〉는 呉·漢音)+「すでに【既に·已に】[副]①이미. 벌써 ②모두. 남김없이 ③이제 ④틀림없이」+「きたる【来る】[4]오다」의 命令形「きたれ」+「り[助動]완료·존속」.
44)「いまだ【未だ】[副]아직. 여전히」+「きたる【来る】[4]오다」의 未然形「きたら」+「ず[助動]부정」.

❏ 女[にょう]バうたち45)、おそれまどひて46)、又[また]、申[もうし]て、いはく47)、「はやく、だうをくだりて48)、火(ひ)をのがれ給[たま]へ49)。」と。

⇨ 시녀들이 두려워 허둥대며 또 아뢰어 이르길 "어서 당을 내려와 불을 피하십시오."라고.

❏ 伯姫(はくき)のいはく50)、「婦人(ふじん)の義(ぎ)51)、たとひ52)保母(ほうぼ)いたる、と、いへども53)、傅母(ふぼ)いたらざれば54)、だうを、くだらず、と、いへり55)。

⇨ 백희가 말하길 "부인의 도리는 비록 보모가 도착했다 해도 부모가 도착하지 않았으니 당을 내려가지 않는다고 했다.

---

45) 「にょうばう → にょうぼう【女房】시종. 여종」+「たち【達】[接尾]~들」.

46) 「おそる[下2] → おそれ【恐れる・畏れる・怖れる・懼れる】[下1]두려워하다. 무서워하다. 우려하다」의 連用形「おそれ」+「まどふ【惑ふ】[4]어찌할 바를 모르다. 갈팡질팡하다. 당황하다」의 連用形「まどひ」+「て」.

47) 「また【又・亦・復】[副]다시. 같이. 달리. 또한. 게다가」+「まうす[4] → もうす【申す】[5]'말하다・고하다'의 겸양어. 부탁드리다」의 連用形「まうし」+「て」+「いはく【曰く】말하길. 이르길」.

48) 「はやし【早し・速し・疾し・捷し】[形ク]이르다. 빠르다」의 連用形「はやく」(부사적인 쓰임)+「だう → どう【堂】당. 침전(寢殿)」+「を[助詞]」+「くだる【下る・降る】[4]내려가다」의 連用形「くだり」+「て」.

49) 「ひ【火】불」+「を[助詞]」+「のがる【逃る・遁る】[下2]벗어나다. 피하다. 도망치다」의 連用形「のがれ」+「たまふ【給ふ】[助動]존경」의 命令形「たまへ」.

50) 「の[助詞]현대일본어〈が〉의 쓰임」+「いはく【曰く】말하길. 이르길」.

51) 「ふじん【婦人】부인. 여성」+「の[助詞]」+「ぎ【義】의. 도리」.

52) 「たとひ → たとい【縦い・仮令・縦令】[副]①만일. 만약에 ②만일 그렇다 해도. 비록」.

53) 「ほぼ【保母・保姆】보모」+「いたる【至る・到る】[4]도착하다. 도달하다」+「と[助詞]~라고」+「いへども→いえども【雖も】[連語]~하지만. ~해도」(〈いへども〉는〈いふ【言ふ・云ふ】[4]말하다〉의 已然形〈いへ〉+〈ども[助詞]역접〉로 분석할 수도 있다).

54) 「いたる【至る・到る】[4]도착하다. 도달하다」의 未然形「いたら」+「ざり[助動]부정」의 已然形「ざれ」+「ば[助詞]확정조건. 원인・이유」.

55) 「だう → どう【堂】당. 침전(寢殿)」+「を[助詞]」+「くだる【下る・降る】[4]내려가다」의 未然形「くだら」+「ず[助動]부정」+「と[助詞]라고」+「いふ【言ふ・云ふ】[4]말하다」의 命令形「いへ」+「り[助動]완료・존속」.

❑ たとひ、この火(ひ)のために56)、やかる、と、いふ共[とも]57)、義(ぎ)をそむきてハ58)、命(いのち)いきても59)何[なに]かせん60)、

⇨ 비록 이 불로 인해 태워진다고 하더라도 도리를 저버려서는 목숨 살아도 무엇 하겠는가?

❑ たゞ、われ61)義(ぎ)をまもりて62)死(し)すべし63)。」と、いふて64)、つゐに65)、だうをいでず66)。

⇨ 그저 나는 의를 지켜 죽을 것이다."라고 하고서 끝내 당을 나가지 않는다.

❑ 傅母(ふぼ)、さらに67)、きたらざりけり68)。

---

56) 「たとひ【縦ひ・仮令・縦令】[副]만일. 비록」+「この【此の・斯の】[連体]이」+「ひ【火】불」+「の[助詞]」+「ため【為】[名]이득. 행복. 위함」+「に[助詞]」(<~の(が)ために>의 꼴로 '이익·이유·목적'의 뜻. ~때문에. ~위해).

57) 「やく【焼く】[4]태우다. 굽다」의 未然形 「やか」+「る[助動]수동」+「と[助詞]~라고」+「いふ【言ふ・云ふ】[4]말하다」의 終止形 「いふ」+「とも[助詞]역접의 가정조건. ~해도」.

58) 「ぎ【義】의. 도리」+「を[助詞]」+「そむく【背く・叛く】[4]등지다. 위반하다. 모반하다. 대들다」의 連用形 「そむき」+「て」+「は[助詞]」.

59) 「いのち【命】목숨」+「いく[上2]→いきる【生きる・活きる】[上1]살다. 생존하다」의 連用形 「いき」+「て」+「も[助詞]」.

60) 「なに【何】[代]어떤. 무엇」+「か[係助詞]의문·질문」(문말은 連体形)+「す[サ変]하다」의 未然形 「せ」+「む[助動]추량·의지」의 連体形 「む」(앞의 <か>에 호응)→「ん」.

61) 「ただ【只・唯】[副]단지. 오직. 그저」+「われ【我・吾】[代]나」.

62) 「ぎ【義】의. 도리」+「を[助詞]」+「まもる【守る・護る】[4]지키다」의 連用形 「まもり」+「て」.

63) 「しす【死す】[サ変]죽다」의 終止形 「しす」+「べし[助動]의무·당연·추량·가능·의지 등」.

64) 「と[助詞]~라고」+「いふ【言ふ・云ふ】[4]말하다」+「て」.

65) 「つひに→つゐに【終に・遂に】[副]결국. 마침내」(<-る>는 정서법에 어긋남).

66) 「だう【堂】당」+「を[助詞]」+「いづ【出づ】[下2]나가다」의 未然形 「いで」(<-て>는 無濁点표기)+「ず[助動]부정」.

67) 「さらに【更に】[副]①또한. 거듭. 더욱 ②새로이 ③강한 부정. 절대로 ~가 아니다. 전혀 ~지 않다」.

68) 「きたる【来る】[4]오다」의 未然形 「きたら」+「ざり[助動]부정」의 連用形 「ざり」+「けり[助動]회상·과거」.

⇨ 부모는 여전히 오지 않았다.

❏ 火[ひ]は、いよ＼／[69]さかりに、もえて[70]、伯姫(はくき)の座(ざ)に、いたりけれども[71]、伯姫(はくき)さらに、だうをくだらず[72]。
  ⇨ 불은 더욱 거세게 타올라 백희가 있는 자리에 번졌지만 백희는 절대로 당을 내려가지 않는다.

❏ つゐに、火[ひ]にやかれて[73]、むなしく、なれり[74]。
  ⇨ 끝내 불에 타서 운명했다.

❏ 命[いのち]をかへりミず[75]、婦人(ふじん)のミちを[76]、ふかく、まもりける心[こころ]ざしのほどこそ[77]、あはれなれ[78]。
  ⇨ 목숨을 돌아보지 않고 부인의 도리를 깊게 지켰던 마음가짐이야말로 절절하다.

---

69) 「ひ【火】불」+「は[助詞]」+「いよいよ[副]더욱. 한층 더」.

70) 「さかり【盛】[形動ナリ]기세가 왕성한 것」의 連用形 「さかりに」+「もゆ[下2]→もえる【燃える】[下1]타다. 불길이 일다」의 連用形 「もえ」+「て」.

71) 「の[助詞]」+「ざ【座】자리」+「に[助詞]」+「いたる【至る・到る】[4]도착하다. 도달하다」의 連用形 「いたり」+「けり[助動,회상・과거]」의 已然形 「けれ」+「ども[助詞,역접]」.

72) 「さらに【更に】[副]또한. 전혀 ~지 않다」+「だう【堂】당」+「を[助詞]」+「くだる【下る・降る】[4]내려가다」의 未然形 「くだら」+「ず[助動,부정]」.

73) 「つひに→ついに【終に・遂に】[副]결국. 마침내」(〈-ゐ-〉는 정서법에 어긋남)+「ひ【火】불」+「に[助詞]」+「やく【焼く】[4]태우다」의 未然形 「やか」+「る[助動,수동]」의 連用形 「れ」+「て」.

74) 「むなし【空し・虚し】[形シク]덧없다. 무상하다. 죽었다」의 連用形 「むなしく」+「なる【成る・為る】[4]되다」의 命令形 「なれ」+「り[助動,완료・존속]」.

75) 「いのち【命】목숨」+「を[助詞]」+「かへりみる【顧みる・省みる】[上1]뒤돌아보다. 회상하다. 걱정하다. 돌보다」의 未然形 「かへりみ」+「ず[助動,부정]」의 連用形 「ず」.

76) 「ふじん【婦人】부인. 여성」+「の[助詞]」+「みち【道】길. 도리」+「を[助詞]」.

77) 「ふかし【深し】[形ク]깊다. 무겁다」의 連用形 「ふかく」+「まもる【守る・護る】[4]지키다」의 連用形 「まもり」+「けり[助動,회상・과거]」의 連体形 「ける」+「こころざし【志】[名]마음이 향하는 바. 뜻. 마음가짐」+「の[助詞]」+「ほど【程】시간・공간・사항의 정도. 모습」+「こそ[係助詞]뜻을 강하게 함」(문말은 已然形).

78) 「あはれ【哀れ】[形動ナリ]마음속에서 끓어오르는 절절한 감동이나 감정을 일컫는 말. 친애・정취・감격・애련・비애 등」의 已然形 「あはれなれ」(앞의 〈こそ〉에 호응).

2. 女(ぢよ)宗(そう)知(しる)ㇾ礼(れいを)
여종이 예를 알다

☐ 女宗(ぢよそう)ハ、婦義(ふぎ)¹⁾つとめて²⁾、わたくしなし³⁾。
  ⇨ 여종은 부인의 도리에 힘써 사사로움이 없다.

☐ 宋(そう)の⁴⁾鮑蘇⁵⁾(はうそ)と、いふものゝ妻(つま)となれり⁶⁾。
  ⇨ 송나라의 포소라고 하는 사람의 아내가 되었다.

☐ 鮑蘇(はうそ)ハ、衛(ゑい)と云[いう]国(くに)にゆきて⁷⁾、衛(ゑい)の君(きミ)に⁸⁾、つかふまつり⁹⁾、三年(ねん)をすごしけるほどに¹⁰⁾、

---

1) 「婦義」는 사전에 등재되지 않은 말로서 「ふ【婦】아내. 성인 여성」+「ぎ【義】의. 도리」로 풀이해야겠다.

2) 「つとむ[下2]→つとめる【勤める・努める・務める・力める・勉める】[下1]힘쓰다. 노력하다. 섬기다. 근행하다」의 運用形 「つとめ」+「て」. 한편 「つとめて【努めて・勉めて・力めて】[副]억지로. 무리하게. 힘써」의 가능성 역시 있겠다.

3) 「わたくし【私】[名]공(公)에 대한 사(私)」+「なし【無し】[形ク]없다」.

4) 「そう【宋】송나라」+「の[助詞]」.

5) 〈한문본〉과〈언해본〉에는 모두 「鮑蘇」다. 「蘓」는 「蘇」의 異體字다.

6) 「と[助詞]~라고」+「いふ【言ふ・云ふ】[4]말하다」의 連體形 「いふ」+「もの【者】자. 사람」+「の[助詞]」+「つま【妻】처. 아내」+「と[助詞]~이/가」+「なる【成る・為る】[4]되다」의 命令形 「なれ」+「り[助動]완료・존속」.

7) 「ゑい→えい【衛】위. 춘추시대 열국 가운데 하나(?-BC221)」+「と[助詞]~라고」+「いふ【言ふ・云ふ】[4]말하다」의 連體形 「いふ」+「くに【国】나라. 지역」+「に[助詞]」+「ゆく【行く】[4]가다」의 運用形 「ゆき」+「て」.

8) 「ゑい→えい【衛】위나라」+「の[助詞]」+「きみ【君・公】군. 원수. 제왕. 군주. 주인. 주군」+「に[助詞]」.

9) 「つかうまつる→つこうまつる【仕る】[4](〈つかふ【仕ふ】[下2]〉의 겸양어)섬기다. 모시다」의 運用形 「つかうまつり」(〈-ふ-〉는 정서법에 어긋남).

⇨ 포소는 위라고 하는 나라에 가서 위나라 주군에게 섬겨서 3년을 지내는 사이에,

▫ 他国(たこく)にして11)、又(また)、妻(つま)を、まうけたり12)。

⇨ 다른 나라에서 다시 아내를 만들었다.

▫ 女宗(ぢよそう)、これを、うらみとせずして13)、しうとめに14)、かうかうを、つくして15)、つかふる事(こと)16)、ます＼／あつし17)。

⇨ 여종이 이를 원망으로 여기지 않고 시어머니에게 효행을 다하여 섬기는 일이 더욱더 두텁다.

▫ 衛(ゑい)の国(くに)より18)往来(わうらい)するものを19)、たづねもとめて20)、のちのつまに21)、さま＼／の音信(いんしん)をぞ22)、いたし

---

10) 「さんねん【三年】3년」+「を[助詞]」+「すごす【過ごす】[4]지내다」의 連用形 「すごし」+「けり[助動]회상·과거」의 連体形 「ける」+「ほどに【程に】①~하면, ~하는 사이에 ②원인·이유, ~이므로」(명사〈ほど〉에 조사〈に〉가 붙은 것으로 用言의 連体形에 접속한다).

11) 「たこく【他国】타국」+「に[助詞]」+「して[助詞]」(〈にして[連語]〉는 장소나 때를 나타냄. ~에서, ~에).

12) 「また【又·亦·復】[副]다시. 같이. 달리. 또한. 게다가」+「つま【妻】처. 아내」+「を[助詞]」+「まうく[下2]→もうける【設ける·儲ける】[下1]①미리 준비해두다. 마련하다 ②만들다. 연을 맺다」의 連用形 「まうけ」+「たり[助動]완료·존속」.

13) 「これ【此·是】[代]이것. 이사람」+「を[助詞]」+「うらみ【恨み·怨み·憾み】[名]원망. 원한. 불만. 유감」+「と[助詞]」+「す[サ変]하다」의 未然形 「せ」+「ず[助動]부정」의 連用形 「ず」+「して[助詞](連用形에 접속)~인 상태로」.

14) 「しうとめ→しゅうとめ【姑】시어머니. 장모」+「に[助詞]~에게」.

15) 「かうかう→こうこう【孝行】효행」+「を[助詞]」+「つくす【尽くす】[4]노력하다. 힘쓰다」의 連用形 「つくし」+「て」.

16) 「つかふ[下2]→つかえる【仕える】[下1]①윗사람 가까이에서 섬기다. 모시다. ②관직을 수행하다」의 連体形 「つかふる」+「こと【事】것. 일」.

17) 「ますます【益】[副]전보다 더욱. 가일층」+「あつし【厚し·篤し】[形ク]두텁다. 후하다. 풍부하다」.

18) 「ゑい→えい【衛】위나라」+「の[助詞]」+「くに【国】나라. 지역」+「より[助詞]동작·장소·시간의 起點. ~부터」.

19) 「わうらい→おうらい【往来】왕래」+「す[サ変]하다」의 連体形 「する」+「もの【者】자. 사람」+「を[助詞]」.

ける23)。
⇨ 위나라에서 왕래하는 사람을 물어 찾아서 후처에게 여러 가지로 소식을 힘썼다.

❏女宗(ぢよそう)が24) 姒(あね)25)、かたりて、いはく26)、「すミやかに27)、蓀郎(そらう)が家(いへ)を出[いで]て28)、かへるべし29)、
⇨ 여종의 시누이가 밝혀 말하길 "어서 소랑의 집을 나가서 돌아가야 할 것이다.

❏たのもしげなき人[ひと]の母(はゝ)を30)、やしなひて31)何[なに]にかせ

---

20) 「たづぬ[下2]→たずねる【尋ねる】 [下1]찾다. 묻다」의 連用形「たづね」+「もとむ[下2]→もとめる【求める】 [下1]찾다. 구하다」의 連用形「もとめ」+「て」.

21) 「のち【後】 후. 나중」+「の[助詞]」+「つま【妻】 처. 아내」+「に[助詞]」.

22) 「さまざま【様様】 여러 가지」+「の[助詞]」+「いんしん【音信】 소식」+「を[助詞]」+「ぞ[係助詞]뜻을 강하게 함」(문말은 連体形).

23) 「いたす【致す】 [4]하다. 혼신을 다 바치다. 온힘을 쏟다」의 連用形「いたし」+「けり[助動]회상・과거」의 連体形「ける」(앞의 〈ぞ〉에 호응).

24) 「が[助詞]현대일본어 〈の〉의 쓰임」.

25) 「姒」는 『日本国語大辞典』이나 『広辞苑』에서는 찾을 수 없다. 이를 『広漢和辞典』에서 찾아보면 「姒」는 「し」나 「じ」로 읽으며 다음과 같이 크게 세 가지 뜻으로 풀이되어 있다. ①姉(あね) : 1)함께 같은 남편에게 시집온 자매 가운데 언니를 가리킴 2)같은 남편을 섬기는 처첩 가운데 연소자가 연장자를 부르는 호칭 ②あによめ : 형의 아내. 동생의 아내가 형의 아내를 부르는 호칭. ③あいよめ : 형제의 아내가 서로 부르는 호칭」. 한편 『広辞苑』에는 「姉(あね)」가 「①언니. 누나 ②아내의 언니. 남편의 누나. 형의 아내」의 뜻으로 풀이되어 있으므로 「姒」는 이보다는 다소 좁은 뜻으로 사용되던 말로 봐야겠다. 그런데 〈한문본〉에도 역시 「姒」가 쓰이고 있는데 〈언해본〉에는 「남지늬 누의」다. 여기에서는 이를 '시누이'로 풀이하도록 하겠다.

26) 「かたる【語る】 [4]상대에게 전하다. 자초지종을 이야기하다」의 連用形「かたり」+「て」+「いはく【曰く】 말하길. 이르길」.

27) 「すみやか【速やか】 [形動ナリ]빠른 모양. 시간이 걸리지 않는 모양」의 連用形「すみやかに」.

28) 「が[助詞]현대일본어 〈の〉의 쓰임」+「いへ→いえ【家】 집」+「を[助詞]」+「いづ【出づ】 [下2]나오(가)다」의 連用形「いで」+「て」.

29) 「かへる[4]→かえる【帰る】 [5]돌아오(가)다」의 終止形「かへる」+「べし[助動]의무・당연・추량・가능 등」.

30) 「たのもしげなし【頼もしげなし】 [形ク]믿음직하지 않다. 불안하다」의 連体形「たのも

ん32)。
⇨ 믿음직하지 않은 사람의 어머니를 부양해서 무엇 하겠는가?

□君[きみ]が夫(おつと)33)、すでに34)他国(たこく)にして35)、又[また]、妻(つま)をまうけたり、と、きこゆ36)。
⇨ 너의 남편은 이미 다른 나라에서 달리 아내를 만들었다고 들린다.

□いかにしてか37)、その家(いへ)に、とゞまりて38)、しうとめを、やしなハんや39)。」と。
⇨ 어떻게 그 집에 머물러 시어머니를 부양하겠는가?'라고.

□女宗(ぢよそう)、こたへて、いはく40)、「婦人(ふじん)は41)、一[ひと]

しげなき」+「ひと【人】사람」+「の[助詞]」+「はは【母】어머니」+「を[助詞]」.

31) 「やしなふ[4]→やしなう【養う】[5]양육하다. 부양하다. 키우다」의 連用形 「やしなひ」+「て」.

32) 「なに【何】[代]어떤. 무엇」+「に[助詞]」+「か[係助詞]의문·질문」(문말은 連体形)+「す[サ変]하다」의 未然形 「せ」+「む[助動추량·의지]」의 連体形 「む」(앞의 〈か〉에 호응) →「ん」.

33) 「きみ【君·公】[代]너. 당신」+「が[助詞]현대일본어 〈の〉의 쓰임」+「をつと→おっと【夫】지아비. 남편」(〈お〉는 歴史的仮名遣에 어긋남).

34) 「すでに【既に·已に】[副]①이미. 벌써 ②모두. 남김없이 ③이제 ④틀림없이」.

35) 「たこく【他国】타국」+「に[助詞]」+「して[助詞]」(〈にして[連語]〉는 장소나 때를 나타냄. ~에서. ~에).

36) 「また【又·亦·復】[副]다시. 달리. 또한」+「つま【妻】처. 아내」+「を[助詞]」+「まうく【設く·儲く】[下2]마련하다. 만들다」의 連用形 「まうけ」+「たり[助動완료·존속]」+「と[助詞]~라고」+「きこゆ[下2]→きこえる【聞こえる】[下1]들리다. 세간에 전해지다」.

37) 「いかにして【如何にして】[連語]①(의문)어떻게 하여 ②(바람)부디」(〈いかに【如何に】[副]어떻게. 어찌〉+〈す[サ変]하다〉의 連用形 〈し〉+〈て〉로도 분석할 수 있다)+「か[係助詞]의문·질문」(문말은 連体形).

38) 「その【其の】[連体]그」+「いへ→いえ【家】집」+「に[助詞]」+「とどまる【止まる·留まる·停まる】[4]머물다. 체재하다. 남다」의 連用形 「とどまり」+「て」.

39) 「しうとめ→しゅうとめ【姑】시어머니」+「を[助詞]」+「やしなふ【養ふ】[4]양육하다. 부양하다」의 未然形 「やしなは」+「む[助動추량·의지]」→「ん」+「や[係助詞]의문·질문」.

たび嫁(か)してよりハ⁴²⁾、夫(おつと)死(し)す、と、いへども⁴³⁾、重(かさ)ねて嫁(か)せず⁴⁴⁾、

⇨ 여종이 대답하여 말하길 "부인은 한 번 시집가고 나서는 남편이 죽는다 하더라도 다시 시집가지 않는다.

□ 紡績(はうせき)織紝(しよくじん)とて⁴⁵⁾、糸(いと)をとりてハ、うみつむぎ⁴⁶⁾、機(はた)にかけてハ、をりのべて⁴⁷⁾、衣[ころも]のそなへとし⁴⁸⁾、

---

40) 「こたふ【答ふ・応ふ】[下2]대답하다. 반응하다」의 連用形「こたへ」+「て」+「いはく【曰く】말하길. 이르길」.

41) 「ふじん【婦人】부인. 여성」+「は助詞」.

42) 「ひと【一】하나」+「たび【度】번. 차례」+「かす【嫁す】[サ変]시집가다」의 連用形「かし」+「て」+「より[助詞]동작・장소・시간의 起點. ~부터」+「は[助詞]」.

43) 「をつと→おっと【夫】지아비」(〈お〉는 歷史的仮名遣에 어긋남)+「しす【死す】[サ変]죽다」+「と[助詞]~라고」+「いふ【言ふ・云ふ】[4]말하다」의 已然形「いへ」+「ども[助詞]역접」.

44) 「かさねて【重ねて】[副]다시. 재차」+「かす【嫁す】[サ変]시집가다」의 未然形「かせ」+「ず[助動]부정」.

45) 「ばうせき→ぼうせき【紡績】방적. 실을 잣는 것」(〈は-〉는 無濁点표기)+「しょくじん【織紝】직임. 옷감을 짜는 것」(참고로〈표준국어대사전〉에는〈직임(織紝)〉이 '길쌈하는 일. 또는 그런 사람'으로 풀이되어 있다)+「とて[助詞]인용. ~라 해서. ~라는 것으로. ~라는 이름으로」.

46) 「いと【糸】실」+「を[助詞]」+「とる【取る・採る】[4]취하다. 집다. 채집하다」의 連用形「とり」+「て」+「は[助詞]」+「うむ【績む】[4]삼베나 모시 따위를 가늘게 쪼개서 길게 이어 꼬다」의 連用形「うみ」+「つむぐ【紡ぐ】[4]솜이나 고치를 방추(紡錘)에 걸어 섬유를 뽑아 꼬아서 실로 만들다」의 連用形「つむぎ」. 그런데『日本国語大辞典』에는「績紡(うみつむぎ)」가 표제어로 등재되어 있으며 '삼베나 모시, 솜이나 고치에서 실을 만드는 것. 방적(紡績;ぼうせき)'과 같이 풀이되어 있다. 요컨대 본문의「紡績」을 다시 풀어서 설명하고 있는 것으로 봐야겠다.

47) 「はた【機】직물을 만드는 수동 기계. 베틀」+「に[助詞]」+「かく[下2]→かける【掛ける・懸ける】[下1]걸다. 맡기다. 고정하다. 덮다」의 連用形「かけ」+「て」+「は[助詞]」+「おる【織る】[4]날실과 씨실을 짜서 베틀에 걸어 피륙을 만들다」의 連用形「おり」(〈を-〉는 정서법에 어긋남)+「のぶ[下2]→のべる【伸べる・延べる】[下1]늘리다. 펼치다」의 連用形「のべ」+「て」. 역시 앞선「織紝」을 다시 풀어서 이야기하는 것이다.

48) 「ころも【衣】옷」+「の[助詞]」+「そなへ→そなえ【備え】[名]갖추는 것. 준비」+「と[助

⇨ 방적 직임이라 하여 실을 가지고서는 잣고 베틀에 걸어서는 짜서 옷감으로 삼고,49)

❏ 食(しよく)をとゝのへ50)、酒(さけ)をまうけてハ51)、舅(しうと)姑(しうとめ)につかへて52)、心[こころ]を、ひとへに53)、いろをかへざるをこそ54)貞女(ていぢよ)とも、いふべけれ55)。

⇨ 음식을 차리고 술을 마련해서는 시아버지 시어머니에게 섬겨서, 마음을 한가지로 낯빛을 바꾸지 않는 것이야말로 정녀라고도 할 것이다.

❏ 夫(おつと)のために56)、てうあいせらるゝを、もつて57)、よし、と、すべきや58)。

詞~로」+「す[サ変]하다」의 連用形「し」.

49) 이 부분은 〈한문본〉에「執麻枲. 治絲蠒. 織紝組紃. 以供衣服」이고 〈언해본〉은「질삼ᄒᆞ며 고티 혀며 뵈 ᄧᅡ 옷 ᄆᆡᆼᄀᆞᆯ며」다.

50) 「しよく【食】식사. 음식」+「を[助詞]」+「ととのふ[下2]→ととのえる【調える・整える・斉える】[下1]정돈하다. 맞추다. 갖추다. 준비하다」의 連用形「ととのへ」.

51) 「さけ【酒】술」+「を[助詞]」+「まうく【設く・儲く】[下2]마련하다. 만들다」의 連用形「まうけ」+「て」+「は[助詞]」.

52) 「しうと→しゅうと【舅・姑】시아버지. 장인」+「しうとめ→しゅうとめ【姑】시어머니. 장모」+「に[助詞]~에게」+「つかふ[下2]→つかえる【仕える】[下1]①윗사람 가까이에서 섬기다. 모시다 ②관직을 수행하다」의 連用形「つかへ」+「て」.

53) 「こころ【心】마음. 뜻. 생각」+「を[助詞]」+「ひとへに→ひとえに【偏に】[副]오로지. 한결같이」.

54) 「いろ【色】색깔. 기색. 안색. 낯빛」+「を[助詞]」+「かふ[下2]→かえる【替える・換える・代える・変える】[下1]바꾸다」의 未然形「かへ」+「ざり[助動]부정」의 連体形「ざる」+「を[助詞]」+「こそ[係助詞]뜻을 강하게 함」(문말은 已然形).

55) 「ていぢよ→ていじょ【貞女】정녀. 절개가 굳은 여성. 정절을 지키는 여자」+「と[助詞]~라고」+「も[助詞]」+「いふ【言ふ・云ふ】[4]말하다」의 終止形「いふ」+「べし[助動]의무・당연・추량・가능 등」의 已然形「べけれ」(앞의 〈こそ〉에 호응).

56) 「をつと→おっと【夫】지아비」(〈お〉는 歷史的仮名遣에 어긋남)+「の[助詞]」+「ため【為】[名]이득. 행복. 위함」+「に[助詞]」(〈~の(が)ために〉의 꼴로 '이익・이유・목적'의 뜻. ~때문에. ~위해).

57) 「ちょうあい【寵愛】총애」+「す[サ変]하다」의 未然形「せ」+「らる[助動]수동」의 連体形「らるる」+「を[助詞]」+「もって【以て】」(〈を[助詞]〉에 이어져서)수단이나 원인 등을 나타냄. ~로써. ~때문에」.

⇨ 남편으로 인해 총애 받는 것으로써 좋다고 해야겠는가?

❏しからバ⁽⁵⁹⁾、色(いろ)をとろへたらんのちを⁽⁶⁰⁾、いかにせん⁽⁶¹⁾。

⇨ 그렇다면 아름다움이 사그라질 이후를 어찌 하겠는가?

❏禮記(らいき)をミるに⁽⁶²⁾、天子(てんし)ハ十二[じゅうに]人(にん)⁽⁶³⁾、諸侯(しよこう)ハ九[く]人(にん)⁽⁶⁴⁾、卿大夫(けいたいふ)ハ三[さん]人(にん)⁽⁶⁵⁾、士(し)ハ二人[ふたり]の妻(つま)を⁽⁶⁶⁾、たくハふ、となり⁽⁶⁷⁾。

⇨ 예기를 보니 천자는 열두 명, 제후는 아홉 명, 경대부는 세 명, 선비는 두 아내를

---

58) 「よし【良し・善し・好し】[形ク]좋다. 기쁘다」+「と[助詞]~라고」+「す[サ変]하다」의 終止形「す」+「べし[助動]의무・당연・추량・가능 등」의 連体形「べき」+「や[係助詞]의문・질문」.

59) 「しからば【然らば】[接続]그렇다면. 그러면」(이는 〈しかり【然】[ラ変]그러하다〉의 未然形〈しから〉+〈ば[助詞]가정조건〉로 분석할 수도 있다).

60) 「いろ【色】색깔. 낯빛. 아름다움. 욕정」+「おとろふ[下2]→おとろえる【衰える】[下1] 약한 상태가 되다. 쇠약하다. 수척해지다」의 連用形「おとろへ」(〈を-〉는 정서법에 어긋남)+「たり[助動]완료・존속」의 未然形「たら」+「む[助動]추량・의지」의 連体形「む」→「ん」+「のち【後】후」+「を[助詞]」.

61) 「いかに【如何に】[副]어떻게. 어찌. 어째서. 얼마나」+「す[サ変]하다」의 未然形「せ」+「む[助動]추량・의지」→「ん」.

62) 「らいき【礼記】예기」+「を[助詞]」+「みる【見る】[上1]보다」의 連体形「みる」+「に[助詞]~하니. ~하는데」.

63) 「てんし【天子】천자」+「は[助詞]」+「じゅうに【十二】12」+「にん【人】명」.

64) 「しょこう【諸侯】①옛날 중국에서 천자로부터 받은 봉토(封土) 내에 있는 인민을 지배한 사람. 제후. ②에도(江戸)시대 大名(だいみょう)를 가리킴」+「は[助詞]」+「く【九】9」+「にん【人】명」.

65) 「けいたいふ【卿大夫】경대부. 경(卿)과 대부(大夫)」+「は[助詞]」+「さん【三】3」+「にん【人】명」.

66) 「し【士】사 ①벼슬이나 녹봉을 받으며 인민의 상위에 있는 사람 ②주(周)나라 시절에 사민(四民)의 위, 대부(大夫)의 아래에 있던 신분」+「は[助詞]」+「ふたり【二人】두 사람」+「の[助詞]」+「つま【妻】처. 아내」+「を[助詞]」.

67) 「たくはふ[下2]→たくわえる【蓄える・貯える】[下1]저장해두다. 모아두다. 두다」+「と[助詞]~라고」+「なり[助動]단정・지정・전문(伝聞)」.

둔다고 한다.

❏ わが夫(おつと)ハ、すでに(68)、これ士(し)なれば(69)、二人[ふたり]のつまを、もちけるも(70)、また、よろしからずや(71)。
⇨ 내 남편은 이미 바로 선비이니 두 아내를 가진 것도 또한 괜찮지 않는가?

❏ しかるに(72)、女[おんな]の身[み]に(73)七(なゝつ)の、さらるゝ科(とが)ありて(74)、夫(おつと)の上[うえ]にハ(75)、女[おんな]のかたより(76)、さると云(いふ)事[こと](77)ひとつも、なし(78)。
⇨ 그런데 여자의 몸에 일곱 가지의 쫓겨나는 잘못이 있는데, 남편에게는 여자 쪽에서 떠난다고 하는 것이 하나도 없다.

❏ さればこそ(79)七[ななつ]の道(ミち)の中(なか)に(80)、妬(うハなり)ねた

---

68) 「わが【我が・吾が】[連体]나의. 자신의」+「をつと→おっと【夫】지아비」(〈お〉는 歷史的仮名遣에 어긋남)+「は[助詞]」+「すでに【既に・已に】[副]이미. 이제. 틀림없이」.

69) 「これ【此・是】[代]앞에 제시한 말을 재차 언급할 때 사용하는 말」+「し【士】사. 선비」+「なり[助動]단정・지정」의 已然形「なれ」+「ば[助詞]확정조건. 원인・이유」.

70) 「ふたり【二人】두 사람」+「の[助詞]」+「つま【妻】처. 아내」+「を[助詞]」+「もつ【持つ】[4]가지다」의 連用形「もち」+「けり[助動]회상・과거」의 連体形「ける」+「も[助詞]」.

71) 「また【又・亦・復】[副]다시. 또한」+「よろし[形シク]→よろしい【宜しい】[形]좋다. 바람직하다. 적당하다. 알맞다」의 未然形「よろしから」+「ず[助動]부정」+「や[係助詞]의문・질문」.

72) 「しかるに【然るに】[接続]그런데. 하지만. 그건 그렇고」.

73) 「をんな→おんな【女】여자」+「の[助詞]」+「み【身】몸. 자신. 자기」+「に[助詞]」.

74) 「ななつ【七つ】일곱 개」+「の[助詞]」+「さる【去る・避る】[4]떠나다. 피하다. 버리다」의 未然形「さら」+「る[助動]수동」의 連体形「るる」+「とが【咎・科】죄. 결점. 허물」+「あり【有り】[ラ変]있다」+「て」.

75) 「をつと→おっと【夫】지아비」(〈お〉는 歷史的仮名遣에 어긋남)+「の[助詞]」+「うへ→うえ【上】위」+「に[助詞]」+「は[助詞]」.

76) 「をんな→おんな【女】여자」+「の[助詞]」+「かた【方】방향. 쪽」+「より[助詞]동작・장소・시간의 起點. ~부터」.

77) 「さる【去る・避る】[4]떠나다. 피하다. 버리다」+「と[助詞]~라고」+「いふ【言ふ・云ふ】[4]말하다」의 連体形「いふ」+「こと【事】것. 일」.

78) 「ひとつ【一つ】하나」+「も[助詞]」+「なし【無し】[形ク]없다」.

ミを81)、女[おんな]のさらるゝ第(だい)一[いち]とせり82)。

⇨ 그러므로 일곱 가지 도리 가운데 투기를 여자가 쫓겨나는 첫 번째로 삼았다.

☐ 淫乱(いんらん)と、ぬすみと83)、夫(おつと)にむかひて悪口(あつこう)すると84)、おごりはなハだしき85)、子(こ)なきと86)、あしきやまひと87)、この六(むつ)ハ後(のち)にあり88)。

⇨ 음란과 도둑질과 남편에 대해 험담함과 사치 심함, 자식 없음과 나쁜 병과, 이 여섯은 다음이다.

☐ 我姉君(わがあねぎミ)にて89)、われを、いさめ給[たま]ふ、と、なら

---

79) 「されば【然れば】[接続]그렇기 때문에. 따라서. 그건 그렇고」+「こそ[係助詞]뜻을 강하게 함」(문말은 已然形).

80) 「ななつ【七つ】일곱 개」+「の[助詞]」+「みち【道】길. 도리」+「の[助詞]」+「なか【中】안. 가운데」+「に[助詞]」.

81) 「うはなりねたみ→うわなりねたみ【後妻嫉妬】[名]전처나 본처가 후처를 질투하는 것」+「を[助詞]」. 참고로 「うわなり」는 한자로 「後妻・次妻」로 쓴다.

82) 「をんな→おんな【女】여자」+「の[助詞]현대일본어 〈が〉의 쓰임」+「さる【去る・避る】[4]떠나다. 버리다」의 未然形「さら」+「る[助動수동]」의 連体形「るる」+「だいいち【第一】제일. 우선. 첫째」+「と[助詞]」+「す[サ変]하다」의 命令形「せ」+「り[助動완료・존속]」.

83) 「いんらん【淫乱】음란」+「と[助詞]~와/과」+「ぬすみ【盗み】도둑질」+「と[助詞]~와/과」.

84) 「をつと→おっと【夫】지아비」(〈お〉는 歴史的仮名遣에 어긋남)+「に[助詞]」+「むかふ【向かふ・対ふ】[4]향하다. 맞서다」의 連用形「むかひ」+「て」+「あくこう→あっこう【悪口】악구. 험담」+「す[サ変]하다」의 連体形「する」+「と[助詞]~와/과」.

85) 「おごり【驕り・傲り・奢り】[名]잘난 체. 사치. 낭비」+「はなはだし【甚だし】[形シク]보통 정도를 넘다. 심하다. 막심하다」의 連体形「はなはだしき」.

86) 「こ【子】아이. 자식. 아들」+「なし【無し】[形ク]없다」의 連体形「なき」+「と[助詞]~와/과」.

87) 「あし【悪し】[形シク]불쾌하다. 나쁘다. 흉하다」의 連体形「あしき」+「やまひ→やまい【病】병」+「と[助詞]~와/과」.

88) 「この【此の・斯の】[連体]이」+「むつつ【六つ】여섯 개」+「は[助詞]」+「のち【後】후. 뒤. 다음」+「に[助詞]」+「あり【有り】[ラ変]있다」(〈-にあり〉는 현대일본어 〈-である〉의 쓰임).

バ90)、夫(おつと)の留守(るす)に91)、家(いへ)にすむの法(ほう)をば92)、をしへずして93)、

⇨ 내 시누이님으로서 나를 깨우치신다고 하면 남편이 비운 사이에 집에 사는 법을 가르치지 아니하고,

❏かへつて94)、われをして95)夫(おつと)のために96)、すてらるゝの道[みち]を97)、しめし給[たま]ふ98)。

⇨ 오히려 나로 하여금 남편으로 인해 버림받는 길을 보이신다.

❏われ、何(なん)の用(もち)ゆるところあらん99)。」と、いふて100)、し

---

89) 「わが【我が·吾が】[連体]나의. 자신의」+「あねぎみ【姉君】(〈姉(あね)〉의 존경어) 누님」+「にて[助詞]현대일본어의 〈で〉와 같은 쓰임. ~에서. ~로. ~로서」(〈なり[助動]단정〉의 連用形 〈に〉+〈て[接続助詞]〉의 형태).

90) 「われ【我·吾】[代]나」+「を[助詞]」+「いさむ[下2]→いさめる【禁める·諫める】[下1]억지하다. 금지하다. 충고하다. 간언하다」의 連用形「いさめ」+「たまふ【給ふ】[助動]존경」+「と[助詞]」+「なり[助動]단정·지정」의 未然形「なら」+「ば[助詞]가정조건」.

91) 「をつと→おっと【夫】지아비」(〈お〉는 歴史的仮名遣에 어긋남)+「の[助詞]」+「るす【留守】[名]주인이나 집안사람이 외출 중에 남아서 집을 지키는 것. 외출하여 집에 없는 것」+「に[助詞]」

92) 「いへ→いえ【家】집」+「に[助詞]」+「すむ【住む·棲む·栖む】[4]살다. 생활하다」의 連体形「すむ」+「の[助詞]」+「はふ→ほう【法】법. 방식. 법도. 규정」+「をば：(格助詞〈を〉에 係助詞〈は〉가 붙어 濁音化한 것)〈を〉의 뜻을 강하게 함」.

93) 「をしふ[下2]→おしえる【教える】[下1]가르치다. 깨우치다. 이끌다」의 未然形「をしへ」+「ず[助動]부정」의 連用形「ず」+「して[助詞](連用形에 접속)~인 상태로」.

94) 「かへつて【却って·反って】[副]오히려. 반대로」.

95) 「われ【我·吾】[代]나」+「~をして[連語]수단·방법의 뜻. 어떤 동작을 행하는 수단으로서의 사역(使役)의 대상을 나타냄」(대개〈~をして~しむ(사역)〉의 형태를 취함).

96) 「をつと→おっと【夫】지아비」(〈お〉는 歴史的仮名遣에 어긋남)+「の[助詞]」+「ため【為】[名]이득. 행복. 위함」+「に[助詞]」(〈~の(が)ために〉의 꼴로 '이익·이유·목적'의 뜻. ~때문에. ~위해).

97) 「すつ【捨つ·棄つ】[下2]버리다」의 未然形「すて」+「らる[助動]수동」의 連体形「らるる」+「の[助詞]」+「みち【道】길. 도리」+「を[助詞]」.

98) 「しめす【示す】[4]보이다. 제시하다」의 連用形「しめし」+「たまふ【給ふ】[助動]존경」.

99) 「われ【我·吾】[代]나」+「なんの【何の】어떠한. 어느 정도의」+「もちゆ【用ゆ】[上2]

うとめに、つかふる事[こと]101)、ますヽ／をこたりなし102)。

⇨ 내가 어떠한 쓰는 바가 있겠는가?'라고 하고 시어머니에게 섬기는 일이 더욱더 게으름이 없다.

❏ 宋公(そうこう)、この事[こと]を聞[きき]つたへ給[たま]ひて103)、大[おおい]にかんじ104)、あはれに、おぼしめして105)、

⇨ 송공이 이 일을 전해 들으시고 크게 감동하여 절절하게 생각하셔서,

❏ ミづから106)札(ふだ)をかきて107)、家(いへ)を、あらハし108)、その妻(つま)の名(な)を109)、女宗(ぢよそう)とぞ給[たま]ハりける110)。

〈もちゐる【用ゐる】[上1]채용하다. 사용하다〉가 변한 말」의 連体形「もちゆる」+「ところ【所·処】곳. 상황. 찰나」+「あり【有り】[ラ変]있다」의 未然形「あら」+「む[助動]추량·의지」→「ん」.

100) 「と[助詞]~라고」+「いふ【言ふ·云ふ】[4]말하다」+「て」.

101) 「しうとめ→しゅうとめ【姑】시어머니」+「に[助詞]~에게」+「つかふ【仕ふ】[下2]섬기다. 모시다」의 連体形「つかふる」+「こと【事】것. 일」.

102) 「ますます【益】[副]전보다 더욱. 가일층」+「おこたり【怠り】[名]게으름. 태만」(〈を-〉는 정서법에 어긋남)+「なし【無し】[形ク]없다」.

103) 「この【此の·斯の】[連体]이」+「こと【事】것. 일」+「を[助詞]」+「ききつたふ[下2]→ききつたえる【聞き伝える】[下1]남에게 전해 듣다」의 連用形「ききつたへ」+「たまふ【給ふ】[助動尊敬]」의 連用形「たまひ」+「て」.

104) 「おほいに【大いに】[副]매우. 몹시. 많이」+「かんず【感ず】[サ変]①자극을 받다. 느끼다 ②마음에 생각하다 ③마음이 움직이다. 감동하다」의 連用形「かんじ」.

105) 「あはれ【哀れ】[形動ナリ]마음속에서 끓어오르는 절절한 감동이나 감정을 일컫는 말. 친애·정취·감격·애련·비애 등」의 連用形「あはれに」+「おぼしめす【思し召す】[4](〈思(おも)う〉의 존경어인〈おぼす〉에〈めす〉가 붙어서 경의를 더욱 강하게 나타낸 말)생각하시다」의 連用形「おぼしめし」+「て」.

106) 「みづから→みずから【自ら】[名]자기 자신. 나 [副]스스로. 친히」.

107) 「ふだ【札·簡】어떤 목적을 위해 필요한 사항을 기록한 작은 나뭇조각·종잇조각·금속조각」+「を[助詞]」+「かく【書く】[4]쓰다」의 連用形「かき」+「て」.

108) 「いへ→いえ【家】집. 가문」+「を[助詞]」+「あらはす【表す·現す·顕す·著す】[4]드러내다. 보이다. 표현하다. 널리 세상에 알리다」의 連用形「あらはし」.

109) 「その【其の】[連体]그」+「つま【妻】처. 아내」+「の[助詞]」+「な【名】이름」+「を[助詞]」.

⇨ 친히 글을 적어서 가문을 널리 알리고 그 아내의 이름을 여종이라고 내리셨다.

❏ そも＼／[111]女宗(ぢよそう)といふ事[こと]ハ[112]、女[おんな]のなかの[113]、すぐれたる[114]賢女(けんぢよ)なれば[115]、

⇨ 본디 여종이라고 하는 것은 여자 가운데 빼어난 현녀이므로,

❏ 人[ひと]のために[116]、ためし、と、なるべき[117]、はじめなり、と、いふ[118]心[こころ]なるべし[119]。

⇨ 다른 사람을 위해 본보기가 되어야 할 으뜸이라고 하는 뜻일 테다.

---

110) 「と[助詞]~라고」+「ぞ[係助詞]뜻을 강하게 함」(문말은 連体形)+「たまはる【賜る·給はる】[4]①받다(겸양어) ②주시다(존경어)」의 連用形 「たまはり」+「けり[助動]회상·과거」의 連体形 「ける」(앞의 〈ぞ〉에 호응).

111) 「そもそも【抑】[副]원래. 애당초」.

112) 「と[助詞]~라고」+「いふ【言ふ·云ふ】[4]말하다」의 連体形 「いふ」+「こと【事】것. 일」+「は[助詞]」.

113) 「をんな→おんな【女】여자」+「の[助詞]」+「なか【中】중. 가운데」+「の[助詞]」.

114) 「すぐる[下2]→すぐれる【優れる·勝れる】[下1]빼어나다」의 連用形 「すぐれ」+「たり[助動]완료·존속」의 連体形 「たる」.

115) 「けんぢよ→けんじょ【賢女】현명한 여자」+「なり[助動]단정·지정」의 已然形 「なれ」+「ば[助詞]확정조건. 원인·이유」.

116) 「ひと【人】사람. 다른 사람」+「の[助詞]」+「ため【為】[名]이득. 행복. 위함」+「に[助詞]」(〈~の(が)ために〉의 꼴로 '이익·이유·목적'의 뜻. ~때문에. ~위해).

117) 「ためし【例·様】[名]예. 전례. 증거」+「と[助詞]~이/가」+「なる【成る·為る】[4]되다」의 終止形 「なる」+「べし[助動]의무·당연·추량·가능 등」의 連体形 「べき」.

118) 「はじめ【始·初】[名]처음. 시초. 으뜸」+「なり[助動]단정·지정」+「と[助詞]~라고」+「いふ【言ふ·云ふ】[4]말하다」의 連体形 「いふ」.

119) 「こころ【心】마음. 뜻. 생각」+「なり[助動]단정·지정」의 連体形 「なる」+「べし[助動]의무·당연·추량·가능 등」.

3. 殖(しよく)妻(さい)哭(こくす)ㄴ夫(ふを)
식 처 지아비를 곡하다

☐ 齊(せい)の[1]莊公(さうこう)と、いふ人[ひと][2]、莒(きよ)といふ国(くに)を、うたんために[3]、いくさを、もよほして[4]、うちたちつゝ[5]、
⇨ 제나라의 장공이라고 하는 사람이 거라고 하는 나라를 치고자 하여 군사를 일으켜 출진하여,

☐ 莒(きよ)のくにに、いたりて[6]、せめたゝかふところに[7]、杞梁殖(きりやうしよく)と云[いう]つハもの[8]、うちじにしたりけり[9]。

---

1) 「せい【斉】제나라」+「の[助詞]」.
2) 「と[助詞]~라고」+「いふ【言ふ・云ふ】[4]말하다」의 連体形「いふ」+「ひと【人】사람」.
3) 「と[助詞]~라고」+「いふ【言ふ・云ふ】[4]말하다」의 連体形「いふ」+「くに【国】나라, 지역」+「を[助詞]」+「うつ【打つ・討つ・撃つ】[4]치다, 죽이다」의 未然形「うた」+「む[助動]추량·의지」의 連体形「む」→「ん」+「ため【為】[名]이득, 행복, 위함」+「に[助詞]」.
4) 「いくさ【軍・戦】병사, 군대, 전쟁」+「を[助詞]」+「もよほす[4]→もよおす【催す】[5]재촉하다, 불러일으키다, 준비하다, 소집하다, 부과하다」의 連用形「もよほし」+「て」.
5) 「うちたつ【打ち立つ】[4]기운차게 일어서다, 출발하다」의 連用形「うちたち」+「つゝ[助詞]같은 동작의 반복·계속 등, ~하면서, ~해 두고 나서」(連用形에 접속함).
6) 「の[助詞]」+「くに【国】나라, 지역」+「に[助詞]」+「いたる【至る・到る】[4]도착하다, 도달하다」의 連用形「いたり」+「て」.
7) 「せむ[下2]→せめる【攻める】[下1]다가와 압박하다, 공격하다」의 連用形「せめ」+「たたかふ[4]→たたかう【戦う・闘う】[5]싸우다, 전쟁하다」의 連体形「たたかふ」+「ところに【所に】[助詞]~하고 있는데, ~하고 있었지만」.
8) 「と[助詞]~라고」+「いふ【言ふ・云ふ】[4]말하다」의 連体形「いふ」+「つはもの→つわもの【兵】무기, 병사, 용사, 무인」.
9) 「うちじに【討死】싸움터에서 적과 싸우다 죽는 것, 전사」+「す[サ変]하다」의 連用形「し」+「たり[助動]완료·존속」의 連用形「たり」+「けり[助動]회상·과거」.

⇨ 거나라에 이르러서 공격해 싸웠는데 기량식이라 하는 사람이 전사했다.

❏ 莊公(さうこう)、いくさをひきて10)、齊(せい)の国[くに]に、かへるとき11)、道[みち]にして12)、杞梁殖(きりやうしよく)が妻(つま)に行(ゆき)あふたり13)。

⇨ 장공이 병사를 이끌고 제나라로 돌아갈 때 길에서 기량식의 아내와 마주쳤다.

❏ すなハち14)、使者(ししや)をもつて15)、とふらひを16)、いたせられ侍[は]べり17)。

⇨ 곧 사자로써 조문을 하셨습니다.

---

10) 「いくさ【軍・戦】 병사. 군대. 전쟁」+「を[助詞]」+「ひく【引く・退く・曳く・牽く】 [4]끌다. 물리다」의 連用形 「ひき」+「て」.

11) 「せい【斉】 제」+「の[助詞]」+「くに【国】 나라」+「に[助詞]」+「かへる[4] → かえる【帰る】 [5]돌아가(오)다」의 連体形 「かへる」+「とき【時】 때」.

12) 「みち【道】 길」+「に[助詞]」+「して[助詞]」(〈にして[連語]〉는 장소나 때를 나타냄. ~에서. ~에).

13) 「が[助詞]현대일본어 〈の〉의 쓰임」+「つま【妻】 처. 아내」+「に[助詞]」+「ゆきあふ【行き合ふ・行き逢ふ】 [4]나아가서 마주치다」(문법적으로는 連用形인 〈ゆきあひ〉가 쓰여야 함)+「たり[助動]완료・존속」.

14) 「すなはち → すなわち【即ち・則ち】 [副]곧바로. 즉시. 그래서. 즉」.

15) 「ししや【使者】 사자」+「を[助詞]」+「もって【以て】 (〈を[助詞]〉에 이어져서)수단이나 원인 등을 나타냄. ~로써. ~때문에」.

16) 「とぶらひ【弔ひ】 [名]조문. 장례식」(〈-ふ-〉는 無濁点표기)+「を[助詞]」.

17) 이 부분을 만일 「いたす【致す】 [4]하다. 혼신을 다 바치다. 온힘을 쏟다」+「る[助動]수동・존경」+「侍(はべ)り[助動]격식・정중」로 본다면 「る」는 未然形에 접속하고 「はべり」는 連用形에 접속하기 때문에 「いたされはべり」가 되어야 하므로 본문에 맞지 않는다. 요컨대 본문에 「いたさ」가 아니라 「いたせ」로 되어 있어서 추가적인 논의가 필요한 것인데, 만일 下2단 활용을 하는 「いたす」가 있다면 그 未然形이 「いたせ」이고 이는 「る」가 아닌 「らる[助動]수동・존경」에 접속하므로 간단하게 해결되겠지만, 그런 동사는 사전에서 확인되지 않는다. 그렇다면 「いたす」가 「らる」 앞에서 「いたせ」가 되는 경우를 따져보면 「いたす」를 サ変動詞와 같은 방식으로 활용시키는 것인데, 이렇게 보면 설명은 가능하겠지만 문법적으로는 오류라고 처리할 수밖에 없겠다. 한편 「いたす【致す】 [4]하다」의 命令形 「いたせ」+「り[助動]완료・존속」의 未然形 「ら」+「る[助動]수동・존경」의 連用形 「れ」+「侍(はべ)り[助動]격식・정중」로 분석할 수도 있겠지만 역시 확실치 않다.

❑ 妻(つま)すなハち[18]、使者(ししゃ)にむかひて、いはく[19]、
　⇨ 아내가 곧 사자를 향해 말하길

❑「いま[20] 杞梁殖(きりやうしよく)に罪(つみ)あらば[21]、君(きみ)いかでか[22]、かたじけなく[23]、かやうにハ[24] 仰(おほせ)をも[25]、かうふるべき[26]。
　⇨ "지금 기량식에게 죄가 있으면 주군이 어찌 황송하게 이처럼 말씀까지도 받을 수 있겠는가?

❑ もし、わが夫(おつと)の罪(つみ)を[27]、まぬかれしめ給(たま)ハゞ[28]、
　⇨ 만일 우리 남편의 죄를 면하게 하시면,

---

18) 「つま【妻】처. 아내」+「すなはち【即ち・則ち】[副]곧바로. 즉시. 그래서」.

19) 「ししゃ【使者】사자」+「に[助詞]」+「むかふ【向かふ・対ふ】[4]향하다. 맞서다」의 連用形「むかひ」+「て」+「いはく【曰く】말하길. 이르길」.

20) 「いま【今】현재. 지금. 이 국면」.

21) 「に[助詞]~에게」+「つみ【罪】죄」+「あり【有り】[ラ変]있다」의 未然形「あら」+「ば[助詞]가정조건」.

22) 「きみ【君・公】군. 원수. 제왕. 군주. 주인. 주군」+「いかでか【如何でか・争でか】[副]어찌. 문말에 호응하여 '어찌 ~하겠는가?'의 뜻. 문말에는 連体形이 쓰임」.

23) 「かたじけなし【忝し・辱し】[形ク]부끄럽다. 과분하다. 황송하다」의 連用形「かたじけなく」.

24) 「かやう【斯様】[形動ナリ]이러한. 이런 식의」의 連用形「かやうに」+「は[助詞]」.

25) 「おほせ → おおせ【仰せ】[名]말씀. 하명」+「を[助詞]」+「も[助詞]」(〈をも〉는 '~까지도·~조차도'의 뜻).

26) 「かうぶる → こうぶる【被る・蒙る】[4](〈こうむる〉의 옛 형태)윗사람이나 강자의 동작을 받다」의 終止形「かうぶる」(〈-ふ〉는 無濁点표기)+「べし[助動]의무·당연·추량·가능 등」의 連体形「べき」(앞의 〈いかでか〉에 호응).

27) 「もし【若し】[副]만일」+「わが【我が・吾が】[連体]나의. 자신의」+「をつと → おっと【夫】지아비」(〈お〉는 歴史的仮名遣에 어긋남)+「の[助詞]」+「つみ【罪】죄」+「を[助詞]」.

28) 「まぬかる[下2] → まぬかれる【免れる】[下1]면하다. 피하다」의 未然形「まぬかれ」+「しむ[助動使役. ~하게 하다. 시키다」의 連用形「しめ」+「たまふ【給ふ】[助動존경]」의 未然形「たまは」+「ば[助詞]가정조건」.

❏ ねがハくは29)、わが庵(いほ)りの内[うち]へきたりて30)、とふらひをも31)仰[おおせ]あるべし32)。

⇨ 바라옵건대 우리 초막 안에 와서 조문까지도 말씀이 있어야 할 것이다.

❏ 今[いま]この道[みち]の、ほとりにしてハ33)、うけたてまつるべからず34)。」と、いふ35)。

⇨ 지금 이 길가에서는 받잡을 수 없다."라고 한다.

❏ 莊公(さうこう)、げにも、と、おもひて36)、車(くるま)をかへして37)、杞梁殖(きりやうしよく)が家(いへ)にいたり38)、礼義(れいぎ)ねんごろに、つとめて39)、本国(ほんごく)に、かへられけり40)。

⇨ 장공이 지당하다고 생각하여 수레를 돌려서 기량식의 집에 이르러 예의를 정성스

---

29) 「ねがはくは → ねがわくは【願わくは】[副]바라기는. 원하기는」.

30) 「わが【我が・吾が】[連体]나의. 자신의」+「いほり → いおり【庵・廬】풀이나 나무 따위로 만든 허름한 집. 오두막집」+「の[助詞]」+「うち【内】안」+「へ[助詞]」+「きたる【来る】[4]오다」의 連用形 「きたり」+「て」.

31) 「とぶらひ【弔ひ】[名]조문. 장례식」(〈-ふ〉는 無濁点표기)+「を[助詞]」+「も[助詞]」(〈をも〉는 '~까지도・~조차도'의 뜻).

32) 「おほせ → おおせ【仰せ】[名]말씀. 하명」+「あり【有り】[ラ変]있다」의 連体形 「ある」+「べし[助動]의무・당연・추량・가능 등」.

33) 「いま【今】현재. 지금」+「この【此の・斯の】[連体]이」+「みち【道】길」+「の[助詞]」+「ほとり【辺】주변. 근처」+「に[助詞]」+「して[助詞]」(〈にして[連語]〉는 장소나 때를 나타냄. ~에서. ~에)+「は[助詞]」.

34) 「うく[下2] → うける【受ける】[下1]받다」의 連用形 「うけ」+「たてまつる[助動]겸양. ~해드리다」의 終止形 「たてまつる」+「べかり[助動]추량・가능 등」의 未然形 「べから」+「ず[助動]부정」.

35) 「と[助詞]~라고」+「いふ【言ふ・云ふ】[4]말하다」.

36) 「げにも【実にも】[副]들은 대로. 지당하다. 당연하다. 그대로라」(〈げに[副詞]〉+〈も[助詞]〉의 형태)+「と[助詞]~라고」+「おもふ【思ふ】[4]생각하다」의 連用形 「おもひ」+「て」.

37) 「くるま【車】수레」+「を[助詞]」+「かへす【反す・返す】[4]돌리다. 뒤집다」의 連用形 「かへし」+「て」.

38) 「が[助詞]현대일본어〈の〉의 쓰임」+「いへ → いえ【家】집」+「に[助詞]」+「いたる【至る・到る】[4]도착하다. 도달하다」의 連用形 「いたり」.

럽게 힘쓰고 본국으로 돌아가셨다.

□ そのゝち41)、杞梁殖(きりやうしよく)が妻[つま]42)、その夫(おつと)の43)、むなしき尸(かバね)を44)、城(じやう)のもとに45)枕(まくら)として46)、なげきさけぶ47)。

⇨ 그 후에 기량식의 아내는 그 남편의 덧없는 주검을 성 아래에 베개 삼고서 한탄하여 외친다.

□ まことに48)、あはれを、もよほして49)、人[ひと]の心[こころ]を50)、うこかせり51)。

---

39) 「れいぎ【礼義】예의」+「ねんごろ【懇ろ】[形動ナリ]진심을 담은 모양. 공손함」의 連用形 「ねんごろに」+「つとむ[下2]→つとめる【勤める·努める·務める·力める·勉める】[下1]힘쓰다. 노력하다. 섬기다. 근행하다」의 連用形 「つとめ」+「て」.

40) 「ほんごく【本国】본국」+「に[助詞]」+「かへる【帰る】[4]돌아가(오)다」의 未然形 「かへら」+「る[助動:존경]」의 連用形 「れ」+「けり[助動:회상·과거]」.

41) 「その【其の】[連体]그」+「のち【後】후」.

42) 「が[助詞]현대일본어〈の〉의 쓰임」+「つま【妻】처. 아내」.

43) 「その【其の】[連体]그」+「をつと→おっと【夫】지아비」(〈お-〉는 歷史的仮名遣에 어긋남)+「の[助詞]」.

44) 「むなし【空し·虚し】[形シク]덧없다. 무상하다. 죽었다」의 連体形 「むなしき」+「かばね【屍·尸】시체. 주검」+「を[助詞]」.

45) 「じやう→じょう【城】성」+「の[助詞]」+「もと【下·許】아래. 부근. 있는 곳」+「に[助詞]」.

46) 「まくら【枕】베개」+「と[助詞]~로」+「す[サ変]하다」의 連用形 「し」+「て」.

47) 「なげく【嘆く·歎く】[4]한숨짓다. 탄식하다. 슬퍼하다. 절망하다. 애원하다. 호소하다」의 連用形 「なげき」+「さけぶ【叫ぶ】[4]외치다」.

48) 「まことに【真に·実に·誠に】[副]정말로. 거짓 없이. 매우」.

49) 「あはれ【哀れ】[名]마음속에서 끓어오르는 절절한 감동이나 감정을 일컫는 말. 친애·정취·정감·애련·비애 등」+「もよほす[4]→もよおす【催す】[5]재촉하다. 불러일으키다. 준비하다. 소집하다」의 連用形 「もよほし」+「て」.

50) 「ひと【人】사람. 다른 사람」+「の[助詞]」+「こころ【心】마음. 뜻. 생각」+「を[助詞]」.

51) 「うごかす【動かす】[4]움직이게 하다. 감동시키다」의 命令形 「うごかせ」(〈-こ-〉는 無濁点표기)+「り[助動:완료·존속]」.

⇨ 참으로 동정심을 불러일으켜 사람의 마음을 움직였다.

❏ 道[みち]ゆき人(びと)⁵²⁾、これを聞[きき]てハ⁵³⁾、涙[なみだ]をながさず⁵⁴⁾、と云[いう]事(こと)なし⁵⁵⁾。

⇨ 길 가는 사람이 이를 듣고서는 눈물을 흘리지 않는다고 하는 적이 없다.

❏ しかるに⁵⁶⁾、妻(つま)もとより⁵⁷⁾子(こ)なし⁵⁸⁾。

⇨ 그런데 아내는 애당초 아이가 없다.

❏ 人〵〳[ひとびと]あはれミて⁵⁹⁾、杞梁殖(きりやうしよく)が、むなしき、かバねを⁶⁰⁾墳(つか)をつきて⁶¹⁾、はうふりて、あたへけり⁶²⁾。

⇨ 사람들이 불쌍히 여겨서 기량식의 덧없는 주검을 무덤 만들어 장사지내 주었다.

---

52) 「みち【道】길」+「ゆく【行く】[4]가다」의 連用形 「ゆき」(連用形으로 명사에 이어지면 복합명사를 만듦)+「ひと【人】사람」(〈び〉는 連濁).

53) 「これ【此·是】[代]이것. 이사람」+「を[助詞]」+「きく【聞く】[4]듣다」의 連用形 「きき」+「て」+「は[助詞]」.

54) 「なみだ【涙】눈물」+「を[助詞]」+「ながす【流す】[4]흘리다」의 未然形 「ながさ」+「ず[助動부정]」.

55) 「と[助詞]~라고」+「いふ【言ふ·云ふ】[4]말하다」의 連体形 「いふ」+「こと【事】것. 일」+「なし【無し】[形ク]없다」.

56) 「しかるに【然るに】[接続]그런데. 하지만. 그건 그렇고」.

57) 「つま【妻】처. 아내」+「もとより【元より·固より·素より】[副]처음부터. 이전부터. 원래. 본래」.

58) 「こ【子】아이. 자식」+「なし【無し】[形ク]없다」.

59) 「ひとびと【人人】사람들」+「あはれむ[4]→あわれむ【哀れむ·憐れむ】[5]동정하다. 불쌍히 여기다」의 連用形 「あはれみ」+「て」.

60) 「が[助詞]현대일본어〈の〉의 쓰임」+「むなし【空し·虚し】[形シク]덧없다. 무상하다. 죽었다」의 連体形 「むなしき」+「かばね【屍·尸】시체. 주검」+「を[助詞]」.

61) 「つか【塚·冢】무덤. 묘」(〈墳〉은 『広辞苑』에서는 〈ふん〉으로만 읽음)+「を[助詞]」+「つく【築く】[4]만들다. 쌓다」의 連用形 「つき」+「て」.

62) 「はうぶる→ほうぶる【葬る】[4]장사지내다. 매장하다」의 連用形 「はうぶり」(〈-ふ〉는 無濁点표기)+「て」+「あたふ[下2]→あたえる【与える】[下1]주다. 건네다」의 連用形 「あたへ」+「けり[助動회상·과거]」.

❏ すでに、はうふりてのち63)、なげきて、いはく64)、「それ65)女[おんな]
の身[み]ハ66)、ひとり、たつへからず67)、よりて68)、たのむところな
く八69)、あるべからず70)。

⇨ 이제 장사지낸 후에 탄식하여 말하길 "무릇 여자의 몸은 홀로 설 수 없다. 기대어
의지할 곳이 없어서는 있을 수 없다.

❏ 父(ちゝ)いますときハ、父[ちち]により71)、夫(おつと)あるときハ、夫
(おつと)により72)、子[こ]あるときハ、子(こ)によりて73)、身[み]をた

---

63) 「すでに【既に・已に】[副]이미. 모두. 이제」+「はうぶる【葬る】[4]장사지내다」의 連
用形「はうぶり」(〈ふ〉는 無濁点표기)+「て」+「のち【後】후. 이후」.

64) 「なげく【嘆く・歎く】[4]탄식하다. 슬퍼하다. 애원하다」의 連用形「なげき」+「て」+「い
はく【曰く】말하길. 이르길」.

65) 「それ【其・夫】[感](한문의 〈夫〉에 대한 訓読에서)격식을 차린 자세로 글을 시작
할 때 쓰는 말. 대저. 무릇」.

66) 「をんな→おんな【女】여자」+「の[助詞]」+「み【身】몸. 처지」+「は[助詞]」.

67) 「ひとり【一人・独り】한 사람. 혼자」+「たつ【立つ】[4]서다」의 終止形「たつ」+「べか
り[助動]추량・가능 등」의 未然形「べから」(〈へ〉는 無濁点표기)+「ず[助動]부정」.

68) 「よる【寄る・凭る・頼る】[4]다가가다. 기대다」의 連用形「より」+「て」. 이는「よりて
【依りて・因りて・仍りて】[接続]그러므로. 따라서」로 볼 수도 있겠지만 아래 내용에
맞춰 전자로 풀이한다.

69) 「たのむ【頼む・恃む・憑む】[4]상대에게 기대다. 기대하다. 신용하다. 맡기다」의 連
体形「たのむ」+「ところ【所・処】곳」+「なく」+「ば[助詞]가정조건」(形容詞의〈~く〉에
접속. 〈は〉는 無濁点표기로 봐야겠다).

70) 「あり【有り】[ラ変]있다. 존재하다」의 連体形「ある」+「べかり[助動]추량・가능 등」의
未然形「べから」+「ず[助動]부정」.

71) 「ちち【父】아버지」+「います【在す・坐す】[4]계시다」의 連体形「います」+「とき【時】
때」+「は[助詞]」+「ちち【父】아버지」+「に[助詞]」+「よる【寄る・凭る・頼る】[4]기대다」
의 連用形「より」.

72) 「をつと→おっと【夫】지아비」(〈お〉는 歴史的仮名遣에 어긋남)+「あり【有り】[ラ変]
있다」의 連体形「ある」+「とき【時】때」+「は[助詞]」+「をつと→おっと【夫】지아비」
+「に[助詞]」+「よる【寄る・凭る・頼る】[4]기대다」의 連用形「より」.

73) 「こ【子】아이. 자식」+「あり【有り】[ラ変]있다」의 連体形「ある」+「とき【時】때」+「は
[助詞]」+「こ【子】자식」+「に[助詞]」+「よる【寄る・凭る・頼る】[4]기대다」의 連用形「よ
り」+「て」.

つべし74)。

⇨ 아버지가 계실 때는 아버지에게 기대고, 남편이 있을 때는 남편에게 기대고, 자식이 있을 때는 자식에 기대어 몸을 세울 것이다.

❏ いま、われ75)、上(かミ)に父[ちち]なく76)、中(なか)に夫(おつと)にはなれ77)、下(しも)に子[こ]なし78)。

⇨ 지금 나는 위로 아버지가 없고, 가운데에 남편이 떠나고, 아래로 자식이 없다.

❏ この故[ゆえ]に79)、わか心[こころ]ざしを、しる人[ひと]なく80)、わが節(せつ)をミる人[ひと]なし81)。

⇨ 이런고로 내 마음가짐을 아는 사람이 없고, 내 절개를 보는 사람이 없다.

❏ いのち、ながらへて82)、又[また]、何[なに]にかせん83)。」と、いふ

---

74) 「み【身】 몸. 자신. 처신」+「を[助詞]」+「たつ[下2]→たてる【立てる】[下1]세우다. 드러내다」의 終止形 「たつ」+「べし[助動]의무・당연・추량・가능 등」.

75) 「いま【今】 현재. 지금」+「われ【我・吾】[代]나」.

76) 「かみ【上】 위」+「に[助詞]」+「ちち【父】 아버지」+「なし【無し】[形ク]없다」의 連用形 「なく」.

77) 「なか【中】 가운데」+「に[助詞]」+「をつと→おっと【夫】 지아비」(〈お〉는 歴史的仮名遣에 어긋남)+「に[助詞]」+「はなる[下2]→はなれる【離れる・放れる】[下1]멀어지다. 떠나다. 인연이 끊어지다」의 連用形 「はなれ」.

78) 「しも【下】 아래」+「に[助詞]」+「こ【子】 아이. 자식」+「なし【無し】[形ク]없다」.

79) 「この【此の・斯の】[連体]이」+「ゆゑ→ゆえ【故】 이유. 까닭」+「に[助詞]」.

80) 「わが【我が・吾が】[連体]나의. 자신의」(〈-か〉는 無濁点表기)+「こころざし【志】 마음이 향하는 바. 뜻. 마음가짐」+「を[助詞]」+「しる【知る】[4]알다」의 連体形 「しる」+「ひと【人】 사람」+「なし【無し】[形ク]없다」의 連用形 「なく」.

81) 「わが【我が・吾が】[連体]나의. 자신의」+「せつ【節】 뜻을 지키는 것. 절개」+「を[助詞]」+「みる【見る・視る・観る】[上1]보다. 조우하다. 부부의 약조를 하다. 조사하다. 시험하다」의 連体形 「みる」+「ひと【人】 사람」+「なし【無し】[形ク]없다」.

82) 「いのち【命】 목숨」+「ながらふ[下2]→ながらえる【存える・永らえる】[下1]같은 상태가 이어지다. 오래 살다」의 連用形 「ながらへ」+「て」.

83) 「また【又・亦・復】[副]다시. 같이. 달리. 또한. 게다가」+「なに【何】[代]어떤. 무엇」+「に[助詞]」+「か[係助詞]의문・질문」(문말은 連体形)+「す[サ変]하다」의 未然形 「せ」+「む[助動]추량・의지」의 連体形 「む」(앞의 〈か〉에 호응)→「ん」.

て84)、
⇨ 목숨을 이어서 또한 무엇 하겠는가?'라고 하고서,

◻ つゐに85)淄水(しすい)の流(ながれ)に身(ミ)を、しづめて86)、むなしく、なりけるこそ、あはれなり87)。
⇨ 끝내 치수의 물결에 몸을 던져 운명했던 것이야말로 절절하다.

◻ 今[いま]にいたりて88)、淄水(しすい)の浪(なミ)のをとにハ89)、うれへのこゑ90)、あるがごとし91)。
⇨ 오늘날에 이르러서 치수의 물결 소리에는 슬픔의 목소리가 있는 것 같다.

---

84) 「と[助詞]~라고」+「いふ【言ふ·云ふ】[4]말하다」+「て」.

85) 「つひに→つゐに【終に·遂に】[副]결국. 마침내」(〈-ゐ-〉는 정서법에 어긋남).

86) 「の[助詞]」+「ながれ【流れ】[名]흐름. 물결」+「に[助詞]」+「み【身】몸. 자신」+「を [助詞]」+「しづむ[下2]→しづめる【沈める】[下1]담그다. 가라앉히다. 잠기게 하다」 의 連用形「しづめ」+「て」.

87) 「むなし【空し·虚し】[形シク]덧없다. 무상하다. 죽었다」의 連用形「むなしく」+「なる 【成る·為る】[4]되다」의 連用形「なり」+「けり[助動]회상·과거」의 連体形「ける」+「こ そ[係助詞]뜻을 강하게 함」(문말은 已然形)+「あはれ【哀れ】[形動ナリ]마음속에서 끓어오르는 절절한 감동이나 감정을 일컫는 말. 친애·정취·감격·애련·비애 등」 의 已然形「あはれなれ」(앞의 〈こそ〉에 호응하여 이런 已然形이 기대되는 부분인 데 본문에는 終止形인 〈あはれなり〉가 쓰이고 있어서 문법에 어긋난 것으로 봐야 겠다).

88) 「いま【今】현재. 지금」+「に[助詞]」+「いたる【至る·到る】[4]도착하다. 도달하다」의 連用形「いたり」+「て」.

89) 「の[助詞]」+「なみ【波·浪】물결. 파도」+「の[助詞]」+「おと【音】소리」(〈を-〉는 정서 법에 어긋남)+「に[助詞]」+「は[助詞]」.

90) 「うれへ→うれえ【憂え·愁え】[名]슬픔. 우려. 근심」+「の[助詞]」+「こゑ→こえ【声】 목소리」.

91) 「あり【有り】[ラ変]있다」의 連体形「ある」+「が[助詞]」+「ごとし【如し】[助動]~와 같다. ~와 닮았다」.

4. 宋(そう)女(ぢよ)不ㇾ改(あらためず)
송나라 여자가 고치지 아니하다

❏ 蔡(さい)の国(くに)の1)、なにがしが妻(つま)ハ2)、宋(そう)の国(くに)の人[ひと]也(なり)けり3)。
  ⇨ 채나라의 아무개의 아내는 송나라의 사람이었다.

❏ すでに蔡(さい)にきたりて4)、いくほどなく5)、その夫(おつと)6)、あしきやまひを、うけたり7)。
  ⇨ 이제 채나라에 와서 얼마 지나지 않아서 그 남편이 나쁜 병을 얻었다.

❏ 妻(つま)の母(はゝ)かたりて、いはく8)、「かゝる夫(おつと)に9)、かた

---

1) 「さい【蔡】채나라. 주(周) 시절의 국명」+「の[助詞]」+「くに【国】나라. 지역」+「の[助詞]」.

2) 「なにがし【某·何某】[代]아무개. 나」+「が[助詞]현대일본어〈の〉의 쓰임」+「つま【妻】처. 아내」+「は[助詞]」.

3) 「そう【宋】송나라」+「の[助詞]」+「くに【国】나라. 지역」+「の[助詞]」+「ひと【人】사람」+「なり[助動]단정·지정」의 連用形 「なり」+「けり[助動]회상·과거」.

4) 「すでに【既に·已に】[副]이미. 모두. 이제」+「さい【蔡】채나라」+「に[助詞]」+「きたる【来る】[4]오다」의 連用形 「きたり」+「て」.

5) 「いくほど【幾程】어느 정도. 얼마나」+「なし【無し】[形ク]없다」의 連用形 「なく」.

6) 「その【其の】[連体]그」+「をっと→おっと【夫】지아비」(〈お〉는 歴史的仮名遣에 어긋남).

7) 「あし【悪し】[形シク]불쾌하다. 나쁘다. 흉하다」의 連体形 「あしき」+「やまひ→やまい【病】병」+「を[助詞]」+「うく[下2]→うける【受ける·享ける·承ける】[下1]받다」의 連用形 「うけ」+「たり[助動]완료·존속」.

8) 「つま【妻】처. 아내」+「の[助詞]」+「はは【母】어머니」+「かたる【語る】[4]상대에게 전하다. 자초지종을 이야기하다」의 連用形 「かたり」+「て」+「いはく【曰く】말하길. 이르길」.

らひなば10)、後(のち]にハ、かならず11)乞食(こつじき)すべし12)。
  ⇨ 아내의 어머니가 밝혀 말하길 "이러한 남편에 가까이한다면 나중에는 필시 빌어먹을 것이다.

❏ もしくハ13)、又[また]、しからずとも14)、いかでか15)、すゑ久[ひさ]しからん16)。
  ⇨ 어쩌면 또한 그렇지 않더라도 어찌 끝이 길겠는가?

❏ たゞ、いとまをえて17)、本(ほん)ごくに、かへるべし18)、かさねて19)、しかるべき夫(おつと)を、もとめて20)、えさすべし21)。」と、

---

9) 「かかる【斯かる】[連体]이러한. 이런」+「をつと→おっと【夫】지아비」(〈お〉는 歷史的 仮名遣에 어긋남)+「に[助詞]」.
10) 「かたらふ[4]→かたらう【語らう】[5]서로 이야기 나누다. 친교하다. 설득하여 한패에 끌어들이다. 남녀가 약속하다」의 連用形「かたらひ」+「ぬ[助動]완료·존속」의 未然形「な」+「ば[助詞]가정조건」.
11) 「のち【後】후. 이후」+「に[助詞]」+「は[助詞]」+「かならず【必ず】[副]꼭. 반드시. 필시」.
12) 「こつじき【乞食】걸식. 구걸」+「す[サ変]하다」의 終止形「す」+「べし[助動]의무·당연·추량·가능 등」.
13) 「もしくは【若しくは】①[副詞]어쩌면. 혹시 ②[接続]혹은. 어쩌면. 어느 쪽인가 하면」.
14) 「また【又·亦·復】[副]다시. 같이. 달리. 또한. 게다가」+「しかり【然り】[ラ変]그렇다」의 未然形「しから」+「ず[助動]부정」의 終止形「ず」+「とも[助詞]역접의 가정조건. ~해도」.
15) 「いかでか【如何でか·争でか】[副]어찌. 문말에 호응하여 '어찌 ~하겠는가?'의 뜻. 문말에는 連体形이 쓰임」.
16) 「すゑ→すえ【末】말. 끝. 결말. 미래. 자손」+「ひさし[形シク]→ひさしい【久しい】[形]길다. 오래 경과하다」의 未然形「ひさしから」+「む[助動]추량·의지」→「ん」.
17) 「ただ【只·唯】[副]단지. 오직. 그저」+「いとま【暇·遑】휴가. 여유. 사직. 이별. 이혼. 해고」+「を[助詞]」+「う【得】[下2]얻다」의 連用形「え」+「て」.
18) 「ほんごく【本国】본국」+「に[助詞]」+「かへる【帰る】[4]돌아가(오)다」의 終止形「かへる」+「べし[助動]의무·당연·추량·가능 등」.
19) 「かさねて【重ねて】[副]다시. 재차」.
20) 「しかるべし【然る可し】[形ク]①그렇게 될 운명이다 ②적당하다. 어울리다 ③그렇게 할 수 있다 ④훌륭하다」의 連体形「しかるべき」+「をつと→おっと【夫】지아비」(〈お-〉는 歷史的仮名遣에 어긋남)+「を[助詞]」+「もとむ【求む】[下2]찾다. 구하다」의 連

いふ[22])。

⇨ 그저 작별하고 본국으로 돌아와야 할 것이다. 다시 적당한 남편을 구해서 얻게 해야 할 것이다."라고 한다.

❏ そのとき[23])、妻(つま)こたへて、いはく[24])、「わが夫(おつと)の[25])、かゝる、やまひを、うけし事(こと)ハ[26])、これハ是(これ)[27])、夫(おつと)の天[てん]命(めい)[28])、わが不幸(ふかう)なり[29])。

⇨ 그때에 아내가 대답하여 말하길 "우리 남편이 이러한 병을 얻은 것은 이는 바로 남편의 천명이고 나의 불행이다,"

❏ いかでか、いまさらに[30])、いとまをえて[31])、別(べち)の夫(おつと)にあふ[32])、と、いふ、ミちや、あるべき[33])。

用形「もとめ」+「て」.

21) 「う【得】[下2]얻다」의 未然形「え」+「さす[助動]사역. ~시키다」의 終止形「さす」+「べし[助動]의무·당연·추량·가능 등」.

22) 「と[助詞]~라고」+「いふ【言ふ·云ふ】[4]말하다」.

23) 「その【其の】[連体]그」+「とき【時】때」.

24) 「つま【妻】처. 아내」+「こたふ【答ふ·応ふ】[下2]대답하다. 반응하다」의 連用形「こたへ」+「て」+「いはく【曰く】말하길. 이르길」.

25) 「わが【我が·吾が】[連体]나의. 자신의」+「をつと→おっと【夫】지아비」(〈お〉는 歴史的仮名遣에 어긋남)+「の[助詞]현대일본어 〈が〉의 쓰임」.

26) 「かかる【斯かる】[連体]이러한. 이런」+「やまひ→やまい【病】병」+「を[助詞]」+「うく【受く·承く】[下2]받다」의 連用形「うけ」+「き[助動]회상·과거」의 連体形「し」+「こと【事】것. 일」+「は[助詞]」.

27) 「これ【此·是】[代]이것」+「は[助詞]」+「これ【此·是】[代]앞에 제시한 말을 재차 언급할 때 사용하는 말」.

28) 「をつと→おっと【夫】지아비」(〈お〉는 歴史的仮名遣에 어긋남)+「の[助詞]」+「てんめい【天命】천명」.

29) 「わが【我が·吾が】[連体]나의. 자신의」+「ふかう→ふこう【不幸】불행」+「なり[助動]단정·지정」.

30) 「いかでか【如何でか·争でか】[副]어찌」+「いまさら【今更】[副詞]이제 와서. 이제 새삼스레. 갑작스레」+「に[助詞]」.

31) 「いとま【暇·遑】이별. 이혼」+「を[助詞]」+「う【得】[下2]얻다」의 連用形「え」+「て」.

⇨ 어찌 이제 새삼 작별하고 다른 지아비와 합한다고 하는 길이 있겠는가?

❏ 一[ひと]たび34)、この夫(おつと)に、まミえしよりハ35)、又[また]、二たび36)、心[こころ]を、あらたむる事[こと]37)あるべからず38)。

⇨ 한차례 이 남편을 뵌 이래로는 다시 재차 마음을 고치는 일이 없을 것이다.

❏ 夫(おつと)不幸(ふかう)にして39)、このやまひに、かゝる40)。

⇨ 남편은 불행하게 이 병에 걸린다.

❏ 夫(おつと)、さらに41)、我(われ)にむかひて42)、あしき心[こころ]な

---

32) 「べち【別】따로. 다른」+「の[助詞]」+「をつと→おっと【夫】지아비」(〈お〉는 歷史的 仮名遣에 어긋남)+「に[助詞]」+「あふ【合ふ・会ふ・逢ふ・遭ふ・遇ふ】[4]만나다. 합하다. 당하다」.

33) 「と[助詞]~라고」+「いふ【言ふ・云ふ】[4]말하다」의 連体形 「いふ」+「みち【道】길, 방법. 도리」+「や[係助詞]의문・질문」(문말은 連体形)+「あり【有り】[ラ変]있다」의 連体形 「ある」+「べし[助動]의무・당연・추량・가능 등」의 連体形 「べき」(앞의 〈や〉에 호응).

34) 「ひと【一】하나」+「たび【度】번. 차례」.

35) 「この【此の・斯の】[連体]이」+「をつと→おっと【夫】지아비」(〈お〉는 歷史的仮名遣에 어긋남)+「に[助詞]」+「まみゆ[下2]→まみえる【見える】[下1]①뵙다. 알현하다 ②대면하다. 만나다」의 連用形 「まみえ」+「き[助動]회상・과거」의 連体形 「し」+「より[助詞]①동작・장소・시간의 起點. ~부터 ②동작이 이루어지는 경유지. ~을 지나 ③비교의 기준. ~보다」+「は[助詞]」.

36) 「また【又・亦・復】[副]다시. 같이. 달리. 또한」+「ふたたび【二度・再び】두 번. 재차」.

37) 「こころ【心】마음. 뜻. 생각」+「を[助詞]」+「あらたむ[下2]→あらためる【改める・革める】[下1]고치다. 바꾸다. 새로이 하다」의 連体形 「あらたむる」+「こと【事】것. 일」.

38) 「あり【有り】[ラ変]있다」의 連体形 「ある」+「べかり[助動]추량・가능 등」의 未然形 「べから」+「ず[助動]부정」.

39) 「をつと→おっと【夫】지아비」(〈お〉는 歷史的仮名遣에 어긋남)+「ふかう→ふこう【不幸】[形動ナリ]불행하다」의 連用形 「ふかうに」+「して[助詞](連用形에 접속)상태를 나타냄. ~으로. ~의 상태로」.

40) 「この【此の・斯の】[連体]이」+「やまひ【病】병」+「に[助詞]」+「かかる【掛かる・繋かる】[4]걸리다. 놓이다. 미치다」.

41) 「をつと→おっと【夫】지아비」(〈お〉는 歷史的仮名遣에 어긋남)+「さらに【更に】[副]①또한. 거듭. 더욱 ②새로이 ③강한 부정. 절대로 ~가 아니다. 전혀 ~지 않다」.

42) 「われ【我・吾】[代]나」+「に[助詞]」+「むかふ【向かふ・対ふ】[4]향하다. 맞서다」의 連

く43)、又[また]、つゐに44)、われを、さらず45)。

⇨ 남편은 전혀 나에 대해 나쁜 마음이 없고 또한 끝내 나를 버리지 않는다.

❏ われ、これをすてゝ46)、いづくにか行[ゆく]へき47)。」と、いふて48)、身[み]ををふるまで49)、心[こころ]をつくして50)、つかへけり51)。

⇨ 내가 이를 버리고서 어디로 갈 수 있겠는가?라고 하고서 죽을 때까지 정성을 다하여 섬겼다.

用形「むかひ」+「て」.

43) 「あし【悪し】[形シク]나쁘다」의 連体形「あしき」+「こころ【心】마음. 뜻. 생각」+「なし【無し】[形ク]없다」의 連用形「なく」.

44) 「また【又・亦・復】[副]또한. 게다가」+「つひに→ついに【終に・遂に】[副]결국. 마침내」(〈-ゐ〉는 정서법에 어긋남).

45) 「われ【我・吾】[代]나」+「を[助詞]」+「さる【去る・避る】[4]떠나다. 버리다」의 未然形「さら」+「ず[助動]부정」.

46) 「われ【我・吾】[代]나」+「これ【此・是】[代]이것. 이사람」+「を[助詞]」+「すつ【捨つ・棄つ】[下2]버리다」의 未然形「すて」+「て」.

47) 「いづく→いずく【何処】[代]어디」+「に[助詞]」+「か[係助詞]의문・질문」(문말은 連体形)+「ゆく【行く】[4]가다」의 終止形「ゆく」+「べし[助動]의무・당연・추량・가능 등」의 連体形「べき」(앞선 〈か〉에 호응. 〈へ〉는 無濁点표기).

48) 「と[助詞]~라고」+「いふ【言ふ・云ふ】[4]말하다」+「て」.

49) 「み【身】몸」+「を[助詞]」+「をふ[下2]→おえる【終える】[下1]끝내다」의 連体形「をふる」+「まで【迄】[助詞]~까지」.

50) 「こころ【心】마음. 뜻. 생각」+「を[助詞]」+「つくす【尽くす】[4]노력하다. 힘쓰다. 다하다」의 連用形「つくし」+「て」.

51) 「つかふ[下2]→つかえる【仕える】[下1]섬기다. 모시다」의 連用形「つかへ」+「けり[助動]회상・과거」.

5. 節(せつ)女(ぢよ)代(かハる)ㇾ死(しに)
절녀가 죽음에 대신하다

☐ 漢(かん)の京師(けいし)の¹⁾節女(せつぢよ)ハ、長安(ちやうあん)と、いふところの人[ひと]なり²⁾。
　⇨ 한나라 도읍의 절녀는 장안이라 하는 곳의 사람이다.

☐ その夫(おつと)に³⁾敵(てき)ありて⁴⁾、いかにもして⁵⁾、これを、ころさん、と⁶⁾、はからひけれども⁷⁾、
　⇨ 그 남편에게 원수가 있어서 어떻게든 하여 이를 죽이려 꾀했지만,

☐ 夫(おつと)ふかく⁸⁾用心(ようじん)せしほどに⁹⁾、敵(てき)も、すべき

---

1) 「かん【漢】한나라」+「の[助詞]」+「けいし【京師】경사. 도읍. 수도」+「の[助詞]」.
2) 「ちやうあん→ちょうあん【長安】장안」+「と[助詞]~라고」+「いふ【言ふ・云ふ】[4]말하다」의 連体形 「いふ」+「ところ【所・処】곳」+「の[助詞]」+「ひと【人】사람」+「なり[助動]단정・지정」.
3) 「その【其の】[連体コ]」+「をつと→おっと【夫】지아비. 남편」(〈お〉는 歷史的仮名遣에 어긋남. 이하 같음)+「に[助詞]」.
4) 「てき【敵】적. 원수」+「あり【有り】[ラ変]있다」의 連用形 「あり」+「て」. 참고로 〈한문본〉에는 「仇人」이며 〈언해본〉에서는 「怨讐」로 기술하고 있다.
5) 「いかに【如何に】[副]어떻게. 어찌. 어째서. 얼마나」+「も[助詞]」+「す[サ変]하다」의 連用形 「し」+「て」. 한편 『広辞苑』에는 「いかにもして【如何にもして】어떻게든 해서」도 표제어로 등재되어 있다.
6) 「これ【此・是】[代]이것. 이사람」+「を[助詞]」+「ころす【殺す】[4]죽이다」의 未然形 「ころさ」+「む[助動]추량・의지」→「ん」+「と[助詞]」.
7) 「はからふ[4]→はからう【計らう】[5]의논하다. 꾀하다. 처리하다」의 連用形 「はからひ」+「けり[助動]회상・과거」의 已然形 「けれ」+「ども[助詞]역접」.
8) 「をつと→おっと【夫】지아비」+「ふかし[形ク]→ふかい【深い】[形]깊다. 무겁다. 심하다」의 連用形 「ふかく」.

はかりこと10)、なかりけり11)。

⇨ 남편이 깊이 조심했기에 적도 할 수 있는 계책이 없었다.

□その妻(つま)ハ12)仁孝(じんかう)にして13)義(ぎ)あることを14)聞(きゝ)及(をよ)びて15)、

⇨ 그 아내는 인과 효가 있고 의가 있다는 것을 들어 알아서,

□敵(てき)のかたより16)、妻(つま)の父(ちゝ)を、とらへて17)、せめて曰(いは)く18)、

⇨ 원수 쪽에서 아내의 아버지를 붙잡아서 다그쳐 말하길,

---

9) 「ようじん【用心】 주의. 조심. 경계」+「す[サ変]하다」의 未然形「せ」+「き[助動]회상·과거」(〈き〉는 連用形에 접속하는 조동사지만 サ変동사는 〈せし〉〈しき〉와 같이 접속함)의 連体形「し」+「ほどに【程に】①~하면, ~하는 사이에 ②원인·이유. ~이므로」 (명사 〈ほど〉에 조사 〈に〉가 붙은 것으로 用言의 連体形에 접속함).

10) 「てき【敵】 적. 원수」+「も[助詞]」+「す[サ変]하다」의 終止形「す」+「べし[助動]의무·당연·추량·가능 등」의 連体形「べき」+「はかりごと【謀】(〈計り事〉의 뜻. 옛날에는 〈はかりこと〉)계략. 의도. 궁리」.

11) 「なし【無し】[形ク]없다」의 連用形「なかり」+「けり[助動]회상·과거」.

12) 「その【其の】[連体]그」+「つま【妻】처. 아내」+「は[助詞]」.

13) 「じんかう→じんこう【仁孝】 인효. 인자함과 효행」+「なり[助動]단정」의 連用形「に」+「して[助詞(連用形에 접속)]상태를 나타냄. ~으로. ~의 상태로」(〈にして[連語]〉는 현대일본어 〈~で〉의 쓰임).

14) 「ぎ【義】의. 도리. 이치」+「あり【有り】[ラ変]있다」의 連体形「ある」+「こと【事】것. 일」+「を[助詞]」.

15) 「ききおよぶ【聞き及ぶ】[4]남을 통해 들어 알다. 전부터 들었다」의 連用形「ききおよび」(〈-を-〉는 정서법에 어긋남)+「て」.

16) 「てき【敵】적. 원수」+「の[助詞]」+「かた【方】방향. 쪽」+「より[助詞]①동작·장소·시간의 起點. ~부터 ②동작이 이루어지는 경유지. ~을 지나 ③비교의 기준. ~보다」

17) 「つま【妻】처. 아내」+「の[助詞]」+「ちち【父】아버지」+「を[助詞]」+「とらふ[下2]→とらえる【捕らえる·捉える】[下1]손으로 꽉 붙들다. 붙잡다. 체포하다. 포박하다. 장악하다」의 連用形「とらへ」+「て」.

18) 「せむ[下2]→せめる【攻める】[下1]다가와 압박하다. 공격하다」의 連用形「せめ」+「て」+「いはく【曰く】말하길. 이르길」.

❏ 「汝(なんぢ)がむすめを、よびて[19]、はかりことを、いたさせて[20]、夫(おつと)を、ころさしめよ[21]。
  ⇨ "너의 딸을 불러서 계략을 하게끔 하여 남편을 죽이게 하라.

❏ しからすハ[22]、汝(なんぢ)を、ころすべし[23]。」と、いふ[24]。
  ⇨ 그렇지 않으면 너를 죽일 것이다."라고 한다.

❏ 父(ちゝ)、大[おおい]に、おそれて[25]、いそぎ、むすめを、よびよせ[26]、涙[なみだ]をながして[27]、かたりけるハ[28]、
  ⇨ 아버지가 크게 두려워하여 서둘러 딸을 불러들여서 눈물을 흘리며 이야기했던 것은,

---

19) 「なんぢ→なんじ【汝・爾】[代]아랫사람을 가리키는 말. 너」+「が[助詞]현대일본어〈の〉의 쓰임」+「むすめ【娘】딸. 젊은 미혼여성」+「を[助詞]」+「よぶ【呼ぶ・喚ぶ】[4]부르다. 초대하다」의 連用形「よび」+「て」.

20) 「はかりごと【謀】계략. 계책」+「を[助詞]」+「いたす【致す】[4]하다. 혼신을 다 바치다. 온힘을 쏟다」의 未然形「いたさ」+「す[助動]使役. ~시키다」의 連用形「せ」+「て」.

21) 「をつと→おっと【夫】지아비」+「を[助詞]」+「ころす【殺す】[4]죽이다」의 未然形「ころさ」+「しむ[助動]使役. ~시키다」의 命令形「しめよ」.

22) 「しからずば【然らずば】[接続]그렇지 않으면」(〈-す-〉는 無濁点표기. 〈-ば〉는 옛날에는 清音. 혹은 無濁点표기).「しからずは」는「しかり【然】[ラ変]그렇다」의 未然形「しから」+「ずは: (助動詞〈ず〉+助詞〈は〉의 형태)①~하지 않고 ②가정조건. 만일 ~가 아니라면」로 분석할 수도 있다.

23) 「なんぢ→なんじ【汝・爾】[代]너」+「を[助詞]」+「ころす【殺す】[4]죽이다」의 終止形「ころす」+「べし[助動]의무・당연・추량・가능 등」.

24) 「と[助詞]~라고」+「いふ【言ふ・云ふ】[4]말하다」.

25) 「ちち【父】아버지」+「おおいに【大いに】[副]매우. 몹시. 많이」+「おそる[下2]→おそれる【恐れる・畏れる・怖れる・懼れる】[下1]두려워하다. 무서워하다. 우려하다」의 連用形「おそれ」+「て」.

26) 「いそぐ【急ぐ】[4]서두르다」의 連用形「いそぎ」+「むすめ【娘】딸」+「を[助詞]」+「よびよす[下2]→よびよせる【呼び寄せる】[下1]불러서 가까이 오게 하다」의 連用形「よびよせ」.

27) 「なみだ【涙】눈물」+「を[助詞]」+「ながす【流す】[4]흘리다」의 連用形「ながし」+「て」.

28) 「かたる【語る】[4]상대에게 전하다. 이야기하다」의 連用形「かたり」+「けり[助動]회상・과거」의 連体形「ける」+「は[助詞]」.

❏ 「おもひよらず29)、汝(なんぢ)が夫(おつと)に敵(てき)あり30)、爰(こゝ)にきたりて31)、我(われ)をせめて、いはく32)、
　⇨ "뜻하지 않게 네 남편에게 원수가 있어 여기에 와서 나를 다그쳐 말하길,

❏ 『汝(なんぢ)をよびて33)、夫(おつと)を、ころす、はかりことを34)、せさせよ35)、しからずハ36)、われを、ころすべし37)。』と、いふ38)。
　⇨ '너를 불러서 남편을 죽일 계략을 하게 시켜라. 그렇지 않으면 나를 죽일 것이다'라고 한다.

❏ この事[こと]を、ゆるさずは39)、さだめて40)、われを、ころすべし41)、もし又[また]42)、これを、ゆるすときハ43)、わが聟(むこ)を、

---

29) 「おもひよる【思い寄る】」[4]어떤 생각을 품게 되다. 생각이 미치다」의 未然形「おもひよら」+「ず[助動부정]」의 連用形「ず」.

30) 「なんぢ【汝・爾】」[代]너」+「が[助詞현대일본어 〈の〉의 쓰임]」+「をつと→おっと【夫】 지아비」+「に[助詞]」+「てき【敵】 적. 원수」+「あり【有り】[ラ変]있다」의 連用形「あり」.

31) 「ここ【此処・此所・此・是・爰】」[代]여기. 이것」+「に[助詞]」+「きたる【来る】[4]오다」의 連用形「きたり」+「て」.

32) 「われ【我・吾】[代]나」+「を[助詞]」+「せむ[下2]→せめる【攻める】[下1]다가와 압박하다」의 連用形「せめ」+「て」+「いはく【曰く】 말하길. 이르길」.

33) 「なんぢ【汝・爾】[代]너」+「を[助詞]」+「よぶ【呼ぶ・喚ぶ】[4]부르다. 초대하다」의 連用形「よび」+「て」.

34) 「をつと→おっと【夫】 지아비」+「を[助詞]」+「ころす【殺す】[4]죽이다」의 連体形「ころす」+「はかりごと【謀】(옛날에는〈はかりこと〉)계략. 계책」+「を[助詞]」.

35) 「す[サ変]하다」의 未然形「せ」+「さす[助動사역. ~시키다」의 命令形「させよ」.

36) 「しからずば【然らずば】[接続]그렇지 않으면」(〈-ば〉는 옛날에는 清音).

37) 「われ【我・吾】[代]나」+「を[助詞]」+「ころす【殺す】[4]죽이다」의 終止形「ころす」+「べし[助動]의무・당연・추량・가능 등」.

38) 「と[助詞]~라고」+「いふ【言ふ・云ふ】[4]말하다」.

39) 「この【此の・斯の】[連体]이」+「こと【事】 것. 일」+「を[助詞]」+「ゆるす【許す・赦す・聴す】[4]허락하다. 인정하다. 승낙하다」의 未然形「ゆるさ」+「ずは : (助動詞〈ず〉+助詞〈は〉의 형태)①~하지 않고 ②가정조건. 만일 ~가 아니라면」.

40) 「さだめて【定めて】[副]아마도. 필시. 분명」.

41) 「われ【我・吾】[代]나」+「を[助詞]」+「ころす【殺す】[4]죽이다」의 終止形「ころす」+「べ

うしなふべし44)。

⇨ 이 일을 받아들이지 않으면 필시 나를 죽일 것이다. 만일 이를 받아들일 때는 내 사위를 잃을 것이다.

❏ とにも、かくにも45)、わがながらへたる命(いのち)こそ46)、うらめしけれ47)。

⇨ 어찌 됐건 내 긴 목숨이야말로 원망스럽구나.

❏ おなじくハ48)、汝(なんぢ)が手(て)にかけて49)、わがいのちを、うしなひて50)、わが物[もの]おもひを、とゞめよ51)。」とて52)、

───────────────

し[助動]의무·당연·추량·가능 등」.

42) 「もし【若し】[副]만일」+「また【又·亦·復】[副]다시. 같이. 달리. 또한. 게다가」.

43) 「これ【此·是】[代]이것. 이사람」+「を[助詞]」+「ゆるす【許す·赦す·聴す】[4]승낙하다」의 連体形「ゆるす」+「とき【時】때」+「は[助詞]」.

44) 「わが【我が·吾が】[連体]나의. 자신의」+「むこ【婿·聟·壻】딸의 남편」+「を[助詞]」+「うしなふ【失ふ】[4]잃다. 지위를 빼앗기다」의 終止形「うしなふ」+「べし[助動]의무·당연·추량·가능 등」.

45) 「とにもかくにも[連語]아무튼. 어쨌든」.

46) 「わが【我が·吾が】[連体]나의. 자신의」+「ながらふ[下2]→ながらえる【存える·永らえる】[下1]같은 상태가 이어지다. 오래 살다」(〈-か〉는 無濁点표기)의 連用形「ながらへ」+「たり[助動]완료·존속」의 連体形「たる」+「いのち【命】목숨」+「こそ[係助詞]뜻을 강하게 함」(문말은 已然形).

47) 「うらめし【恨めし·怨めし】[形]シク원망스럽다. 한심하다」의 已然形「うらめしけれ」(앞의 〈こそ〉에 호응).

48) 「おなじくは【同じくは】[副]마찬가지라면. 기왕이면」.

49) 「なんぢ【汝·爾】[代]너」+「が[助詞]현대일본어 〈の〉의 쓰임」+「て【手】손」+「に[助詞]」+「かく[下2]→かける【掛ける·懸ける】[下1]걸다. 맡기다. 위탁하다. (손 써서)처분하다」의 連用形「かけ」+「て」.

50) 「わが【我が·吾が】[連体]나의. 자신의」+「いのち【命】목숨」+「を[助詞]」+「うしなふ【失ふ】[4]잃다」의 連用形「うしなひ」+「て」.

51) 「わが【我が·吾が】[連体]나의」+「ものおもひ【物思ひ】[名]근심. 걱정. 우려」+「を[助詞]」+「とどむ[下2]→とどめる【止める·留める·停める】[下1]멈추게 하다」의 命令形「とどめよ」.

52) 「とて[助詞]인용. ~라 해서. ~라는 것으로. ~라는 이름으로」.

⇨ 이왕이면 네 손에 맡겨 내 목숨을 잃어서 나의 근심을 멈추게 하라."라며,

❏ さめ＼／と、うちなきければ53)、むすめ聞(きゝ)て54)、心[こころ]におもひけるやうハ55)、まことに、此[この]事[こと]を、ゆるさずハ56)、父(ちゝ)をころす不孝(ふかう)あり57)、

⇨ 흐느껴 울었기에 딸이 듣고서 마음에 생각했던 것은, 참으로 이 일을 받아들이지 않으면 아버지를 죽이는 불효가 있고,

❏ 又[また]、これを、ゆるすときは58)、夫(おつと)をころす不義(ふぎ)あり59)。

⇨ 또한 이를 받아들일 때는 남편을 죽이는 불의가 있다.

❏ されば60)、女[おんな]の身[み]として61)、不孝(ふかう)ありとも62)、不

---

53) 「さめざめ[副]눈물을 흘리며 조용히 우는 모습」+「と[助詞]」+「うち【打ち】[接頭]동사 앞에 써서 뜻을 강하게 함」+「なく【泣く・啼く】[4]울다」의 連用形 「なき」+「けり[助動]회상・과거」의 已然形 「けれ」+「ば[助詞]확정조건. 원인・이유」.

54) 「むすめ【娘】딸」+「きく【聞く・聴く】[4]듣다」의 連用形 「きき」+「て」.

55) 「こころ【心】마음」+「に[助詞]」+「おもふ【思ふ】[4]생각하다」의 連用形 「おもひ」+「けり[助動]회상・과거」의 連体形 「ける」+「やう→よう【様】모습. 형상. 꼴. 이유. 방법」+「は[助詞]」.

56) 「まことに【真に・実に・誠に】[副]정말로. 거짓 없이. 매우」+「この【此の・斯の】[連体]이」+「こと【事】것. 일」+「を[助詞]」+「ゆるす【許す・赦す・聴す】[4]승낙하다」의 未然形 「ゆるさ」+「ずは : 가정조건. 만일 ~가 아니라면」.

57) 「ちち【父】아버지」+「を[助詞]」+「ころす【殺す】[4]죽이다」의 連体形 「ころす」+「ふかう→ふこう【不孝】불효」+「あり【有り】[ラ変]있다」의 連用形 「あり」.

58) 「また【又・亦・復】[副]다시. 같이. 달리. 또한. 게다가」+「これ【此・是】[代]이것」+「を[助詞]」+「ゆるす【許す・赦す・聴す】[4]승낙하다」의 連体形 「ゆるす」+「とき【時】때」+「は[助詞]」.

59) 「をつと→おっと【夫】지아비」+「を[助詞]」+「ころす【殺す】[4]죽이다」의 連体形 「ころす」+「ふぎ【不義】불의」+「あり【有り】[ラ変]있다」.

60) 「されば【然れば】[接続]그렇기 때문에. 따라서. 그건 그렇고」.

61) 「をんな→おんな【女】여자」+「の[助詞]」+「み【身】몸. 처지」+「として[助詞]~의 자격으로. ~로서」.

62) 「ふかう→ふこう【不孝】불효」+「あり【有り】[ラ変]있다」의 終止形 「あり」+「とも[助詞]

義(ふぎ)ありとも⁶³⁾、まさに、ひとつを、をかす時(とき)ハ⁶⁴⁾、生(い
き)て世(よ)にある甲斐(かひ)なし⁶⁵⁾。

⇨ 그러므로 여자의 몸으로서 불효가 있어도 불의가 있어도 이제 하나를 범할 때는
살아서 세상에 있을 값어치가 없다.

❏たゝ、わか身[み]をころして⁶⁶⁾、これに、あたらんには⁶⁷⁾、孝(かう)
ありてそむかず⁶⁸⁾、義(ぎ)ありてやぶらず⁶⁹⁾。

⇨ 다만 자신을 죽여서 이에 응대한다면 효가 있어 거스르지 않고 의가 있어 깨지
않는다.

❏ふたつながら⁷⁰⁾、まつたくせん事[こと]⁷¹⁾、いづれか、これに、まさ

역접의 가정조건. ~해도」.

63) 「ふぎ【不義】불의」+「あり【有り】[ラ変]있다」의 終止形「あり」+「とも[助詞]~해도」.
64) 「まさに【正に】[副]①틀림없이. 분명 ②바로 지금. 이제라도」+「ひとつ【一つ】하나」
+「を[助詞]」+「をかす【犯す・侵す・冒す】[4]범하다. 어기다. 침해하다」의 連体形「を
かす」+「とき【時】때」+「は[助詞]」.
65) 「いく[上2]→いきる【生きる・活きる】[上1]살다. 생존하다」의 連用形「いき」+「て」+「よ
【世】세상」+「に[助詞]」+「あり【有り】[ラ変]있다」의 連体形「ある」+「かひ→かい
【詮・甲斐】보람. 가치. 효과」+「なし【無し】[形ク]없다」.
66) 「ただ【只・唯】[副]단지. 오직. 그저」(〈-た〉는 無濁点표기)+「わが【我が・吾が】[連
体]나의. 자신의」(〈-か〉는 無濁点표기)+「み【身】몸. 자신. 자기」+「を[助詞]」+「こ
ろす【殺す】[4]죽이다」의 連用形「ころし」+「て」.
67) 「これ【此・是】[代]이것. 이사람」+「に[助詞]」+「あたる【当たる・中る】[4]해당하다.
대응하다」의 未然形「あたら」+「む[助動]추량・의지」→「ん」+「には：(〈む[助動]추
량〉에 이어져서)가벼운 가정조건. ~한다면」.
68) 「かう→こう【孝】효」+「あり【有り】[ラ変]있다」의 連用形「あり」+「て」+「そむく【背
く・叛く】[4]등지다. 위반하다. 모반하다. 대들다」의 未然形「そむか」+「ず[助動]부
정」의 連用形「ず」.
69) 「ぎ【義】의. 도리」+「あり【有り】[ラ変]있다」의 連用形「あり」+「て」+「やぶる【破
る】[4]부수다. 깨다」의 未然形「やぶら」+「ず[助動]부정」.
70) 「ふたつ【二つ】두 개」+「ながら【乍ら】[助詞]~채로. ~인데」.
71) 「まったし[形ク]→まったい【全い】[形]충분하다. 완전하다. 갖추어지다. 안전하다」의
連用形「まったく」+「す[サ変]하다」의 未然形「せ」+「む[助動]추량・의지」의 連体形「む」
→「ん」+「こと【事】것. 일」.

らんや72)、と案(あん)じすまして73)、すなハち74)、父[ちち]にかたりて、いはく75)、

⇨ 두 가지면서 완전하게 하는 것에 무엇이 이보다 낫겠는가라고 생각을 끝내고 이내 아버지에게 밝혀 말하길,

☐「心[こころ]やすく、おもひ給[たま]ふべし76)、夫(おつと)ハニ[ふた]たびあるべし77)、親(おや)ハまたあるべからず78)。

⇨ "편안하게 생각하셔야 할 것이다. 남편은 다시 있을 것이다. 부모는 다시 있을 수 없다.

☐しからバ79)、ミづから、はかりことをもつて80)、夫(おつと)を、うた

---

72) 「いづれ→いずれ【何れ・孰れ】[代]누구. 어느 쪽」+「か[係助詞]의문・질문」(문말은 連体形)(〈か〉는 현대일본어 〈の〉의 쓰임을 갖는 助詞인 〈が〉로도 볼 수 있겠는데 그 경우 〈か〉는 無濁点表기)+「これ【此・是】[代]이것. 이사람」+「に[助詞]」+「まさる【優る・勝る】[4]비교해서 낫다. 위다」의 未然形「まさら」+「む[助動]추량・의지」→「ん」+「や[係助詞]의문・질문」.

73) 「と[助詞]~라고」+「あんず[サ変]→あんずる【案ずる】[サ変]생각하다. 궁리하다. 걱정하다」의 連用形「あんじ」+「すます【澄ます・清ます】[4](다른 동사에 접속하여)그 일을 완전히 끝마친다는 뜻을 나타냄」의 連用形「すまし」+「て」.

74) 「すなはち→すなわち【即ち・則ち】[副]곧바로. 즉시. 그래서. 즉」.

75) 「ちち【父】아버지」+「に[助詞]」+「かたる【語る】[4]상대에게 전하다. 자초지종을 이야기하다」의 連用形「かたり」+「て」+「いはく【曰く】말하길. 이르길」.

76) 「こころやすし【心安し】[形ク]안심이다. 편안하다. 간단하다. 쉽다」의 連用形「こころやすく」+「おもふ【思ふ】[4]생각하다」의 連用形「おもひ」+「たまふ【給ふ】[助動]존경」의 終止形「たまふ」+「べし[助動]의무・당연・추량・가능 등」.

77) 「をつと→おっと【夫】지아비」+「は[助詞]」+「ふたたび【二度・再び】두 번. 다시. 거듭」+「あり【有り】[ラ変]있다」의 連体形「ある」+「べし[助動]의무・당연・추량・가능 등」.

78) 「おや【親】부모」+「は[助詞]」+「また【又・亦・復】[副]다시. 같이. 달리. 또한」+「あり【有り】[ラ変]있다. 존재하다」의 連体形「ある」+「べかり[助動]추량・가능 등」의 未然形「べから」+「ず[助動]부정」.

79) 「しからば【然らば】[接続]그렇다면. 그러면」(〈しかり【然】[ラ変]그러하다〉의 未然形〈しから〉+〈ば[助詞]가정조건」로도 분석 가능).

80) 「みづから→みずから【自ら】[名]자기 자신. 나 [副]스스로. 친히」+「はかりごと【謀】계략. 계책」+「を[助詞]」+「もって【以て】(〈を[助詞]〉에 이어져서)수단이나 원인 등을 나타냄. ~로써. ~때문에」.

せ侍(はん)べらん81)、敵(てき)のかたへ82)、をしへ給(たま)へ83)。

⇨ 그렇다면 손수 계략으로써 남편을 치게 하겠습니다. 원수 쪽에 알리십시오.

❏ゆうさり、夜(よ)ふけてのち84)、夫(おつと)に酒(しゆ)をすゝめ85)、高楼(かうろう)の上(うへ)に、ふさしむべし86)。

⇨ 저녁 지나 밤 깊어진 후에 남편에게 술을 권해 고루 위에 눕게 할 것이다.

❏髪(かミ)をあらひて87)、首(かしら)のぬれて88)、東(ひがし)まくらに89)、ふしたるものを90)、ころし給(たま)へ91)。

⇨ 머리를 감고서 머리가 젖은 채로 동쪽에 머리를 두고 누워있는 사람을 죽이십시오.

---

81) 「をつと→おっと【夫】지아비」+「を[助詞]」+「うつ【打つ・討つ・撃つ】[4]치다. 죽이다」의 未然形「うた」+「す[助動사역・방임]」의 連用形「せ」+「はんべり【侍り】〈侍(はべり[助動]격식・정중〉의 변화」의 未然形「はんべら」+「む[助動추량・의지]」→「ん」.

82) 「てき【敵】적. 원수」+「の[助詞]」+「かた【方】방향. 쪽」+「へ[助詞]」.

83) 「をしふ[下2]→おしえる【教える】[下1]가르치다. 알려주다」의 連用形「をしへ」+「たまふ【給ふ】[助動존경]」의 命令形「たまへ」.

84) 「ゆふ→ゆう【夕】저녁」(〈-う〉는 歴史的仮名遣에 어긋남)+「さる【去る】[4]지나다. 가다」의 連用形「さり」+「よ【夜】밤」+「ふく[下2]→ふける【更ける・深ける】[下1](밤이)깊어지다」의 連用形「ふけ」+「て」+「のち【後】후」.

85) 「をつと→おっと【夫】지아비」+「に[助詞]」+「しゆ【酒】술」+「を[助詞]」+「すすむ[下2]→すすめる【勧める・奨める・薦める】[下1]권유하다. 장려하다. 추천하다」의 連用形「すすめ」.

86) 「かうろう→こうろう【高楼】고루」+「の[助詞]」+「うへ→うえ【上】위」+「に[助詞]」+「ふす【伏す・臥す】[4]눕다. 엎드리다」의 未然形「ふさ」+「しむ[助動사역. ~시키다」의 終止形「しむ」+「べし[助動의무・당연・추량・가능 등]」.

87) 「かみ【髪】두발」+「を[助詞]」+「あらふ【洗ふ】[4]씻다. 닦다」의 連用形「あらひ」+「て」.

88) 「かしら【頭】머리」+「の[助詞]현대일본어〈が〉의 쓰임」+「ぬる[下2]→ぬれる【濡れる】[下1]젖다」의 連用形「ぬれ」+「て」.

89) 「ひがし【東】동」+「まくら【枕】베개. 잠자리. 머리 방향」+「に[助詞]」.

90) 「ふす【伏す・臥す】[4]눕다」의 連用形「ふし」+「たり[助動완료・존속]」의 連体形「たる」+「もの【者】자. 사람」+「を[助詞]」.

91) 「ころす【殺す】[4]죽이다」의 連用形「ころし」+「たまふ【給ふ】[助動존경]」의 命令形「たまへ」.

❏ ミづから、かならず92)戸(と)をひらきて、まつべし93)。」と、かたく約束(やくそく)して94)、夫(おつと)の家(いへ)に帰(かへ)り95)、そのおとこに、つげて、いハく96)、
⇨ 나는 기필코 문을 열고 기다릴 것이다."라고 굳게 약속하고 남편의 집에 돌아가서 그 사내에게 고하여 이르길,

❏ 「こよひハ、つねにかハりて97)、むなさはぎする事[こと]はなハだし98)。敵[てき]のよせきたる事[こと]もこそあれ99)、よそに行[ゆき]て、ふし給[たま]へ100)。」とて101)、
⇨ "오늘 밤은 평소와 달리 가슴 떨림이 심하다. 적이 쳐들어오는 일도 있겠다. 다른

---

92) 「みづから→みずから【自ら】[名]자기 자신. 나 [副]스스로. 친히」+「かならず【必ず】[副]꼭. 반드시. 필시」.

93) 「と【戸】문」+「を[助詞]」+「ひらく【開く】[4]열다」의 連用形「ひらき」+「て」+「まつ【待つ・俟つ】[4]기다리다」의 終止形「まつ」+「べし[助動]의무・당연・추량・가능 등」.

94) 「と[助詞]~라고」+「かたし[形ク]→かたい【堅い・固い・硬い】[形]굳다. 확실하다」의 連用形「かたく」+「やくそく【約束】약속」+「す[サ變]하다」의 連用形「し」+「て」.

95) 「をつと→おっと【夫】지아비」+「の[助詞]」+「いへ→いえ【家】집」+「に[助詞]」+「かへる[4]→かえる【帰る】[5]돌아오(가)다」의 連用形「かへり」.

96) 「その【其の】[連体]그」+「をとこ→おとこ【男】사내. 남자」+「に[助詞]」+「つぐ[下2]→つぐる【告げる】[下1]고하다」의 連用形「つげ」+「て」+「いはく【曰く】말하길」.

97) 「こよひ→こよい【今宵】오늘밤」+「は[助詞]」+「つね【常】평소」+「に[助詞]」+「かはる[4]→かわる【替わる・代わる・換わる・変わる】[5]바뀌다. 다르다」의 連用形「かはり」+「て」.

98) 「むなさわぎ【胸騒ぎ】[名]걱정이나 놀람, 나쁜 예감 따위로 가슴이 두근거리는 것」(〈-は-〉는 정서법에 어긋남)+「す[サ變]하다」의 連体形「する」+「こと【事】것. 일」+「はなはだし【甚だし】[形シク]보통 정도를 넘다. 심하다. 막심하다」.

99) 「てき【敵】적. 원수」+「の[助詞]현대일본어 〈が〉의 쓰임」+「よす[下2]→よせる【寄せる】[下1]다가오다」+「きたる【来る】[4]오다」의 連体形「きたる」+「こと【事】것. 일」+「も[助詞]」+「こそ[係助詞]뜻을 강하게 함」(문말은 已然形)+「あり【有り】[ラ變]있다」의 已然形「あれ」.

100) 「よそ【余所・他所】다른 곳」+「に[助詞]」+「ゆく【行く】[4]가다」의 連用形「ゆき」+「て」+「ふす【伏す・臥す】[4]눕다」의 連用形「ふし」+「たまふ【給ふ】[助動]존경」의 命令形「たまへ」.

101) 「とて[助詞]인용. ~라 해서. ~라는 것으로. ~라는 이름으로」.

곳에 가서 누우십시오."라며,

❏ ミつからハ、家[いえ]にとゞまり102)、髪(かミ)をあらひ103)、日[ひ]すでに暮(くれ)ければ104)、戸(と)ハ、そのまゝ、ひらきながら105)、

⇨ 자신은 집에 머물러 머리를 감고 날이 이제 저물매 문은 그대로 열어놓은 채,

❏ 高楼(かうろう)の上[うえ]に、のぼりて106)、東(ひがし)枕(まくら)にうちふし107)、今[いま]やをそし、と108)、まちかけたる心[こころ]のうちこそ109)、かなしけれ110)。

⇨ 고루 위에 올라 동쪽에 머리 두고 누워서 이제나저제나 기다리는 마음속이야말로 구슬프다.

❏ 夜半(やはん)バかりに111)、敵(てき)ひそかに忍(しの)びいりて112)、

---

102) 「みづから→みずから【自ら】[名]자기 자신. 나 [副]스스로. 친히」(〈-つ〉는 無濁点 표기)+「は[助詞]」+「いへ→いえ【家】집」+「に[助詞]」+「とどまる【止まる·留まる·停まる】[4]머물다. 체재하다. 남다」의 連用形 「とどまり」.

103) 「かみ【髪】두발」+「を[助詞]」+「あらふ【洗ふ】[4]씻다. 닦다」의 連用形 「あらひ」.

104) 「ひ【日】해. 날」+「すでに【既に·已に】[副]이미. 모두. 이제」+「くる[下2]→くれる【暮れる】[下1]저물다」의 連用形 「くれ」+「けり[助動회상·과거]」의 已然形 「けれ」+「ば[助詞]확정조건. 원인·이유」.

105) 「と【戸】문」+「は[助詞]」+「その【其の】[連体]그」+「まま【儘·任·随】그대로」+「ひらく【開く】[4]열다」의 連用形 「ひらき」+「ながら【乍ら】[助詞]앞선 상태가 이어지는 모습」.

106) 「かうろう→こうろう【高楼】고루」+「の[助詞]」+「うへ→うえ【上】위」+「に[助詞]」+「のぼる【上る·登る·昇る】[4]올라가(오)다」의 連用形 「のぼり」+「て」.

107) 「ひがし【東】동」+「まくら【枕】베개. 잠자리. 머리 방향」+「に[助詞]」+「うちふす【打ち臥す·打ち伏す】[4]자리에 눕다」의 連用形 「うちふし」.

108) 「今(いま)や遅(おそ)し : 이제나저제나 애타게 기다리는 모습」(〈-を-〉는 정서법에 어긋남)+「と[助詞]~하며」.

109) 「まちかく【待ち懸く·待ち掛く】[下2]기다리다. 기다리려 하기 시작하다」의 連用形 「まちかけ」+「たり[助動완료·존속]」의 連体形 「たる」+「こころ【心】마음. 뜻. 생각」+「の[助詞]」+「うち【内】안」+「こそ[係助詞뜻을 강하게 함]」(문말은 已然形).

110) 「かなし【悲し·哀し·愛し】[形シク눈물이 날 정도로 괴롭다. 슬프다」의 已然形 「かなしけれ」(앞의 〈こそ〉에 호응).

高楼(かうろう)の上[うえ]にのぼり113)、

⇨ 깊은 밤에 적이 남몰래 숨어들어 고루 위에 올라서,

❏ 東(ひがし)まくらに114)、ぬれがみにて115)、ふしたりけるもの〻首(くび)をきり116)、日[ひ]ごろの本望(ほんまう)とげたり、と、よろこび117)、

⇨ 동쪽에 머리 두고 젖은 머리로 누워있던 사람의 목을 베고, 오랜 바람을 이루었다고 기뻐하며,

❏ もちて帰(かへ)りつ〻118)、夜(よ)すでに、あけてのち119)、これをミれバ120)、心[こころ]ざしけるもの〻首(くび)にハあらで121)、その妻

---

111) 「やはん【夜半】밤. 한밤중」+「ばかり【許り】[助詞]정도. 쯤」+「に[助詞]」.

112) 「てき【敵】적. 원수」+「ひそか【密か】[形動ナリ]남이 모르게 숨어서 하는 모양. 남의 눈을 피하는 모양」의 連用形「ひそかに」+「しのぶ【忍ぶ】[上2]참다. 눈에 띄지 않게 하다. 남의 눈을 피하다」의 連用形「しのび」+「いる【入る】[4]들어가(오)다」의 連用形「いり」+「て」.

113) 「かうろう→こうろう【高楼】고루」+「の[助詞]」+「うへ→うえ【上】위」+「に[助詞]」+「のぼる【上る・登る・昇る】[4]올라가(오)다」의 連用形「のぼり」.

114) 「ひがし【東】동」+「まくら【枕】베개. 잠자리. 머리 방향」+「に[助詞]」.

115) 「ぬれがみ【濡れ髪】물에 젖어서 아직 마르지 않은 머리카락」+「にて[助詞]현대 일본어의〈で〉와 같은 쓰임. ~로」.

116) 「ふす【伏す・臥す】[4]눕다」의 連用形「ふし」+「たり[助動]완료・존속」의 連用形「たり」+「けり[助動]회상・과거」의 連體形「ける」+「もの【者】자. 사람」+「の[助詞]」+「くび【首】목」+「を[助詞]」+「きる【切る・斬る】[4]베다」의 連用形「きり」.

117) 「ひごろ【日頃】여러 날. 평소. 늘. 얼마 전」+「の[助詞]」+「ほんまう→ほんもう【本望】본망. 본래 갖고 있는 바람」+「とぐ[下2]→とげる【遂げる】[下1]이루다. 끝내다. 성취시키다」의 連用形「とげ」+「たり[助動]완료・존속」+「と[助詞]~라고」+「よろこぶ【喜ぶ・悦ぶ】[4]기뻐하다」의 連用形「よろこび」.

118) 「もつ【持つ】[4]가지다」의 連用形「もち」+「て」+「かへる【帰る】[5]돌아오(가)다」의 連用形「かへり」+「つつ[助詞]같은 동작의 반복・계속 등. ~하면서. ~해 두고 나서」(連用形에 접속함).

119) 「よ【夜】밤」+「すでに【既に・已に】[副]이미. 모두. 이제」+「あく[下2]→あける【明ける】[下1]밝아지다. 아침이 되다」의 連用形「あけ」+「て」+「のち【後】후」.

120) 「これ【此・是】[代]이것. 이사람」+「を[助詞]」+「みる【見る・視る・観る】[上1]보다」의

(つま)の首(くび)なりけり122)。

⇨ 가지고 돌아가서 밤이 이제 밝은 연후에 이를 보니 뜻했던 사람의 목이 아니라 그 아내의 목이었다.

❏敵(てき)これを見(み)て123)、大(おほい)に、あはれがりて124)、涙(なミだ)を流(なが)しつゝ125)、妻(つま)の心(こころ)ざし126)深(ふか)きところを感(かん)じて127)、

⇨ 원수가 이를 보고 크게 가엾게 여겨 눈물을 흘리며 아내의 마음가짐이 깊은 것을 감복하여,

❏つゐに、その夫(おつと)を、ゆるして128)、ころさゞりけり129)。

⇨ 마침내 그 남편을 용서하고 죽이지 않았다.

　已然形「みれ」+「ば[助詞]확정조건. 원인·이유」.

121)「こころざす【志す】[4]마음이 향하다. 목표로 삼다. 뜻하다」의 連用形「こころざし」+「けり[助動]회상·과거」의 連体形「ける」+「もの【者】자. 사람」+「の[助詞]」+「くび【首】목」+「に[助詞]」+「は[助詞]」+「あり【有り】[ラ変]있다」(〈~にあり〉는 〈~である〉의 뜻)의 未然形「あら」+「で[助詞]부정」.

122)「その【其の】[連体]그」+「つま【妻】처. 아내」+「の[助詞]」+「くび【首】목」+「なり[助動]단정·지정」의 連用形「なり」+「けり[助動]회상·과거」.

123)「てき【敵】적. 원수」+「これ【此·是】[代]이것. 이사람」+「を[助詞]」+「みる【見る·視る·観る】[上1]보다」의 連用形「み」+「て」.

124)「おほいに【大いに】[副]매우. 몹시. 많이」+「あはれがる[4]→あわれがる【哀れがる】[5]감탄하다. 슬퍼하다. 동정하다」의 連用形「あはれがり」+「て」.

125)「なみだ【涙】눈물」+「を[助詞]」+「ながす【流す】[4]흘리다」의 連用形「ながし」+「つゝ[助詞]같은 동작의 반복·계속 등. ~하면서」.

126)「つま【妻】처. 아내」+「の[助詞]」+「こころざし【志】마음이 향하는 바. 뜻. 마음가짐」.

127)「ふかし【深し】[形ク]깊다. 무겁다」의 連体形「ふかき」+「ところ【所·処】곳. 바. 상황. 찰나」+「を[助詞]」+「かんず【感ず】[サ変]①자극을 받다. 느끼다 ②마음에 생각하다 ③마음이 움직이다. 감동하다」의 連用形「かんじ」+「て」.

128)「つひに→つゐに【終に·遂に】[副]결국. 마침내(〈-ゐ〉는 정서법에 어긋남)+「その【其の】[連体]그」+「をつと→おっと【夫】지아비」+「を[助詞]」+「ゆるす【許す·赦す】[4]풀어주다. 사면하다. 면제하다」의 連用形「ゆるし」+「て」.

129)「ころす【殺す】[4]죽이다」의 未然形「ころさ」+「ざり[助動부정]」의 連用形「ざり」+「けり[助動]회상·과거」.

❏ 夫(おつと)も、また130)、血(ち)の涙(なみだ)をなかして131)、かなしミ
つゝ132)、はたして身[み]ををふるまで133)、又[また]、妻(つま)をもた
ざりし、と也[なり]134)。
  ⇨ 남편도 또한 피눈물을 흘리고 슬퍼하며 과연 죽을 때까지 다시 아내를 두지 않았다고 한다.

❏ まことに135)、あはれに136)情(なさけ)ふかき、ためし也[なり]、とて137)、きく人[ひと]ごとに138)、みな涙[なみだ]を、おとしけり139)。
  ⇨ 참으로 절절하게 자애 깊은 본보기라 하여 듣는 사람마다 모두 눈물을 떨구었다.

---

130) 「をつと→おっと 【夫】 지아비」+「も[助詞]」+「また 【又·亦·復】 [副]다시. 같이. 달리. 또한. 게다가」.

131) 「ち 【血】 피」+「の[助詞]」+「なみだ 【涙】 눈물」+「を[助詞]」+「ながす 【流す】 [4]흘리다」의 連用形 「ながし」(〈-か〉는 無濁点표기)+「て」.

132) 「かなしむ 【愛しむ·悲しむ·哀しむ】 [4]슬퍼하다. 가여워하다」의 連用形 「かなしみ」+「つつ[助詞] ~하면서」.

133) 「はたして 【果して】 [副]생각대로. 정말로. 과연」+「み 【身】 몸」+「を[助詞]」+「をふ[下2]→おえる 【終える】 [下1]끝내다」의 連体形 「をふる」+「まで 【迄】 [助詞]~까지」.

134) 「また 【又·亦·復】 [副]다시. 달리」+「つま 【妻】 처. 아내」+「を[助詞]」+「もつ 【持つ】 [4]가지다」의 未然形 「もた」+「ざり[助動부정]」의 連用形 「ざり」+「き[助動]회상·과거」의 連体形 「し」+「と[助詞]」+「なり[助動단정·지정·전문(伝聞)]」.

135) 「まことに 【真に·実に·誠に】 [副]정말로. 거짓 없이. 매우」.

136) 「あはれ 【哀れ】 [形動ナリ]마음속에서 끓어오르는 절절한 감동이나 감정을 일컫는 말. 친애·정취·감격·애련·비애 등」의 連用形 「あはれに」.

137) 「なさけ 【情け】 [名]정. 감정. 자애. 인정」+「ふかし 【深し】 [形ク]깊다. 무겁다」의 連体形 「ふかき」+「ためし 【例·様】 [名]예. 전례. 증거」+「なり[助動단정·지정]」+「とて[助詞]인용. ~라 해서. ~라는 것으로」.

138) 「きく 【聞く·聴く】 [4]듣다」의 連体形 「きく」+「ひと 【人】 사람」+「ごと 【毎】 [接尾]~마다」+「に[助詞]」.

139) 「みな 【皆】 ①[名]모든 사람. 전부 ②[副]남김없이. 모두」+「なみだ 【涙】 눈물」+「を[助詞]」+「おとす 【落とす】 [4]떨어뜨리다」의 連用形 「おとし」+「けり[助動]회상·과거」.

6. 高(かう)行(\/)割(そぐ)ㄴ鼻(はなを)
고행이 코를 도려내다

☐ 高行(かう\/)ハ、漢(かん)の世[よ]の人[ひと]なり[1]。
  ⇨ 고행은 한나라 시절 사람이다.

☐ 梁国(りやうごく)に行(ゆき)て[2]、嫁(か)せしかども[3]、その夫(おつと)[4]はやく、むなしく成[なり]て[5]、
  ⇨ 양나라에 가서 시집갔는데 그 남편이 일찍 죽어서,

☐ 高行(かう\/)は、としいまだ、わかし、と、いへども[6]、ひたすら、やもめと成(なり)[7]、

---

1) 「かん【漢】한나라」+「の[助詞]」+「よ【世】세상. 시절」+「の[助詞]」+「ひと【人】사람」+「なり[助動]단정・지정」.

2) 「りやう→りょう【梁】양나라」+「こく【国】나라」(〈ご-〉는 連濁)+「に[助詞]」+「ゆく【行く】[4]가다」의 連用形「ゆき」+「て」.

3) 「かす[サ変]→かする【嫁する】[サ変]시집가다. 시집보내다」의 未然形「かせ」+「き[助動]회상・과거」(〈き〉는 連用形에 접속하는 조동사지만 サ変동사는 〈せし〉〈しき〉와 같이 접속함)의 已然形「しか」+「ども[助詞]역접」.

4) 「その【其の】[連体]그」+「をつと→おっと【夫】지아비」(〈お〉는 歷史的仮名遣에 어긋남).

5) 「はやし【早し・速し・疾し・捷し】[形ク]이르다. 빠르다」의 連用形「はやく」(부사적인 쓰임)+「むなし【空し・虛し】[形シク]덧없다. 무상하다. 죽었다」의 連用形「むなしく」+「なる【成る・為る】[4]되다」의 連用形「なり」+「て」.

6) 「とし【年・歳】나이」+「いまだ【未だ】[副]아직. 여전히」+「わかし【若し】[形ク]젊다. 어리다」+「と[助詞]~라고」+「いふ【言ふ・云ふ】[4]말하다」의 已然形「いへ」+「ども[助詞]역접」.

7) 「ひたすら【頓・一向・只管】[副]오직. 한결같이. 오로지. 완전히」+「やもめ【寡・寡婦・孀・鰥・鰥夫】[名]남편을 잃은 여자. 과부. 미망인」+「と[助詞]」+「なる【成る・為る】[4]

⇨ 고행은 나이가 아직 젊은데 그저 홀어미가 되어,

☐只[ただ]ひとりのミ、すみて8)、又[また]、嫁(か)せん、と、おもふ心[こころ]なし9)。

⇨ 오직 혼자서만 살며 다시 시집가려 생각하는 마음이 없다.

☐梁国(りやうごく)の貴人(きにん)たち10)、あらそひ娶(めとら)ん、と、すれ共[ども]11)、高行(かう ╲╱)、さらに、おもむかず12)。

⇨ 양나라의 지체 높은 사람들이 다투어 아내로 맞아들이려 하지만 고행은 전혀 받아들이지 않는다.

☐梁(りやう)の大[だい]わう13)聞[きこ]しめしをよびて14)、つかひをもつて15)、禁中(きんちう)にめされけるに16)、

되다」의 連用形 「なり」.

8) 「ただ【只・唯】 [副]단지. 오직. 그저」+「ひとり【一人・独】 한 사람. 혼자」+「のみ[助詞]~만. ~뿐」+「すむ【住む・棲む・栖む】 [4]살다. 생활하다」의 連用形 「すみ」+「て」.

9) 「また【又・亦・復】 [副]다시. 같이. 달리. 또한」+「かす【嫁す】 [サ変]시집가다」의 未然形 「かせ」+「む[助動추량・의지] → 「ん」+と[助詞]~라고」+「おもふ【思ふ】 [4]생각하다」의 連体形 「おもふ」+「こころ【心】 마음. 뜻. 생각」+「なし【無し】 [形ク]없다」.

10) 「りやう→りょう【梁】 양나라」+「こく【国】 나라」((ご-)는 連濁)+「の[助詞]」+「きにん【貴人】 신분이 높은 사람. 귀인」+「たち【達】 [接尾]~들」.

11) 「あらそふ【争ふ】 [4]다투다. 경쟁하다」의 連用形 「あらそひ」+「めとる【娶る】 [4]아내로 맞이하다」의 未然形 「めとら」+「む[助動추량・의지] → 「ん」+と[助詞]」+「す[サ変]하다」의 已然形 「すれ」+「ども[助詞역접]」.

12) 「さらに【更に】 [副]①또한. 거듭. 더욱 ②새로이 ③강한 부정. 절대로 ~가 아니다. 전혀 ~지 않다」+「おもむく【赴く・趣く】 [4]그 방향으로 가다. 마음이 내키다. 동의하다. 따르다」의 未然形 「おもむか」+「ず[助動부정]」.

13) 「りやう→りょう【梁】 양나라」+「の[助詞]」+「だいわう→だいおう【大王】 대왕」.

14) 「きこしめす【聞し召す】 [4]들으시다」의 連用形 「きこしめし」+「および【及ぶ】 [4]어떤 때나 장소 등에 다다르다」의 連用形 「および」((を-)는 정서법에 어긋남)+「て」. 「ききおよぶ【聞き及ぶ】 [4]」는 '남을 통해 들어 알다. 전부터 들었다'의 뜻.

15) 「つかひ→つかい【使い・遣い】 [名]심부름꾼. 사자(使者)」+「を[助詞]」+「もって【以て】」((を[助詞])에 이어져서)수단이나 원인 등을 나타냄. ~로써. ~때문에」.

16) 「きんちゅう【禁中】 금중. 궁중」+「に[助詞]」+「めす【召す】 [4]'불러들이다'의 존경어.

⇨ 양나라의 대왕이 들이시기에 이르러 사자로써 궁중으로 부르시니,

❏ 高行(かう\/)なげきて、いはく17)、「われ日[ひ]ごろに聞(きく)事こ[こと]あり18)。

⇨ 고행이 한탄하여 이르길 "내가 일찍이 듣는 바가 있다.

❏ 女[おんな]の道(みち)ハ19)、一[ひと]たび人[ひと]にゆるしてハ20)二[ふた]たび、心[こころ]を、あらためず21)、貞信(ていしん)の節(せつ)を22)、まもるものなり23)。

⇨ 여자의 도리는 한 번 사람에게 허락하고서는 재차 마음을 고치지 아니하고 정조와 믿음의 절개를 지키는 법이다.

❏ 死(し)すべきところに24)死(し)を、わすれて25)、わか身[み]に辱(はぢ)

　명(命)하시다」의 未然形「めさ」+「る[助動]수동·존경」의 連用形「れ」+「けり[助動]회상·과거」의 連體形「ける」+「に[助詞]~하니. ~하는데」.

17) 「なげく【嘆く·歎く】[4]한숨짓다. 탄식하다. 슬퍼하다. 절망하다. 애원하다. 호소하다」의 連用形「なげき」+「て」+「いはく【曰く】말하길. 이르길」.

18) 「われ【我·吾】[代]나」+「ひごろ【日頃】여러 날. 평소. 늘. 얼마 전」+「に[助詞]」+「きく【聞く·聽く】[4]듣다」의 連體形「きく」+「こと【事】것. 일」+「あり【有り】[ラ変]있다」.

19) 「をんな → おんな【女】여자」+「の[助詞]」+「みち【道】길. 도리」+「は[助詞]」.

20) 「ひと【一】하나」+「たび【度】번. 차례」+「ひと【人】사람. 다른 사람」+「に[助詞]」+「ゆるす【許す·赦す】[4]풀어주다. 승낙하다. 허가하다」의 連用形「ゆるし」+「て」+「は[助詞]」.

21) 「ふたたび【二度·再び】두 번. 다시. 거듭」+「こころ【心】마음. 뜻. 생각」+「を[助詞]」+「あらたむ[下2] → あらためる【改める·革める】[下1]고치다. 바꾸다. 새로이 하다」의 未然形「あらため」+「ず[助動]부정」의 連用形「ず」.

22) 「てい【貞】정. 정절을 지키는 것」+「しん【信】신. 믿음」+「の[助詞]」+「せつ【節】절개」+「を[助詞]」.

23) 「まもる【守る·護る】[4]지키다」의 連體形「まもる」+「もの【物】문말에서 단정하는 말을 수반하여 화자가 단정하는 뜻을 강하게 나타냄. ~하는 법이다. ~하기 마련이다」+「なり[助動]단정·지정」.

24) 「しす【死す】[サ変]죽다」의 終止形「しす」+「べし[助動]의무·당연·추량·가능 등」의 連體形「べき」+「ところに【所に】[助詞]~하고 있는데. ~하고 있었는데」.

25) 「し【死】[名]죽음」+「を[助詞]」+「わする【忘る】[下2]잊다. 떠올리지 않다. 해야 할 일

をうけ26)、

⇨ 죽어야 마땅했는데 죽음을 잊고서 자신이 욕을 보고,

☐ 生(しやう)におもむきて27)、命(いのち)をのバヽるハ28)、是(これ)29) 女(をんな)の道(ミち)を、そむけり30)。

⇨ 생에 좇아 목숨을 잇는 것은 바로 여자의 도리를 거스른다.

☐ その身[み]貴(たつと)くして31)、いやしきを、わするヽハ32)、これ不貞(ふてい)なり33)、

⇨ 그 몸이 귀하여 천함을 잊는 것은 이는 부정이다.

☐ 義(ぎ)をすてヽ34)利(り)にしたがふハ35)、これ、人[ひと]たるものにあ

을 하지 아니하다」의 連用形「わすれ」+「て」.

26) 「わが【我が・吾が】[連体]나의. 자신의」(〈-が〉는 無濁点표기)+「み【身】몸. 자신. 자기」+「に[助詞]」+「はぢ→はじ【恥・辱】부끄러움. 불명예. 치욕」+「を[助詞]」+「うく[下2]→うける【受ける・享ける・承ける】[下1]받다」의 連用形「うけ」.

27) 「しやう→しょう【生】생. 목숨. 살아있는 것」+「に[助詞]」+「おもむく【赴く・趣く】[4]그 방향으로 가다. 마음이 내키다. 동의하다. 따르다」의 連用形「おもむき」+「て」.

28) 「いのち【命】생명. 목숨」+「を[助詞]」+「のばはる【延ばはる】[4]늘다. 생존하다」(『広辞苑』등에는 〈のばわる〉가 自動詞로만 등재되어 있다)의 連体形「のばはる」+「は[助詞]」.

29) 「これ【此・是】[代]이것. 이사람」. 또는 「これ【此・是】[代]앞에 제시한 말을 재차 언급할 때 사용하는 말」.

30) 「をんな→おんな【女】여자」+「の[助詞]」+「みち【道】길. 도리」+「を[助詞]」+「そむく【背く・叛く】[4]등지다. 위반하다」의 命令形「そむけ」+「り[助動]완료・존속」.

31) 「その【其の】[連体]그」+「み【身】몸. 처지. 신분」+「たっとし【尊し・貴し】[形ク]숭고하다. 귀하다」의 連用形「たっとく」+「して[助詞](連用形에 접속)~인 상태로. ~때문에」(이는 〈す[サ変]하다〉의 連用形〈し〉+〈て〉로 이해할 수도 있다).

32) 「いやし【卑し・賤し】[形シク]신분이 낮다. 보잘것없다. 천하다. 천박하다」의 連体形「いやしき」+「を[助詞]」+「わする【忘る】[下2]잊다. 떠올리지 않다」의 連体形「わするる」+「は[助詞]」.

33) 「これ【此・是】[代]이것. 이사람」+「ふてい【不貞】부정. 정조를 지키지 아니하는 것」+「なり[助動]단정・지정」.

34) 「ぎ【義】의. 도리」+「を[助詞]」+「すつ【捨つ・棄つ】[下2]버리다」의 連用形「すて」+

⇨ 의를 버리고서 이득에 따르는 것은 이는 사람다움이 아니다."라고 하고,

▢ つかひの、めのまへにして39)、鏡(かゞミ)をとり40)、刀(かたな)をもちて41)、ミづから、わが鼻(はな)をそぎて、いはく42)、

⇨ 사자의 눈앞에서 거울을 들고 칼을 가지고 손수 자기 코를 도려내고서 이르길,

▢「われ、すでに43)、みかどの命(めい)に、そむけり44)、この故(ゆへ)

「て」.

35) 「り【利】 리. 이득」+「に[助詞]」+「したがふ【従ふ・随ふ・順ふ】[4]따르다. 거스르지 않다. 맡기다」의 連体形 「したがふ」+「は[助詞]」.

36) 「これ【此・是】[代]이것. 이사람」+「ひと【人】 사람」+「たり[助動](체언에 접속하여) 단정・지정. ~이다. ~답다」의 連体形 「たる」+「もの【物】 것」+「に[助詞]」+「あり【有り】[ラ変]있다」(〈~にあり〉는 현대일본어의 〈~である〉)의 未然形 「あら」+「ず[助動]부정」(〈あらず〉는 현대일본어의 〈ない〉).

37) 고행(高行)이 이야기한 내용에 대한 료이(了意)의 기술은 쉽게 이해가 가지 않는다. 이에 해당 부분을 〈한문본〉과 〈언해본〉에서 확인해보고자 한다. 먼저 〈한문본〉은 「高行曰. 妾聞婦人之義. 一往而不改. 以全貞信之節. 忘死而趍生是不信也. 貴而忘賤是不貞也. 棄義而従利. 無以爲人」과 같이 되어있다. 그리고 〈언해본〉은 다음과 같아서 료이(了意)의 풀이와는 다소 차이가 보인다. 「高行이 닐오디 겨지븨 法은 흔 번 가면 가시디 아니ᄒᆞ야 貞信ᄒᆞᆫ 節介ᄅᆞᆯ 오울오ᄂᆞ니 주그닐 닛고 산 ᄃᆡ 가면 信이 아니오 貴ᄒᆞ닐 보아 賤ᄒᆞ닐 니즈면 貞이 아니오 義를 ᄇᆞ리고 利를 從ᄒᆞ면 사ᄅᆞ미 아니이다 ᄒᆞ고」.

38) 「と[助詞]~라고」+「いふ【言ふ・云ふ】[4]말하다」+「て」.

39) 「つかひ【使ひ・遣ひ】[名]사자(使者)」+「の[助詞]」+「めのまへ【目の前】눈앞」+「なり[助動]단정」의 連用形 「に」+「して[助詞]」(〈にして[連語]〉는 장소나 때를 나타냄. ~에서. ~에).

40) 「かがみ【鏡】 거울」+「を[助詞]」+「とる【取る・採る】[4]취하다. 집다」의 連用形 「とり」.

41) 「かたな【刀】 칼」+「を[助詞]」+「もつ【持つ】[4]가지다. 들다」의 連用形 「もち」+「て」.

42) 「みづから→みずから【自ら】[名]자기 자신. 나 [副]스스로. 친히」+「わが【我が・吾が】[連体]나의. 자신의」+「はな【鼻】코」+「を[助詞]」+「そぐ【殺ぐ・削ぐ】[4]잘라내다. 베어내다. 바르다」의 連用形 「そぎ」+「て」+「いはく【曰く】말하길. 이르길」.

43) 「われ【我・吾】[代]나」+「すでに【既に・已に】[副]이미. 모두. 이제. 틀림없이」.

44) 「みかど【御門・帝】 황제. 천자」+「の[助詞]」+「めい【命】 명」+「に[助詞]」+「そむく【背く・叛く】[4]등지다. 위반하다. 대들다」의 命令形 「そむけ」+「り[助動]완료・존속」.

に45)、鼻(はな)をきる刑(けい)に、をよべり46)。

⇨ "나는 이미 임금의 명에 거슬렀다. 이런 고로 코를 베는 형벌에 이르렀다.

❏但(たゞ)し47)、つれなく、ながらへて48)死(し)せざる事[こと]ハ49)、これ50)、いまだ、いとけなき51)、ミなし子(ご)の、ある故(ゆへ)なり52)。

⇨ 다만 덧없이 연명하여 죽지 아니하는 것은 바로 아직 어린 고아가 있기 때문이다.

❏かたじけなく大[だい]わうの53)、われを、もとめ給[たま]ふゆへハ54)、わがかたちを愛(あい)して55)、色(いろ)をもつての故[ゆえ]な

---

45) 「この【此の・斯の】[連体]이」+「ゆゑ→ゆえ【故】때문. 까닭」(〈-ヘ〉는 정서법에 어긋남)+「に助詞」.

46) 「はな【鼻】코」+「を助詞」+「きる【切る・斬る】[4]베다」의 連体形「きる」+「けい【刑】형」+「に助詞」+「および【及ぶ】[4]어떤 때나 장소 등에 다다르다」의 命令形「およべ」(〈を-〉는 정서법에 어긋남)+「り助動완료・존속」.

47) 「ただし【但し】[接続]다만. 그런데」.

48) 「つれなし[形ク]무정하다. 하찮다. 특별치 않다. 덧없다. 헛되다」의 連用形「つれなく」+「ながらふ[下2]→ながらえる【存える・永らえる】[下1]같은 상태가 이어지다. 오래 살다」의 連用形「ながらへ」+「て」.

49) 「す【死す】[サ変]죽다」의 未然形「しせ」+「ざり[助動]부정」의 連体形「ざる」+「こと【事】것. 일」+「は助詞」.

50) 「これ【此・是】[代]이것. 이사람」 또는「これ【此・是】[代]앞에 제시한 말을 재차 언급할 때 사용하는 말」.

51) 「いまだ【未だ】[副]아직. 여전히」+「いとけなし【幼し・稚し】[形ク]나이 어리다. 철없다」의 連体形「いとけなき」.

52) 「みなしご【孤・孤児】부모가 없는 유아. 고아」+「の[助詞]현대일본어〈が〉의 쓰임」+「あり【有り】[ラ変]있다」의 連体形「ある」+「ゆゑ→ゆえ【故】때문. 까닭」(〈-ヘ〉는 정서법에 어긋남)+「なり[助動]단정・지정」.

53) 「かたじけなし【忝し・辱し】[形ク]부끄럽다. 과분하다. 황송하다」의 連用形「かたじけなく」+「だいわう→だいおう【大王】대왕」+「の[助詞]현대일본어〈が〉의 쓰임」.

54) 「われ【我・吾】[代]나」+「を助詞」+「もとむ【求む】[下2]찾다. 구하다」의 連用形「もとめ」+「たまふ【給ふ】[助動존경]」의 連体形「たまふ」+「ゆゑ→ゆえ【故】때문. 까닭」(〈-ヘ〉는 정서법에 어긋남)+「は助詞」.

55) 「わが【我が・吾が】[連体]나의. 자신의」+「かたち【形・容】모습. 용모」+「を助詞」

り56)、
⇨ 황송하게 대왕이 나를 찾으시는 까닭은 내 용모를 사랑하여 욕정으로써 하기 때문이다.

□今(いま)、刑(けい)にあたれるもの57)、大[だい]わう、これを、ゆるし給[たま]ふべし58)。」と、いふ59)。
⇨ 이제 형을 받은 자, 대왕이 이를 사하셔야 마땅하다."라고 한다.

□使(つかひ)、このよしを申[もう]すに60)、梁(りやう)わう、大[おおい]に、はぢて61)、其[その]義(ぎ)をまもる事[こと]を62)、かんじ給[たま]ひ63)、
⇨ 사자가 이 사정을 아뢰니 양나라 왕이 크게 부끄러워하며, 그 의를 지키는 것을

+「あいす【愛す】[サ変]사랑하다. 귀여워하다. 소중히 여기다. 좋아하다」의 連用形「あいし」+「て」.

56) 「いろ【色】색. 낯빛. 모습이 아름다운 것. 욕정」+「を[助詞]」+「もって【以て】(〈を[助詞]〉에 이어져서)수단이나 원인 등을 나타냄. ~로써. ~때문에」+「の[助詞]」+「ゆゑ→ゆえ【故】때문. 까닭」+「なり[助動]단정・지정」.

57) 「いま【今】현재. 지금」+「けい【刑】형. 형벌」+「に[助詞]」+「あたる【当たる・中る】[4]닿다. 입다. 해당하다. 심하게 나무라다」의 命令形「あたれ」+「り[助動]완료・존속」의 連体形「る」+「もの【者】사람」.

58) 「だいわう→だいおう【大王】대왕」+「これ【此・是】[代]이것. 이사람」+「を[助詞]」+「ゆるす【許す・赦す】[4]풀어주다. 용서하다」의 連用形「ゆるし」+「たまふ【給ふ】[助動]존경」의 終止形「たまふ」+「べし[助動]의무・당연・추량・가능 등」.

59) 「と[助詞]~라고」+「いふ【言ふ・云ふ】[4]말하다」.

60) 「つかひ【使ひ・遣ひ】[名]사자(使者)」+「この【此の・斯の】[連体]이」+「よし【由・因・縁】[名]유래. 이유. 사정. 내용. 취지」+「を[助詞]」+「まうす[4]→もうす【申す】[5]'말하다・고하다'의 겸양어. 부탁드리다」의 連用形「まうす」+「に[助詞]~하니. ~하는데」.

61) 「りやう→りょう【梁】양나라」+「わう→おう【王】왕」+「おおいに【大いに】[副]매우. 몹시. 많이」+「はづ[上2]→はじる【恥じる・愧じる・羞じる・慙じる】[上1]부끄러워하다」의 連用形「はぢ」+「て」.

62) 「その【其の】[連体]그」+「ぎ【義】의. 도리」+「を[助詞]」+「まもる【守る・護る】[4]지키다」의 連体形「まもる」+「こと【事】것. 일」+「を[助詞]」.

63) 「かんず【感ず】[サ変]느끼다. 감동하다」의 連用形「かんじ」+「たまふ【給ふ】[助動]존경」의 連用形「たまひ」.

감동하셔서,

❑ 女[おんな]の貞節(ていせつ)を64)、たかく、おこなふものなり、とて65)、其[その]名[な]を66)高行(かう＼／)とハ、名[な]づけ給[たま]ひける、と也[なり]67)。

⇨ 여자의 정절을 높이 행하는 사람이라 하여 그 이름을 고행이라 명명하셨다고 한다.

---

64) 「をんな→おんな【女】여자」+「の[助詞]」+「ていせつ【貞節】정절」+「を[助詞]」.

65) 「たかし【高し】[形ク]높다」의 連用形 「たかく」+「おこなふ【行ふ】[4]행하다. 근행하다」의 連体形 「おこなふ」+「もの【者】자. 사람」+「なり[助動]단정·지정」+「とて[助詞]인용. ~라 해서. ~라는 것으로」.

66) 「その【其の】[連体]그」+「な【名】이름」+「を[助詞]」.

67) 「と[助詞]~라고」+「は[助詞]」+「なづく[下2]→なづける【名付ける】[下1]이름을 붙이다. 명명하다. 칭하다」의 連用形 「なづけ」+「たまふ【給ふ】[助動존경]」의 連用形 「たまひ」+「けり[助動]회상·과거」의 連体形 「ける」+「と[助詞]」+「なり[助動]단정·지정·전문(伝聞)」.

7. 穆(ぼく)姜(きやう)撫(ぶす)ㇾ子(こを)
목강이 자식을 가여워하다

☐ 漢(かん)の¹⁾程文矩(ていぶんく)が妻(つま)の名[な]ハ²⁾、穆姜(ぼくきやう)とそ申[もうし]ける³⁾。
  ⇨ 한나라의 정문구의 아내의 이름은 목강이라 했다.

☐ 二人[ふたり]の男子(なんし)を⁴⁾、まうけたり⁵⁾。
  ⇨ 두 아들을 두었다.

☐ 前(さき)の妻(つま)に⁶⁾、四人[よにん]の子(こ)あり⁷⁾。
  ⇨ 전처에게 네 아이가 있다.

☐ しかるに⁸⁾、程文矩(ていぶんく)ハ、安衆(あんしゆ)と、いふところの⁹⁾代官(だいくわん)に成(なり)て行(ゆき)けるが¹⁰⁾、

---

1) 「かん【漢】한나라」+「の[助詞]」.
2) 「が[助詞]현대일본어 〈の〉의 쓰임」+「つま【妻】처. 아내」+「の[助詞]」+「な【名】이름」+「は[助詞]」.
3) 「と[助詞]~라고」+「そ[係助詞]뜻을 강하게 함」(〈そ〉는 無濁点표기. 문말은 連体形)+「まうす[4]→もうす【申す】[5]'말하다·고하다'의 겸양어」+「けり[助動]회상·과거」의 連体形「ける」(앞의 〈そ〉에 호응).
4) 「ふたり【二人】두 사람」+「の[助詞]」+「なんし【男子】남자」(〈男〉을 〈ナン〉으로 읽은 것은 呉音. 漢音은 〈ダン〉)+「を[助詞]」.
5) 「まうく[下2]→もうける【設ける·儲ける】[下1]준비하다. 마련하다. 아이를 얻다」의 連用形「まうけ」+「たり[助動]완료·존속」.
6) 「さき【先·前】앞. 전」+「の[助詞]」+「つま【妻】처. 아내」+「に[助詞]」.
7) 「よにん【四人】네 사람」+「の[助詞]」+「こ【子】아이」+「あり【有り】[ラ変]있다」.
8) 「しかるに【然るに】[接続]그런데. 하지만. 그건 그렇고」.

⇨ 그런데 정문구는 안중이라 하는 곳의 지방관이 되어서 갔는데,

▫その日[ひごろ]11)四人[よにん]の子(こ)ハ12)、穆姜(ぼくきやう)が、うめるところに、あらざるをもつて13)、父(ちゝ)うとみて14)、いつくしまず15)。

⇨ 그 무렵 네 아이는 목강이 낳은 바가 아니므로 아버지가 멀리하여 사랑하지 아니한다.

▫しかれども16)、穆姜(ぼくきやう)すこしも、まゝ子(こ)を、にくむ色(いろ)なく17)、いつくしみ、そだてゝ18)、やしなふ事[こと]ねんごろ

---

9) 「と[助詞]~라고」+「いふ【言ふ·云ふ】[4]말하다」의 連體形「いふ」+「ところ【所·處】곳」+「の[助詞]」.

10) 「だいくわん→だいかん【代官】①정원(正員)을 대신하여 관직을 수행하는 자 ②에도(江戶)시대에는 막부(幕府)의 직할지를 지배한 지방관」+「に[助詞]」+「なる【成る】[4]되다」의 連用形「なり」+「て」+「ゆく【行く】[4]가다」의 連用形「ゆき」+「けり[助動]회상·과거」의 連體形「ける」+「が[助詞]~인데」.

11) 「その【其の】[連體]그」+「ひごろ【日頃】오늘까지 오랫동안. 평소. 늘」.

12) 「よにん【四人】네 사람」+「の[助詞]」+「こ【子】아이. 자식」+「は[助詞]」.

13) 「が[助詞]」+「うむ【生む·產む】[4]낳다」의 命令形「うめ」+「り[助動]완료·존속」의 連體形「る」+「ところ【所】곳. 것. 바」+「に[助詞]」+「あり【有り】[ラ變]있다」(〈~にあり〉는 현대일본어의 〈~である〉의 未然形「あら」+「ざり[助動]부정」의 連體形「ざる」+「を[助詞]」+「もって【以て】(〈を[助詞]〉에 이어져서)수단이나 원인 등을 나타냄. ~로써. ~때문에」.

14) 「ちち【父】아버지」+「うとむ【疎む】[4]꺼려서 멀리하다. 서먹해하다」의 連用形「うとみ」+「て」.

15) 「いつくしむ【慈しむ】[4]사랑하다. 귀여워하다. 소중히 하다」의 未然形「いつくしま」+「ず[助動]부정」.

16) 「しかれども【然れども】[接續]역접의 확정조건. 그렇지만. 하지만」.

17) 「すこしも【少しも】[副]조금이라도. 조금도」+「ままこ【繼子】[名]핏줄이 이어지지 않은 자식. 의붓자식」+「を[助詞]」+「にくむ【憎む·惡む】[4]미워하다. 증오하다. 옳지 않은 것을 싫어하여 멀리하다. 비난하다」의 連體形「にくむ」+「いろ【色】색깔. 기색. 안색. 낯빛」+「なし【無し】[形ク]없다」의 連用形「なく」.

18) 「いつくしむ【慈しむ】[4]사랑하다」의 連用形「いつくしみ」+「そだつ[下2]→そだてる【育てる】[下1]키우다. 양육하다. 가르쳐 이끌다」의 連用形「そだて」+「て」.

なり19)。

⇨ 하지만 목강은 조금도 의붓자식을 미워하는 기색 없이 사랑하고 키워서 보살피기가 정성스럽다.

❏ 衣裳(いしやう)食物(しよくぶつ)に、いたるまで20)、うめる子(こ)に、おなじくして21)、すこしも替(かハ)る事[こと]なし22)。

⇨ 의복과 음식에 이르기까지 낳은 자식과 한가지로 하여 조금도 바뀌는 적이 없다.

❏ さるほどに23)、程文矩(ていぶんく)ハ、官(くわん)にありながら24)、はやく、むなしく身[み]まかりけり25)。

⇨ 그런데 정문구는 관직에 있으면서 일찍 죽었다.

❏ それより後(のち)は26)、ます＼／前(さき)の妻(つま)の子(こ)を27)、あ

---

19) 「やしなふ【養ふ】[4]양육하다. 부양하다. 키우다. 돌보다」의 連体形「やしなふ」+「こと【事】것. 일」+「ねんごろ【懇ろ】[形動ナリ]진심을 다하는 모양. 정성스러운 모양」의 終止形「ねんごろなり」.

20) 「いしやう→いしょう【衣裳・衣装】의상. 의복」+「しょくぶつ【食物】음식」+「に[助詞]」+「いたる【至る・到る】[4]다다르다. 미치다. 도달하다」의 連体形 「いたる」+「まで【迄】[助詞]~까지」.

21) 「うむ【生む・産む】[4]낳다」의 命令形「うめ」+「り[助動]완료・존속」의 連体形「る」+「こ【子】아이. 자식」+「に[助詞]」+「おなじ【同じ】[形シク]같다」의 連用形「おなじく」+「して[助詞(連用形에 접속)~인 상태로」(또는〈す[サ変]하다〉의 連用形〈し〉+〈て〉).

22) 「すこしも【少しも】[副]조금이라도. 조금도」+「かはる[4]→かわる【替わる・代わる・換わる・変わる】[5]바뀌다. 다르다」의 連体形「かはる」+「こと【事】것. 일」+「なし【無し】[形ク]없다」.

23) 「さるほどに【然る程に】[接続]그러는 사이에. 그건 그렇고. 그런데」.

24) 「くわん→かん【官】관. 벼슬」+「に[助詞]」+「あり【有り】[ラ変]있다」의 連用形「あり」+「ながら【乍ら】[助詞]~채로. ~하면서. ~이지만」.

25) 「はやし【早し・速し・疾し・捷し】[形ク]이르다. 빠르다」의 連用形「はやく」(부사적인 쓰임)+「むなし【空し・虚し】[形シク]덧없다. 무상하다. 죽었다」의 連用形「むなしく」+「み【身】몸. 자신. 자기」+「まかる【罷る】[4]물러나다. 내려가다. 죽다」의 連用形「まかり」+「けり[助動]회상・과거」.

26) 「それ【其・夫】[代]그. 그것」+「より[助詞]기점. ~로부터」+「のち【後】후」+「は[助詞]」.

27) 「ますます【益】[副]전보다 더욱. 가일층」+「さき【先・前】앞. 전」+「の[助詞]」+「つま【妻】처. 아내」+「の[助詞]」+「こ【子】아이. 자식」+「を[助詞]」.

はれみ、はごくむこと28)、をこたりなし29)。

⇨ 그 후에는 더욱 전처의 아이를 가여워하여 보살피는 일에 게으름이 없다.

❏ある時[とき]30)、まゝ子[こ]の31)程興(ていけう)、おもきやまひに、ふして32)、はなはだ、くるしめり33)。

⇨ 어느 날 의붓자식인 정흥이 중한 병으로 몸져누워서 몹시 괴로워했다.

❏穆姜(ぼくきやう)みづから、くすりをもとめ34)、膳(ぜん)をとゝのへて35)、やうじやうする事[こと]36)、夜(よ)るひる、たゆミなし37)。

⇨ 목강은 몸소 약을 구하고 상을 차려 간병하는 일이 밤낮으로 게으름이 없다.

❏日[ひ]をへて、やまひ38)、いへり39)。

---

28) 「あはれむ【哀れむ・憐れむ】[4]동정하다. 불쌍히 여기다」의 連用形「あはれみ」+「はごくむ【育む】[4]양육하다. 키우다. 보살피다」의 連体形「はごくむ」+「こと【事】것. 일」.

29) 「おこたり【怠り】[名]나태. 태만」(〈を-〉는 정서법에 어긋남)+「なし【無し】[形ク]없다」.

30) 「ある【或る】[連体]어떤」+「とき【時】때」.

31) 「ままこ【継子】[名]의붓자식」+「の[助詞]~인」

32) 「おもし【重し】[形ク]무겁다」의 連体形「おもき」+「やまひ【病】병」+「に[助詞]」+「ふす【伏す・臥す】[4]눕다」의 連用形「ふし」+「て」.

33) 「はなはだ【甚だ】[副]매우. 몹시. 대단히. 현저히」+「くるしむ【苦しむ】[4]괴로워하다」의 命令形「くるしめ」+「り[助動]완료・존속」.

34) 「みづから→みずから【自ら】[名]자기 자신. 나 [副]스스로. 친히」+「くすり【薬】약」+「を[助詞]」+「もとむ【求む】[下2]찾다. 구하다」의 連用形「もとめ」.

35) 「ぜん【膳】완성된 요리. 음식을 올려놓는 상」+「を[助詞]」+「ととのふ[下2]→ととのえる【調える・整える・斉える】[下1]정돈하다. 맞추다. 갖추다. 준비하다」의 連用形「ととのへ」+「て」.

36) 「やうじやう→ようじょう【養生】양생. 섭생. 보양. 간병」+「す[サ変]하다」의 連体形「する」+「こと【事】것. 일」.

37) 「よるひる【夜昼】밤과 낮. 종일」+「たゆみ【弛み】[名]방심. 나태」+「なし【無し】[形ク]없다」.

38) 「ひ【日】날」+「を[助詞]」+「ふ[下2]→へる【経る・歴る】[下1]지나다. 경과하다」의 連用形「へ」+「て」+「やまひ【病】병」.

39) 문맥으로 봐서 이는「いゆ[下2]→いえる【癒える】[下1]치유되다」에「り[助動]완료・

⇨ 며칠을 지나 병이 나았다.

❏ 程興(ていけう)、わが三人[さんにん]の弟(おとゝ)に、かたりて、いはく[40]、「継母(けいぼ)なれども[41]、あはれミふかく[42]、まことの母は は]と、いふとも[43]、いかでか、かくのことく、ならん[44]」。
　⇨ 정흥은 자기 세 동생에게 밝혀 이르길 "계모이지만 자비가 깊고, 진짜 어머니라고 해도 어찌 이처럼 할 수 있겠는가?

❏ わが兄弟(きやうだい)[45]、さらに恩(をん)を、しる事[こと]なし[46]、母(はゝ)の道みち][47]、ますヽヽ、たかし、と、いへども[48]、
　⇨ 우리 형제는 전혀 은혜를 아는 바 없다. 어머니의 도리는 더욱 높다고 하지만,

존속」가 접속한 것으로 풀이해야겠다. 그런데 「り」는 已然形(일반적으로는 4단·サ変動詞의 命令形)에 접속하므로 「いゆれり」가 되어야 문법적으로 맞다.

40) 「わが【我が・吾が】[連体]나의. 자신의」+「さんにん【三人】세 사람」+「の[助詞]」+「おと と【弟】(〈おとうと〉의 준말)동생」+「に[助詞]」+「かたる【語る】[4]상대에게 전하다. 자초지종을 이야기하다」의 連用形「かたり」+「て」+「いはく【曰く】말하길. 이르길」.

41) 「けいぼ【継母】계모」+「なり[助動단정·지정]의 已然形「なれ」+「ども[助詞]역접」.

42) 「あはれみ【哀れみ·憐れみ·憫れみ】[名]불쌍함. 동정함. 자비를 베풂」+「ふかし【深し】[形]깊다」의 連用形「ふかく」.

43) 「まこと【真·実·誠】[名]진짜. 진정. 거짓 없음」+「の[助詞]」+「はは【母】어머니」+「と[助詞]~라고」+「いふ【言ふ·云ふ】[4]말하다」의 終止形「いふ」+「とも[助詞]역접의 가정조건. ~해도」.

44) 「いかでか【如何でか·争でか】[副]어찌. 문말에 호응하여 '어찌 ~하겠는가?'의 뜻」 (문말에는 連体形이 쓰임)+「かくのごとく【斯くの如く】[連語]이처럼, 이와 같이」(〈·こ-〉는 無濁点표기)+「なる【成る·為る】[4]되다. 할 수 있다」의 未然形「なら」+「む[助動추량·의지]의 連体形「む」→「ん」.

45) 「わが【我が·吾が】[連体]나의. 자신의」+「きやうだい→きょうだい【兄弟】형제」.

46) 「さらに【更に】[副]또한. 전혀」+「おん【恩】군주나 부모 등의 은혜」(〈を-〉는 정서법에 어긋남)+「を[助詞]」+「しる【知る】[4]알다」의 連体形「しる」+「こと【事】것. 일」+「なし【無し】[形]없다」.

47) 「はは【母】어머니」+「の[助詞]」+「みち【道】길. 도리」.

48) 「ますます【益】[副]전보다 더욱. 가일층」+「たかし【高し】[形]높다」+「と[助詞]~라고」+「いふ【言ふ·云ふ】[4]말하다」의 已然形「いへ」+「ども[助詞]역접」.

❏われらがあやまちは⁴⁹⁾、いよ＼／ふかし⁵⁰⁾。」と、いふて⁵¹⁾、つゐに⁵²⁾南鄭(なんてい)の獄(ごく)に、まいりて⁵³⁾、

⇨ "우리들의 잘못은 더욱 깊다."라고 하며 마침내 남정에 있는 감옥에 가서,

❏「この四人[よにん]ハ、兄弟(きやうだい)なり⁵⁴⁾、科人(とがにん)に、おほせつけらるへし⁵⁵⁾。」と申[もう]す⁵⁶⁾。

⇨ "이 네 사람은 형제다. 죄인으로 명하심 받아야 마땅합니다."라고 한다.

❏奉行(ぶぎやう)のものども⁵⁷⁾、「何[なん]の故[ゆえ]にか⁵⁸⁾、汝(なんぢ)ら、こゝに来[きた]るや⁵⁹⁾。」と。

---

49) 「われら【我等】[代]우리들. 나. 너희들」+「が[助詞]현대일본어〈の〉의 쓰임」+「あやまち【過ち】[名]실패. 과실. 잘못」+「は[助詞]」.

50) 「いよいよ[副]더욱. 한층 더」+「ふかし【深し】[形ク]깊다」.

51) 「と[助詞]~라고」+「いふ【言ふ・云ふ】[4]말하다」+「て」.

52) 「つひに→つゐに【終に・遂に】[副]결국. 마침내」(〈-ゐ〉는 정서법에 어긋남).

53) 「なん【南】남」+「てい【鄭】정」(〈南鄭〉은 지명인 듯. 〈한문본〉에는〈詣南鄭獄〉)+「の[助詞]」+「ごく【獄】옥」+「に[助詞]」+「まゐる【参る】[4]궁중이나 신분이 높은 사람이 있는 곳으로 가다」의 連用形「まゐり」(〈-い〉는 歴史的仮名遣에 어긋남)+「て」.

54) 「この【此の・斯の】[連体]이」+「よにん【四人】네 사람」+「は[助詞]」+「きやうだい→きょうだい【兄弟】형제」+「なり[助動]단정・지정」.

55) 「とがにん【咎人・科人】죄과가 있는 사람. 죄인」+「に[助詞]~에게. ~으로」+「おほせつく【仰せ付く】[下2]윗사람이 아랫사람에게 명령하다」의 未然形「おほせつけ」+「らる[助動]수동・존경」의 終止形「らる」+「べし[助動]의무・당연・추량・가능 등」(〈へ〉는 無濁点표기).

56) 「と[助詞]~라고」+「まうす[4]→もうす【申す】[5]'말하다・고하다'의 겸양어. 부탁드리다」.

57) 「ぶぎやう→ぶぎょう【奉行】①상명을 받아 공적인 일을 집행하는 것(사람) ②정무를 분장하여 한 부국을 담당하는 사람」+「の[助詞]」+「ものども【者共】사람들. 從者나 신분이 낮은 자를 부를 때 쓰는 말」.

58) 「なん【何】[代]어떤」+「の[助詞]」+「ゆゑ→ゆえ【故】때문. 까닭」+「に[助詞]」+「か[助詞]의문・질문」.

59) 「なんぢ→なんじ【汝・爾】[代]아랫사람을 가리키는 말. 너」+「ら【等】[接尾]복수(複數)를 나타냄. ~들」+「ここ【此処・此所・此・是・爰】[代]여기」+「に[助詞]」+「きたる【来る】[4]오다」의 連体形「きたる」+「や[助詞]의문・질문」.

⇨ 관리들은 "어떤 연유로 너희들이 여기에 왔는가?"라고.

❏ 程興(ていけう)が、いはく60)、「この四人[よにん]61)、ま丶母(は丶)に、やしなハる62)。

⇨ 정흥이 이르길 "이 네 사람은 의붓어머니에게 키워졌다.

❏ その母[はは]のめぐみ63)、まことに、たぐひなく64)、いつくしみ、はごくみ給[たま]ふこと65)、わが母子(ぼし)と、ひとしく、し給[たま]ひて66)、かはるところ、なし67)、

⇨ 그 어머니의 은혜가 참으로 비할 바 없고, 사랑하고 보살피시는 일을 자기 모자와 한가지로 하셔서 다른 적이 없다.

❏ まことの母[はは]と、いふとも68)、いかでか、これに、まさるべきや69)。

---

60) 「が[助詞]」+「いはく【曰く】 말하길. 이르길」.

61) 「この【此の・斯の】[連体]이」+「よにん【四人】 네 사람」.

62) 「ままはは【継母】 의붓어머니. 계모」+「に[助詞]」+「やしなふ【養ふ】[4]양육하다. 키우다」의 未然形「やしなは」+「る[助動수동]」.

63) 「その【其の】[連体]그」+「はは【母】 어머니」+「の[助詞]」+「めぐみ【恵み】[名]은혜. 자비. 동정」.

64) 「まことに【真に・実に・誠に】[副]정말로. 거짓 없이. 매우」+「たぐひなし【類無し】[形ク]비교할 것이 없다. 매우 빼어나다. 현저하다」의 連用形「たぐひなく」.

65) 「いつくしむ【慈しむ】[4]사랑하다」의 連用形「いつくしみ」+「はごくむ【育む】[4]키우다」의 連用形「はごくみ」+「たまふ【給ふ】[助動존경]」의 連体形「たまふ」+「こと【事】 것. 일」.

66) 「わが【我が・吾が】[連体]나의. 자신의」+「ぼし【母子】 모자. 어머니와 자식」+「と[助詞~와]」+「ひとし【等し・均し・斉し】[形シク]같다. 동등하다. 공평하다」의 連用形「ひとしく」+「す[サ変]하다」의 連用形「し」+「たまふ【給ふ】[助動존경]」의 連用形「たまひ」+「て」.

67) 「かはる【替はる・代はる・換はる・変はる】[4]바뀌다. 다르다」의 連体形「かはる」+「ところ【所・処】 곳. 경우」+「なし【無し】[形ク]없다」.

68) 「まこと【真・実・誠】[名]진짜」+「の[助詞]」+「はは【母】 어머니」+「と[助詞~라고]」+「いふ【言ふ・云ふ】[4]말하다」의 終止形「いふ」+「とも[助詞~해도]」.

69) 「いかでか【如何でか・争でか】[副]어찌 ~하겠는가」+「これ【此・是】[代]이것. 이사람」

❑ しかるを、われら70)、かゝる大[だい]をんどくを、かうふりなが ら71)、さらに、ほうずる事[こと]を、しらず72)、たゞ、つとめて73)悪 (あく)をのミ、をかす74)。
  ⇨ 그럼에도 우리들은 이러한 큰 은덕을 받으면서 전혀 갚을 줄을 모르고 그저 힘써 악행만을 범한다.

❑ 此[この]故[ゆえ]に75)、兄弟(きやうだい)もろともに76)、刑(けい)につ くべし77)。」と、いふ78)。
  ⇨ 이런 고로 형제가 모두 형벌에 따라야 마땅합니다."라고 한다.

❑ 奉行(ぶぎやう)のともがら79)、その母[はは]の80)慈仁(じにん)81)ある

+「に[助詞]」+「まさる【優る・勝る】[4]견주어 뛰어나다. 위다. 낫다」의 終止形「まさ る」+「べし[助動]의무・당연・추량・가능 등」의 連体形「べき」+「や[助詞]의문・질문」.

70) 「しかるを【然るを・而るを】[接続]그렇지만. 그럼에도 불구하고」+「われら【我等】[代] 우리들. 나. 너희들」.

71) 「かかる【斯かる】[連体]이러한. 이런」+「だい【大】대. 큰」+「おんとく【恩徳】(옛날 에는〈おんどく〉은덕」((を-)는 정서법에 어긋남)+「を[助詞]」+「かうぶる→こうぶる 【被る・蒙る】[4](〈こうむる〉의 옛 형태)윗사람이나 강자의 동작을 받다」의 連用形 「かうぶり」(〈-ふ〉는 無濁点표기)+「ながら【乍ら】[助詞]~하면서. ~인데」.

72) 「さらに【更に】[副]또한. 전혀」+「ほうず【報ず】[サ変]보답하다. 갚다」의 連体形「ほ うずる」+「こと【事】것. 일」+「を[助詞]」+「しる【知る】[4]알다」의 未然形「しら」+「ず [助動]부정」.

73) 「ただ【只・唯】[副]단지. 오직. 그저」+「つとめて【努めて・勉めて・力めて】[副]억지로. 무리하게. 힘써」.

74) 「あく【悪】악」+「を[助詞]」+「のみ[助詞]~뿐. ~만」+「をかす【犯す・侵す・冒す】[4]범하다. 거스르다. 더럽히다」.

75) 「この【此の・斯】[連体]이」+「ゆゑ→ゆえ【故】때문. 까닭」+「に[助詞]」.

76) 「きやうだい→きょうだい【兄弟】형제」+「もろとも【諸共】[形動ナリ]함께 하는 모양. 같이. 동시」의 連用形「もろともに」.

77) 「けい【刑】형. 형벌」+「に[助詞]」+「つく【付く・附く・着く・就く・即く】[4]붙다. 따르다」 의 終止形「つく」+「べし[助動]의무・당연・추량・가능 등」.

78) 「と[助詞]~라고」+「いふ【言ふ・云ふ】[4]말하다」.

ことを、かんじて82)、其[その]家(いへ)の、よろづの役義(やくぎ)をゆるし83)、

⇨ 관리들은 그 어머니가 인자함이 있음을 감동하여 그 집의 수많은 부역을 사하고,

☐ 四人[よにん]の子[こ]どもをバ84)、「今[いま]よりのち85)、心[こころ]を、ひとつにして86)、母(はゝ)をやしなふへし87)。」とて、かへされたり88)。

⇨ 네 아이들을 "이제부터 이후에 마음을 한가지로 하여 어머니를 봉양해야 할 것이다."라며 돌려보내셨다.

☐ これよりして89)、人[ひと]ミな90)穆姜(ぼくきやう)が婦(ふ)の道(ミち)

---

79) 「ぶぎやう→ぶぎょう【奉行】집행관. 담당자」+「の[助詞]」+「ともがら【輩・儕】동료. 한패」.

80) 「その【其の】[連体]그」+「はは【母】어머니」+「の[助詞]현대일본어〈が〉의 쓰임」.

81) 일본어에서「慈仁」은「じじん」으로 읽으며「정이 깊은 것」의 뜻이다. 한편「じにん」으로 읽는 말에는「慈忍」이 있으며 이는「자비와 인욕(忍辱)」의 뜻이다. 참고로「仁慈」는「じんじ」로 읽는다.

82) 「あり【有り】[ラ変]있다」의 連体形「ある」+「こと【事】것. 일」+「を[助詞]」+「かんず【感ず】[サ変]①자극을 받다. 느끼다 ②마음에 생각하다 ③마음이 움직이다. 감동하다」의 連用形「かんじ」+「て」.

83) 「その【其の】[連体]그」+「いへ→いえ【家】집」+「の[助詞]」+「よろづ→よろず【万】①숫자가 많은 것. 여러 가지 ②모든 일. 만사. 모두」+「の[助詞]」+「やくぎ【役儀】역할. 임무. 조세. 부역」(본문에는〈義〉)+「を[助詞]」+「ゆるす【許す・赦す】[4]느슨하게 하다. 풀어주다. 사면하다. 면제하다」의 連用形「ゆるし」.

84) 「よにん【四人】네 사람」+「の[助詞]」+「こども【子供】아이」+「をば：(格助詞〈を〉에 係助詞〈は〉가 붙어 濁音化한 것)〈を〉의 뜻을 강하게 함」.

85) 「いま【今】지금」+「より[助詞]~부터」+「のち【後】후」.

86) 「こころ【心】마음. 뜻. 생각」+「を[助詞]」+「ひとつ【一つ】하나」+「に[助詞]」+「す[サ変]하다」의 連用形「し」+「て」.

87) 「はは【母】어머니」+「を[助詞]」+「やしなふ【養ふ】[4]부양하다. 모시다」의 終止形「やしなふ」+「べし[助動]의무・당연・추량・가능 등」(〈へ〉는 無濁点표기).

88) 「とて[助詞]인용. ~라 해서. ~라는 것으로. ~라는 이름으로」+「かへす【帰す・還す】[4]돌려보내다」의 未然形「かへさ」+「る[助動]수동・존경」의 連用形「れ」+「たり[助動]완료・존속」.

を、かんじて91)、

⇨ 이로부터 사람들이 모두 목강의 부녀자의 도리를 감복하여,

❏ 天下[てんか]あまねく92)、この人[ひと]を、したひて93)、ミちを、つとむるためし、と、せり94)。

⇨ 천하 두루 이 사람을 사모하여 도리를 힘쓴 본보기로 삼았다.

---

89) 「これ【此·是】[代]이것. 이때」+「より[助詞]기점. ~부터」+「して[助詞](助詞에 이어져서)뜻을 강하게 함」.

90) 「ひと【人】사람」+「みな【皆】①[名]모든 사람. 전부 ②[副]남김없이. 모두」.

91) 「が[助詞]현대일본어 〈の〉의 쓰임」+「ふ【婦】부인. 아내. 여자」+「の[助詞]」+「みち【道】길. 도리」+「を[助詞]」+「かんず【感ず】[サ変]자극을 받다. 느끼다. 감동하다」의 連用形「かんじ」+「て」.

92) 「てんか【天下】천하」+「あまねく【遍く·普く】[副]널리. 빠짐없이」.

93) 「この【此の·斯の】[連体]이」+「ひと【人】사람」+「を[助詞]」+「したふ【慕ふ】[4]따르다. 그리워하다. 사모하다. 본보기로 삼다」의 連用形「したひ」+「て」.

94) 「みち【道】길. 도리」+「を[助詞]」+「つとむ[下2]→つとめる【勤める·努める·務める·力める·勉める】[下1]힘쓰다. 노력하다. 섬기다. 근행하다」의 連体形「つとむる」+「ためし【例·様】[名]예. 전례. 증거」+「と[助詞]」+「す[サ変]하다」의 命令形「せ」+「り[助動]완료·존속」.

8. 貞(てい)義(ぎ)刎(くびハね)死(しす)
정의가 목 베어 죽다

❏ 漢(かん)の¹⁾樂羊子(がくやうし)か妻(つま)ハ²⁾、何(なに)氏(うぢ)のむすめ³⁾、と、いふことを、しらず⁴⁾。
  ⇨ 한나라 악양자의 아내는 어떤 성씨의 딸이라는 것을 모른다.

❏ 夫(おつと)につかへて⁵⁾、婦(ふ)のミちあり⁶⁾、心[こころ]ずくにして⁷⁾、わたくしなし⁸⁾。
  ⇨ 남편에게 섬겨 부녀자의 도리가 있다. 매사에 진심을 다하고 사사로움이 없다.

❏ あるとき⁹⁾、樂羊子(がくやうし)よそに行(ゆき)ける道みち]にて¹⁰⁾、

---

1) 「かん【漢】한나라」+「の[助詞]」.
2) 「が[助詞]현대일본어〈の〉의 쓰임」(〈か〉는 無濁点표기)+「つま【妻】처. 아내」+「は[助詞]」.
3) 「なに【何】[代]어떤」+「うぢ→うじ【氏】씨」+「の[助詞]」+「むすめ【娘】딸. 젊은 미혼 여성」.
4) 「と[助詞]~라고」+「いふ【言ふ·云ふ】[4]말하다」의 連体形「いふ」+「こと【事】것. 일」+「を[助詞]」+「しる【知る】[4]알다」의 未然形「しら」+「ず[助動]부정」.
5) 「をつと→おっと【夫】지아비」(〈お〉는 歴史的仮名遣에 어긋남)++「に[助詞]」+「つかふ[下2]→つかえる【仕える】[下1]①윗사람 가까이에서 섬기다. 모시다 ②관직을 수행하다」의 連用形「つかへ」+「て」.
6) 「ふ【婦】부인. 아내. 여자」+「の[助詞]」+「みち【道】길. 도리」+「あり【有り】[ラ変]있다」.
7) 「こころづく→こころずく【心尽】마음으로 모든 일을 해결하려는 것. 진심만으로 매사를 하려 드는 것」(〈-ず-〉는 歴史的仮名遣에 어긋남)+「に[助詞]」+「す[サ変]하다」의 連用形「し」+「て」.
8) 「わたくし【私】[名]공(公)에 대한 사(私)」+「なし【無し】[形ク]없다」의 連用形「なく」.

金(こがね)のまろかせを[11]、ひとつ、ひろひえたり[12]。

⇨ 어느 날 악양자가 다른 곳에 가는 길에서 금 덩어리를 하나 주워 얻었다.

☐家(いへ)に、もちてかへり[13]、妻(つま)にあたへければ[14]、妻(つま)すこしも、よろこぶ色(いろ)なく[15]、夫(おつと)にむかひて、かたりけるハ[16]、

⇨ 집으로 가지고 돌아와 아내에게 건넸더니 아내가 조금도 기뻐하는 기색 없이 남편을 향해 말했던 것은,

☐「われ、そのかみ[17]、きく事[こと]あり[18]。

⇨ "나는 그 옛날 들은 것이 있다.

☐道(ミち)に、心[こころ]ざしある人[ひと]は[19]、その名[な]をだにも、

---

9) 「ある【或る】[連体]어느. 모(某)+「とき【時】때」.

10) 「よそ【余所·他所】다른 곳. 다른 집」+「に[助詞]」+「ゆく【行く】[4]가다」의 連用形「ゆき」+「けり[助動]회상·과거」의 連体形 「ける」+「みち【道】길」+「にて[助詞]현대일본어〈で〉와 같은 쓰임. ~에서」.

11) 「こがね【黄金·金】금」+「の[助詞]」+「まろかせ【丸かせ】뭉쳐놓은 것. 덩어리」+「を[助詞]」.

12) 「ひとつ【一つ】하나」+「ひろふ【拾ふ】[4]떨어져 있는 것을 들어 올리다」의 連用形「ひろひ」+「う【得】[下2]얻다. 가능하다」의 連用形「え」+「たり[助動]완료·존속」.

13) 「いへ→いえ【家】집」+「に[助詞]」+「もつ【持つ】[4]가지다」의 連用形「もち」+「て」+「かへる【帰る】[4]돌아오(가)다」의 連用形「かへり」.

14) 「つま【妻】처. 아내」+「に[助詞]~에게」+「あたふ[下2]→あたえる【与える】[下1]주다. 건네다」의 連用形「あたへ」+「けり[助動]회상·과거」의 已然形「けれ」+「ば[助詞]확정조건. 원인·이유」.

15) 「つま【妻】처. 아내」+「すこしも【少しも】[副]조금이라도. 조금도」+「よろこぶ【喜ぶ·悦ぶ】[4]기뻐하다」의 連体形「よろこぶ」+「いろ【色】색깔. 기색. 안색. 낯빛」+「なし【無し】[形ク]없다」의 連用形「なく」.

16) 「をつと→おっと【夫】지아비」+「に[助詞]」+「むかふ【向かふ·対ふ】[4]향하다. 맞서다」의 連用形「むかひ」+「て」+「かたる【語る】[4]상대에게 전하다. 이야기하다」의 連用形「かたり」+「けり[助動]회상·과거」의 連体形「ける」+「は[助詞]」.

17) 「われ【我·吾】[代]나」+「そのかみ【其の上】그때. 지난 그때. 그 옛날」.

18) 「きく【聞く·聴く】[4]듣다」의 連体形「きく」+「こと【事】것. 일」+「あり【有り】[ラ変]있다」.

きらひて20)、渇(かつえ)ても21)盗泉(たうせん)の水[みず]をのまず22)、

⇨ 도리에 뜻이 있는 사람은 그 이름조차도 꺼려하여 목말라도 도천의 물을 마시지 아니하고,

❏ 常(つね)の思[おも]ひ23)、いさぎよき人[ひと]ハ24)、飢(うへ)ても25)嗟来(さらい)の食(じき)を、くらハず26)。

⇨ 평소의 마음이 정결한 사람은 굶주려도 낮잡아보고 던져주는 음식을 먹지 아니한다.

❏ ましてや27)、道[みち]のほとりに28)遺(おち)たるものを八29)、ひろふ

---

19) 「みち【道】길. 도리」+「に[助詞]」+「こころざし【志】마음이 향하는 바. 뜻. 마음가짐」+「あり【有り】[ラ変]있다」의 連体形「ある」+「ひと【人】사람」+「は[助詞]」.

20) 「その【其の】[連体ユ」+「な【名】이름」+「を[助詞]」+「だに[助詞~조차. ~만. ~라도」+「も[助詞]」+「きらふ【嫌ふ】[4]피하다. 꺼리다. 싫어하다. 삼가다」의 連用形「きらひ」+「て」.

21) 이 부분은「渇」에「かつえ」라는 후리가나가 붙어있다. 「渇」은 音으로는「カツ(漢音)・カチ(呉音)」訓으로는「かわく」로 읽으므로 통하지 않는다. 그런데「かつう[下2]→かつえる【飢える・餓える】[下1]굶다. 굶주리다. 몹시 결핍되다」가 있어서 한자를 논외로 하면 뜻이 통할 듯싶다.

22) 「たうせん→とうせん【盗泉】중국 산동성(山東省) 사수현(泗水県)에 있는 샘. 공자(孔子)는 그 이름이 나빠서 그 물을 마시지 않았다고 한다」+「の[助詞]」+「みづ→みず【水】물」+「を[助詞]」+「のむ【飲む・呑む】[4]마시다」의 未然形「のま」+「ず[助動부정]」.

23) 「つね【常】변함없는 것. 평소. 보통」+「の[助詞]」+「おもひ→おもい【思い・念い・想い】[名]생각. 마음. 바람」.

24) 「いさぎよし【潔し】[形ク]매우 깨끗하다. 더러움이 없다. 결백하다」의 連体形「いさぎよき」+「ひと【人】사람」+「は[助詞]」.

25) 「うう[下2]→うえる【飢える・餓える・饑える】[下1]굶주리다」의 連用形「うえ」(〈-へ〉는 정서법에 어긋남)+「ても[助詞~해도」.

26) 「さらいのし【嗟来の食】낮잡아 보고 주는 음식. 사람을 깔보는 행동」(〈食〉을 〈ジキ〉로 읽은 것은 呉音)+「を[助詞]」+「くらふ【食らふ・喰らふ】[4]먹다」의 未然形「くらは」+「ず[助動부정]」.

27) 「まして【況して】[副]게다가. 물론. 하물며」+「や[助詞]반어」.

28) 「みち【道】길. 도리」+「の[助詞]」+「ほとり【辺】주변. 근처」+「に[助詞]」.

べからざる30)、ならひぞかし31)。

⇨ 하물며 길가에 떨어져있는 것을 주워서 아니 될 것은 지당하다.

☐ 今[いま]この利(り)をもとめて32)、わづかの金(こがね)ゆへに33)、日[ひ]ごろの行跡(かうせき)を34)けがし給[たま]ふや35)。」と申[もうし]ければ36)、

⇨ 지금 이 이득을 좇아 얼마 되지 않는 금 때문에 이제까지의 행적을 욕되게 하시시겠는가?"라고 아뢰니,

☐ 樂羊子(がくやうし)、大[おおい]にはぢて37)、すなハち38)、こがねをば39)、もとのところに、すてたりけり40)。

---

29) 「おつ[上2]→おちる【落ちる・墜ちる・堕ちる】[上1]떨어지다」(〈遺〉는〈のこる〉로는 읽지만〈おちる〉로 읽는 것은 미상. 다만〈遺〉는 音으로는〈ヰ→イ(漢音)・ユイ(呉音)〉이며 '땅에 떨어져있는 것'의 뜻이므로 통한다)의 連用形「おち」+「たり[助動]완료・존속」의 連体形「たる」+「もの【物】것」+「をば : (格助詞〈を〉에 係助詞〈は〉가 붙어 濁音化한 것)〈を〉의 뜻을 강하게 함」(〈-は〉는 無濁点표기).

30) 「ひろふ【拾ふ】[4]떨어져 있는 것을 들어 올리다. 줍다」의 終止形「ひろふ」+「べかり[助動추량・가능 등]」의 未然形「べから」+「ざり[助動부정]」의 連体形「ざる」.

31) 「ならひ【慣・習ひ・倣ひ】[名]관습. 습관. 세상의 도리. 당연함」+「ぞかし(〈ゾ〉〈カシ〉모두 강조의 뜻을 나타내는 조사. 문말에 쓰임)~인 것이다」.

32) 「いま【今】지금. 이제」+「この【此の・斯の】[連体]이」+「り【利】이득」+「を[助詞]」+「もとむ【求む】[下2]찾다. 구하다」의 連用形「もとめ」+「て」.

33) 「わづか→わずか【僅か・纔か】[名・副]수량이나 정도, 가치 따위가 매우 적은 모양」+「の[助詞]」+「こがね【黄金・金】금」+「ゆゑ→ゆえ【故】때문. 까닭」(〈-ヘ〉는 정서법에 어긋남)+「に[助詞]」.

34) 「ひごろ【日頃】오늘까지 오랫동안. 평소. 늘」+「の[助詞]」+「かうせき→こうせき【行跡・行迹】행적. 행실」+「を[助詞]」.

35) 「けがす【穢す・汚す】[4]더럽히다. 상처내다」의 連用形「けがし」+「たまふ【給ふ】[助動존경]」의 連体形「たまふ」+「や[係助詞]의문・질문」.

36) 「と[助詞]~라고」+「まうす[4]→もうす【申す】[5]'말하다・고하다'의 겸양어」의 連用形「まうし」+「けり[助動]회상・과거」의 已然形「けれ」+「ば[助詞]확정조건. 원인・이유」.

37) 「おおいに【大いに】[副]매우. 몹시. 많이」+「はづ[上2]→はじる【恥じる・愧じる・羞じる・慙じる】[上1]부끄러워하다」의 連用形「はぢ」+「て」.

38) 「すなはち→すなわち【即ち・則ち】[副]곧바로. 즉시. 그래서. 즉」.

▫しかるに41)、樂羊子(がくやうし)、学文(がくもん)のために42)、遠国(をんごく)に行[ゆき]て43)、七[しち]年(ねん)まで、かへらざりけれども44)、

⇨ 그런데 악양자가 학문을 위해 먼 지방으로 가서 칠 년까지 돌아오지 않았지만,

▫妻[つま]すこしも45)、心[こころ]に、をこたりなく46)、つとめて47)、姑(しうとめ)をやしなひ48)、

⇨ 아내는 조금도 마음에 게으름 없이 힘써 시어머니를 봉양하고,

▫そのうへに49)、猶[なほ]又[また]50)、をり＼／ハ51)、樂羊子(がくやう

---

39) 「こがね【黄金・金】금」+「をば:〈を〉의 뜻을 강하게 함」.
40) 「もと【本・元】처음. 이전」+「の[助詞]」+「ところ【所・処】곳」+「に[助詞]」+「すつ【捨つ・棄つ】[下2]버리다」의 連用形「すて」+「たり[助動]완료・존속」의 連用形「たり」+「けり[助動]회상・과거」.
41) 「しかるに【然るに】[接続]그런데. 하지만. 그건 그렇고」.
42) 「がくもん【学問・学文】학문」+「の[助詞]」+「ため【為】[名]이득. 행복. 위함」+「に[助詞]」(〈~の(が)ために〉의 꼴로 '이익・이유・목적'의 뜻. ~때문에. ~위해).
43) 「をんごく→おんごく【遠国】먼 나라. 도읍에서 멀리 떨어진 지방」+「に[助詞]」+「ゆく【行く】[4]가다」의 連用形「ゆき」+「て」.
44) 「しちねん【七年】7년」+「まで【迄】[助詞]~까지」+「かへる【帰る】[4]돌아오(가)다」의 未然形「かへら」+「ざり[助動]부정」의 連用形「ざり」+「けり[助動]회상・과거」의 已然形「けれ」+「ども[助詞]역접」.
45) 「つま【妻】처. 아내」+「すこしも【少しも】[副]조금이라도. 조금도」.
46) 「こころ【心】마음. 뜻. 생각」+「に[助詞]」+「おこたり【怠り】[名]나태. 태만」(〈を-〉는 정서법에 어긋남)+「なし【無し】[形ク]없다」의 連用形「なく」.
47) 「つとめて【努めて・勉めて・力めて】[副]억지로. 무리하게. 힘써」.
48) 「しうとめ→しゅうとめ【姑】시어머니. 장모」+「を[助詞]」+「やしなふ【養ふ】[4]양육하다. 부양하다. 키우다」의 連用形「やしなひ」.
49) 「そのうへ【其の上】[接続]게다가. 덧붙여서」+「に[助詞]」.
50) 「なほ→なお【猶・尚】[副]아직. 여전히. 그래도 역시. 더욱」+「また【又・亦・復】[副]다시. 같이. 달리. 또한. 게다가」.

し)が方(かた)へも、物(もの)を、をくりけり52)。
⇨ 게다가 여전히 또한 때에 맞춰 악양자 쪽에도 물건을 보냈다.

☐あるとき53)、隣(とな)りの家(いへ)の鶏(にハとり)きたりて54)、樂羊子(がくやうし)が園(その)のうちに入[いり]けるを55)、
⇨ 어느 날 옆집 닭이 와서 악양자의 뜰 안에 들어왔는데,

☐姑(しうとめ)これを、ぬすみて56)、ひそかに、うちころして57)煮(に)て、くらふ58)。
⇨ 시어머니가 이를 훔쳐 슬그머니 잡아 삶아 먹는다.

☐妻(つま)さらに、くらハずして59)、涙[なみだ]をながして60)、なき居(ゐ)たり61)。

---

51) 「をりをり→おりおり【折折】[名・副]때때로. 때맞춰. 점점」+「は[助詞]」.
52) 「が[助詞]현대일본어 〈の〉의 쓰임」+「かた【方】방향. 쪽」+「へ[助詞]」+「も[助詞]」+「もの【物】물건」+「を[助詞]」+「おくる【送る・贈る】[4]보내다. 증정하다」의 連用形「おくり」(〈を-〉는 정서법에 어긋남)+「けり[助動]회상・과거」.
53) 「ある【或る】[連体]어느. 모(某)」+「とき【時】때」.
54) 「となり【隣】이웃. 옆」+「の[助詞]」+「いへ→いえ【家】집」+「の[助詞]」+「にはとり→にわとり【鶏・雞】닭」+「きたる【来る】[4]오다」의 連用形「きたり」+「て」.
55) 「が[助詞]현대일본어 〈の〉의 쓰임」+「その【園・苑】뜰. 정원」+「の[助詞]」+「うち【内】안」+「に[助詞]」+「いる【入る】[4]들어오다」의 連用形「いり」+「けり[助動]회상・과거」의 連体形「ける」+「を[助詞]~한 것을. ~하는데」.
56) 「しうとめ→しゅうとめ【姑】시어머니」+「これ【此・是】[代]이것」+「を[助詞]」+「ぬすむ【盗む】[4]훔치다. 몰래 하다」의 連用形「ぬすみ」+「て」.
57) 「ひそか【密か】[形動ナリ]남이 모르게 숨어서 하는 모양. 남의 눈을 피하는 모양」의 連用形「ひそかに」+「うちころす【打ち殺す】[4]죽이다. 쳐서 죽이다」의 連用形「うちころし」+「て」.
58) 「にる【煮る】[上1]삶다」의 連用形「に」+「て」+「くらふ【食らふ・喰らふ】[4]먹다」.
59) 「つま【妻】처. 아내」+「さらに【更に】[副]또한. 전혀 ~지 않다」+「くらふ【食らふ・喰らふ】[4]먹다」의 未然形「くらは」+「ず[助動]부정」의 連用形「ず」+「して[助詞](連用形에 접속)~인 상태로」.
60) 「なみだ【涙】눈물」+「を[助詞]」+「ながす【流す】[4]흘리다」의 連用形「ながし」+「て」.
61) 「なく【泣く・啼く】[4]울다」의 連用形「なき」+「ゐる【居る】[上1]있다. 머물다. 앉다」

⇨ 아내는 조금도 먹지 아니하고서 눈물을 흘리며 울고 있었다.

☐ 姑(しうとめ)あやしみて(62)、その故[ゆえ]をとふに(63)、妻(つま)こたへて、いはく(64)、

⇨ 시어머니가 미심쩍어 그 까닭을 물으니 아내가 대답하여 말하길,

☐ 「それがし(65)、まづしき、すまゐをなし(66)、わが姑(しうとめ)に(67)、久[ひさ]しく肉(にく)を、たてまつらず(68)、

⇨ "제가 가난한 살림을 꾸려, 우리 시어머니에게 오랫동안 고기를 올리지 않았다.

☐ 今[いま]この肉(にく)を(69)、ぬすみ給[たま]ふ事[こと]に、いたれり(70)。

⇨ 이제 이 고기를 훔치시기에 이르렀다.

의 連用形「ゐ」+「たり[助動]완료・존속」.

62) 「しうとめ→しゅうとめ【姑】시어머니」+「あやしむ【怪しむ】[4]수상쩍게 여기다. 의심스러워하다. 이상하게 여기다」의 連用形「あやしみ」+「て」.

63) 「その【其の】[連体]그」+「ゆゑ→ゆえ【故】이유. 까닭」+「を[助詞]」+「とふ【問ふ】[4]묻다. 질문하다」의 連体形「とふ」+「に[助詞]~하니. ~하는데」.

64) 「つま【妻】처. 아내」+「こたふ【答ふ・応ふ】[下2]대답하다. 반응하다」의 連用形「こたへ」+「て」+「いはく【曰く】말하길. 이르길」.

65) 「それがし【某】[代]①아무개 ②저」.

66) 「まづし[形シク]→まずしい【貧しい】[形]가난하다. 적다. 부족하다」의 連体形「まづしき」+「すまひ→すまい【住・住居】[名]거처. 집. 거주. 생활」(〈-ゐ〉는 정서법에 어긋남)+「を[助詞]」+「なす【生す・成す・為す】[4]만들어내다. 행하다」의 連用形「なし」.

67) 「わが【我が・吾が】[連体]나의. 자신의」+「しうとめ→しゅうとめ【姑】시어머니」+「に[助詞]~에게」.

68) 「ひさし【久し】[形シク]길다. 오래 경과하다」의 連用形「ひさしく」+「にく【肉】고기」+「を[助詞]」+「たてまつる【奉る】[4]드리다. 바치다」의 未然形「たてまつら」+「ず[助動]부정」.

69) 「いま【今】지금. 이제」+「この【此の・斯の】[連体]이」+「にく【肉】고기」+「を[助詞]」.

70) 「ぬすむ【盗む】[4]훔치다」의 連用形「ぬすみ」+「たまふ【給ふ】[助動]존경」의 連体形「たまふ」+「こと【事】것. 일」+「に[助詞]」+「いたる【至る・到る】[4]도착하다. 도달하다」의 命令形「いたれ」+「り[助詞]완료・존속」.

❏ この故[ゆえ]に71)、なみだを、ながすなり72)。」と、いふ73)。

⇨ 이런 고로 눈물을 흘리는 것이다."라고 한다.

❏ しうとめ、はづかしく思[おも]ひて74)、我[われ]も、くらハずして75)、すてたり76)。

⇨ 시어머니가 부끄럽게 생각하여 자신도 먹지 아니하고 버렸다.

❏ 後(のち)に77)、ぬす人[びと]ありて78)家(いへ)に、こみいり79)、妻(つま)を、をかさんとす80)。

⇨ 후일에 도둑이 있어 집에 밀어닥쳐 아내를 범하려 한다.

❏ まづ81)、そのしうとめを、をびやかす82)。

⇨ 먼저 그 시어미를 을러댄다.

---

71) 「この【此の・斯の】[連体]이」+「ゆゑ→ゆえ【故】이유. 까닭」+「に[助詞]」.

72) 「なみだ【涙】눈물」+「を[助詞]」+「ながす【流す】[4]흘리다」의 連体形「ながす」+「なり[助動]단정・지정」.

73) 「と[助詞]~라고」+「いふ【言ふ・云ふ】[4]말하다」.

74) 「しうとめ→しゅうとめ【姑】시어머니」+「はづかし【恥ずかし】[形シク]창피하다」의 連用形「はづかしく」+「おもふ【思ふ】[4]생각하다」의 連用形「おもひ」+「て」.

75) 「われ【我・吾】[代]나. 자신」+「も[助詞]」+「くらふ【食らふ・喰らふ】[4]먹다」의 未然形「くらは」+「ず[助動]부정」의 連用形「ず」+「して[助詞(連用形에 接続)]~인 상태로」.

76) 「すつ【捨つ・棄つ】[下2]버리다」의 連用形「すて」+「たり[助動]완료・존속」.

77) 「のち【後】후. 이후」+「に[助詞]」.

78) 「ぬすびと【盗人】도둑」+「あり【有り】[ラ変]있다」의 連用形「あり」+「て」.

79) 「いへ→いえ【家】집」+「に[助詞]」+「こみいる【込み入る】[4]밀려들다. 난입하다」의 連用形「こみいり」.

80) 「つま【妻】처. 아내」+「を[助詞]」+「をかす【犯す・侵す・冒す】[4]범하다. 거스르다. 더럽히다」의 未然形「をかさ」+「む[助動]추량・의지」→「ん」+「と[助詞]」+「す[サ変]하다」.

81) 「まづ→まず【先ず】[副]우선. 먼저」.

82) 「その【其の】[連体]그」+「しうとめ→しゅうとめ【姑】시어머니」+「を[助詞]」+「おびやかす【脅かす】[4]위협하다」(〈を-〉는 정서법에 어긋남).

❏ 妻(つま)、大[おおい]にをどろき83)、刀(かたな)をぬきて84)立(たち)出[いで]たり85)。

⇨ 아내가 크게 놀라 칼을 뽑아 나섰다.

❏ ぬす人[びと]の曰(いは)く86)、「なんぢ87)、そのかたなを、おさめて88)、わがいふ事[こと]を、きかば89)命(いのち)を、たすくべし90)、

⇨ 도둑이 말하길 "너는 그 칼을 거두고서 내가 말하는 것을 들으면 목숨을 구할 것이다.

❏ 我[われ]に、したがハずハ91)、まづ、汝(なんぢ)がしうとめを、ころすべし92)。」と、いふ93)。

---

83) 「つま【妻】처. 아내」+「おおいに【大いに】[副]매우. 몹시. 많이」+「おどろく【驚く·愕く·駭く】[4]놀라다」의 連用形「おどろき」(〈を-〉는 정서법에 어긋남).

84) 「かたな【刀】칼」+「を[助詞]」+「ぬく【抜く】[4]뽑다」의 連用形「ぬき」+「て」.

85) 「たちいづ【立ち出づ】[下2]일어서서 나가다. 나서다」의 連用形「たちいで」+「たり[助動]완료·존속」.

86) 「ぬすびと【盗人】도둑」+「の[助詞]현대일본어〈が〉의 쓰임」+「いはく【曰く】말하길. 이르길」.

87) 「なんぢ→なんじ【汝·爾】[代]아랫사람을 가리키는 말. 너」.

88) 「その【其の】[連体]그」+「かたな【刀】칼」+「を[助詞]」+「をさむ[下2]→おさめる【納める·収める】[下1]담다. 넣다. 수납하다」의 連用形「をさめ」(〈お-〉는 歷史的仮名遣에 어긋남)+「て」.

89) 「わが【我が·吾が】[連体]나의. 자신의」+「いふ【言ふ·云ふ】[4]말하다」의 連体形「いふ」+「こと【事】것. 일」+「を[助詞]」+「きく【聞く】[4]듣다. 따르다」의 未然形「きか」+「ば[助詞]가정조건」.

90) 「いのち【命】목숨」+「を[助詞]」+「たすく【助く·輔く·扶く】[下2]돕다. 힘을 보태다. 구조하다」의 終止形「たすく」+「べし[助動]의무·당연·추량·가능 등」.

91) 「われ【我·吾】[代]나」+「に[助詞]」+「したがふ【従ふ·随ふ·順ふ】[4]말하는 대로 따르다. 거스르지 않다. 맡기다」의 未然形「したがは」+「ず[助動]부정」의 終止形「ず」+「は[助詞]」(〈ずは〉의 형태로〈~하지 않고〉나〈[만일]~가 아니라면·~하지 않는다면〉의 뜻을 나타냄).

92) 「まづ→まず【先ず】[副]우선. 먼저」+「なんぢ【汝·爾】[代]너」+「が[助詞]현대일본어〈の〉의 쓰임」+「しうとめ→しゅうとめ【姑】시어머니」+「を[助詞]」+「ころす【殺す】[4]죽이다」의 終止形「ころす」+「べし[助動]의무·당연·추량·가능 등」.

□ 妻つま]、これを聞(きゝ)て94)、天てん]にあふぎて95)、なげきて、いはく96)、

⇨ 아내가 이를 듣고 하늘을 우러러 애걸하여 말하길,

□「われ、夫(おつと)の留守(るす)をつとめ97)、しうとめに、つかへて98)、わたくしなし99)。

⇨ "나는 남편이 비운 집을 꾸리며 시어머니에게 섬기기에 사사로움이 없다.

□ 女(をんな)の道(ミち)を100)、まもらん、と、するところに101)、今いま]、この恥(はぢ)にあへり102)。

---

93)「と[助詞]~라고」+「いふ【言ふ・云ふ】[4]말하다」.

94)「つま【妻】처. 아내」+「これ【此・是】[代]이것」+「を[助詞]」+「きく【聞く】[4]듣다」의 連用形「きき」+「て」.

95)「てん【天】하늘」+「に[助詞]」+「あふぐ[4]→あおぐ【仰ぐ】[5]위를 향하다. 우러러보다. 존경하다」의 連用形「あふぎ」+「て」.

96)「なげく【嘆く・歎く】[4]한숨짓다. 탄식하다. 슬퍼하다. 절망하다. 애원하다. 호소하다」의 連用形「なげき」+「て」+「いはく【曰く】말하길. 이르길」.

97)「われ【我・吾】[代]나」+「をつと→おっと【夫】지아비」(〈お〉는 歷史的仮名遣에 어긋남)+「の[助詞]」+「るす【留守】주인이나 집안사람이 외출했을 때 남아서 집을 지키는 것(사람)」+「を[助詞]」+「つとむ[下2]→つとめる【勤める・努める・務める・力める・勉める】[下1]힘쓰다. 노력하다. 섬기다. 근행하다. 근무하다」의 連用形「つとめ」+「て」.

98)「しうとめ→しゅうとめ【姑】시어머니」+「に[助詞]~에게」+「つかふ[下2]→つかえる【仕える】[下1]윗사람 가까이에서 섬기다. 모시다」의 連用形「つかへ」+「て」.

99)「わたくし【私】[名]공(公)에 대한 사(私)」+「なし【無し】[形ク]없다」.

100)「をんな→おんな【女】여자」+「の[助詞]」+「みち【道】길. 도리」+「を[助詞]」.

101)「まもる【守る・護る】[4]지키다. 막다」의 未然形「まもら」+「む[助動]추량・의지」→「ん」+「と[助詞]」+「す[サ変]하다」의 連體形「する」+「ところに【所に】[助詞]~하고 있는데. ~하고 있었지만」.

102)「いま【今】지금. 이제」+「この【此の・斯の】[連體]이」+「はぢ→はじ【恥・辱】부끄러움. 불명예. 치욕」+「に[助詞]」+「あふ[4]→あう【会う・逢う・遭う・遇う】[5]만나다. 마주치다. 당하다」의 命令形「あへ」+「り[助動]완료・존속」.

⇨ 여자의 도리를 지키고자 하는데 이제 이런 치욕에 맞닥뜨렸다.

❏汝(なんぢ)にしたがへば103)、すでに104)我(わが)身(ミ)をけがさる105)、

⇨ 너에게 따르니 이제 내 몸을 더럽혀진다.

❏わが身[み]を、けがされじ、と、すれば106)、又[また]、しうとめを、ころさんとす107)。

⇨ 내 몸을 더럽혀지지 않으려 하니 또한 시어머니를 죽이려 한다.

❏しかじ、われ死(し)せんにハ108)。」と、いふて109)、ミづから刀(かたな)をもつて110)、かうへを、かきおとして111)死(し)にければ112)、

---

103) 「なんぢ【汝·爾】[代]너」+「に[助詞]」+「したがふ【從ふ·隨ふ·順ふ】[4]말하는 대로 따르다. 거스르지 않다. 맡기다」의 已然形 「したがへ」+「ば[助詞]확정조건. 원인·이유」.

104) 「すでに【既に·已に】[副]①이미. 벌써 ②모두. 남김없이 ③이제 ④틀림없이」.

105) 「わが【我が·吾が】[連体]나의. 자신의」+「み【身】몸. 자신」+「を[助詞]」+「けがす【穢す·汚す】[4]더럽히다」의 未然形 「けがさ」+「る[助動수동]」.

106) 「わが【我が·吾が】[連体]나의」+「み【身】몸」+「を[助詞]」+「けがす【穢す·汚す】[4]더럽히다」의 未然形 「けがさ」+「る[助動수동]」의 未然形 「れ」+「じ[助動추량·의지의 부정. ~아닐 것이다」+「と[助詞]」+「す[サ變]하다」의 已然形 「すれ」+「ば[助詞]확정조건. 원인·이유」.

107) 「また【又·亦·復】[副]다시. 달리. 또한」+「しうとめ→しゅうとめ【姑】시어머니」+「を[助詞]」+「ころす【殺す】[4]죽이다」의 未然形 「ころさ」+「む[助動추량·의지」→「ん」+「と[助詞]」+「す[サ變]하다」.

108) 「しかじ【不如·不若·不及】①[連語]~에 미치지 않을 것이다. ~하는 편이 좋을 것이다 ②(부사적인 쓰임)오히려. 차라리」+「われ【我·吾】[代]나」+「す【死す】[サ變]죽다」의 未然形 「しせ」+「む[助動추량·의지」→「ん」+「に[助詞]」+「は[助詞]」. 여기에서는 連語로 쓰인 「しかじ」가 놓이는 자리가 도치된 것으로 봐야겠으며, 아울러 그 부사로서의 쓰임 역시 고려해야겠다. 또한 「には」는 「む[助動추량」에 이어져서 '가벼운 가정조건(~한다면)'을 나타낸다는 점도 헤아려봐야겠다.

109) 「と[助詞]~라고」+「いふ【言ふ·云ふ】[4]말하다」+「て」.

110) 「みづから→みずから【自ら】[名]자기 자신. 나 [副]스스로. 친히」+「かたな【刀】칼」+「を[助詞]」+「もって【以て】(〈を[助詞]〉에 이어져서)수단이나 원인 등을 나타냄. ~로써. ~때문에」.

⇨ 내가 죽는 것에는 미치지 못한다."라고 하고 손수 칼로써 목을 베어 죽였으니,

❏ ぬすびと、これをミて113)、大[おほい]におどろき114)、そのしうとめをも、ころさず115)、あはてふためきつゝ116)、いづくともなく117)、にげうせたり118)。

　　⇨ 도둑은 이를 보고 크게 놀라 그 시어머니까지도 죽이지 아니하고 혼비백산하여 어딘지도 모르게 도망쳐 숨었다.

❏ この事[こと]119)、国中(こくちうう)に、かくれなかりければ120)、国[くに]の太守(たいしゆ)121)、これを聞[きき]つたへて122)、つまの心[ここ

---

111) 「かうべ【首・頭】머리. 목」(〈-ヘ〉는 無濁点표기)+「を[助詞]」+「かきおとす【掻き落とす】[4]베어내다. 잘라내다」의 連用形「かきおとし」+「て」.

112) 「しぬ【死ぬ】[ナ変]죽다」의 連用形「しに」+「けり[助動]회상・과거」의 已然形「けれ」+「ば[助詞]확정조건. 원인・이유」.

113) 「ぬすびと【盗人】도둑」+「これ【此・是】[代]이것. 이사람」+「を[助詞]」+「みる【見る】[上1]보다」의 連用形「み」+「て」.

114) 「おほいに【大いに】[副]매우. 몹시. 많이」+「おどろく【驚く・愕く・駭く】[4]놀라다」의 連用形「おどろき」.

115) 「その【其の】[連体]그」+「しうとめ→しゅうとめ【姑】시어머니」+「を[助詞]」+「も[助詞]」(〈をも〉는 '～까지도・～조차도'의 뜻)+「ころす【殺す】[4]죽이다」의 未然形「ころさ」+「ず[助動]부정」의 連用形「ず」.

116) 「あはてふためく【慌てふためく】[4]당황하여 소란피우다. 놀라 어찌할 바를 모르다」의 連用形「あはてふためき」+「つつ[助詞]같은 동작의 반복・계속 등. ～하면서. ～해두고 나서」(連用形에 접속함).

117) 「いづく→いずく【何処】[代]어디」+「と[助詞]～라고」+「も[助詞]～도」+「なし【無し】[形ク]없다. 아니다」의 連用形「なく」.

118) 「にげうす【逃げ失す】[下2]도망쳐 자취를 감추다」의 連用形「にげうせ」+「たり[助動]완료・존속」.

119) 「この【此の・斯の】[連体]이」+「こと【事】것. 일」.

120) 「こくちゅう【国中】나라 안. 국내. 온 나라」+「に[助詞]」+「かくれなし【隠れ無し】[形ク]숨긴 부분이 없다. 널리 알려져 있다」의 連用形「かくれなかり」+「けり[助動]회상・과거」의 已然形「けれ」+「ば[助詞]확정조건. 원인・이유」.

121) 「くに【国】나라. 지역」+「の[助詞]」+「たいしゅ【太守・大守】태수 ①한 지역의 영주 ②진(秦)・한(漢) 시절 군(郡)의 장관(長官)」.

ろ]ざしを¹²³⁾、かんじ給たま]ひて¹²⁴⁾、

⇨ 이 일이 온 나라에 널리 알려지니 지역의 태수가 이를 전해 듣고서 아내의 마음 가짐을 감동하셔서,

❏ すなハち¹²⁵⁾国中(こくちう)に人[ひと]をつかハしつゝ¹²⁶⁾、いたらぬくまもなく¹²⁷⁾、せんさくを、くはへて¹²⁸⁾、もとめられけるほどに¹²⁹⁾、

⇨ 곧 온 나라에 사람을 보내서 다다르지 않는 구석 없이 파헤쳐 찾으셨으므로,

❏ つゐに¹³⁰⁾、ぬす人[びと]をバ¹³¹⁾、たづねいだし¹³²⁾、ことゝゝ

---

122) 「これ【此・是】[代]이것」+「を[助詞]」+「ききつたふ[下2]→ききつたえる【聞き伝える】[下1]남에게 전해 듣다」의 連用形「ききつたへ」+「て」.

123) 「つま【妻】처. 아내」+「の[助詞]」+「こころざし【志】마음이 향하는 바. 뜻. 마음가짐」+「を[助詞]」.

124) 「かんず【感ず】[サ変]①자극을 받다. 느끼다 ②마음에 생각하다 ③마음이 움직이다. 감동하다」의 連用形「かんじ」+「たまふ【給ふ】[助動존경]」의 連用形「たまひ」+「て」.

125) 「すなはち→すなわち【即ち・則ち】[副]곧바로. 즉시. 그래서. 즉」.

126) 「こくちゅう【国中】온 나라」+「に[助詞]」+「ひと【人】사람. 다른 사람」+「を[助詞]」+「つかはす[4]→つかわす【使わす・遣わす】[5]심부름 보내시다. 파견하시다. 하사하시다」의 連用形「つかはし」+「つつ[助詞]~하면서. ~해 두고 나서」.

127) 「いたる【至る・到る】[4]도착하다. 도달하다」의 未然形「いたら」+「ず[助動부정]」의 連体形「ぬ」+「くま【隈・曲・阿】구석. 숨겨진 곳」+「も[助詞]」+「なし【無し】[形ク]없다」의 連用形「なく」.

128) 「せんさく【穿鑿】천착. 파헤치는 것. 있는 힘껏 찾는 것. 규명하는 것」+「を[助詞]」+「くはふ[下2]→くわえる【加える】[下1]가하다. 겹치다. 보태다. 더하다」의 連用形「くはへ」+「て」.

129) 「もとむ【求む】[下2]찾다. 구하다」의 未然形「もとめ」+「らる[助動수동・존경]」의 連用形「られ」+「けり[助動회상・과거]」의 連体形「ける」+「ほどに【程に】①~하면. ~하는 사이에 ②원인・이유. ~이므로」(명사〈ほど〉에 조사〈に〉가 붙은 것으로 用言의 連体形에 접속함).

130) 「つひに→つゐに【終に・遂に】[副]결국. 마침내」(〈-ゐ〉는 정서법에 어긋남).

131) 「ぬすびと【盗人】도둑」+「をば:〈を〉의 뜻을 강하게 함」.

132) 「たづぬ[下2]→たずねる【尋ねる】[下1]찾다. 묻다」의 連用形「たづね」+「いだす【出

く133)、ころし給(たま)ひけり134)。

⇨ 마침내 도둑을 찾아내 모두 죽이셨다.

❏ さて135)、姑(しうとめ)のかたヘハ136)、妻(つま)がためにとて137)、帛(わた)138)と綏(かとり)のきぬとを、をくりて139)、

⇨ 그리고 시어머니에게는 아내로 인함이라 하여 솜과 비단을 보내서,

❏ さうれいを、ねんごろに、せさせて140)、すなハち妻(つま)を号(がう)して141)、貞義(ていぎ)と、をくりなを給[たま]ハりけり142)。

⇨ 장례를 정성스럽게 치르게 하고 곧 아내를 칭하여 정의라는 시호를 내리셨다.

だす】[4]내보내다. 드러내다」의 連用形「いだし」.

133) 「ことごとく【悉く・尽く】[副]모두. 남김없이」.

134) 「ころす【殺す】[4]죽이다」의 連用形「ころし」+「たまふ【給ふ】[助動]존경」의 連用形「たまひ」+「けり[助動]회상・과거」.

135) 「さて[接続]그리고. 그런데. 한편」.

136) 「しうとめ→しゅうとめ【姑】시어머니」+「の[助詞]」+「かた【方】방향. 쪽」+「ヘ[助詞]」+「は[助詞]」.

137) 「つま【妻】처. 아내」+「が[助詞]」+「ため【為】[名]이득. 행복. 위함」(助詞인 〈の・が〉 또는 用言의 連体形에 접속하여 '이익・이유・목적'의 뜻. ~때문에. ~위해)+「に[助詞]」+「とて[助詞]인용. ~라 해서. ~라는 것으로. ~라는 이름으로」.

138) 「帛」은 「ハク」(漢音)로 읽으며 「비단」의 뜻이다. 「わた」는 「綿・棉」로 쓰며 「솜. 목화」의 뜻이다.

139) 「と[助詞]~와」+「かとりのきぬ【縑の衣】비단으로 지은 의복」+「と[助詞]~와」+「を[助詞]」+「おくる【送る・贈る】【送る】[4]보내다. 수여하다」의 連用形「おくり」(〈を-〉는 정서법에 어긋남)+「て」.

140) 「さうれい→そうれい【葬礼・喪礼】장례」+「を[助詞]」+「ねんごろ【懇ろ】[形動ナリ]진심을 다해. 열심히」의 連用形「ねんごろに」+「す[サ変]하다」의 未然形「せ」+「さす[助動]사역・존경. ~시키다. ~하시다」의 連用形「させ」+「て」.

141) 「すなはち【即ち・則ち】[副]곧바로. 즉시」+「つま【妻】처. 아내」+「を[助詞]」+「がうす[サ変]→ごうする【号する】[サ変]이름붙이다. 명명하다. 칭하다」의 連用形「がうし」+「て」.

142) 「と[助詞]~라고」+「おくりな【贈名・諡】시호」(〈を-〉는 정서법에 어긋남)+「を[助詞]」+「たまはる[4]→たまわる【賜る・給わる】[5]①받다(겸양어) ②주시다(존경어)」의 連用形「たまはり」+「けり[助動]회상・과거」.

❏ 樂羊子(がくやうし)も、妻(つま)の心[こころ]ざしを、かんじて143)、身[み]ををふるまで144)、又[また]、つまをもむかへず145)、

⇨ 악양자도 아내의 마음가짐을 감복하여 죽을 때까지 달리 아내도 들이지 아니한다.

❏ 学文(がくもん)すでに、きハめて146)、名[な]を天下[てんか]に、ほどこしけり147)。

⇨ 학문을 모두 끝마치고 이름을 천하에 떨쳤다.

---

143) 「も[助詞]」+「つま【妻】 처. 아내」+「の[助詞]」+「こころざし【志】 마음이 향하는 바. 뜻. 마음가짐」+「を[助詞]」+「かんず【感ず】 [サ変]느끼다. 감동하다」의 連用形 「かんじ」+「て」.

144) 「み【身】 몸. 자신」+「を[助詞]」+「をふ[下2]→おえる【終える】[下1]끝내다」의 連体形 「をふる」+「まで【迄】[助詞]~까지」.

145) 「また【又・亦・復】[副]다시. 달리. 또한」+「つま【妻】 처. 아내」+「を[助詞]」+「も[助詞]」(〈をも〉는 '~까지도・~조차도'의 뜻)+「むかふ[下2]→むかえる【迎える】[下1]마중하다. 불러들이다. 받아들이다」의 未然形 「むかへ」+「ず[助動]부정」.

146) 「がくもん【学問・学文】 학문」+「すでに【既に・已に】[副]이미. 모두. 이제」+「きはむ[下2]→きわめる【極める・窮める】[下1]극한에 도달하게 하다. 끝내다」의 連用形 「きはめ」+「て」.

147) 「な【名】 이름. 명성」+「を[助詞]」+「てんか【天下】 천하」+「に[助詞]」+「ほどこす【施す】[4]널리 펼치다. 베풀다. 드러내다. 행하다」의 連用形 「ほどこし」+「けり[助動]회상・과거」.

9. 禮(れい)宗(そう)罵(のる)ᴸ卓(たくを)
예종이 동탁을 꾸짖다

☐ 漢(かん)の¹⁾皇甫規(くわうほき)が妻(つま)ハ²⁾、又[また]³⁾、いか成(な)る人[ひと]のむすめ⁴⁾、と云(いふ)ことを、しらず⁵⁾。

　⇨ 한나라의 황보규의 아내는 또한 어떠한 사람의 딸이라고 하는 것을 모른다.

☐ 皇甫規(くわうほき)、すでに、むなしくなりて⁶⁾、妻(つま)なを⁷⁾、年[とし]いまだ⁸⁾、さかりにして⁹⁾、顔(かほ)かたち¹⁰⁾世(よ)に、すぐれたり¹¹⁾。

---

1) 「かん【漢】한나라」+「の[助詞]」.
2) 「が[助詞]현대일본어 〈の〉의 쓰임」+「つま【妻】처. 아내」+「は[助詞]」.
3) 「また【又·亦·復】[副]다시. 같이. 달리. 또한. 게다가」.
4) 「いかなる【如何なる】[連体]어떤. 어찌된」+「ひと【人】사람」+「の[助詞]」+「むすめ【娘】딸. 젊은 미혼여성」.
5) 「と[助詞]~라고」+「いふ【言ふ·云ふ】[4]말하다」의 連体形 「いふ」+「こと【事】것. 일」+「を[助詞]」+「しる【知る】[4]알다」의 未然形 「しら」+「ず[助動]부정」.
6) 「すでに【既に·已に】[副]이미. 이제」+「むなし【空し·虚し】[形シク]덧없다. 무상하다. 죽었다」의 連用形 「むなしく」+「なる【成る·為る】[4]되다」의 連用形 「なり」+「て」.
7) 「つま【妻】처. 아내」+「なほ→なお【猶·尚】[副]아직. 역시. 그래도. 다시. 원래대로」(〈-を〉는 정서법에 어긋남).
8) 「とし【年·歳】나이」+「いまだ【未だ】[副]아직. 여전히」.
9) 「さかり【盛】[形動ナリ]기세가 왕성한 것」의 連用形 「さかりに」+「して[助詞](連用形에 접속)~인 상태로」.
10) 「かほかたち→かおかたち【顔貌·顔容·顔形】얼굴 생김새. 용모」.
11) 「よ【世】세상」+「に[助詞]」+「すぐる[下2]→すぐれる【優れる·勝れる】[下1]빼어나다. 돋보이다」의 連用形 「すぐれ」+「たり[助動]완료·존속」.

⇨ 황보규가 이제 죽고서 아내가 여전히 나이가 아직 한창으로 용모가 세상에 빼어나다.

❏董卓(とうたく)と、いふ人[ひと]あり12)。

⇨ 동탁이라 하는 사람이 있다.

❏みかどに、つかうまつりて13)、官(くわん)すでに14)相国(しやうこく)にいたり15)、権柄(けんへい)ならびなし16)。

⇨ 천자에게 섬겨 관직이 이미 상국에 이르러 권세가 견줄 데가 없다.

❏しかるに17)、皇甫規(くわうほき)が妻(つま)の18)、わかくして19)、やもめとなり20)、

⇨ 그런데 황보규의 아내가 젊어서 홀어미가 되어,

❏しかも21)、かたち、うつくしき事[こと]を22)聞(きゝ)及(をよ)び

---

12) 「と[助詞]~라고」+「いふ【言ふ・云ふ】[4]말하다」의 連体形「いふ」+「ひと【人】사람」+「あり【有り】[ラ変]있다」.

13) 「みかど【御門・帝】황제. 천자」+「に[助詞]」+「つかうまつる→つこうまつる【仕る】[4](〈つかふ【仕ふ】[下2]의 겸양어)섬기다. 모시다」의 連用形「つかうまつり」+「て」.

14) 「くわん→かん【官】관. 관직」+「すでに【既に・已に】[副]이미. 모두. 이제」.

15) 「しやうこく→しょうこく【相国】상국. 중국에서 재상(宰相)을 일컫는 말」+「に[助詞]」+「いたる【至る・到る】[4]도착하다. 도달하다」의 連用形「いたり」.

16) 「けんぺい【権柄】권병. 정치를 행하는 권력. 권세」+「ならび【並び】[名]늘어서는 것. 비할 수 있는 것. 같은 부류」+「なし【無し】[形ク]없다」.

17) 「しかるに【然るに】[接続]그런데. 하지만. 그건 그렇고」.

18) 「が[助詞]현대일본어〈の〉의 쓰임」+「つま【妻】처. 아내」+「の[助詞]현대일본어〈が〉의 쓰임」.

19) 「わかし【若し・稚し】[形ク]어리다. 젊다」의 連用形「わかく」+「して[助詞](連用形에 접속)~인 상태로」.

20) 「やもめ【寡・寡婦・孀・鰥・鰥夫】과부. 미망인」+「と[助詞]」+「なる【成る・為る】[4]되다」의 連用形「なり」.

21) 「しかも【然も・而も】[接続]게다가. 그래도. 하지만」.

22) 「かたち【形・容】모습. 용모」+「うつくし【美し・愛し】[形シク]아름답다」의 連体形「うつくしき」+「こと【事】것. 일」+「を[助詞]」.

て23)、むかへて24)妻(つま)と、せんことを、もとむ25)。

⇨ 게다가 생김새가 아름다운 것을 들어 알아서 맞이하여 아내로 삼을 것을 구한다.

☐ すなハち26)、車(くるま)百[ひゃく]乗(せう)27)、馬(むま)二十[にじゅう]疋(ひき)を、つかハし28)、

⇨ 곧바로 수레 백 대, 말 스무 필을 내리시고,

☐ めしつかふ、ともがら29)、そのほか30)金(きん)銀(ぎん)帛(わた)縑(きぬ)にいたるまで31)、

⇨ 시중드는 사람들과 그밖에 금과 은 솜과 비단에 이르기까지,

☐ 妻(つま)にをくりて32)、これを、めしけるに33)、妻(つま)すこしも、

---

23) 「ききおよぶ【聞き及ぶ】[4]남을 통해 들어 알다. 전부터 들었다」의 連用形「ききおよび」(〈-を-〉는 정서법에 어긋남)+「て」.

24) 「むかふ[下2]→むかえる【迎える】[下1]마중하다. 불러들이다. 받아들이다」의 連用形「むかへ」+「て」.

25) 「つま【妻】처. 아내」+「と[助詞]」+「す[サ変]하다」의 未然形「せ」+「む[助動]추량·의지」의 連体形「む」→「ん」+「こと【事】것. 일」+「を[助詞]」+「もとむ【求む】[下2]찾다. 구하다」.

26) 「すなはち→すなわち【即ち·則ち】[副]곧바로. 즉시. 그래서. 즉」.

27) 「くるま【車】수레」+「ひゃく【百】백」+「ぜう→じょう【乗】승. 수레를 세는 단위」.

28) 「むま【馬】말」+「にじゅう【二十】이십」+「ひき【匹·疋】필. 짐승을 세는 단위」+「を[助詞]」+「つかはす[4]→つかわす【使わす·遣わす】[5]심부름 보내시다. 파견하시다. 하사하시다」의 連用形「つかはし」.

29) 「めしつかふ【召し使ふ】[4]사람을 불러들여서 가까이에서 일하게 하다」의 連体形「めしつかふ」+「ともがら【輩·儕】동료. 한패」.

30) 「その【其の】[連体]그」+「ほか【外·他】외. 밖」.

31) 「きん【金】금」+「ぎん【銀】은」+「わた【綿·棉·草綿】솜」(〈帛〉은 〈ハク〉(漢音)로 읽으며 '비단'의 뜻)+「きぬ【絹】비단」(본문의 〈縑〉도 뜻이 통한다)+「に[助詞]」+「いたる【至る·到る】[4]다다르다. 미치다. 도달하다」의 連体形「いたる」+「まで【迄】[助詞]~까지」.

32) 「つま【妻】처. 아내」+「に[助詞]」+「おくる【送る·贈る】【送る】[4]보내다. 수여하다」의 連用形「おくり」(〈-を-〉는 정서법에 어긋남)+「て」.

33) 「これ【此·是】[代]이것. 이사람」+「を[助詞]」+「めす【召す·見す·看す】[4]보시다. 불

うけず34)。

⇨ 아내에게 보내 이를 불러들이셨는데 아내가 조금도 받지 아니한다.

☐ ミづから35)董卓(とうたく)が門[かど]に、いたりて36)、かしこまりて37)、ゆるされを、もとむる38)。

⇨ 스스로 동탁의 문 앞에 이르러 삼가 용서를 구한다.

☐ その詞(ことバ)、又[また]39)、いさぎよく、あはれ也[なり]40)。

⇨ 그 말씨가 또한 정결하고 절절하다.

☐ 「我(われ)、一[ひと]たび41)皇甫規(くわうほき)がつまと、なりしより42)、二[ふた]たび、心[こころ]ざしを、あらためず43)。

러들이시다. 불러내서 자리에 앉히다. 명(命)하시다」의 連用形 「めし」+「けり[助動]회상·과거」의 連体形 「ける」+「に[助詞]~하니. ~하는데」.

34) 「つま【妻】처. 아내」+「すこしも【少しも】[副]조금이라도. 조금도」+「うく[下2] → うける【受ける】[下1]받다」의 未然形 「うけ」+「ず[助動]부정」.

35) 「みづから → みずから【自ら】[名]자기 자신. 나 [副]스스로. 친히」.

36) 「が[助詞]현대일본어 〈の〉의 쓰임」+「かど【門】문. 문 앞」+「に[助詞]+「いたる【至る·到る】[4]도착하다. 도달하다」의 連用形 「いたり」+「て」.

37) 「かしこまる【畏まる】[4]외경하다. 황송해하다. 우러러 받잡다」의 連用形 「かしこまり」+「て」.

38) 「ゆるされ【許され】[名]허가. 면허. 사면. 용서」+「を[助詞]」+「もとむ【求む】[下2]찾다. 구하다」(본문에 連体形인 〈もとむる〉가 쓰인 이유는 미상).

39) 「その【其の】[連体]그」+「ことば【言葉·詞·辞】말. 말투」+「また【又·亦·復】[副]다시. 같이. 달리. 또한. 게다가」.

40) 「いさぎよし【潔し】[形ク]매우 깨끗하다. 더러움이 없다. 결백하다. 미련이 없다」의 連用形 「いさぎよく」+「あはれ【哀れ】[形動ナリ]마음속에서 끓어오르는 절절한 감동이나 감정을 일컫는 말. 친애·정취·감격·애련·비애 등」의 終止形 「あはれなり」.

41) 「われ【我·吾】[代]나」+「ひと【一】하나」+「たび【度】번. 차례」.

42) 「が[助詞]현대일본어 〈の〉의 쓰임」+「つま【妻】처. 아내」+「と[助詞]」+「なる【成る·為る】[4]되다」의 連用形 「なり」+「き[助動]회상·과거」의 連体形 「し」+「より[助詞]동작·장소·시간의 起點. ~부터」.

43) 「ふたたび【二度·再び】두 번. 다시. 거듭」+「こころざし【志】마음이 향하는 바. 뜻. 마음가짐」+「を[助詞]」+「あらたむ[下2] → あらためる【改める·革める】[下1]고치다.

⇨ "나는 한 번 황보규의 아내가 된 이래로 다시 마음을 고치지 아니한다.

❏ しかるを44)、おもひの外[ほか]に45)、夫(おつと)はやく死(し)せり46)、と、いへども47)、貞節(ていせつ)まことに48)、金(かね)よりもかたし49)、

⇨ 그런데 뜻하지 않게 남편이 일찍 죽었다 해도 정절은 참으로 쇠보다도 굳다.

❏ 君[きみ]50)かならず51)、この心[こころ]ざしを52)、やぶり給[たま]ふべからず53)。」と。

⇨ 귀하는 결코 이 마음을 무너뜨리시면 아니 된다."라고.

❏ 董卓(とうたく)聞[きき]て、すなハち54)、めしつかふもの共[ども]に55)、刀(かたな)をぬきて56)、これを囲(かこま)しめて、いはく57)、

바꾸다. 새로이 하다」의 未然形 「あらため」+「ず[助動]부정」.

44) 「しかるを【然るを·而るを】[接續]그렇지만. 그럼에도 불구하고」.

45) 「おもひのほか【思ひの外】예상과 달리. 뜻밖에」+「に[助詞]」.

46) 「をつと→おっと【夫】지아비」(〈を〉는 歷史的仮名遣에 어긋남)+「はやし【早し·速し·疾し·捷し】[形ク]이르다. 빠르다」의 連用形 「はやく」(부사적인 쓰임)+「しす【死す】[サ變]죽다」의 命令形 「しせ」+「り[助動]완료·존속」.

47) 「と[助詞]~라고」+「いへども→いえども【雖も】[連語]~하지만. ~해도」(〈いへども〉는 〈いふ【言ふ·云ふ】[4]말하다〉의 已然形 〈いへ〉+〈ども[助詞]역접〉로 분석할 수도 있다).

48) 「ていせつ【貞節】정절」+「まことに【真に·実に·誠に】[副]정말로. 거짓 없이. 매우」.

49) 「かね【金】금속의 총칭」+「より[助詞]비교의 기준. ~보다」+「も[助詞]」+「かたし【硬し·固し】[形ク]단단하다. 딱딱하다. 흔들리지 않다」.

50) 「きみ【君·公】군. 원수. 제왕. 군주. 주인. 주군. 귀하」.

51) 「かならず【必ず】[副]꼭. 반드시. 기필코. 결코」.

52) 「この【此の·斯の】[連体]이」+「こころざし【志】뜻. 마음가짐」+「を[助詞]」.

53) 「やぶる【破る】[4]부수다. 깨다」의 連用形 「やぶり」+「たまふ【給ふ】[助動]존경」의 終止形 「たまふ」+「べかり[助動]추량·가능 등」의 未然形 「べから」+「ず[助動]부정」.

54) 「きく【聞く】[4]듣다」의 連用形 「きき」+「て」+「すなはち→すなわち【即ち·則ち】[副]곧바로. 즉시」.

55) 「めしつかふ【召し使ふ】[4]사람을 불러들여서 가까이에서 일하게 하다」의 連体形 「めしつかふ」+「ものども【者共】사람들. 종자(從者)나 신분이 낮은 자를 부를 때

⇨ 동탁이 듣고서 곧바로 섬기는 자들에게 칼을 뽑아 이를 에워싸게 하고 말하길,

☐「それがし58)、今[いま]、天下[てんか]のまつりごとを、つかさどりて59)、こと葉[ば]をくだすに60)、

⇨ "내가 지금 천하의 정사를 관장하여 명을 내리는데,

☐ 四[し]かいのうち61)、たかきも、いやしきも62)、をしなへて63)、したがひなびく事[こと]64)、風[かぜ]の草(くさ)を、なびかすがことし65)。

⇨ 온 세상에 높은 자도 천한 자도 한가지로 따라서 복종하는 것은 바람이 풀을 나부끼게 하는 것과 같다.

쓰는 말」+「に[助詞]」.

56) 「かたな【刀】칼」+「を[助詞]」+「ぬく【抜く】[4]뽑다」의 連用形「ぬき」+「て」.

57) 「これ【此·是】[代]이것. 이사람」+「を[助詞]」+「かこむ【囲む】[4]둘러싸다. 포위하다」의 未然形「かこま」+「しむ[助動]사역. ~시키다」의 連用形「しめ」+「て」+「いはく【曰く】말하길」.

58) 「それがし【某】[代]①아무개 ②저(남성이 공손하게 사용한 자칭[自稱]인데 후에는 무사[武士]가 위엄을 드러내는 말로 쓰임)」.

59) 「いま【今】지금. 이제」+「てんか【天下】천하」+「の[助詞]」+「まつりごと【政】제사(祭祀). 정치. 통치. 정사」(〈-こ-〉는 無濁点표기)+「を[助詞]」+「つかさどる【掌る·司る】[4]담당하다. 관장하다. 통솔하다」의 連用形「つかさどり」+「て」.

60) 「ことば【言葉·詞·辞】말. 말투. 표현. 이야기」+「を[助詞]」+「くだす【下す】[4]내리다. 하사하다」의 連体形「くだす」+「に[助詞]~하니. ~하는데」.

61) 「しかい【四海】사해 ①사방의 바다 ②천하. 세계」+「の[助詞]」+「うち【内】안」.

62) 「たかし【高し】[形ク]높다. 고귀하다」의 連体形「たかき」+「も[助詞]」+「いやし【卑し·賤し】[形シク]신분이 낮다. 보잘것없다. 천하다. 천박하다」의 連体形「いやしき」+「も[助詞]」.

63) 「おしなべて【押し並べて】[副]모두 한가지로. 널리. 보통」(〈を-〉는 정서법에 어긋남. 〈-へ-〉는 無濁点표기).

64) 「したがふ【従ふ·随ふ·順ふ】[4]말하는 대로 따르다. 거스르지 않다. 맡기다」의 連用形「したがひ」+「なびく【靡く】[4]펄럭이다. 복종하다. 따르다」의 連体形「なびく」+「こと【事】것. 일」.

65) 「かぜ【風】바람」+「の[助詞]현대일본어〈が〉의 쓰임」+「くさ【草】풀」+「を[助詞]」+「なびかす【靡かす】[4]펄럭이게 하다. 복종시키다」의 連体形「なびかす」+「が[助詞]」+「ごとし【如し】[助動]~와 같다. ~와 닮았다」(〈-こ-〉는 無濁点표기).

❏ 何(なん)ぞ66)、汝(なんぢ)ほどの女(をんな)一人[ひとり]を67)、それがしが心[こころ]のまゝに68)、せざらんや69)。」と、いふ70)。
  ⇨ 어찌 네 따위 여자 하나를 내 뜻대로 하지 않겠는가?'라고 한다.

❏ 妻(つま)、これを聞[きき]て71)、今[いま]ハ、ゝや72)、のがるまじきところよ73)、と、おもひて74)、
  ⇨ 아내가 이를 듣고서 이제는 이미 벗어날 수 없다고 생각하여,

❏ すなハち立(たち)あがりつゝ75)、董卓(とうたく)をのり、いましめて、いはく76)、
  ⇨ 곧 일어서서 동탁을 욕하고 꾸짖어 이르길,

---

66) 「なんぞ【何ぞ】[副]어찌. 어떤. 무언가」.

67) 「なんぢ→なんじ【汝・爾】[代]아랫사람을 가리키는 말. 너」+「ほど【程】시간·공간·사항의 정도. ~쯤」+「の[助詞]」+「をんな→おんな【女】여자」+「ひとり【一人】한 사람」+「を[助詞]」.

68) 「それがし【某】[代]나」+「が[助詞]현대일본어 〈の〉의 쓰임」+「こころのまま【心の儘】생각하는 대로. 마음껏」+「に[助詞]」.

69) 「す[サ変]하다」의 未然形「せ」+「ざり[助動]부정」의 未然形「ざら」+「む[助動]추량·의지」→「ん」+「や[係助詞]의문·질문」.

70) 「と[助詞]~라고」+「いふ【言ふ・云ふ】[4]말하다」.

71) 「つま【妻】처. 아내」+「これ【此·是】[代]이것. 이사람」+「を[助詞]」+「きく【聞く】[4]듣다」의 連用形「きき」+「て」.

72) 「いま【今】지금. 이제」+「は[助詞]」+「はや【早】[副]빨리. 벌써. 이미」.

73) 「のがる【逃る・遁る】[下2]벗어나다. 피하다. 도망치다」의 終止形「のがる」+「まじ[助動]부정의 추량(~않을 것이다). 불가능으로 생각되는 것(~할 수 있을 것 같지 않다)」의 連体形「まじき」+「ところ【所·処】곳. 바. 상황. 찰나」+「よ[終助詞]~다」.

74) 「と[助詞]~라고」+「おもふ【思ふ】[4]생각하다」의 連用形「おもひ」+「て」.

75) 「すなはち【即ち・則ち】[副]곧바로. 즉시」+「たちあがる【立ち上がる】[4]일어서다」의 連用形「たちあがり」+「つつ[助詞]같은 동작의 반복·계속 등. ~하면서. ~해 두고 나서」.

76) 「を[助詞]」+「のる【罵る】[4]욕하다. 험담하다」의 連用形「のり」+「いましむ[下2]→いましめる【戒める・誡める・警める】[下1]훈계하다. 경계하다」의 連用形「いましめ」+「て」+「いはく【曰く】말하길. 이르길」.

□「汝(なんぢ)ハこれ77)、其(その)さき78)胡国(ここく)のえびすなり79)、さしも80)、いやしきものゝ81)、すゑにあらずや82)。

⇨ "너는 바로 그 이전에 호국의 오랑캐다. 그렇게도 비천한 자의 자손이 아니더냐?

□我[われ]ハ、いにしへよりこのかた83)、代〃(よゝ)つねに84)、くらゐたかく85)、清徳(せいとく)86)たゞしき87)皇甫(くわうほ)氏(し)か末孫(ばつそん)たり88)。

⇨ 나는 예로부터 이제까지 대대로 늘 지체가 높고 청덕이 올곧은 황보 씨의 후손이다.

□文武(ぶんぶ)二[に]道(たう)の89)上才90)にして91)、漢(かん)の忠臣(ち

---

77)「なんぢ→なんじ【汝・爾】[代]너」+「は[助詞]」+「これ【此・是】[代]앞에 제시한 말을 재차 언급할 때 사용하는 말」.

78)「その【其の】[連体]그」+「さき【先・前】앞. 전」.

79)「ここく【胡国】호국. 중국 북방의 오랑캐 나라」+「の[助詞]」+「えびす【夷・戎】시골 사람. 외국인을 낮잡아 부르는 말」+「なり[助動]단정・지정」.

80)「さしも【然しも】[副]그렇게. 이렇게도. 그 정도까지도」.

81)「いやし【卑し・賤し】[形シク]신분이 낮다. 천하다」의 連体形「いやしき」+「もの【者】자. 사람」+「の[助詞]」.

82)「すゑ→すえ【末】말. 끝. 결말. 미래. 자손」+「に[助詞]」+「あり【有り】[ラ変]있다」(〈~にあり〉는 현대일본어의 〈~である〉)의 未然形「あら」+「ず[助動부정]」(〈あらず〉는 현대일본어의 〈ない〉)+「や[助詞]의문・질문」.

83)「われ【我・吾】[代]나」+「は[助詞]」+「いにしへ→いにしえ【古】옛날. 지난날」+「より[助詞]起點. ~부터」+「このかた【此の方・以来】[連語]이쪽. 이래」.

84)「よよ【代代・世世】대대. 대를 거듭하는 것」+「つねに【常に】[副]항상. 늘. 언제나. 영구히. 변함없이」.

85)「くらゐ→くらい【位】지위. 자리」+「たかし【高し】[形ク]높다」의 連用形「たかく」.

86)「清徳」은 일본 측 사전에는 등재되지 않은 말이다. 〈표준국어대사전〉에는 「청덕(清徳)」이 등재되어 있으며 '청렴하고 고결한 덕행'으로 풀이하고 있다.

87)「ただし[形シク]→ただしい【正しい】[形]곧다. 바르다」의 連体形「ただしき」.

88)「し【氏】씨」+「が[助詞]현대일본어 〈の〉의 쓰임」(〈か〉는 無濁点표기)+「ばつそん【末孫】먼 자손. 후예」+「たり[助動](체언에 접속하여)단정・지정. ~이다」.

89)「ぶんぶ【文武】문무」+「にだう→にどう【二道】학문이나 기예 따위의 두 개의 길

うしん)なり92)。

⇨ 문무 두 방면의 상재로서 한나라의 충신이다.

☐汝(なんぢ)、まのあたり93)、そのしたづかへなりき94)。

⇨ 너는 분명 그 노복이었다.

☐しかるを95)今[いま]、時[とき]をえて96)、かくのごとく97)天下[てんか]の権(けん)を98)とるに、いたれり99)。

⇨ 그런데 호시절을 맞아 이와 같이 천하의 권세를 잡기에 이르렀다.

☐いかんぞ100)、かゝる非礼(ひれい)を、おこなふて101)、われを、けが

(방면)」(〈-た-〉는 無濁点표기)+「の[助詞]」.

90) 「上才」는 일본 측 사전에는 등재되지 않은 말이다. 〈표준국어대사전〉에는 「상재(上才)」가 등재되어 있으며 '남보다 뛰어난 재주. 또는 그런 재주를 가진 사람'으로 풀이되어 있다.

91) 「なり[助動단정]」의 連用形 「に」+「して[助詞](連用形에 접속)상태를 나타냄. ~으로. ~의 상태로」(〈-にして〉는 현대일본어 「~で」의 쓰임).

92) 「かん【漢】 한나라」+「の[助詞]」+「ちうしん→ちゅうしん【忠臣】 충신」+「なり[助動단정·지정]」.

93) 「なんぢ【汝·爾】[代]너」+「まのあたり[副]눈앞에. 직접. 분명히」.

94) 「その【其の】[連体]그」+「したづかひ→したづかい【下使】 잡일을 하는 것(사람)」(〈-へ〉는 미상)+「なり[助動단정·지정]」의 運用形 「なり」+「き[助動회상·과거]」.

95) 「しかるを【然るを·而るを】[接続]그렇지만. 그럼에도 불구하고」.

96) 「いま【今】 지금. 이제」+「とき【時】 때」+「を[助詞]」+「う【得】 [下2]얻다」의 連用形 「え」+「て」. 「時(とき)を得(え)る」는 '좋은 때를 만나 번영하다'의 뜻.

97) 「かくのごとく【斯くの如く】[連語]이처럼. 이와 같이」.

98) 「てんか【天下】 천하」+「の[助詞]」+「けん【権】 권. 지배하는 힘. 위력. 자격」+「を[助詞]」.

99) 「とる【取る·採る·捕る·執る·撮る】[4]손에 쥐다. 손에 넣다. 빼앗다」의 連体形 「とる」+「に[助詞]」+「いたる【至る·到る】[4]도착하다. 도달하다」의 命令形 「いたれ」+「り[助詞완료·존속]」.

100) 「いかんぞ【如何ぞ】[副]어째서. 어떻게」.

101) 「かかる【斯かる】[連体]이러한. 이런」+「ひれい【非礼】 비례. 예의에 벗어나는 것. 무례. 실례」+「を[助詞]」+「おこなふ【行ふ】[4]행하다」+「て」.

さん、と、するや102)。」と。

⇨ 어찌 이러한 비례를 행하여 나를 욕보이려 하는가?라고.

❏ 董卓(とうたく)、大[おおい]にいかりて103)、車(くるま)を庭(にハ)に引出(ひきいだ)させ104)、妻(つま)を其[その]軛(くびき)に、しバりつけて105)、鞭(むち)をもつて、うたしむ106)。

⇨ 동탁이 크게 노하여 수레를 뜰로 끌어내게 하여 아내를 그 멍에에 옭아매고 채찍으로 치게 한다.

❏ 妻(つま)、そのうつものに107)、いふて、いはく108)、「なんぞ、いるかせに、するや109)、すミやかに、せめころさば110)、大[だい]をんなる

---

102) 「われ【我・吾】[代]나」+「を[助詞]」+「けがす【穢す・汚す】[4]더럽히다」의 未然形「けがさ」+「む[助動추량・의지]→「ん」+「と[助詞]」+「す[サ變]하다」의 連體形「する」+「や[係助詞]의문・질문」.

103) 「おおいに【大いに】[副]매우. 몹시. 많이」+「いかる【怒る】[4]화내다. 노하다」의 連用形「いかり」+「て」.

104) 「くるま【車】수레」+「を[助詞]」+「には→にわ【庭】뜰」+「に[助詞]」+「ひきいだす【引き出す】[4]끌어서 밖으로 내다」의 未然形「ひきいださ」+「す[助動사역. ~시키다」의 連用形「せ」.

105) 「つま【妻】처. 아내」+「を[助詞]」+「その【其の】[連體]그」+「くびき【軛・頸木・衡】멍에」+「に[助詞]」+「しばりつく【縛り付く】[下2]묶어서 떨어지지 않게 하다」의 連用形「しばりつけ」+「て」.

106) 「むち【鞭・韃・策・箠】채찍」+「を[助詞]」+「もつて【以て】수단・방법. ~에 의해. ~로써」(본래는 동사〈もつ(持)가지다〉의 音便形에 접속조사〈て〉가 붙은 것)+「うつ【打つ・討つ・擊つ】[4]치다. 적을 쓰러뜨리다. 죽이다」의 未然形「うた」+「しむ[助動사역. ~시키다」.

107) 「つま【妻】처. 아내」+「その【其の】[連體]그」+「うつ【打つ・討つ・擊つ】[4]치다」의 連體形「うつ」+「もの【者】사람」+「に[助詞]」.

108) 「いふ【言ふ・云ふ】[4]말하다」+「て」+「いはく【曰く】말하길. 이르길」.

109) 「なんぞ【何ぞ】[副]어찌. 어떤. 무언가」+「いるかせ【忽】[形動ナリ]적당히 넘기는 것. 소홀히 하는 것. 등한시하는 것」의 連用形「いるかせに」+「す[サ變]하다」의 連體形「する」+「や[係助詞]의문・질문」.

110) 「すみやか【速やか】[形動ナリ]빠른 모양. 시간이 걸리지 않는 모양」의 連用形「すみやかに」+「せめころす【責め殺す】[4]고통을 줘서 죽이다. 고문하거나 하여 죽이다」의 未然形「せめころさ」+「ば[助詞]가정조건」.

べし111)。」と、いふ112)。
- ⇨ 아내가 그 치는 자에게 말하여 이르길 "어찌 소홀히 하는가? 어서 고신하여 죽이면 큰 은혜일 것이다."라고 한다.

☐かくて113)、しば＼／114)董卓(とうたく)のる事[こと]やまず115)。
- ⇨ 이렇게 연신 동탁 욕하기를 그치지 아니한다.

☐つゐに116)、車[くるま]のしたに117)、むなしく、なりにけり118)。
- ⇨ 끝내 수레 아래에서 죽었다.

☐後(のち)の人[ひと]119)、この事[こと]を、きゝつたへて120)、心[こころ]ざしの深(ふか)きほどを、あはれミ121)、
- ⇨ 후일의 사람들이 이 일을 전해 듣고서 마음가짐 깊음을 가여워하고,

☐また、貞節(ていせつ)のまことなる事[こと]をかんじて122)、絵(ゑ)に

---

111) 「だいおん【大恩】대은」(〈-を-〉는 정서법에 어긋남)+「なり[助動]단정·지정」의 連體形「なる」+「べし[助動]의무·당연·추량·가능 등」.

112) 「と[助詞]~라고」+「いふ【言ふ·云ふ】[4]말하다」.

113) 「かくて【斯くて】[副·接続]이러해서. 이렇게 해서. 그건 그렇고」.

114) 「しばしば【屢·屢屢·数·数数】[副]계속. 자주. 몇 번이고」.

115) 「のる【罵る】[4]욕하다. 험담하다」의 連體形「のる」+「こと【事】것. 일」+「やむ【止む·已む·罷む】[4]중지하다. 끝내다」의 未然形「やま」+「ず[助動]부정」.

116) 「つひに→つゐに【終に·遂に】[副]결국. 마침내」(〈-ゐ-〉는 정서법에 어긋남).

117) 「くるま【車】수레」+「の[助詞]」+「した【下】아래」+「に[助詞]~에서」.

118) 「むなし【空し·虚し】[形シク]덧없다. 무상하다. 죽었다」의 連用形「むなしく」+「なる【成る·為る】[4]되다」의 連用形「なり」+「ぬ[助動]완료·존속」의 連用形「に」+「けり[助動]회상·과거」.

119) 「のち【後】후. 나중」+「の[助詞]」+「ひと【人】사람. 다른 사람」.

120) 「この【此の·斯の】[連體]이」+「こと【事】것. 일」+「を[助詞]」+「ききつたふ[下2]→ききつたえる【聞き伝える】[下1]남에게 전해 듣다」의 連用形「ききつたへ」+「て」.

121) 「こころざし【志】마음이 향하는 바. 뜻. 마음가짐」+「の[助詞]」+「ふかし【深し】[形ク]깊다」의 連體形「ふかき」+「ほど【程】정도」+「を[助詞]」+「あはれむ【哀れむ·憐れむ】[4]동정하다. 불쌍히 여기다」의 連用形「あはれみ」.

122) 「また【又·亦·復】[副]다시. 또한. 게다가」+「ていせつ【貞節】정절」+「の[助詞]현

書(かき)あらハして123)、もてあそび124)、

⇨ 또한 정절이 참된 것을 감복하여 그림으로 그려내어 즐기고,

□す ゑの代[よ]までの125)、ためしとして126)、その名[な]を127)禮宗(れいそう)とぞいひける128)。

⇨ 후대까지의 본보기로서 그 이름을 예종이라 했다.

대일본어 〈が〉의 쓰임」+「まこと【真・実・誠】[名]진짜. 진정. 거짓 없음」+「なり[助動]단정・지정」의 連体形「なる」+「こと【事】것. 일」+「を[助詞]」+「かんず【感ず】[サ変]느끼다. 감동하다」의 連用形「かんじ」+「て」.

123)「ゑ→え【絵】그림」+「に[助詞]」+「かきあらはす【書き表す】[4]적어서 사정이나 상태를 분명히 하다. 저술하다」의 連用形「かきあらはし」+「て」.

124)「もてあそぶ【玩ぶ・弄ぶ・翫ぶ】[4]손에 가지고 놀다. 가까이 두거나 보고 즐기다. 완상하다」의 連用形「もてあそび」.

125)「すゑ→すえ【末】말. 끝. 결말. 미래. 자손」+「の[助詞]」+「よ【世・代】대」+「まで【迄】[助詞~까지]」+「の[助詞]」.

126)「ためし【例・様】[名]예. 전례. 증거」+「として[助詞~의 자격으로. ~로서」.

127)「その【其の】[連体]그」+「な【名】이름」+「を[助詞]」.

128)「と[助詞]~라고」+「ぞ[係助詞]뜻을 강하게 함」(문말은 連体形)+「いふ【言ふ・云ふ】[4]말하다」의 連用形「いひ」+「けり[助動]회상・과거」의 連体形「ける」(앞의 〈ぞ〉에 호응).

10. 媛(ゑん)姜(きやう)解(とく)ㄴ梏(こくを)
원강이 수갑을 풀다

☐ 漢(かん)の¹⁾盛道(せいたう)が妻(つま)、趙(てう)氏(し)²⁾、名[な]をば³⁾媛姜(ゑんきやう)とぞいひける⁴⁾。

⇨ 한나라의 성도의 아내 조 씨는 이름을 원강이라 했다.

☐ 建安(けんあん)五年(ねん)に⁵⁾、益部(えきほう)の乱(らん)に⁶⁾、盛道(せいたう)つハもの、あつめ⁷⁾、旗(はた)をあげて⁸⁾、たてごもりけるに⁹⁾、

⇨ 건안 5년 익부의 난에 성도가 병사를 모아 기치를 올리고 농성했는데,

---

1) 「かん【漢】한나라」+「の[助詞]」.
2) 「が[助詞]현대일본어〈の〉의 쓰임」+「つま【妻】처. 아내」+「てう→ちやう【趙】조」+「し【氏】씨」.
3) 「な【名】이름」+「をば : (格助詞〈を〉에 係助詞〈は〉가 붙어 濁音化한 것)〈を〉의 뜻을 강하게 함」.
4) 「と[助詞]~라고」+「ぞ[係助詞]뜻을 강하게 함」(문말은 連体形)+「いふ【言ふ・云ふ】[4]말하다」의 連用形「いひ」+「けり[助動]회상・과거」의 連体形「ける」(앞의〈ぞ〉에 호응).
5) 「けんあん【建安】건안. 후한(後漢) 말기 헌제(獻帝) 때 연호. 196-220」+「ご【五】5」+「ねん【年】년」+「に[助詞]」.
6) 「の[助詞]」+「らん【乱】난. 전쟁. 소동」+「に[助詞]」.
7) 「つはもの【兵】병사. 무기」+「を[助詞]」+「あつむ[下2]→あつめる【集める】[下1]모으다」의 連用形「あつめ」.
8) 「はた【旗】깃발」+「を[助詞]」+「あぐ[下2]→あげる【上げる・挙げる・揚げる】[下1]올리다. 높이다」의 連用形「あげ」+「て」.
9) 「たてこもる【立て籠もる・楯籠る】[4](〈たてごもる〉로도 쓰임)문을 걸어 잠그고 실내에 틀어박히다. 농성하다」의 連用形「たてこもり」+「けり[助動]회상・과거」의 連体形「ける」+「に[助詞]~하니. ~하는데」.

❏ 城(じやう)つゐに、せめやぶられて10)、夫婦(ふうふ)ともに11)、いけどられつゝ12)、すなハち13)、めしうとゝ成なり]て14)、籠舎(ろうしや)しけり15)。
⇨ 성이 끝내 떨어져서 부부가 함께 사로잡혀서 곧 죄수가 되어 옥에 갇혔다.

❏ かならず、大[だい]事(じ)のとがにんなれば16)、ころさるべきに、きハまりけるところに17)、
⇨ 필시 중대한 죄인이므로 죽임 당할 처지에 몰렸는데,

❏ 媛姜(ゑんきやう)ひそかに、夜よ]にいりてのち18)、夫(おつと)にかたりて、いふやう19)、

---

10) 「じやう→じょう【城】성」+「つひに→ついに【終に・遂に】[副]결국. 마침내」(〈-ゐ〉는 정서법에 어긋남)+「せむ[下2]→せめる【攻める】[下1]다가와 압박하다. 공격하다」의 連用形「せめ」+「やぶる【破る・敗る】[4]부수다. 상대를 지게 하다」의 未然形「やぶら」+「る[助動수동]」의 連用形「れ」+「て」.

11) 「ふうふ【夫婦】부부」+「ともに【共に・倶に】[連語]함께. 동반하여. 동시에」.

12) 「いけどる【生け捕る】[4]산 채로 잡다」의 未然形「いけどら」+「る[助動수동]」의 連用形「れ」+「つつ[助詞]같은 동작의 반복・계속 등. ~하면서. ~해 두고 나서」.

13) 「すなはち→すなわち【即ち・則ち】[副]곧바로. 즉시. 그래서. 즉」.

14) 「めしうど【囚人】붙잡혀서 옥에 갇혀 있는 사람. 수인」(〈-と〉는 無濁点표기)+「と[助詞]」+「なる【成る・為る】[4]되다」의 連用形「なり」+「て」.

15) 「ろうしゃ【籠舎】옥. 옥에 갇히는 것. 투옥」+「す[サ変]하다」의 連用形「し」+「けり[助動회상・과거]」.

16) 「かならず【必ず】[副]꼭. 반드시. 필시」+「だいじ【大事】중요. 긴요」+「の[助詞]」+「とがにん【咎人・科人】죄과가 있는 사람. 죄인」+「なり[助動단정・지정]」의 已然形「なれ」+「ば[助詞]확정조건. 원인・이유」.

17) 「ころす【殺す】[4]죽이다」의 未然形「ころさ」+「る[助動수동]」의 終止形「る」+「べし[助動의무・당연・추량・가능 등]」의 連体形「べき」+「に[助詞]」+「きはまる【極まる・窮まる】[4]한도에 도달하다」의 連用形「きはまり」+「けり[助動회상・과거]」의 連体形「ける」+「ところに【所に】[助詞]~하고 있는데. ~하고 있었지만」.

18) 「ひそか【密か】[形動ナリ]남모르게. 몰래」의 連用形「ひそかに」+「よ【夜】밤」+「に[助詞]」+「いる【入る】[4]들어오(가)다」의 連用形「いり」+「て」+「のち【後】후」.

19) 「をつと→おっと【夫】지아비」(〈お〉는 歴史的仮名遣에 어긋남)+「に[助詞]」+「かたる【語る】[4]상대에게 전하다. 자초지종을 이야기하다」의 連用形「かたり」+「て」

⇨ 원강이 슬그머니 밤이 든 연후에 남편에게 밝혀 말하길,

❑「天下[てんか]むほんの、とがにんなれば20)、千[せん]にひとつも21)、たすかるべきミちなし22)。

　⇨ "천하에 모반한 죄인이므로 천에 하나도 살아날 수 있는 길이 없다.

❑君[きみ]ひそかに、にげて23)、他国(たこく)にいたり24)、二[ふた]たび、つハものをあつめて25)、家(いへ)を、おこし給[たま]へ26)。

　⇨ 당신은 슬쩍 도망쳐서 다른 나라에 이르러서 다시 병사를 모아 집안을 일으키십시오.

❑ミづからハ27)、この籠(ろう)にとゞまりて28)、君[きみ]にかハりて29)、跡[あと]30)をとゞめん31)。」と云[いう]。

　　＋「いふ【言ふ・云ふ】 말하다」의 連体形「いふ」＋「やう→よう【様】 모습. 형상. 꼴」.

20)　「てんか【天下】 천하」＋「むほん【謀叛・謀反】 모반」＋「の[助詞]」＋「とがにん【咎人・科人】 죄인」＋「なり[助動]단정・지정」의 已然形「なれ」＋「ば[助詞]확정조건. 원인・이유」.

21)　「せん【千】 천」＋「に[助詞]」＋「ひとつ【一つ】 하나」＋「も[助詞]」.

22)　「たすかる【助かる】 [4]재난・죽음 따위를 면하다」의 終止形「たすかる」＋「べし[助動] 의무・당연・추량・가능 등」의 連体形「べき」＋「みち【道】 길. 방도」＋「なし【無し】[形ク]없다」.

23)　「きみ【君・公】 군. 주인. 주군. 당신. 귀하」＋「ひそか【密か】[形動ナリ]남몰래」의 連用形「ひそかに」＋「にぐ[下2]→にげる【逃げる】[下1]도망치다」의 連用形「にげ」＋「て」.

24)　「たこく【他国】 타국」＋「に[助詞]」＋「いたる【至る・到る】[4]도착하다. 도달하다」의 連用形「いたり」.

25)　「ふたたび【二度・再び】 두 번. 다시. 거듭」＋「つはもの【兵】 병사」＋「を[助詞]」＋「あつむ【集む】[下2]모으다」의 連用形「あつめ」＋「て」.

26)　「いへ→いえ【家】 집. 가문」＋「を[助詞]」＋「おこす【起こす・興す・熾す】[4]일으키다」의 連用形「おこし」＋「たまふ【給ふ】[助動]존경」의 命令形「たまへ」.

27)　「みづから→みずから【自ら】[名]자기 자신. 나 [副]스스로. 친히」＋「は[助詞]」.

28)　「この【此の・斯の】[連体이]」＋「らう→ろう【牢・籠】 옥. 뇌옥」＋「に[助詞]」＋「とどまる【止まる・留まる・停まる】[4]머물다. 체재하다. 남다」의 連用形「とどまり」＋「て」.

29)　「きみ【君】 당신」＋「に[助詞]」＋「かはる[4]→かわる【替わる・代わる・換わる・変わる】[5]바꾸다. 대체하다. 대리하다」의 連用形「かはり」＋「て」.

⇨ 나는 이 옥에 남아서 당신을 대신하여 뒤를 막겠다."라고 한다.

❑ 盛道(せいたう)大[おほい]に、よろこびけれども32)、「いかにしてか33)、汝(なんぢ)をすてゝ、ゆくべき34)。」と、いふ35)。

⇨ 성도가 크게 기뻐했지만 "어찌 너를 버리고 갈 수 있겠는가?"라고 한다.

❑ 妻(つま)の、いはく36)、「女[おんな]をつるれバ37)、ミちもをくれ38)、追手(をひて)も39)、さすがに、ちかづきやすし40)。

⇨ 아내가 말하길 "여자를 데리고 가니 길도 늦고 추격수도 아무래도 따라붙기 쉽다.

❑ 死(し)しても、わかれ41)、生(いき)ても、わかるゝところハ42)、いつ

---

30) 「あと」는 「後」나 「跡」을 읽은 것인데, 「後」는 「시간적・공간적 뒤」, 「跡」는 「발자취. 흔적」의 뜻이다. 따라서 문맥상 「後」가 기대되는 부분이다.

31) 「を[助詞]」+「とどむ[下2]→とどめる【止める・留める・停める】[下1]가로막다. 멈추게 하다. 남기다」의 未然形 「とどめ」+「む[助動]추량・의지」→「ん」.

32) 「おほいに【大いに】[副]매우. 몹시. 많이」+「よろこぶ【喜ぶ・悦ぶ】[4]기뻐하다」의 連用形 「よろこび」+「けり[助動]회상・과거」의 已然形 「けれ」+「ども[助詞]역접」.

33) 「いかにして【如何にして】①(의문)어떻게 하여 ②(바람)부디」(〈いかに【如何に】[副] 어떻게. 어찌〉+「す[サ変]하다」의 連用形 〈し〉+〈て〉로도 분석할 수 있다)+「か[係助詞]의문・질문」(문말은 連体形).

34) 「なんぢ→なんじ【汝・爾】[代]아랫사람을 가리키는 말. 너」+「を[助詞]」+「すつ【捨つ・棄つ】[下2]버리다」의 連用形 「すて」+「て」+「ゆく【行く】[4]가다」의 終止形 「ゆく」+「べし[助動]의무・당연・추량・가능 등」의 連体形 「べき」(앞선 〈か〉에 호응).

35) 「と[助詞]~라고」+「いふ【言ふ・云ふ】[4]말하다」.

36) 「つま【妻】처. 아내」+「の[助詞]현대일본어 〈が〉의 쓰임」+「いはく【曰く】말하길. 이르길」.

37) 「をんな→おんな【女】여자」+「を[助詞]」+「つる[下2]→つれる【連れる】[下1]동행하다」의 已然形 「つれ」+「ば[助詞]확정조건. 원인・이유」.

38) 「みち【道】길」+「も[助詞]」+「おくる[下2]→おくれる【後れる・遅れる】[下1]늦다. 남다」의 連用形 「おくれ」(〈を-〉는 정서법에 어긋남).

39) 「おひて→おいて【追手】도망치는 적이나 죄인을 붙잡기 위해 추격하는 사람」(〈を-〉는 정서법에 어긋남)+「も[助詞]」.

40) 「さすがに[副]그렇게 생각하지만 역시. 그렇지만. 과연」+「ちかづく【近付く】[4]가까워지다. 다가오다」의 連用形 「ちかづき」+「やすし【安し・易し】[形]쉽다. 간단하다」.

とても、おなじかるべし⁴³⁾⁴⁴⁾、

⇨ 죽어도 헤어지고 살아도 헤어지는 것은 언제가 됐든 한가지일 것이다.

□なごりハ⁴⁵⁾、さらに、つきすまじ⁴⁶⁾、さりとてハ⁴⁷⁾家(いへ)のためなり⁴⁸⁾、

⇨ 아쉬움은 전혀 가시지 않을 것이다. 그렇지만 집안을 위함이다.

□君[きみ]いま、にげ給[たま]ハゞ⁴⁹⁾、また、二[ふた]たび⁵⁰⁾天[てん]運(うん)を、ひらき給[たま]ふべし⁵¹⁾、

⇨ 당신이 지금 도망치시면 다시 재차 천운을 펼치실 것이다.

---

41) 「しす【死す】[サ変]죽다」의 連用形 「しし」+「ても[助詞]~해도」+「わかる[下2]→わかれる【分かれる・別れる】[下1]따로 떨어지다. 나뉘다」의 連用形 「わかれ」.

42) 「いく[上2]→いきる【生きる・活きる】[上1]살다. 생존하다」의 連用形 「いき」+「ても[助詞]~해도」+「わかる【分かる・別】[下2]헤어지다」의 連体形 「わかるる」+「ところ【所・処】곳. 바. 상황」+「は[助詞]」.

43) 「いつ【何時】[代]언제」+「と[助詞]~라고」+「ても[助詞](앞서 말한 것을 확인하거나 강조하는 뜻)비록 ~해도」+「おなじ【同じ】[形シク]같다. 다르지 않다」의 連体形 「おなじかる」+「べし[助動]의무・당연・추량・가능 등」.

44) 「ら【等】[接尾]~들」+「と[助詞]~와」+「こころ【心】마음. 뜻」+「を[助詞]」+「おなじ【同じ】[形シク]같다」의 連用形 「おなじく」+「して[助詞](連用形에 접속)~인 상태로」.

45) 「なごり【名残・余波】[名]여운. 아쉬움」+「は[助詞]」.

46) 「さらに【更に】[副](강한 부정)절대로 ~가 아니다. 전혀 ~지 않다」+「つきす【尽きす】[サ変]다하다. 사라지다」의 終止形 「つきす」+「まじ[助動](부정의 추량)~않을 것이다」.

47) 「さりとて【然りとて】[接続]그렇다고 해서. 그렇지만」+「は[助詞]」.

48) 「いへ→いえ【家】집. 가문」+「の[助詞]」+「ため【為】[名]이득. 행복. 위함」+「なり[助動]단정・지정」.

49) 「きみ【君】당신」+「いま【今】현재. 지금」+「にぐ【逃ぐ】[下2]도망치다」의 連用形 「にげ」+「たまふ【給ふ】[助動]존경」의 未然形 「たまは」+「ば[助詞]가정조건」.

50) 「また【又・亦・復】[副]다시. 또한. 같이. 달리」+「ふたたび【二度・再び】두 번. 다시. 거듭」.

51) 「てんうん【天運】천운」+「を[助詞]」+「ひらく【開く】[4]열다. 펼치다」의 連用形 「ひらき」+「たまふ【給ふ】[助動]존경」의 終止形 「たまふ」+「べし[助動]의무・당연・추량・가능 등」.

❏ わがこと葉(ば)に52)、したがひ給[たま]へ53)。」とて54)、
　⇨ 내 말에 따르십시오."라며,

❏ 妻[つま]すなハち55)、盛道(せいたう)が手[て]がせ首(くび)かせを、ときて56)、糧(かて)をつゝみて、あたへ57)、
　⇨ 아내가 곧 성도의 수갑과 칼을 풀고 양식을 꾸려서 건네고,

❏ その子(こ)58)盛翔(せいしやう)としわづかに五[ご]さいに、なりける59)、これを夫(おつと)にいだかせて60)、夜(よ)にまぎれて61)、はしりさらしむ62)。

---

52)「わが【我が・吾が】[連体]나의. 자신의」+「ことば【言葉・詞・辞】말. 이야기」+「に[助詞]」.

53)「したがふ【従ふ・随ふ・順ふ】[4]말하는 대로 따르다. 거스르지 않다. 맡기다」의 連用形「したがひ」+「たまふ【給ふ】[助動존경]의 命令形「たまへ」.

54)「とて[助詞]인용. ~라 해서. ~라는 것으로. ~라는 이름으로」.

55)「つま【妻】처. 아내」+「すなはち【即ち・則ち】[副]곧바로. 즉시」.

56)「が[助詞]현대일본어〈の〉의 쓰임」+「てかせ【手枷・手桎・手械】(〈てがせ〉로도 씀) 죄인의 손에 끼워서 자유를 속박하는 형구(刑具). 수갑」+「くびかせ【首枷・頸枷】죄인의 목에 끼워서 자유를 속박하는 형구(刑具). 칼」+「を[助詞]」+「とく【解く】[4]풀다. 태세를 무너뜨리다」의 連用形「とき」+「て」.

57)「かて【糧・粮】옛날 여행 따위에 휴대한 식량. 음식」+「を[助詞]」+「つつむ【包む・裹む】[4]전체를 덮어서 안에 넣다. 싸다」의 連用形「つつみ」+「て」+「あたふ[下2]→あたえる【与える】[下1]주다. 건네다」의 連用形「あたへ」.

58)「その【其の】[連体]그」+「こ【子】아이. 자식」.

59)「とし【年・歳】해. 나이」+「わづか→わずか【僅か・纔か】[形動ナリ](단독으로 부사적으로도 쓰임)다소. 조금. 불과. 기껏해야」의 連用形「わづかに」+「ご【五】5」+「さい【歳】세」+「に[助詞]」+「なる【成る・為る】[4]되다」의 連用形「なり」+「けり[助動회상・과거]의 連体形「ける」.

60)「これ【此・是】[代]이것. 이사람」+「を[助詞]」+「をつと→おっと【夫】지아비」(〈お〉는 歴史的仮名遣에 어긋남)+「に[助詞]」+「いだく【抱く・懐く】[4]안다. 품다」의 未然形「いだか」+「す[助動사역. ~시키다」의 連用形「せ」+「て」.

61)「よ【夜】밤」+「に[助詞]」+「まぎる[下2]→まぎれる【紛れる】[下1]뒤섞이다. 구별하기 어렵게 되다. 숨다」의 連用形「まぎれ」+「て」.

62)「はしる【走る・奔る】[4]뛰다. 달리다」의 連用形「はしり」+「さる【去る・避る】[4]떠나다.

⇨ 그 아이인 성상은 나이가 불과 다섯 살이 되었는데, 이를 남편에게 안겨서 밤을 틈타 내달려서 떠나게 한다.

▫媛姜(ゑんきやう)ミづから、夫(おつと)にかハりて⁶³⁾籠(ろう)の內[うち]に居(ゐ)たりける⁶⁴⁾、心[こころ]の內[うち]ぞたぐひなき⁶⁵⁾。

⇨ 원강 자신이 남편을 대신하여 옥 안에 있었는데, 마음속은 비길 데 없다.

▫夜(よ)すでに明(あけ)けれバ⁶⁶⁾、番(ばん)のものども⁶⁷⁾、媛姜(ゑんきやう)をとらへて⁶⁸⁾、さま／＼に⁶⁹⁾、いましめければ⁷⁰⁾、

⇨ 밤이 모두 샜기에 문지기들이 원강을 붙잡아 이리저리 꾸짖으니,

▫媛姜(ゑんきやう)すなハち、のりて、いはく⁷¹⁾、「夫(おつと)をバ⁷²⁾、

피하다. 멀리하다」의 未然形「さら」+「しむ[助動]사역. ~시키다」.

63) 「みづから【自ら】[名]자기 자신. 나 [副]스스로. 친히」+「をつと→おっと【夫】지아비」(〈お〉는 歷史的仮名遣에 어긋남)+「に[助詞]」+「かはる【替はる・代はる】[4]바꾸다. 대체하다. 대리하다」의 連用形「かはり」+「て」.

64) 「らう→ろう【牢・籠】옥. 뇌옥」+「の[助詞]」+「うち【內】안」+「に[助詞]」+「ゐる【居る】[上1]있다. 머물다」의 連用形「ゐ」+「たり[助動]완료・존속」의 連用形「たり」+「けり[助動]회상・과거」의 連體形「ける」.

65) 「こころ【心】마음. 뜻. 생각」+「の[助詞]」+「うち【內】안」+「ぞ[係助詞]뜻을 강하게 함」(문말은 連體形)+「たぐひなし【類無し】[形ク]비교할 것이 없다. 현저하다」의 連體形「たぐひなき」(앞의〈ぞ〉에 호응).

66) 「よ【夜】밤」+「すでに【既に・已に】[副]이미. 모두」+「あく[下2]→あける【明ける】[下1]밝아지다. 아침이 되다」의 連用形「あけ」+「けり[助動]회상・과거」의 已然形「けれ」+「ば[助詞]확정조건. 원인・이유」.

67) 「ばん【番】교대로 하는 것(역할). 망보는 것(사람)」+「の[助詞]」+「ものども【者共】사람들. 從者나 신분이 낮은 자를 부를 때 쓰는 말」.

68) 「を[助詞]」+「とらふ[下2]→とらえる【捕らえる・捉える】[下1]손으로 꽉 붙들다. 꽉 쥐다. 동물을 붙잡다. 포박하다」의 連用形「とらへ」+「て」.

69) 「さまざま【樣樣】[形動ナリ]여러 가지」의 連用形「さまざまに」.

70) 「いましむ[下2]→いましめる【戒める・誡める・警める】[下1]훈계하다. 경계하다」의 連用形「いましめ」+「けり[助動]회상・과거」의 已然形「けれ」+「ば[助詞]확정조건. 원인・이유」.

71) 「すなはち【即ち・則ち】[副]곧바로. 즉시. 그래서」+「のる【罵る】[4]욕하다. 험담하다」의 連用形「のり」+「て」+「いはく【曰く】말하길. 이르길」.

我(われ)こそ、にがしけれ73)、

⇨ 원강이 이내 욕설하며 이르길 "남편을 바로 내가 도망치게 했다.

▫ とく＼／せめころすべし74)、さのミに75)、物[もの]な思[おも]ハせ
そ76)、

⇨ 어서어서 고신하여 죽여야 마땅할 것이다. 그렇게 근심하시지 마시오.

▫ やがて77)、汝(なんぢ)らも78)、わかごとく79)、いましめらるへ
し80)。」と。

⇨ 마침내 너희들도 나처럼 꾸짖음 받을 것이다."라고.

▫ やうやく81)、まなこ、くるめき82)、心[こころ]きえて83)、つゐに84)、

---

72) 「をつと→おっと【夫】지아비」(〈お〉는 歷史的仮名遣에 어긋남)+「をば : (格助詞〈を〉에 係助詞〈は〉가 붙어 濁音化한 것)〈を〉의 뜻을 강하게 함」.

73) 「われ【我・吾】[代]나」+「こそ(係助詞)뜻을 강하게 함」(문말은 已然形)+「にがす【逃がす】[4]놓아주다. 놓치다. 도망치게 하다」의 連用形「にがし」+「けり[助動]회상・과거」의 已然形「けれ」(앞의〈こそ〉에 호응).

74) 「とくとく【疾く疾く】[副]어서. 빨리」+「せめころす【責め殺す】[4]고통을 줘서 죽이다. 고문하거나 하여 죽이다」의 終止形「せめころす」+「べし[助動]의무・당연・추량・가능 등」.

75) 「さのみ【然のみ】[副]그렇게만. 그처럼. 그렇게」+「に[助詞]」.

76) 「ものおもふ【物思ふ】생각에 잠기다. 걱정하다」에「な[副]〈な~そ〉의 꼴로 상대방에게 간원하여 그 행동을 제지하는 뜻을 나타냄. ~하지 마라」가 결합한 형태.「せ」는「す[助動]사역・존경」의 命令形.

77) 「やがて【軈て】[副]곧. 그대로. 금세. 언젠가」.

78) 「なんぢ→なんじ【汝・爾】[代]아랫사람을 가리키는 말. 너」+「ら【等】[接尾]복수(複數)를 나타냄. ~들」+「も[助詞]」.

79) 「わ【我・吾】[代]나. 자신」+「が[助詞]현대일본어〈の〉의 쓰임」(〈か〉는 無濁点표기)+「ごとし【如し】[助動]~와 같다. ~와 비슷하다」의 連用形「ごとく」.

80) 「いましむ【戒む・誡む・警む】[下2]훈계하다. 경계하다」의 未然形「いましめ」+「らる[助動]수동」의 終止形+「べし[助動]의무・당연・추량・가능 등」(〈へ〉는 無濁点표기).

81) 「やうやく→ようやく【漸く】[副]점점. 점차. 겨우. 이미. 마침내」.

82) 「まなこ【眼】안구. 눈. 검은자위」+「くるめく【眩く】[4]빙빙 돌다. 회전하다. 현기증이 나다」의 連用形「くるめき」.

せめころされ侍[は]へりけり85)。

⇨ 점차 눈알이 빙빙 돌고 정신을 잃어 마침내 죽임 당했습니다.

☐ 盛道(せいたう)父子(ふし)ハ86)、山[やま]ふかく87)、かくれ居[い]たりけるが88)、

⇨ 성도 부자는 산속 깊이 숨어 지냈는데,

☐ 天下[てんか]の大[たい]赦(しや)にあふて89)、命[いのち]たすかりて90)、故郷[こきょう]にかへりけれども91)、

⇨ 천하의 대사면을 만나 목숨을 건져 고향에 돌아왔지만,

☐ 妻(つま)の心[こころ]ざしを92)深(ふか)く、おもひいりて93)、身[み]を

---

83) 「こころ【心】마음. 생각. 뜻」+「きゆ[下2]→きえる【消える】[下1]사라지다. 감각이 없어지다. 죽다」의 連用形 「きえ」+「て」.

84) 「つひに→つひに【終に·遂に】[副]결국. 마침내」(〈-ゐ〉는 정서법에 어긋남).

85) 「せめころす【責め殺す】[4]고통을 줘서 죽이다」의 未然形 「せめころさ」+「る[助動]수동·존경」의 連用形 「れ」+「侍(はべ)り[助動]격식·정중」의 連用形 「はべり」(〈-へ-〉는 無濁点표기)+「けり[助動]회상·과거」.

86) 「ふし【父子】부자」+「は[助詞]」.

87) 「やま【山】산」+「ふかし【深し】[形ク]깊다」의 連用形 「ふかく」.

88) 「かくる[下2]→かくれる【隠れる】[下1]숨다. 은둔하다」의 連用形 「かくれ」+「ゐる【居る】[上1]있다. 머물다」의 連用形 「ゐ」+「たり[助動]완료·존속」의 連用形 「たり」+「けり[助動]회상·과거」의 連体形 「ける」+「が[助詞]역접」.

89) 「てんか【天下】천하」+「の[助詞]」+「たいしゃ【大赦】대사. 법령에 정해진 죄에 대한 형벌 집행을 사면하는 것」+「に[助詞]」+「あふ【合ふ·会ふ·逢ふ·遭ふ·遇ふ】[4]만나다. 당하다」+「て」.

90) 「いのち【命】명. 목숨」+「たすかる【助かる】[4]재난·죽음 따위를 면하다」의 連用形 「たすかり」+「て」.

91) 「こきやう→こきょう【故郷】고향」+「に[助詞]」+「かへる【帰る·還る】[4]돌아가다(오다)」의 連用形 「かへり」+「けり[助動]회상·과거」의 已然形 「けれ」+「ども[助詞]역접」.

92) 「つま【妻】처. 아내」+「の[助詞]」+「こころざし【志】마음이 향하는 바. 뜻. 마음가짐」+「を[助詞]」.

93) 「ふかし【深し】[形ク]깊다」의 連用形 「ふかく」+「おもひいる【思ひ入る】[4]깊이 생각하다. 반하다」의 連用形 「おもひいり」+「て」.

をふるまで[94]、妻(つま)をむかへざりけり[95]。

⇨ 아내의 뜻을 깊이 새겨서 죽을 때까지 아내를 맞이하지 아니했다.

---

94) 「み【身】몸」+「を[助詞]」+「をふ[下2]→おえる【終える】[下1]끝내다」의 連体形 「をふる」+「まで【迄】[助詞]~까지」.

95) 「つま【妻】처. 아내」+「を[助詞]」+「むかふ[下2]→むかえる【迎える】[下1]마중하다. 불러들이다. 받아들이다」의 未然形 「むかへ」+「ざり[助動]부정」의 連用形 「ざり」+「けり[助動]회상·과거」.

11. 令(れい)女(ぢよ)截(きる)ㄴ耳(ミゝを)
영녀가 귀를 자르다

❏魏(ぎ)の1)曹爽(さう＼／)が従弟(いとこ)2)、曹文叔(さうぶんしゆく)が妻(つま)ハ3)、夏侯(かこう)文寧(ぶんねい)がむすめなり4)。
  ⇨ 위나라 조상의 사촌 아우인 조문숙의 아내는 하후문영의 딸이다.

❏字(な)づけて5)令女(れいぢよ)とぞ申[もうし]ける6)。
  ⇨ 이름 하여 영녀라고 했다.

❏しかるに7)、曹文叔(さうぶんしゆく)やまひに、ふして8)、つゐに9)、身[み]まかりにけり10)。

---

1) 「ぎ【魏】위나라(220-265)」+「の[助詞]」.
2) 「が[助詞]현대일본어〈の〉의 쓰임」+「いとこ【従兄弟・従姉妹】아버지나 어머니의 형제・자매의 아이」(〈従弟〉는〈じゆうてい〉로 읽으며 '손아래 남자 사촌'의 뜻).
3) 「が[助詞]현대일본어〈の〉의 쓰임」+「つま【妻】처. 아내」+「は[助詞]」.
4) 「が[助詞]현대일본어〈の〉의 쓰임」+「むすめ【娘】딸. 젊은 미혼여성」+「なり[助動]단정・지정」.
5) 「なづく[下2]→なづける【名付ける】[下1]이름을 붙이다. 명명하다. 칭하다」의 連用形「なづけ」+「て」.
6) 「と[助詞]~라고」+「ぞ[係助詞]뜻을 강하게 함」(문말은 連体形)+「まうす[4]→もうす【申す】[5]'말하다・고하다'의 겸양어」의 連用形「まうし」+「けり[助動]회상・과거」의 連体形「ける」(앞의〈ぞ〉에 호응).
7) 「しかるに【然るに】[接続]그런데. 하지만. 그건 그렇고」.
8) 「やまひ→やまい【病】병」+「に[助詞]~으로. ~때문에」+「ふす【伏す・臥す】[4]눕다」의 連用形「ふし」+「て」.
9) 「つひに→ついに【終に・遂に】[副]결국. 마침내」(〈-ゐ-〉는 정서법에 어긋남).
10) 「み【身】몸. 자신. 자기」+「まかる【罷る】[4]물러나다. 내려가다. 죽다」의 連用形「ま

⇨ 그런데 조문숙이 병들어 몸져누워 끝내 죽었다.

❑ 三[さん]年(ねん)の服(ふく)¹¹⁾すてに、のぞきてのち¹²⁾、令女(れいぢよ)こゝろに思[おも]ひけるやうハ¹³⁾、

⇨ 3년 상을 모두 마친 후에 영녀가 마음에 생각했던 것은,

❑ われ、とし、いまだわかくして¹⁴⁾、しかも子(こ)なし¹⁵⁾、

⇨ 나는 나이가 아직 젊고 게다가 아이가 없다.

❑ わが父母(ぶも)¹⁶⁾さだめて¹⁷⁾、われを、をしへて¹⁸⁾、又[また]、人[ひと]に嫁(か)せしむべし¹⁹⁾、

⇨ 우리 부모는 필시 나를 가르쳐 다시 다른 사람에게 시집보낼 것이다.

かり」+「ぬ[助動]완료·존속」의 連用形 「に」+「けり[助動]회상·과거」.

11) 「さんねん【三年】삼년」+「の[助詞]」+「ぶく【服】상복(喪服). 상중(喪中)」(〈ふ〉는 無濁点표기).

12) 「すでに【既に·已に】[副]이미. 벌써. 모두. 남김없이」(〈-て-〉는 無濁点표기)+「のぞく【除く】[4]배제하다. 제외하다. 빼다」의 連用形 「のぞき」+「て」+「のち【後】후」.

13) 「こころ【心】마음」+「に[助詞]」+「おもふ【思ふ】[4]생각하다」의 連用形 「おもひ」+「けり[助動]회상·과거」의 連体形 「ける」+「やう→よう【様】모습. 형상. 꼴. 이유. 방법」+「は[助詞]」.

14) 「われ【我·吾】[代]나」+「とし【年·歳】해. 나이」+「いまだ【未だ】[副]아직. 여전히」+「わかし【若し·稚し】[形ク]어리다. 젊다」의 連用形 「わかく」+「して[助詞](連用形에 접속)~인 상태로」.

15) 「しかも【然も·而も】[接続]게다가. 그래도. 하지만」+「こ【子】아이. 자식」+「なし【無し】[形ク]없다」.

16) 「わが【我が·吾が】[連体]나의. 자신의」+「ぶも【父母】부모」(〈父母〉는 현재 통상적으로 〈ふぼ〉로 읽지만 〈ぶも〉로 읽는 방법도 있다. 이 경우 〈ブ〉와 〈モ〉는 呉音).

17) 「さだめて【定めて】[副]아마도. 필시. 분명」.

18) 「われ【我·吾】[代]나」+「を[助詞]」+「をしふ[下2]→おしえる【教える】[下1]가르치다. 알려주다」의 連用形 「をしへ」+「て」.

19) 「また【又·亦·復】[副]다시. 달리. 또한」+「ひと【人】사람. 다른 사람」+「に[助詞]」+「かす【嫁す】[サ変]시집가다. 시집보내다」의 未然形 「かせ」+「しむ[助動]사역. ~시키다」의 終止形 「しむ」+「べし[助動]의무·당연·추량·가능 등」.

❏ われ、いやしくも20)、二[ふた]たび人[ひと]に嫁[か]すべからず21)、と、おもひさだめて22)、

⇨ 나는 결단코 재차 다른 사람에게 시집가지 않을 것이라고 작심하고,

❏ すなハち髪(かミ)をきりて23)、しるし、と、いたしけり24)。

⇨ 곧 머리카락을 잘라 증표로 삼았다.

❏ 後(のち)に25)、案(あん)のことく26)、人[ひと]にゆるして27)嫁(か)せしめん、とす28)。

⇨ 나중에 예상한 대로 다른 사람에게 풀어줘서 시집보내려 한다.

❏ 令女(れいぢよ)、これを、うき事[こと]におもひて29)、ミづから、又

---

20) 「われ【我・吾】[代]나」+「いやしくも【苟も】[副]적어도. 조금도. 꿈에라도. 주제넘게도. 참으로」.

21) 「ふたたび【二度・再び】두 번. 다시. 거듭」+「ひと【人】사람. 다른 사람」+「に[助詞]」+「かす【嫁す】[サ変]시집가다. 시집보내다」의 終止形「かす」+「べかり[助動]추량・가능 등」의 未然形「べから」+「ず[助動]부정」.

22) 「と[助詞]~라고」+「おもひさだむ【思ひ定む】[下2]마음에 확실히 정하다. 결심하다」의 連用形「おもひさだめ」+「て」.

23) 「すなハち→すなわち【即ち・則ち】[副]곧바로. 즉시」+「かみ【髪】두발」+「を[助詞]」+「きる【切る・斬る】[4]자르다. 베다. 끊다」의 連用形「きり」+「て」.

24) 「しるし【印・標・徴】표시. 기호. 증거」+「と[助詞]~로」+「いたす【致す】[4]하다. 온힘을 쏟다」의 連用形「いたし」+「けり[助動]회상・과거」.

25) 「のち【後】후. 나중」+「に[助詞]」.

26) 「あん【案】안. 생각. 추량」+「の[助詞]」+「ごとし【如し】[助動]~와 같다. ~와 닮았다」의 連用形「ごとく」(〈こ-〉는 無濁点표기). 「案(あん)の如(ごと)く」는 사전에 등재된 말로서 '생각했던 것처럼. 짐작한 대로'의 뜻이다.

27) 「ひと【人】사람. 다른 사람」+「に[助詞]」+「ゆるす【許す・赦す・聴す・緩す】[4]느슨하게 하다. 풀어주다. 승낙하다. 허가하다. 사면하다」의 連用形「ゆるし」+「て」.

28) 「かす【嫁す】[サ変]시집가다. 시집보내다」의 未然形「かせ」+「しむ[助動]사역. ~시키다」의 未然形「しめ」+「む[助動]추량・의지」→「ん」+「と[助詞]」+「す[サ変]하다」.

29) 「これ【此・是】[代]이것. 이사람」+「を[助詞]」+「うし【憂し】[形ク]우울하다. 싫다. 비참하다. 한심하다. 답답하다. 내키지 않다」의 連体形「うき」+「こと【事】것. 일」+「と[助詞]~라고」+「おもふ【思ふ】[4]생각하다」의 連用形「おもひ」+「て」.

[また]30)、かたなをとりて31)、両[りょう]の耳(ミゝ)をぞ32)きりたりける33)。

⇨ 영녀가 이를 비참한 일로 생각하여 스스로 다시 칼을 가지고 양쪽 귀를 잘랐다.

❏ それより後(のち)ハ34)、よろづの事[こと]35)みな夫(おつと)の36)従弟(いとこ)37)曹爽(さう＼／)に、うちまかせて、はからハしむ38)。

⇨ 그리고 나서는 모든 일을 죄다 남편의 사촌인 조상에게 맡겨 살피도록 한다.

❏ 曹爽(さう＼／)、故(ゆへ)ありて39)、ころされ侍はべりければ40)、

⇨ 조상이 연유 있어 죽임 당했기에.

---

30) 「みづから→みずから【自ら】[名]자기 자신. 나 [副]스스로. 친히」+「また【又・亦・復】[副]다시. 같이. 달리. 또한. 게다가」.

31) 「かたな【刀】칼」+「を[助詞]」+「とる【取る・執る】[4]취하다. 집다」의 連用形「とり」+「て」.

32) 「りやう→りょう【両】양」+「の[助詞]」+「みみ【耳】귀」+「を[助詞]」+「ぞ[係助詞]뜻을 강하게 함」(문말은 連体形).

33) 「きる【切る・斬る】[4]자르다. 베다. 끊다」의 連用形「きり」+「たり[助動]완료・존속」의 連用形「たり」+「けり[助動]회상・과거」의 連体形「ける」(앞의 〈ぞ〉에 호응).

34) 「それ【其・夫】[代]그, 그것」+「より[助詞]기점. ~로부터」+「のち【後】후」+「は[助詞]」.

35) 「よろづ→よろず【万】①숫자가 많은 것. 여러 가지 ②모든 일. 만사. 모두」+「の[助詞]」+「こと【事】것. 일」.

36) 「みな【皆】①[名]모든 사람. 전부 ②[副]남김없이. 모두」+「をつと→おっと【夫】지아비」(〈お-〉는 歴史的仮名遣에 어긋남)+「の[助詞]」.

37) 글머리에 영녀의 남편인 조문숙(曹文叔)을 조상(曹爽)의「従弟」(사촌아우)로 소개하고 있으므로 내용상 여기에는「従兄」(사촌형)으로 쓰는 것이 맞겠고 이는「じゅうけい」로 읽는다. 다만「いとこ」는 사촌 형제를 가리키므로 달리 문제가 없다.

38) 「に[助詞]」+「うちまかす【打ち任す】[下2]떠맡기다」의 連用形「うちまかせ」+「て」+「はからふ【計らふ】[4]의논하다. 살피다. 적절히 처치하다」의 未然形「はからは」+「しむ[助動]사역. ~시키다」.

39) 「ゆゑ→ゆえ【故】이유. 원인. 내력. 사고」(〈-ヘ〉는 정서법에 어긋남)+「あり【有り】[ラ変]있다」의 連用形「あり」+「て」.

40) 「ころす【殺す】[4]죽이다」의 未然形「ころさ」+「る[助動]수동」의 連用形「れ」+「侍(は)べり[助動]격식・정중」의 連用形「はべり」+「けり[助動]회상・과거」의 已然形「けれ」+「ば[助詞]확정조건. 원인・이유」.

❑ この時[とき]にあたりて⁴¹⁾、曹(さう)氏(うぢ)の一[いち]門(もん)⁴²⁾こと〴〵く、死し⁾したり⁴³⁾。
　⇨ 이 때를 맞이하여 조 씨 일족은 남김없이 죽었다.

❑ しかるに⁴⁴⁾、令女(れいぢよ)が父[ちち]の⁴⁵⁾夏侯(かこう)文寧(ぶんねい)、わがむすめの⁴⁶⁾、年(とし)いまだ、わかくして⁴⁷⁾、
　⇨ 그런데 영녀의 아버지인 하후문영은 자기 딸이 나이 아직 젊어서,

❑ 女[おんな]の義(ぎ)を立(たて)て⁴⁸⁾、道(ミち)をまもる⁴⁹⁾心[こころ]ざしを、あはれミ⁵⁰⁾、
　⇨ 여자의 의를 세워 도리를 지키는 마음가짐을 가엾게 여기고,

❑ しかのミならず⁵¹⁾、曹氏(さうし)もみな、たえたり⁵²⁾。

---

41) 「この【此の・斯の】[連体]이」+「とき【時】때」+「に[助詞]」+「あたる【当たる・中る】[4]닿다. 해당하다. 딱 그 시기다」의 連用形「あたり」+「て」.

42) 「さう→そう【曹】조」+「うぢ→うじ【氏】씨. 혈족」+「の[助詞]」+「いちもん【一門】일문. 일족. 종족」.

43) 「ことごとく【悉く・尽く】[副]모두. 남김없이」+「しす【死す】[サ変]죽다」의 連用形「しし」+「たり[助動]완료・존속」.

44) 「しかるに【然るに】[接続]그런데. 하지만. 그건 그렇고」.

45) 「が[助詞]현대일본어〈の〉의 쓰임」+「ちち【父】아버지」+「の[助詞]~인」.

46) 「わが【我が・吾が】[連体]나의. 자신의」+「むすめ【娘】딸. 젊은 미혼여성」+「の[助詞]현대일본어〈が〉의 쓰임」.

47) 「とし【年・歳】해. 나이」+「いまだ【未だ】[副]아직. 여전히」+「わかし【若し・稚し】[形ク]어리다. 젊다」의 連用形「わかく」+「して[助詞]~인 상태로」.

48) 「をんな→おんな【女】여자」+「の[助詞]」+「ぎ【義】의. 도리」+「を[助詞]」+「たつ[下2]→たてる【立てる】[下1]세우다」의 連用形「たて」+「て」.

49) 「みち【道】길. 도리」+「を[助詞]」+「まもる【守る・護る】[4]지키다. 막다」의 連体形「まもる」.

50) 「こころざし【志】마음이 향하는 바. 뜻. 마음가짐」+「を[助詞]」+「あはれむ【哀れむ・憐れむ】[4]동정하다. 불쌍히 여기다」의 連用形「あはれみ」.

51) 「しかのみならず【加之】[接続]그뿐 아니라. 게다가」.

52) 「さう→そう【曹】조」+「し【氏】씨」+「も[助詞]」+「みな【皆】전부. 모두」+「たゆ[下

⇨ 그뿐만이 아니라 조 씨도 모두 끊어졌다.

☐ 今[いま]ハ身[み]のたゝずまひも53)、心[こころ]にかなふべからず54)。
⇨ 이제는 자신의 생계도 성에 차지 않을 것이다.

☐ 「かゝる、すがたなりとも55)、いかならん人[ひと]にも嫁(か)して56)、身[み]をも、たてよかし57)。」と、いはせたり58)。
⇨ "이러한 모습이라 해도 어떠한 사람에게라도 시집가서 자신을 지켜라."라고 말씀하셨다.

☐ 令女(れいぢよ)ひそかに59)、夜(よ)深(ふけ)てのち60)、寝所(しんじよ)にいりて61)、
⇨ 영녀가 슬그머니 밤이 깊은 연후에 침소에 들어,

---

2) →たえる【絶える】[下1]끊어지다. 죽다」의 連用形「たえ」+「たり[助動]완료・존속」.

53) 「いま【今】지금. 이제」+「は[助詞]」+「み【身】몸. 자신. 자기」+「の[助詞]」+「たたずまひ【佇まひ】모습. 생활. 생계」+「も[助詞]」.

54) 「こころ【心】마음. 뜻. 생각」+「に[助詞]」+「かなふ【適ふ・叶ふ】[4]적합하다. 바람대로 되다. 성취하다」의 終止形「かなふ」+「べかり[助動]추량・가능 등」의 未然形「べから」+「ず[助動]부정」.

55) 「かかる【斯かる】[連体]이러한. 이런」+「すがた【姿】모습」+「なり[助動]단정・지정」의 終止形「なり」+「とも[助詞]역접의 가정조건. ~해도」.

56) 「いかなり【如何なり】[ラ変]어떠하다」의 未然形「いかなら」+「む[助動]추량」의 連体形「む」→「ん」+「ひと【人】사람. 다른 사람」+「に[助詞]」+「も[助詞]」+「かす【嫁す】[サ変]시집가다. 시집보내다」의 連用形「かし」+「て」.

57) 「み【身】몸. 자신. 자기」+「を[助詞]」+「たつ【立つ】[下2]세우다. 꾸려갈 수 있게 하다」의 命令形「たてよ」+「かし[助詞]문말에 써서 다짐하며 뜻을 강하게 하는 말. 현대일본어의 〈よ〉나 〈ね〉에 해당」.

58) 「と[助詞]~라고」+「いふ【言ふ・云ふ】[4]말하다」의 未然形「いは」+「す[助動]사역・존경」의 連用形「せ」+「たり[助動]완료・존속」.

59) 「ひそか【密か】[形動ナリ]남모르게. 몰래」의 連用形「ひそかに」.

60) 「よ【夜】밤」+「ふく[下2]→ふける【更ける・深ける】[下1](밤이)깊어지다」의 連用形「ふけ」+「て」+「のち【後】후」.

61) 「しんじよ【寝所】침소. 침실」+「に[助詞]」+「いる【入る】[4]들어오(가)다」의 連用形「いり」+「て」.

❏ かたなをもつて(62)、鼻(はな)をきり(63)、ふすまを、ひきかづきて ぞ(64)、ふしたりける(65)。
  ⇨ 칼로써 코를 도려내고 이불을 덮어쓰고서 누워있었다.

❏ 母[はは]、こゝろもとなくて(66)、しば／＼よべども(67)、いらへも、せ さりけり(68)。
  ⇨ 어머니가 안절부절못하여 몇 번이고 불렀지만 대답도 하지 않았다.

❏ 立[たち]よりて(69)、ふすまを引(ひき)のけて(70)、これを、ミれば(71)、 血(ち)流(なが)れて(72)、床(ゆか)に、ミちたり(73)。
  ⇨ 다가가서 이불을 걷어내고 이를 봤더니 피가 흘러 바닥에 흥건했다.

❏ 家中(かちう)の人[ひと](74)、大[おおい]におどろき(75)、さはぎて、たす

---

62) 「かたな【刀】칼」+「を[助詞]」+「もって【以て】」(〈を[助詞]〉에 이어져서)수단이나 원인 등을 나타냄. ~로써. ~때문에」.

63) 「はな【鼻】코」+「を[助詞]」+「きる【切る・斬る】[4]자르다. 베다. 끊다」의 連用形「きり」.

64) 「ふすま【衾・被】이불」+「を[助詞]」+「ひきかづく【引き被く】[4]머리에서부터 덮어쓰다」의 連用形「ひきかづき」+「て」+「ぞ[係助詞]뜻을 강하게 함」(문말은 連體形).

65) 「ふす【伏す・臥す】[4]눕다」의 連用形「ふし」+「たり[助動]완료・존속」의 連用形「たり」+「けり[助動]회상・과거」의 連體形「ける」(앞의〈ぞ〉에 호응).

66) 「はは【母】어머니」+「こころもとなし【心許無し】[形ク]너무 기다려져서 속을 태우다. 불만스럽다. 불안하다. 신경 쓰이다」의 連用形「こころもとなく」+「て」.

67) 「しばしば【屢・屢屢・数・数数】[副]계속. 자주. 몇 번이고」+「よぶ【呼ぶ・喚ぶ】[4]부르다. 초대하다」의 已然形「よべ」+「ども[助詞]역접」.

68) 「いらへ【答へ・応へ】대답. 응답」+「も[助詞]」+「す[サ変]하다」의 未然形「せ」+「ざり[助動]부정」의 連用形「ざり」(〈さ-〉는 無濁点표기)+「けり[助動]회상・과거」.

69) 「たちよる【立ち寄る】[4]다가가다」의 連用形「たちより」+「て」.

70) 「ふすま【衾・被】이불」+「を[助詞]」+「ひきのく【引き退く】[下2]잡아당겨서 치우다. 떼어놓다」의 連用形「ひきのけ」+「て」.

71) 「これ【此・是】[代]이것. 이사람」+「を[助詞]」+「みる【見る】[上1]보다」의 已然形「みれ」+「ば[助詞]확정조건. 원인・이유」.

72) 「ち【血】피」+「ながる【流る】[下2]흐르다」의 連用形「ながれ」+「て」.

73) 「ゆか【床】마루. 바닥」+「に[助詞]」+「みつ【満つ・充つ】[上2]가득 차다」의 連用形「みち」+「たり[助動]완료・존속」.

けおこし76)、此[この]有[あり]さまを見[み]て77)、人[ひと]ミな涙[なみだ]を、ながしけり78)。

⇨ 온 집안사람들이 크게 놀라 소동하며 부축해 일으키고, 이 광경을 보고 사람들은 모두 눈물을 흘렸다.

□ある人[ひと]、又[また]79)、いさめて、いはく80)、「をよそ81)、人[ひと]、世[よ]の中[なか]にある一[いっ]生(しやう)ハ82)、

⇨ 어떤 사람이 다시 깨우쳐 말하길 "대저 사람이 세상에 있는 일생은,

□たとへハ83)、あしたの露(つゆ)の84)、よハき草葉(くさば)に85)、をく

---

74) 「かちゅう【家中】집 안. 집의 전원」+「の[助詞]」+「ひと【人】사람」.

75) 「おおいに【大いに】[副]매우. 몹시. 많이」+「おどろく【驚く・愕く・駭く】[4]놀라다」의 連用形「おどろき」.

76) 「さわぐ【騒ぐ】[4]소란피우다. 분주히 움직이다. 시끄럽게 하다」의 連用形「さわぎ」(〈-は-〉는 정서법에 어긋남)+「て」+「たすく【助く・輔く・扶く】[下2]돕다」의 連用形「たすけ」+「おこす【起こす】[4]일으키다」의 連用形「おこし」.

77) 「この【此の・斯の】[連体]이」+「ありさま【有様】일의 모습. 상태. 처지」+「を」+「みる【見る】[上1]보다」의 連用形「み」+「て」.

78) 「ひと【人】사람」+「みな【皆】①[名]모든 사람. 전부 ②[副]남김없이. 모두」+「なみだ【涙】눈물」+「を[助詞]」+「ながす【流す】[4]흘리다」의 連用形「ながし」+「けり[助動회상・과거]」.

79) 「ある【或る】[連体]어떤」+「ひと【人】사람」+「また【又・亦・復】[副]다시. 같이. 달리. 또한」.

80) 「いさむ【禁む・諫む】[下2]금지하다. 충고하다. 간언하다」의 連用形「いさめ」+「て」+「いはく【曰く】말하길. 이르길」.

81) 「およそ【凡そ】[副]대개. 대략. 대저. 완전히. 우선」(〈を-〉는 정서법에 어긋남).

82) 「ひと【人】사람」+「よ【世】세상」+「の[助詞]」+「なか【中】안. 가운데」+「に[助詞]」+「あり【有り】[ラ変]있다」의 連体形「ある」+「いつしやう→いっしょう【一生】일생」+「は[助詞]」.

83) 「たとへば→たとえば【例えば】[副]예컨대. 이를테면」(〈-は〉는 無濁点표기).

84) 「あした【朝・明日】새벽. 이튿날 아침. 다음날」+「の[助詞]」+「つゆ【露】이슬. 매우 작은(적은) 것」+「の[助詞]현대일본어〈が〉의 쓰임」.

85) 「よわし【弱し】[形ク]약하다. 무능력하다」의 連体形「よわき」(〈-は-〉는 정서법에 어긋남)+「くさば【草葉】풀잎」+「に[助詞]」.

かことし86)。
⇨ 이를테면 새벽이슬이 가녀린 풀잎에 내리는 것과 같다.

❏かゝる世[よ]の87)うき身[み]の上[うえ]に88)、いかで89)、くるしき事[こと]を、し給[たま]へる90)、
⇨ 이러한 세상의 답답한 처지에 어찌 고통스러운 일을 하셨는가?

❏其[その]上[うえ]、夫(おつと)の家(いへ)は91)、一[いち]門(もん)ミな、ほろびたり92)。
⇨ 게다가 남편의 집안은 일족이 모두 몰락했다.

❏又(また)、たれがためにか93)、此[この]節義(せつぎ)をなし給[たま]ふ94)。」と。
⇨ 달리 누구를 위하여 이러한 절의를 행하시는가?'라고.

---

86) 「おく【置く・措く・擱く】[4]놓다. 두다. 서리나 이슬이 생겨서 어떤 장소를 차지하다」의 連体形「おく」(〈を-〉는 정서법에 어긋남)+「が[助詞]」(〈か〉는 無濁点표기)+「ごとし【如し】[助動]~와 같다. ~와 닮았다」(〈こ-〉는 無濁点표기).

87) 「かゝる【斯かる】[連体]이러한. 이런」+「よ【世】세상」+「の[助詞]」.

88) 「うし【憂し】[形ク]우울하다. 싫다. 비참하다. 한심하다. 답답하다. 내키지 않다」의 連体形「うき」+「みのうへ【身の上】신상. 사정. 경우. 운명」+「に[助詞]」.

89) 「いかで【如何で・争で】[副]어떻게든. 어떻게 해서. 어찌」.

90) 「くるし【苦し】[形シク]괴롭다. 고통스럽다」의 連体形「くるしき」+「こと【事】것. 일」+「を[助詞]」+「す[サ変]하다」의 連用形「し」+「たまふ【給ふ】[助動존경]」의 命令形「たまへ」+「る[助動완료・존속]」의 連体形「る」(앞의〈いかで〉에 호응한 것으로 보임).

91) 「そのうへ【其の上】[接続]덧붙여서. 게다가」+「をつと→おっと【夫】지아비」(〈お〉는 歴史的仮名遣에 어긋남)+「の[助詞]」+「いへ→いえ【家】집. 가문」+「は[助詞]」.

92) 「いちもん【一門】일문. 일족. 종족」+「みな【皆】①[名]모든 사람 ②[副]남김없이」+「ほろぶ【滅ぶ・亡ぶ】[上2]멸망하다. 사라지다」의 連用形「ほろび」+「たり[助動완료・존속]」.

93) 「また【又・亦・復】[副]다시. 달리. 또한」+「たれ【誰・孰】[代]누구」+「が[助詞]」+「ため【為】[名]이득. 행복. 위함」+「に[助詞]」+「か[係助詞]의문・질문」(문말은 連体形).

94) 「この【此の・斯の】[連体]이」+「せつぎ【節義】절의. 정절을 지키고 정도(正道)를 걷는 것」(〈표준국어대사전〉에는〈절의(節義)〉가 '절개와 의리를 아울러 이르는 말로 풀이 되어 있다)+「を[助詞]」+「なす【生す・成す・為す】[4]만들어내다. 낳다. 행하다」의 連用形「なし」+「たまふ【給ふ】[助動존경]」의 連体形「たまふ」(앞의〈か〉에 호응).

□令女(れいぢよ)、こたへて、いはく⁹⁵⁾、「われ、この日[ひ]ころに、きく事[こと]あり⁹⁶⁾。

⇨ 영녀가 대답하여 이르길 "내가 요사이에 듣는 바가 있다.

□『仁者(じんしや)ハ、盛衰(せいすい)によりて節[せつ]を、あらためず⁹⁷⁾、義者(ぎしや)ハ、存亡(そんばう)をもつて心[こころ]を易(かへ)ず⁹⁸⁾。』と、いへり⁹⁹⁾。

⇨ '어진 이는 성쇠에 따라 절개를 고치지 아니하고, 의로운 이는 존망으로써 마음을 바꾸지 아니한다.'고 했다.

□曹氏(さうし)の、さかりなる時[とき]だに¹⁰⁰⁾、なを終(をハ)りを、つゝしミて¹⁰¹⁾節(せつ)をまもらん、と、おもへり¹⁰²⁾、

―――――――――

95) 「こたふ【答ふ・応ふ】[下2]대답하다. 반응하다」의 連用形「こたへ」+「て」+「いはく【日く】말하길. 이르길」.

96) 「われ【我・吾】[代]나」+「この【此の・斯の】[連体]이」+「ひごろ【日頃】여러 날. 평소. 늘. 얼마 전」(〈こ-〉는 無濁点표기)+「に[助詞]」+「きく【聞く・聴く】[4]듣다」의 連体形「きく」+「こと【事】것. 일」+「あり【有り】[ラ変]있다」.

97) 「じんしゃ【仁者】인자」+「は[助詞]」+「せいすい【盛衰】성쇠」+「に[助詞]」+「よる【因る・由る・拠る・依る】[4]기인하다. 의거하다. ~에 따르다」의 連用形「より」+「て」+「せつ【節】절. 절개」+「を[助詞]」+「あらたむ【改む・革む】[下2]고치다. 바꾸다. 새로이 하다」의 未然形「あらため」+「ず[助動]부정」.

98) 「ぎしゃ【義者】의자. 의사(義士)」+「は[助詞]」+「そんばう→そんぼう【存亡】존망」+「を[助詞]」+「もって【以て】(〈を[助詞]〉에 이어져서)수단이나 원인 등을 나타냄. ~로써. ~때문에」+「こころ【心】마음. 뜻. 생각」+「を[助詞]」+「かふ[下2]→かえる【代える・換える・替える・変える・易える】[下1]바꾸다」의 未然形「かへ」+「ず[助動]부정」.

99) 「と[助詞]~라고」+「いふ【言ふ・云ふ】[4]말하다」의 命令形「いへ」+「り[助動]완료・존속」.

100) 「さう→そう【曹】조」+「し【氏】씨」+「の[助詞]현대일본어〈が〉의 쓰임」+「さかり【盛】[形動ナリ]기세가 왕성한 것(시기). 절정에 이른 시기」의 連体形「さかりなる」+「とき【時】때」+「だに[助詞]~조차. ~만. ~라도」.

101) 「なほ→なお【猶・尚】[副]아직. 역시. 그래도. 다시. 원래대로」(〈-を〉는 정서법에 어긋남)+「をはり→おわり【終・畢】끝. 마지막. 임종」+「を[助詞]」+「つつしむ【慎む・謹む】[4]삼가다. 조심하다. 자중하다. 근신하다」의 連用形「つつしみ」+「て」.

102) 「せつ【節】절개. 정절」+「を[助詞]」+「まもる【守る・護る】[4]지키다. 막다」의 未然形「まもら」+「む[助動]추량・의지」→「ん」+「と[助詞]~라고」+「おもふ【思ふ】[4]생각하다」의 命令形「おもへ」+「り[助動]완료・존속」.

⇨ 조 씨가 한창 성했을 때조차 역시 마지막을 삼가 절개를 지키겠다고 생각했다.

❏ましてや、いま、をとろへ、ほろびたり103)、この時[とき]にあたりて104)、義(ぎ)をミだるべきや105)。

⇨ 하물며 이제 쇠하여 몰락했다. 이런 때를 당하여 의를 어지러이 하겠는가?

❏これを、わするゝ、ものは106)、鳥[とり]けだものゝたぐひなり107)、われ、あに鳥[とり]けだものに、おなじからんや108)。」と、いふて109)、

⇨ 이를 잊는 것은 새나 짐승의 부류다. 내가 어찌 새와 짐승과 한가지로 되겠는가?"
라고 하고서,

❏身[み]をおふるまて110)、心[こころ]をあらためざりき、とぞ111)。

⇨ 죽을 때까지 마음을 고쳐먹지 아니했다고 한다.

---

103) 「まして【況して】[副]게다가. 물론. 하물며」+「や[助詞]반어」+「いま【今】 현재. 지금」+「おとろふ【衰ふ】[下2]약한 상태가 되다. 쇠약하다. 수척해지다」의 連用形 「おとろへ」(〈を-〉는 정서법에 어긋남)+「ほろぶ【滅ぶ・亡ぶ】[上2]멸망하다. 사라지다」의 連用形 「ほろび」+「たり[助動]완료·존속」.

104) 「この【此の·斯の】[連体]이」+「とき【時】때」+「に[助詞]」+「あたる【当たる·中る】[4]닿다. 해당하다. 딱 그 시기다」의 連用形 「あたり」+「て」.

105) 「ぎ【義】의. 도리」+「を[助詞]」+「みだる【乱る・紊る】[下2]혼란하다. 흐트러지다. 뒤섞이다. 소동이 일어나다. 산란(散亂)하다」의 終止形 「みだる」+「べし[助動]의무·당연·추량·가능 등」의 連体形 「べき」+「や[係助詞]의문·질문」.

106) 「これ【此·是】[代]이것. 이사람」+「を[助詞]」+「わする【忘る】[下2]잊다. 떠올리지 않다」의 連体形 「わするる」+「もの【者】자. 사람」+「は[助詞]」.

107) 「とり【鳥】새」+「けだもの【獣】네 발 달린 동물. 짐승」+「の[助詞]」+「たぐひ→たぐい【類・比】[名]동등한 것. 쌍. 동료. 같은 종류」+「なり[助動]단정·지정」.

108) 「われ【我·吾】[代]나」+「あに【豈】[副]결코. 어찌. 어째서」+「とり【鳥】새」+「けだもの【獣】짐승」+「に[助詞]」+「おなじ【同じ】[形シク]같다」의 未然形 「おなじから」+「む[助動]추량·의지」→「ん」+「や[係助詞]의문·질문」.

109) 「と[助詞]~라고」+「いふ【言ふ·云ふ】[4]말하다」+「て」.

110) 「み【身】몸」+「を[助詞]」+「をふ[下2]→おえる【終える】[下1]끝내다」의 連体形 「をふる」(〈お〉는 歴史的仮名遣에 어긋남)+「まで【迄】[助詞]~까지」.

111) 「こころ【心】마음. 뜻. 생각」+「を[助詞]」+「あらたむ【改む·革む】[下2]고치다. 바꾸다」의 未然形 「あらため」+「ざり[助動]부정」의 連用形 「ざり」+「き[助動]회상·과거」+「とぞ:(助詞 〈と〉와 助詞 〈ぞ〉가 결합한 형태)문장 끝에 사용하여 '전해 들었다'는 뜻을 나타냄. ~라고 한다. ~라는 것이다」.

12. 李(り)氏(し)感(かんず)ㄴ燕(つバめを)
이 씨가 제비를 감동시키다

❏ 宋(そう)の¹⁾衛敬瑜(ゑいげいゆ)、はやく死(し)して²⁾、その妻(つま)李(り)氏(し)³⁾、年(とし)わづかに二十(はたち)にして⁴⁾、やもめとなれり⁵⁾。

　⇨ 송나라의 위경유가 일찍 죽어 그 아내 이 씨는 나이가 불과 스물에 홀어미가 되었다.

❏ 父母(ぶも)、又[また]⁶⁾、いかならん人[ひと]にも嫁(か)せしめん、とするに⁷⁾、李(り)氏(し)、更(さら)に、うけがハず⁸⁾。

---

1) 「そう【宋】송나라」+「の[助詞]」.

2) 「はやし【早し・速し・疾し・捷し】[形ク]이르다. 빠르다」의 連用形 「はやく」(부사적인 쓰임)+「しす【死す】[サ変]죽다」의 連用形 「しし」+「て」.

3) 「その【其の】[連体ユ]+「つま【妻】처. 아내」+「り【李】이」+「し【氏】씨」.

4) 「とし【年・歳】해. 나이」+「わづか→わずか【僅か・纔か】[形動ナリ]다소. 조금. 불과. 기껏해야」의 連用形 「わづかに」+「はたち【二十歳】스무 살」+「なり[助動단정]」의 連用形 「に」+「して[助詞]」(〈にして[連語]〉는 장소나 때를 나타냄. ~에서. ~에).

5) 「やもめ【寡・寡婦・孀・鰥・鰥夫】과부. 미망인」+「と[助詞]」+「なる【成る・為る】[4]되다」의 命令形 「なれ」+「り[助動완료・존속]」.

6) 「ぶも【父母】부모」(〈父母〉는 일반적으로 〈ふぼ〉로 읽지만 〈ぶも〉로 읽는 방법도 있다. 이 경우 〈ブ〉와 〈モ〉는 呉音)+「また【又・亦・復】[副]다시. 같이. 달리. 또한. 게다가」.

7) 「いかなり【如何なり】[ラ変]어떠하다」의 未然形 「いかなら」+「む[助動추량]」의 連体形 「む」→「ん」+「ひと【人】사람」+「に[助詞]」+「も[助詞]」+「かす【嫁す】[サ変]시집가다. 시집보내다」의 未然形 「かせ」+「しむ[助動사역. ~시키다]」의 未然形 「しめ」+「む[助動추량・의지]」→「ん」+「と[助詞]」+「す[サ変]하다」의 連体形 「する」+「に[助詞]~하니. ~하는데」.

8) 「り【李】이」+「し【氏】씨」+「さらに【更に】[副]강한 부정. 절대로 ~가 아니다. 전혀

⇨ 부모가 다시 아무 사람에게라도 시집보내려 하는데 이 씨는 전혀 받아들이지 아니한다.

❏ つゐに髪(かミ)をきりて9)、二[ふた]たび、人[ひと]にゆく事[こと]を10)、ゆるすまじき事[こと]を、あらハせり11)。
　⇨ 기어이 머리카락을 잘라서 재차 다른 사람에게 가는 일을 승낙하지 않겠다는 것을 드러냈다.

❏ しかるに12)、李(り)氏(し)が、すむところに13)、ふたつの燕(つばめ)ありて14)、巣(す)をつくれり15)。
　⇨ 그런데 이 씨가 거처하는 곳에 두 마리 제비가 있어서 둥지를 틀었다.

❏ ある日[ひ]16)、雌(めとり)すでに、ひとつになりて17)、巣(す)のところ

　　~지 않다」+「うけがふ【肯ふ】[4]이해하다. 승낙하다」의 未然形「うけがは」+「ず[助動]부정」.

9)「つひに→ついに【終に・遂に】[副]결국. 마침내」(〈-ゐ〉는 정서법에 어긋남)+「かみ【髪】두발」+「を[助詞]」+「きる[切る・斬る] [4]자르다. 베다. 끊다」의 連用形「きり」+「て」.

10)「ふたたび【二度・再び】두 번. 다시. 거듭」+「ひと【人】사람. 다른 사람」+「に[助詞]」+「ゆく【行く】[4]가다」의 連体形「ゆく」+「こと【事】것. 일」+「を[助詞]」.

11)「ゆるす【許す・赦す】[4]느슨하게 하다. 풀어주다. 승낙하다. 허가하다」의 終止形「ゆるす」+「まじ[助動]부정의 추량(~않을 것이다). 부정의 결의(~하지 않을 것이다) 등」의 連体形「まじき」+「こと【事】것. 일」+「を[助詞]」+「あらはす【表す・現す・顕す・著す】[4]드러내다. 보이다. 표현하다」의 命令形「あらはせ」+「り[助動]완료・존속」.

12)「しかるに【然るに】[接続]그런데. 하지만. 그건 그렇고」.

13)「り【李】이」+「し【氏】씨」+「が[助詞]」+「すむ【住む・棲む・栖む】[4]살다. 생활하다」의 連体形「すむ」+「ところ【所・処】곳」+「に[助詞]」.

14)「ふたつ【二つ】두 개」+「の[助詞]」+「つばめ【燕】제비」+「あり【有り】[ラ変]있다」의 連用形「あり」+「て」.

15)「す【巣】둥지」+「を[助詞]」+「つくる【作る・造る】[4]만들다」의 命令形「つくれ」+「り [助動]완료・존속」.

16)「ある【或る】[連体]어떤」+「ひ【日】날」.

17)「めどり【雌鳥】암컷 새」(〈雌〉는 〈シ〉나 〈め・めす〉로 읽어서 '암컷'의 뜻)+「すでに【既に・已に】[副]이미. 모두. 이제」+「ひとつ【一つ】하나」+「に[助詞]」+「なる【成る・為る】[4]되다」의 連用形「なり」+「て」.

に、とびきたれり18)、
⇨ 어느 날 암컷이 이제 혼자가 되어서 둥지가 있는 곳으로 날아왔다.

□雄(おとり)ハ19)、もののために20)害(かい)せられて死(し)せり21)。
⇨ 수컷은 사람에게 해를 입어서 죽었다.

□李(り)氏(し)、その推(めとり)の22)、只[ただ]ひとつに成[なり]たることを、かんして23)、燕(つばめ)にかたりて24)、
⇨ 이 씨는 그 암컷이 단지 홀로 된 것을 딱하게 여겨서 제비에게 이야기하여,

□「汝(なんぢ)も、よく25)、わかごとくに節(せつ)をまもり26)、義(ぎ)

---

18) 「す【巣】둥지」+「の[助詞]」+「ところ【所·処】곳」+「に[助詞]」+「とぶ【飛ぶ·跳ぶ】[4]날다」의 連用形「とび」+「きたる【来る】[4]오다」의 命令形「きたれ」+「り[助動]완료·존속」.

19) 「をとり→おとり【雄鳥】수컷 새」(〈お〉는 歴史的仮名遣에 어긋남.〈雄〉는〈ヲ→オ〉나〈をす→おす〉로 읽으며 '수컷'의 뜻)+「は[助詞]」.

20) 「もの【者】사람」+「の[助詞]」+「ため【為】[名]이득. 행복. 위함」+「に[助詞]」(〈-の(が)ため(に)〉의 꼴로 '이익·이유·목적'의 뜻. ~때문에. ~위해).

21) 「がいす【害す】[サ変]해하다. 상처 입히다. 죽이다. 살해하다」의 未然形「がいせ」(〈か〉는 無濁点표기)+「らる[助動]수동」의 連用形「られ」+「て」+「しす【死す】[サ変]죽다」의 命令形「しせ」+「り[助動]완료·존속」.

22) 「り【李】이」+「し【氏】씨」+「その【其の】[連体]그」+「めどり【雌鳥】암컷 새」(원문에는〈雌〉가 아니라〈推〉로 되어 있는데『假名草子集成』에 원문의 잘못을 그대로 옮긴다는 표시인 "ママ"가 붙어있다)+「の[助詞]현대일본어〈が〉의 쓰임」.

23) 「ただ【只·唯】[副]단지. 오직. 그저」+「ひとつ【一つ】하나」+「に[助詞]」+「なる【成る·為る】[4]되다」의 連用形「なり」+「たり[助動]완료·존속」의 連体形「たる」+「こと【事】것. 일」+「を[助詞]」+「かんず【感ず】[サ変]①자극을 받다. 느끼다 ②마음에 생각하다 ③마음이 움직이다. 감동하다」의 連用形「かんじ」(〈-し〉는 無濁点표기)+「て」.

24) 「つばめ【燕】제비」+「に[助詞]」+「かたる【語る】[4]상대에게 전하다. 자초지종을 이야기하다」의 連用形「かたり」+「て」.

25) 「なんぢ→なんじ【汝·爾】[代]아랫사람을 가리키는 말. 너」+「も[助詞]」+「よく【善く·良く·能く】[副]충분히. 능숙하게. 잘」.

26) 「わ【我·吾】[代]나. 자신」+「が[助詞]현대일본어〈の〉의 쓰임」(〈か〉는 無濁点표기)+「ごとくなり【如くなり】[助動]~와 같다. ~와 비슷하다」의 連用形「ごとくに」+「せつ

を、たつべしや27)。」と、いふて28)、

⇨ "너도 제대로 나와 같이 절개를 지키고 의를 세우겠는가?"라고 하며,

❏ ほそき糸(いと)すぢをもつて29)、燕(つばめ)のあしにつけて30)、しるしとせり31)。

⇨ 가느다란 실로써 제비의 다리에 붙여서 징표로 삼았다.

❏ あくる年(とし)32)、つばめ、又[また]、きたる33)、

⇨ 이듬해 제비가 다시 온다.

❏ 去年(こぞ)のごとく34)、只[ただ]雌(めとり)ひとつのミ来(きた)りて35)、李(り)氏(し)に、なつかしみて36)、その家(いへ)に、すみけり37)。

　　　「節」절. 절개」+「を[助詞]」+「まもる 【守る・護る】 [4]지키다. 막다」의 連用形「まもり」.

27) 「ぎ 【義】 의. 도리」+「を[助詞]」+「たつ[下2]→たてる 【立てる】 [下1]세우다」의 終止形「たつ」+「べし[助動]의무・당연・추량・가능 등」+「や[係助詞]의문・질문」. 다만 係助詞인「や」는 連体形에 접속하므로「べきや」가 되어야 문법적으로 맞다.

28) 「と[助詞]~라고」+「いふ 【言ふ・云ふ】 [4]말하다」+「て」.

29) 「ほそし 【細し】 [形ク]가늘다. 좁다」의 連体形「ほそき」+「いとすぢ 【糸筋】 실의 줄」+「を[助詞]」+「もって 【以て】 (〈を[助詞]〉에 이어져서)수단이나 원인 등을 나타냄. ~로써. ~때문에」.

30) 「つばめ 【燕】 제비」+「の[助詞]」+「あし 【足・脚】 다리」+「に[助詞]」+「つく[下2]→つける 【付ける・就ける】 [下1]붙이다」의 連用形「つけ」+「て」.

31) 「しるし 【印・標・徴】 표시. 기호. 증거」+「と[助詞]~로」+「す[サ変]하다」의 命令形「せ」+「り[助動]완료・존속」.

32) 「あくる 【明くる】 [連体]다음의」+「とし 【年】 해」.

33) 「つばめ 【燕】 제비」+「また 【又・亦・復】 [副]다시. 같이. 또한」+「きたる 【来る】 [4]오다」.

34) 「こぞ 【去年】 작년」+「の[助詞]」+「ごとし 【如し】 [助動]~와 같다. ~와 비슷하다」의 連用形「ごとく」.

35) 「ただ 【只・唯】 [副]단지. 오직. 그저」+「めどり 【雌鳥】 암컷 새」+「ひとつ 【一つ】 하나」+「のみ[助詞]~뿐. ~만」+「きたる 【来る】 [4]오다」의 連用形「きたり」+「て」.

36) 「り 【李】 이」+「し 【氏】 씨」+「に[助詞]」+「なつかしむ 【懐かしむ】 [4]그리워하다. 친근하게 느끼다」의 連用形「なつかしみ」+「て」.

➪ 작년과 같이 단지 암컷 혼자만 와서 이 씨에게 살가워하며 그 집에 살았다.

❏ 秋(あき)にいたりてハ38)、又[また]、胡国(ここく)にかへり39)、春(はる)に成(なり)ぬれバ、又[また]、きたる40)。

➪ 가을에 이르러서는 다시 호국으로 돌아가 봄이 되니 다시 온다.

❏ いつも只[ただ]ひとつにて41)、又[また]、雄(おとり)に、したがハず42)。

➪ 늘 그저 혼자로 다시 수컷에게 따르지 아니한다.

❏ かくのことくする事[こと]43)、数(す)年(ねん)なり44)。

➪ 이와 같이 하는 것이 여러 해다.

❏ 李(り)氏(し)、食(しよく)をあたふれば45)、これをはみ46)、其[その]家

---

37) 「その【其の】[連体]그」+「いへ→いえ【家】집」+「に[助詞]」+「すむ【住む・棲む・栖む】[4]살다. 생활하다」의 連用形「すみ」+「けり[助動]회상・과거」.

38) 「あき【秋】가을」+「に[助詞]」+「いたる【至る・到る】[4]도착하다. 도달하다」의 連用形「いたり」+「て」+「は[助詞]」.

39) 「また【又・亦・復】[副]다시. 또한」+「ここく【胡国】호국. 중국 북방의 오랑캐 나라」+「に[助詞]」+「かへる【帰る】[4]돌아가(오)다」의 連用形「かへり」.

40) 「はる【春】봄」+「に[助詞]」+「なる【成る・為る】[4]되다」의 連用形「なり」+「ぬ[助動] 완료・존속」의 已然形「ぬれ」+「ば[助詞]확정조건. 원인・이유」+「また【又・亦・復】 [副]다시」+「きたる【来る】[4]오다」.

41) 「いつも【何時も】[副]언제라도. 늘」+「ただ【只・唯】[副]단지. 오직. 그저」+「ひとつ【一つ】하나」+「にて[助詞]현대일본어의〈で〉와 같은 쓰임. 수단. ~로」.

42) 「また【又・亦・復】[副]다시. 달리」+「をとり→おとり【雄鳥】수컷 새」(〈お〉는 歴史的仮名遣에 어긋남)+「に[助詞]」+「したがふ【従ふ・随ふ・順ふ】[4]말하는 대로 따르다. 거스르지 않다. 맡기다」의 未然形「したがは」+「ず[助動]부정」.

43) 「かくのごとく【斯くの如く】[連語]이처럼. 이와 같이」(〈-こ-〉는 無濁点표기)+「す[サ変] 하다」의 連体形「する」+「こと【事】것. 일」.

44) 「す【数】(慣用音으로는〈スウ〉로 읽으며〈ス〉는 漢音)수」+「ねん【年】년」+「なり [助動]단정・지정」.

45) 「り【李】이」+「し【氏】씨」+「しよく【食】식사. 음식」+「を[助詞]」+「あたふ【下2】→あたえる【与える】[下1]주다. 건네다」의 已然形「あたふれ」+「ば[助詞]확정조건. 원인・이유」.

(いへ)に来(きた)りてよりハ⁴⁷⁾、さらに、李(り)氏(し)があたりを、はなれず⁴⁸⁾。

⇨ 이 씨가 모이를 주니 이를 먹고 그 집에 온 이래로는 절대로 이 씨의 주변을 떠나지 아니한다.

□李(り)氏(し)、すなハち、詩(し)をつくりて、いはく⁴⁹⁾、

⇨ 이 씨가 곧 시를 지어 이르길,

□『昔年(そのかミ)⁵⁰⁾偶(たぐひ)なくして去(さる)⁵¹⁾。今春(こんしゆん)還(また)独(ひと)り帰(かへ)る⁵²⁾。

⇨ '그 옛날 짝을 잃고 떠난다. 올봄 다시 홀로 돌아온다.

□故人(こじん)情意(じやうい)重(おも)し⁵³⁾。更(さら)に双飛(さうひ)す

---

46) 「これ【此・是】[代]이것. 이사람」+「を[助詞]」+「はむ【食む】[4]먹다. 머금다」의 連用形 「はみ」.

47) 「その【其の】[連体]그」+「いへ→いえ【家】집」+「に[助詞]」+「きたる【来る】[4]오다」의 連用形 「きたり」+「て」+「より[助詞]동작・장소・시간의 起點. ~부터」+「は[助詞]」.

48) 「さらに【更に】[副]절대로 ~가 아니다. 전혀 ~지 않다」+「り【李】이」+「し【氏】씨」+「が[助詞]현대일본어〈の〉의 쓰임」+「あたり【辺り】근처. 부근」+「を[助詞]」+「はなる[下2]→はなれる【離れる・放れる】[下1]멀어지다. 떠나다」의 未然形 「はなれ」+「ず[助動]부정」.

49) 「り【李】이」+「し【氏】씨」+「すなはち【即ち・則ち】[副]곧바로. 즉시」+「し【詩】시」+「を[助詞]」+「つくる【作る・造る】[4]만들다」의 連用形 「つくり」+「て」+「いはく【曰く】말하길」.

50) 「昔年」은 「せきねん」으로 읽으며 '옛날'의 뜻이다. 한편 「そのかみ【其の上】」는 '지난날. 그 옛날'의 뜻이다.

51) 「たぐひ【類・比】[名]동등한 것. 쌍. 동료」(〈偶〉는 〈グウ〉로 읽으며 '배우자'의 뜻)+「なくす【無くす・亡くす】[4]잃다. 죽게 하다」의 連用形 「なくし」+「て」+「さる【去る】[4]가다. 떠나다」.

52) 「こんしゆん【今春】올해 봄」+「また【又・亦・復】[副]다시. 같이. 또한」(〈還〉은 音으로는 〈クワン→カン(漢音)・ゲン(呉音)〉訓으로는 〈かえる・かえす〉로 읽는데 그 뜻을 〈また・ふたたび〉로 풀이하는 경우도 있다)+「ひとり【一人・独り】혼자. 홀로」+「かへる【帰る】[4]돌아오(가)다」.

53) 「こじん【故人】고인. 죽은 사람」+「じやうい→じょうい【情意】정의. 감정과 의지. 마음가짐」+「おもし【重し】[形ク]무겁다」.

るに忍(しの)びず54)。』と。
　⇨ 고인의 정의가 무겁다. 절대로 짝지어 날지 못한다.'라고.

☐かやうに詠(えい)じて55)、心[こころ]をなぐさみけり56)。
　⇨ 이렇게 읊어서 마음을 달랬다.

☐其[その]としの秋(あき)57)、又[また]、燕(つばめ)のかへるとき58)、
　⇨ 그해 가을 다시 제비가 돌아갈 때,

☐むつまじき有[あり]さまにて59)、李(り)氏(し)か膝(ひざ)にとゞまり60)、いとまを、こふかごとくにして61)、胡国(ここく)にぞかへりける62)。
　⇨ 다정한 모습으로 이 씨의 무릎에 머물며 작별 인사를 청하는 양으로 하고 호국으로 돌아갔다.

---

54) 「さらに【更に】[副]절대로 ~가 아니다. 전혀 ~지 않다」+「さう→そう【双】쌍」+「ひ【飛】비」+「す[サ変]하다」의 連体形 「する」+「に[助詞]~하니. ~하는데」+「しのぶ【忍ぶ】[上2]견디다. 참다」의 未然形 「しのび」+「ず[助動]부정」.

55) 「かやう【斯様】[形動ナリ]이러한. 이런 식의」의 連用形 「かやうに」+「えいず【詠ず】[サ変]읊다」의 連用形 「えいじ」+「て」.

56) 「こころ【心】마음. 뜻. 생각」+「を[助詞]」+「なぐさむ【慰む】[4]기분을 풀다. 달래다」의 連用形 「なぐさみ」+「けり[助動]회상・과거」.

57) 「その【其の】[連体]그」+「とし【年】해」+「の[助詞]」+「あき【秋】가을」.

58) 「また【又・亦・復】[副]다시. 또한」+「つばめ【燕】제비」+「の[助詞]현대일본어 〈が〉의 쓰임」+「かへる【帰る】[4]돌아가(오)다」의 連体形 「かへる」+「とき【時】때」.

59) 「むつまじ【睦まじ】[形シク]화목하다. 정답다」의 連体形 「むつまじき」+「ありさま【有様】모습. 상태」+「にて[助詞]현대일본어의 〈で〉와 같은 쓰임. ~로」.

60) 「り【李】이」+「し【氏】씨」+「が[助詞]현대일본어 〈の〉의 쓰임」(〈か〉는 無濁点表記)+「ひざ【膝】무릎」+「に[助詞]」+「とどまる【止まる・留まる・停まる】[4]머물다. 체재하다. 남다」의 連用形 「とどまり」.

61) 「いとま【暇・遑】휴가. 여유. 사직. 이별」+「を[助詞]」+「こふ【乞ふ・請ふ】[4]구하다. 부탁하다. 바라다」의 連体形 「こふ」+「が[助詞]현대일본어 〈の〉의 쓰임」(〈か〉는 無濁点表기)+「ごとなり【如くなり】[助動]~와 같다. ~와 비슷하다」의 連用形 「ごとくに」+「す[サ変]하다」의 連用形 「し」+「て」.

62) 「ここく【胡国】호국」+「に[助詞]」+「ぞ[係助詞]뜻을 강하게 함」(문말은 連体形)+「かへる【帰る】[4]돌아가(오)다」의 連用形 「かへり」+「けり[助動]회상・과거」의 連体形 「ける」.

□ 李(り)氏(し)も、また63)、人[ひと]にむかふて、ものいふがごとく64)、
 ねんごろに、わかれを、とり侍[は]べりしに65)、

 ⇨ 이 씨도 또한 사람을 향해 말하는 것과 같이 정성스럽게 헤어짐을 받아들였습니다만,

□ その年(とし)の暮(くれ)つがた66)、李(り)氏(し)やまひを、うけて67)、
 むなしくなれり68)。

 ⇨ 그해가 저물 무렵 이 씨가 병을 얻어 죽었다.

□ 又[また]、あくるとしの春[はる]におよびて69)、燕(つばめ)きたり70)、

 ⇨ 다시 이듬해 봄에 이르러 제비가 와서,

□ 李(り)氏(し)をたづぬる躰(てい)にて71)、家(いへ)の内(うち)を、とび

---

63) 「り【李】이」+「し【氏】씨」+「も[助詞]」+「また【又・亦・復】[副]같이. 또한」.

64) 「ひと【人】사람」+「に[助詞]」+「むかふ【向かふ・対ふ】[4]향하다. 맞서다」+「て」+「ものいふ【物言ふ】[4]말을 내뱉다. 말하다」의 連体形「ものいふ」+「が[助詞]현대일본어〈の〉의 쓰임」+「ごとし【如し】[助動]~와 같다. ~와 비슷하다」의 連用形「ごとく」.

65) 「ねんごろ【懇ろ】[形動ナリ]진심을 다해. 열심히」의 連用形「ねんごろに」+「わかれ【別れ・分れ】헤어짐. 작별」+「を[助詞]」+「とる【取る・採る・捕る・執る・撮る】[4]손에 쥐다(넣다). 받아들이다. 받다」의 連用形「とり」+「侍(はべり)[助動]격식・정중」의 連用形「はべり」+「き[助動]회상・과거」의 連体形「し」+「に[助詞]~하니. ~하는데」.

66) 「その【其の】[連体]그」+「とし【年】해」+「の[助詞]」+「くれつかた【暮つ方】저물녘. 저녁」.

67) 「り【李】이」+「し【氏】씨」+「やまひ【病】병」+「を[助詞]」+「うく【受く・享く・承く】[下2]받다」의 連用形「うけ」+「て」.

68) 「むなし【空し・虚し】[形シク]덧없다. 무상하다. 죽었다」의 連用形「むなしく」+「なる【成る・為る】[4]되다」의 命令形「なれ」+「り[助動]완료・존속」.

69) 「また【又・亦・復】[副]다시. 또한」+「あくる【明くる】[連体]다음의」+「とし【年】해」+「の[助詞]」+「はる【春】봄」+「に[助詞]」+「およぶ【及ぶ】[4]어떤 때나 장소 등에 다다르다」의 連用形「および」+「て」.

70) 「つばめ【燕】제비」+「きたる【来る】[4]오다」의 連用形「きたり」.

71) 「り【李】이」+「し【氏】씨」+「を[助詞]」+「たづぬ【尋ぬ】[下2]찾다. 묻다」의 連体形「たづぬる」+「てい【躰】(〈体〉와 같음)겉으로 본 모습. 모양」+「にて[助詞]현대일본어의〈で〉와 같은 쓰임. ~로」.

めぐりて72)、なくこゑ、あはれなり73)。
⇨ 이 씨를 찾는 양으로 집 안을 날아다니며 우는 소리가 애달프다.

❏ 人[ひと]ミな、きどくに、おもひて74)、つばめに、むかひて、いはく75)、
⇨ 사람들이 모두 갸륵하게 생각하여 제비를 향하여 이르길,

❏「汝(なんぢ)ハ、さらに、しらじ76)、李(り)氏(し)ハ、去年(こそ)の暮(くれ)つがたに77)、やまひをうけて、むなしく、なれり78)。
⇨ "너는 전혀 모르겠지. 이 씨는 작년 저물 무렵에 병을 얻어 죽었다.

❏ そこのかたハらなる岡(をか)のうへに79)、はうふり侍(はん)べるぞ80)。」と、かたりければ81)、

---

72) 「いへ【家】집」+「の[助詞]」+「うち【内】안」+「を[助詞]」+「とびめぐる【飛び巡る】[4]날아 돌다」의 連用形「とびめぐり」+「て」.

73) 「なく【泣く・鳴く・啼く】[4]울다」의 連体形「なく」+「こゑ【声】목소리」+「あはれ【哀れ】[形動ナリ]마음속에서 끓어오르는 절절한 감동이나 감정을 일컫는 말. 친애・정취・감격・애련・비애 등」의 終止形「あはれなり」.

74) 「ひと【人】사람. 다른 사람」+「みな【皆】①[名]모든 사람. 전부 ②[副]남김없이. 모두」+「きどく【奇特】기이한 힘. 빼어난 효험. 영험. 기적. 흔치 않음. 장함」+「に[助詞]」+「おもふ【思ふ】[4]생각하다」의 連用形「おもひ」+「て」.

75) 「つばめ【燕】제비」+「に[助詞]」+「むかふ【向かふ・対ふ】[4]향하다」의 連用形「むかひ」+「て」+「いはく【曰く】말하길. 이르길」.

76) 「なんぢ【汝・爾】[代]너」+「は[助詞]」+「さらに【更に】[副]또한. 전혀 ~지 않다」+「しる【知る】[4]알다」의 未然形「しら」+「じ[助動]추량・의지의 부정. ~아닐 것이다」.

77) 「り【李】이」+「し【氏】씨」+「は[助詞]」+「こそ【去年】작년」(〈-そ〉는 無濁点표기)+「の[助詞]」+「くれつかた【暮つ方】저물녘. 저녁」+「に[助詞]」.

78) 「やまひ【病】병」+「を[助詞]」+「うく【受く・享く・承く】[下2]받다」의 連用形「うけ」+「て」+「むなし【空し・虚し】[形シク]죽었다」의 連用形「むなしく」+「なる【成る・為る】[4]되다」의 命令形「なれ」+「り[助動]완료・존속」.

79) 「そこ【其処・其所】[代]거기」+「の[助詞]」+「かたはら【傍・旁・側・脇】옆. 곁」+「なり:〈にあり[~에 있다〉의 준말」의 連体形「なる」+「をか→おか【岡・丘】언덕. 낮은 산」+「の[助詞]」+「うへ【上】위」+「に[助詞]」.

80) 「はうぶる→ほうぶる【葬る】[4]장사지내다. 매장하다」의 連用形「はうぶり」(〈-ふ〉는

⇨ 거기 곁에 있는 언덕 위에 장사지냈죠."라고 이야기하니,

❏燕(つばめ)すなハち、李(り)氏(し)が墳(はか)にゆきて[82]、とびあがり、とびくだりて鳴(なき)けるが[83]、食(しよく)をも、もとめず[84]、

⇨ 제비가 곧 이 씨 무덤에 가서 날아올랐다가 내려앉으며 울었는데 먹을 것조차도 구하지 아니하며,

❏昼夜(ちうや)ともに鳴(なき)かなしみて[85]、つゐに墳(はか)の上(うへ)に、おちて[86]、むなしくなりにけり[87]。

⇨ 밤낮으로 울며 슬퍼하다 끝내 무덤 위에 떨어져서 죽고 말았다.

❏人[ひと]ミな、これを、あはれがりて[88]、李(り)氏(し)が墳(はか)の傍

無濁点表기)+「はんべり【侍り】〈侍(はべ)り[助動]격식·정중〉가 변한 말」의 連体形「はんべる」+「ぞ[係助詞(문말에 써서)사항 전체를 풀어서 설명하고 강하게 단정 짓는 뜻. ~인 것이다」.

81) 「と[助詞]~라고」+「かたる【語る】[4]상대에게 전하다. 자초지종을 이야기하다」의 連用形「かたり」+「けり[助動]회상·과거」의 已然形「けれ」+「ば[助詞]확정조건. 원인·이유」.

82) 「つばめ【燕】제비」+「すなはち【即ち·則ち】[副]곧바로」+「り【李】이」+「し【氏】씨」+「が[助詞현대일본어〈の〉의 쓰임」+「はか【墓】무덤. 묘」(〈墳〉은『広辞苑』에서〈ふん〉으로만 읽는다)+「に[助詞]」+「ゆく【行く】[4]가다」의 連用形「ゆき」+「て」.

83) 「とびあがる【飛び上がる】[4]날아오르다」의 連用形「とびあがり」+「とびくだる【飛び下る】[4]내려앉다」의 連用形「とびくだり」+「て」+「なく【泣く·鳴く·啼く】[4]울다」의 連用形「なき」+「けり[助動]회상·과거」의 連体形「ける」+「が[助詞]역접」.

84) 「しよく【食】식사. 음식」+「を[助詞]」+「も[助詞](〈をも〉는'~까지도·~조차도'의 뜻)+「もとむ【求む】[下2]찾다. 구하다」의 未然形「もとめ」+「ず[助動]부정」의 連用形「ず」.

85) 「ちうや→ちゅうや【昼夜】주야. 낮과 밤」+「ともに【共に·俱に】[連語]함께. 동반하여. 동시에」+「なく【泣く·鳴く·啼く】[4]울다」의 連用形「なき」+「かなしむ【悲しむ·哀しむ】[4]슬퍼하다. 가여워하다. 그리워하다」의 連用形「かなしみ」+「て」.

86) 「つひに→ついに【終に·遂に】[副]결국. 마침내」(〈-ゐ〉는 정서법에 어긋남)+「はか【墓】무덤. 묘」+「の[助詞]」+「うへ【上】위」+「に[助詞]」+「おつ【落つ】[上2]떨어지다」의 連用形「おち」+「て」.

87) 「むなし【空し·虚し】[形シク]죽었다」의 連用形「むなしく」+「なる【成る·為る】[4]되다」의 連用形「なり」+「ぬ[助動]완료·존속」의 連用形「に」+「けり[助動]회상·과거」.

88) 「ひと【人】사람. 다른 사람」+「みな【皆】모두」+「これ【此·是】[代]이것. 이사람」

(かたハら)に埋(うづ)ミて[89]、其[その]墳(はか)を[90]燕冢(ゑんちよ)[91]と名[な]づく[92]。

⇨ 사람들이 모두 이를 가엾게 여겨서 이 씨의 무덤가에 묻고서 그 무덤을 연총이라 이름 붙인다.

+「を[助詞]」+「あはれがる【哀れがる】」[4]감탄하다. 슬퍼하다. 동정하다」의 連用形「あはれがり」+「て」.

89) 「り【李】이」+「し【氏】씨」+「が[助詞]현대일본어 〈の〉의 쓰임」+「はか【墓】무덤」+「の[助詞]」+「かたはら【傍・旁・側・脇】옆. 곁」+「に[助詞]」+「うづむ【埋む】[4]덮다. 파묻다」의 連用形「うづみ」+「て」.

90) 「その【其の】[連体]그」+「はか【墓】무덤」+「を[助詞]」.

91) 「燕」은 呉音・漢音 모두「エン」으로 읽으며,「塚・冢」은 訓으로는「つか」음으로는「チョウ」(漢音)로 읽는다.

92) 「と[助詞]~라고」+「なづく【名付く】[下2]이름을 붙이다. 명명하다. 칭하다」.

13. 崔(さい)氏(し)見ㇾ射(いらる)
최 씨가 (화살에) 쏘이다

□隋(ずい)の¹⁾趙元楷(てうげんかい)が妻(つま)、崔(さい)氏(し)ハ²⁾、礼節(れいせつ)はなハだ厚(あつ)し³⁾。
  ⇨ 수나라 조원해의 아내 최 씨는 예절이 매우 두텁다.

□宇文化及(うぶんくわぎう)⁴⁾がむほんに、したがひて⁵⁾、河北(かぼく)といふところに、いたる⁶⁾。
  ⇨ 우문화급의 모반에 따라서 하북이라고 하는 곳에 다다른다.

□そのゝち⁷⁾、まさに長安(ちやうあん)にかへらん、と、する道(ミち)に⁸⁾、滏口(ふこう)と、いふところにして⁹⁾、ぬす人[びと]に行合(ゆき

---

1) 「ずい【隋】수나라」+「の[助詞]」.

2) 「が[助詞]현대일본어〈の〉의 쓰임」+「つま【妻】처. 아내」+「さい【崔】최」+「し【氏】씨」+「は[助詞]」.

3) 「れいせつ【礼節】예절」+「はなはだ【甚だ】[副]매우. 몹시. 대단히. 현저히」+「あつし【厚し·篤し】[形ク]두텁다. 후하다. 풍부하다」.

4) 「うぶんくわぎふ→うぶんかきゅう【宇文化及】우문화급. 중국 수나라의 무장(武将). 수나라 말기 혼란할 때 양제(煬帝;ようだい)와 그 아들 호(浩)를 죽이고 제위에 올라 나라를 허(許)라고 칭했으나, 두건덕(竇建徳;とうけんとく)에게 공격받아서 죽었다 (?~619)」.

5) 「が[助詞]현대일본어〈の〉의 쓰임」+「むほん【謀叛·謀反】모반」+「に[助詞]」+「したがふ【従ふ·随ふ·順ふ】[4]말하는 대로 따르다. 거스르지 않다. 맡기다」의 連用形「したがひ」+「て」.

6) 「かほく【河北】하북. 허베이」+「と[助詞]~라고」+「いふ【言ふ·云ふ】[4]말하다」의 連体形「いふ」+「ところ【所·処】곳」+「に[助詞]」+「いたる【至る·到る】[4]도착하다. 도달하다」.

7) 「その【其の】[連体]그」+「のち【後】후」.

あひ)たり10)。

⇨ 그 후에 이제 장안으로 돌아가려 하는 길에 부구라고 하는 곳에서 도적에 맞닥뜨렸다.

❑趙元楷(てうげんかい)11)、やう＼／12)命(いのち)ばかりを、たすかりて13)、のがれたり14)。

⇨ 조원해는 간신히 목숨만 구해서 도망쳤다.

❑妻(つま)の崔(さい)氏(し)ハ15)、ぬす人[びと]のために16)、をしとゞめられて17)、したがひ、のがるゝ事[こと]あたハず18)。

---

8) 「まさに【正に】[副]①틀림없이. 분명 ②바로 지금. 이제라도」+「ちやうあん→ちょうあん【長安】장안」+「に[助詞]」+「かへる【帰る】[4]돌아가(오)다」의 未然形「かへら」+「む[助動]추량·의지」→「ん」+「と[助詞]」+「す[サ変]하다」의 連体形「する」+「みち【道·路·途·径】길. 도중」+「に[助詞]」.

9) 「と[助詞]~라고」+「いふ【言ふ·云ふ】[4]말하다」의 連体形「いふ」+「ところ【所·処】곳」+「なり[助動]단정」의 連用形「に」+「して[助詞]」(〈にして[連語]〉는 장소나 때를 나타냄. ~에서. ~에).

10) 「ぬすびと【盗人】도둑」+「に[助詞]」+「ゆきあふ【行き合ふ·行き逢ふ】[4]나아가서 마주치다. 맞닥뜨리다」의 連用形「ゆきあひ」+「たり[助動]완료·존속」.

11) 이 부분의「趙元楷」에 대해『假名草子集成』에서는「てうげうかい」라는 읽기가 붙어 있어서 위 첫 줄의 읽기(てうげんかい)와 상위가 있다. 이에 일본〈国文学研究資料館〉의「三綱行實圖」를 살펴보니「てうげんかい」로 되어있으므로 이를 고쳐서 제시한다.

12) 「やうやう→ようよう【漸う】[副]점점. 겨우. 간신히」.

13) 「いのち【命】목숨」+「ばかり【許】[助詞]정도. 쯤. ~만」+「を[助詞]」+「たすかる【助かる】[4]재난·죽음 따위를 면하다」의 連用形「たすかり」+「て」.

14) 「のがる【逃る·遁る】[下2]벗어나다. 도망치다. 피하다. 면하다」의 連用形「のがれ」+「たり[助動]완료·존속」.

15) 「つま【妻】처. 아내」+「の[助詞]~인」+「さい【崔】최」+「し【氏】씨」+「は[助詞]」.

16) 「ぬすびと【盗人】도둑」+「の[助詞]」+「ため【為】[名]때문. 위함」+「に[助詞]」(〈~の(が)ために〉의 꼴로 '이익·이유·목적'의 뜻. ~때문에. ~위해).

17) 「おしとむ【押し止む】[下2]제지하다. 가로막다」의 未然形「おしとめ」(〈を-〉는 정서법에 어긋남)+「らる[助動]수동」의 連用形「られ」+「て」.

18) 「したがふ【従ふ·随ふ·順ふ】[4]말하는 대로 따르다. 거스르지 않다. 맡기다」의 連

⇨ 아내인 최 씨는 도적으로 인해 가로막혀서 따라서 도망칠 수 없다.

❏ ぬす人[びと]、崔(さい)氏(し)がかたち19)、うつくしく、たをやかなるを見[み]て20)、「わが妻(つま)にせん21)。」と、いふ22)。
　　⇨ 도적은 최 씨의 용모가 아름답고 단아한 것을 보고서 "내 아내로 삼겠다."고 한다.

❏ 崔(さい)氏(し)が、いはく23)、「我(われ)ハ、士大夫(したいふ)のむすめ24)、僕射(ぼくや)の妻(つま)なり25)。
　　⇨ 최 씨가 이르길 "나는 사대부의 딸이며 복야의 아내다.

❏ 今日[こんにち]、家(いへ)やぶれ26)、門(かど)ほろびたり27)、
　　⇨ 오늘날 집안이 망가지고 일족이 몰락했다.

❏ ミづから命(いのち)いきて、よしなし28)、むなしく、ならん、と、お

　　用形 「したがひ」+「のがる【逃る・遁る】[下2]도망치다」의 連体形 「のがるる」+「こと【事】것. 일」+「あたふ【能ふ・適ふ】[4]할 수 있다. 적합하다」의 未然形 「あたは」+「ず[助動]부정」.

19) 「ぬすびと【盗人】도둑」+「さい【崔】최」+「し【氏】씨」+「が[助詞]현대일본어〈の〉의 쓰임」+「かたち【形・容】모습. 용모」.

20) 「うつくし【美し・愛し】[形シク]귀엽다. 아름답다」의 連用形 「うつくしく」+「たをやか【嫋やか】[形動ナリ]부드럽다. 정숙하다」의 連体形 「たをやかなる」+「を[助詞]」+「みる【見る】[上1]보다」의 連用形 「み」+「て」.

21) 「わが【我が・吾が】[連体]나의. 자신의」+「つま【妻】아내」+「に[助詞]」+「す[サ変]하다」의 未然形 「せ」+「む[助動]추량・의지」→「ん」.

22) 「と[助詞]~라고」+「いふ【言ふ・云ふ】[4]말하다」.

23) 「さい【崔】최」+「し【氏】씨」+「が[助詞]」+「いはく【曰く】말하길. 이르길」.

24) 「われ【我・吾】[代]나」+「は[助詞]」+「したいふ【士大夫】사대부」+「の[助詞]」+「むすめ【娘】딸. 젊은 미혼여성」.

25) 「ぼくや【僕射】복야. 중국의 벼슬이름. 집정대신(執政大臣)을 가리킴」+「の[助詞]」+「つま【妻】처. 아내」+「なり[助動]단정・지정」.

26) 「こんにち【今日】오늘. 현재. 요사이」+「いへ→いえ【家】집. 집안. 가문」+「やぶる【破る・敗る】[下2]부서지다. 망가지다. 상하다」의 連用形 「やぶれ」.

27) 「かど【門】문. 가문. 일족」+「ほろぶ【滅ぶ・亡ぶ】[上2]멸망하다. 사라지다」의 連用形 「ほろび」+「たり[助動]완료・존속」.

□いかでか、ぬす人[びと]の妻(つま)とハ、なるべき30)。」と。
⇨ 어찌 도적의 아내가 되겠는가?'라고.

□ぬす人[びと]大[おほ]勢(ぜい)あつまり31)、衣(ころも)をやぶり32)、紐(ひも)をときて33)、床(ゆか)のすがきに、しばりつけて34)、これを、をかさん、と、せり35)。
⇨ 도적이 수많이 모여서 옷을 찢고 끈을 풀어 바닥의 울타리에 얽아매고 이를 범하려 했다.

□崔(さい)氏(し)、ぬす人[びと]のために36)、辱(はぢ)をかうふらん事こ

---

28) 「みづから→みずから【自ら】[名]자기 자신. 나 [副]스스로. 친히」+「いのち【命】목숨」+「いく【生く・活く】[上2]살다. 생존하다」의 連用形「いき」+「て」+「よしなし【由無し】[形ク]이유가 없다. 의미가 없다. 옳지 않다」(이는 ⟨よし【由・因・縁】[名]유래. 이유. 사정. 내용. 방법. 구실⟩+⟨なし【無し】[形ク]없다⟩로도 분석이 가능하다).

29) 「むなし【空し・虚し】[形シク]덧없다. 무상하다. 죽었다」의 連用形「むなしく」+「なる【成る・為る】[4]되다」의 未然形「なら」+「む[助動]추량・의지」→「ん」+「と[助詞]」+「おもふ【思ふ】[4]생각하다」의 連体形「おもふ」+「なり[助動]단정・지정」.

30) 「いかでか【如何でか・争でか】[副]어찌. 문말에 호응하여 '어찌 ~하겠는가?'의 뜻」(문말에는 連体形)+「ぬすびと【盗人】도둑」+「の[助詞]」+「つま【妻】처. 아내」+「と[助詞]」+「は[助詞]」+「なる【成る・為る】[4]되다」의 終止形「なる」+「べし[助動]의무・당연・추량・가능 등」의 連体形「べき」(앞의 ⟨いかでか⟩에 호응).

31) 「ぬすびと【盗人】도둑」+「おほぜい→おおぜい【大勢】많은 사람」(⟨大勢⟩는 ⟨たいぜい⟩로 읽는 방법도 있다)+「あつまる【集まる】[4]모이다. 집중하다」의 連用形「あつまり」.

32) 「ころも【衣】옷」+「を[助詞]」+「やぶる【破る】[4]부수다. 깨다. 찢다」의 連用形「やぶり」.

33) 「ひも【紐】끈」+「を[助詞]」+「とく【解く】[4]풀다」의 連用形「とき」+「て」.

34) 「ゆか【床】마루. 바닥」+「の[助詞]」+「すがき【簀垣】대나무 울타리」+「に[助詞]」+「しばりつく【縛り付く】[下2]묶어서 떨어지지 않게 하다」의 連用形「しばりつけ」+「て」.

35) 「これ【此・是】[代]이것. 이사람」+「を[助詞]」+「をかす【犯す・侵す・冒す】[4]범하다. 거스르다. 더럽히다」의 未然形「をかさ」+「む[助動]추량・의지」→「ん」+「と[助詞]」+「す[サ変]하다」의 命令形「せ」+「り[助動]완료・존속」.

と]を、おそれて37)、いつハりを、なして、いはく38)、

⇨ 최 씨는 도적으로 인해 욕보임 당할 것을 두려워하여 거짓을 꾸며 이르길,

☐「今[いま]ハ、ちからつきて39)、汝(なんぢ)らにむかひて40)、こばむ事[こと]あたハず41)、

⇨ "지금은 힘이 다해 너희들에 맞서서 거스를 수 없다.

☐此[この]うへにハ42)、ちからなく43)、汝(なんぢ)らが心[こころ]に、したがふべし44)、

⇨ 이제는 어쩔 수 없이 너희들의 뜻에 따를 것이다.

☐まづ、この縄(なハ)をとき給[たま]へ45)。」と、言葉(ことば)をやハら

---

36) 「さい【崔】최」+「し【氏】씨」+「ぬすびと【盗人】도둑」+「の[助詞]」+「ため【為】[名] 때문. 위함」+「に[助詞]」(〈~の(が)ために〉의 꼴로 '이익·이유·목적'의 뜻. ~때문에. ~위해).

37) 「はぢ→はじ【恥·辱】부끄러움. 불명예. 치욕」+「を[助詞]」+「かうぶる【被る·蒙る】[4]윗사람이나 강자의 동작을 받다」의 未然形「かうぶら」(〈-ふ〉는 無濁点표기)+「む[助動]추량·의지」→「ん」+「こと【事】것. 일」+「を[助詞]」+「おそる【恐る·畏る·怖る·懼る】[下2]두려워하다. 무서워하다. 우려하다」의 連用形「おそれ」+「て」.

38) 「いつはり→いつわり【偽り·詐り】[名]속임. 거짓」+「を[助詞]」+「なす【生す·成す·為す】[4]만들어내다. 행하다」의 連用形「なし」+「て」+「いはく【曰く】말하길. 이르길」.

39) 「いま【今】지금. 이제」+「は[助詞]」+「ちから【力】힘」+「つく【尽く·竭く】[上2]떨어지다. 끝나다」의 連用形「つき」+「て」.

40) 「なんぢ→なんじ【汝·爾】[代]아랫사람을 가리키는 말. 너」+「ら【等】[接尾]복수(複數)를 나타냄. ~들」+「に[助詞]」+「むかふ【向かふ·対ふ】[4]향하다. 맞서다」의 連用形「むかひ」+「て」.

41) 「こばむ【拒む】[4]응하지 않다. 거절하다. 막다」의 連体形「こばむ」+「こと【事】것. 일」+「あたふ【能ふ·適ふ】[4]할 수 있다」의 未然形「あたは」+「ず[助動]부정」.

42) 「このへ→このうえ【此の上】[連語]더 이상. 이미」+「に[助詞]」+「は[助詞]」.

43) 「ちからなし【力無し】[形ク]어쩔 수 없다. 기운이 없다」의 連用形「ちからなく」.

44) 「なんぢ【汝·爾】[代]너」+「ら【等】[接尾]~들」+「が[助詞]현대일본어〈の〉의 쓰임」+「こころ【心】마음. 뜻. 생각」+「に[助詞]」+「したがふ【従ふ·随ふ·順ふ】[4]따르다」의 終止形「したがふ」+「べし[助動]의무·당연·추량·가능 등」.

45) 「まづ→まず【先ず】[副]우선. 먼저」+「この【此の·斯の】[連体]이」+「なは→なわ

❏ げて、いひければ[46]、
　⇨ 우선 이 줄을 푸십시오."라고 말씨를 부드럽게 하여 말하니,

❏ ぬす人[びと]ども、まことゝ、おもひて[47]、縄(なハ)をゆるしけり[48]。
　⇨ 도적들이 정말이라고 생각하여 줄을 느슨하게 했다.

❏ そのとき、崔(さい)氏(し)おきあがりて[49]、ぬす人[びと]のこしに、さしける、かたなを[50]、うバひとりて、ぬきもち[51]、木[き]のもとに立[たち]て、いはく[52]、
　⇨ 그때 최 씨가 일어나서 도적의 허리에 차고 있던 칼을 빼앗아 뽑아 들고 나무 밑에 서서 이르길,

❏「われを、ころさんと思[おも]ハゞ[53]鉾(ほこ)さきをもつて、ころすべ

──────────────

【縄】줄. 끈」+「を[助詞]」+「とく【解く】[4]풀다」의 連用形「とき」+「たまふ【給ふ】[助動존경]」의 命令形「たまへ」.

46)「と[助詞]~라고」+「ことば【言葉・詞・辞】말」+「を[助詞]」+「やはらぐ【和らぐ】[下2]부드럽게 하다. 상냥하게 하다」의 連用形「やはらげ」+「て」+「いふ【言ふ】[4]말하다」의 連用形「いひ」+「けり[助動]회상・과거」의 已然形「けれ」+「ば[助詞]확정조건. 원인・이유」.

47)「ぬすびと【盗人】도둑」+「ども【共】[接尾]~들」+「まこと【真・実・誠】[名]진짜. 진정. 거짓 없음」+「と[助詞]~라고」+「おもふ【思ふ】[4]생각하다」의 連用形「おもひ」+「て」.

48)「なは【縄】줄」+「を[助詞]」+「ゆるす【許す・赦す】[4]느슨하게 하다. 풀어주다」의 連用形「ゆるし」+「けり[助動]회상・과거」.

49)「その【其の】[連体]그」+「とき【時】때」+「さい【崔】최」+「し【氏】씨」+「おきあがる【起き上がる】[4]일어나다」의 連用形「おきあがり」+「て」.

50)「ぬすびと【盗人】도둑」+「の[助詞]」+「こし【腰】허리」+「に[助詞]」+「さす【差す・指す】[4]들다. 차다. 매다」의 連用形「さし」+「けり[助動]회상・과거」의 連体形「ける」+「かたな【刀】칼」+「を[助詞]」.

51)「うばひとる【奪ひ取る】[4]억지로 취하다. 빼앗다」의 連用形「うばひとり」+「て」+「ぬく【抜く】[4]뽑다」의 連用形「ぬき」+「もつ【持つ】[4]가지다. 들다」의 連用形「もち」.

52)「き【木】나무」+「の[助詞]」+「もと【下・許】아래. 부근. 있는 곳」+「に[助詞]」+「たつ【立つ】[4]서다」의 連用形「たち」+「て」+「いはく【曰く】말하길. 이르길」.

53)「われ【我・吾】[代]나」+「を[助詞]」+「ころす【殺す】[4]죽이다」의 未然形「ころさ」+「む

し54)。
⇨ "나를 죽이고자 생각하면 창끝으로써 죽여야 할 것이다.

❏汝(なんぢ)らがために55)、我身[わがみ]をば、けがされ侍[はべ]らじ56)。」と、のゝしりければ57)、
⇨ 너희들로 인해 내 몸을 더럽힘 당하지 않겠다."라고 꾸짖었더니,

❏ぬす人[びと]ども、大[おお]いにいかりて58)、四[し]ハうより矢(や)をはなちて59)、つゐに、木[き]のもとに射(い)ころしけり60)。
⇨ 도적들이 크게 노하여 사방에서 화살을 쏴서 끝내 나무 아래에서 쏴 죽였다.

[助動추량·의지]→「ん」+「と[助詞]」+「おもふ【思ふ】[4]생각하다」의 未然形 「おもは」+「ば[助詞]가정조건」.

54) 「ほこさき【矛先·鋒先·鋒】창끝. 공격방향. 예리한 기세」+「を[助詞]」+「もって【以て】(〈を[助詞]〉에 이어져서)수단이나 원인 등을 나타냄. ~로써. ~때문에」+「ころす【殺す】[4]죽이다」의 終止形 「ころす」+「べし[助動]의무·당연·추량·가능 등」.

55) 「なんぢ【汝·爾】[代]너」+「ら【等】[接尾]~들」+「が[助詞]」+「ため【為】[名]때문. 위함」+「に[助詞]」.

56) 「わが【我が·吾が】[連体]나의. 자신의」+「み【身】몸. 자신. 자기」+「をば :(格助詞〈を〉에 係助詞〈は〉가 붙어 濁音化한 것)〈を〉의 뜻을 강하게 함」+「けがす【穢す·汚す】[4]더럽히다」의 未然形 「けがさ」+「る[助動]수동」의 連用形 「れ」+「侍(はべ)り[助動]격식·정중」의 未然形 「はべら」+「じ[助動]추량·의지의 부정. ~아닐 것이다」.

57) 「と[助詞]~라고」+「ののしる【罵る】[4]소란을 피우다. 목소리를 높이다. 비난하다」의 連用形 「ののしり」+「けり[助動]회상·과거」의 已然形 「けれ」+「ば[助詞]확정조건. 원인·이유」.

58) 「ぬすびと【盗人】도둑」+「ども【共】[接尾]~들」+「おおいに【大いに】[副]매우. 몹시. 많이」+「いかる【怒る】[4]화내다. 노하다」의 連用形 「いかり」+「て」.

59) 「しはう→しほう【四方】사방」+「より[助詞]~로부터」+「や【矢】화살」+「を[助詞]」+「はなつ【放つ】[4]쏘다」의 連用形 「はなち」+「て」.

60) 「つひに→ついに【終に·遂に】[副]결국. 마침내」(〈-ゐ〉는 정서법에 어긋남)+「き【木】나무」+「の[助詞]」+「もと【下·許】아래」+「に[助詞]~에서」+「いる【射る】[上1]쏘다」의 連用形 「い」+「ころす【殺す】[4]죽이다」의 連用形 「ころし」+「けり[助動]회상·과거」.

14. 淑(しく)英(えい)断(たつ)ﾚ髪(かミを)
숙영이 머리카락을 자르다

❏唐(たう)の¹⁾李徳武(りとくぶ)か妻(つま)、裴(はい)氏(し)ハ²⁾、字(あざな)をば³⁾淑英(しゆくえい)とそ申[もうし]ける⁴⁾。
  ⇨ 당나라 이덕무의 아내 배 씨는 이름을 숙영이라 했다.

❏安邑(あんゆう)⁵⁾の公矩(こうく)と、いふ人[ひと]のむすめなり⁶⁾。
  ⇨ 안읍의 공구라고 하는 사람의 딸이다.

❏親(おや)に孝行(かう\/)の心[こころ]ざしありて⁷⁾、人[ひと]あまねく、これをしれり⁸⁾。

---

1) 「たう→とう【唐】당나라」+「の[助詞]」.

2) 「が[助詞]현대일본어 〈の〉의 쓰임」(〈か〉는 無濁点표기)+「つま【妻】처. 아내」+「はい【裴】배」+「し【氏】씨」+「は[助詞]」.

3) 「あざな【字】자. ①중국에서 남자가 성인이 된 후에 붙이는 이름. 일본에서 헤이안(平安)시대 성인 남자가 다른 사람과 응대할 때 쓰는 이름 ②실명 이외의 이름. 별명」+「をば : [格助詞 〈を〉에 係助詞 〈は〉가 붙어 濁音化한 것]〈を〉의 뜻을 강하게 함」.

4) 「と[助詞]~라고」+「ぞ[係助詞뜻을 강하게 함」(〈そ〉는 無濁点표기)+「まうす[4]→もうす【申す】[5]'말하다·고하다'의 겸양어」의 連用形「まうし」+「けり[助動회상·과거]」의 連体形「ける」(앞의 〈ぞ〉에 호응).

5) 「あんいふ→あんゆう【安邑】안읍. 중국 산서성(山西省) 남부 운성(運城)에 있는 옛 도읍」+「の[助詞]」.

6) 「と[助詞]~라고」+「いふ【言ふ·云ふ】[4]말하다」의 連体形「いふ」+「ひと【人】사람」+「の[助詞]」+「むすめ【娘】딸. 젊은 미혼여성」+「なり[助動단정·지정]」.

7) 「おや【親】부모」+「に[助詞]」+「かうかう→こうこう【孝行】효행」+「の[助詞]」+「こころざし【志】마음이 향하는 바. 뜻. 마음가짐」+「あり【有り】[ラ変]있다」의 連用形「あり」+「て」.

⇨ 부모에게 효행하는 마음가짐이 있어서 사람들이 널리 이를 알고 있다.

❏しかるに9)、李徳武(りとくぶ)ハ、隋(ずい)の帝(ミカド)の朝(てう)にありて10)、罪科(ざいくわ)によりて11)、嶺南(れいなん)と、いふところに、ながされたり12)。

⇨ 그런데 이덕무는 수나라 천자의 조정에 있으며 죄과로 인하여 영남이라고 하는 곳으로 유배당했다.

❏妻(つま)の13)淑英(しゆくえい)に、かたりて、いはく14)、「我[われ]いま15)、嶺南(れいなん)に流(なが)されなは16)、二[ふた]たび故郷(こきやう)に、かへるべからず17)。

⇨ 아내인 숙영에게 밝혀 이르길 "내가 이제 영남에 유배당하면 다시 고향으로 돌아오지 못할 것이다.

---

8) 「ひと【人】사람. 다른 사람」+「あまねく【遍く・普く】[副]널리. 빠짐없이」+「これ【此・是】[代]이것. 이 사람」+「を[助詞]」+「しる【知る】[4]알다」의 命令形「しれ」+「り[助動]완료・존속」.

9) 「しかるに【然るに】[接続]그런데. 하지만. 그건 그렇고」.

10) 「ずい【隋】수나라」+「の[助詞]」+「みかど【御門・帝】황제. 천자」+「の[助詞]」+「てう→ちょう【朝】조정」+「に[助詞]」+「あり【有り】[ラ変]있다」의 連用形「あり」+「て」.

11) 「ざいくわ→ざいか【罪科】죄과」+「に[助詞]」+「よる【因る・由る・拠る・依る】[4]기인하다. 의거하다. ~에 따르다」의 連用形「より」+「て」.

12) 「と[助詞]~라고」+「いふ【言ふ・云ふ】[4]말하다」의 連体形「いふ」+「ところ【所・処】곳」+「に[助詞]」+「ながす【流す】[4]흘리다. 유배형에 처하다」의 未然形「ながさ」+「る[助動]수동」의 連用形「れ」+「たり[助動]완료・존속」.

13) 「つま【妻】처. 아내」+「の[助詞]~인」.

14) 「に[助詞]」+「かたる【語る】[4]상대에게 전하다. 자초지종을 이야기하다」의 連用形「かたり」+「て」+「いはく【曰く】말하길. 이르길」.

15) 「われ【我・吾】[代]나」+「いま【今】현재. 지금」.

16) 「に[助詞]」+「ながす【流す】[4]유배형에 처하다」의 未然形「ながさ」+「る[助動]수동」의 連用形「れ」+「ぬ[助動]완료・존속」의 未然形「な」+「ば[助詞]가정조건」(くは는 無濁点표기).

17) 「ふたたび【二度・再び】두 번. 다시. 거듭」+「こきやう→こきょう【故郷】고향」+「に[助詞]」+「かへる【帰る・還る】[4]돌아가다(오다)」의 終止形「かへる」+「べかり[助動]추량・가능 등」의 未然形「べから」+「ず[助動]부정」.

❏ 君[きみ]ハ、さだめて[18]、又[また]、心[こころ]をあらためて[19]、人[ひと]の妻(つま)と成(なり)たまハん[20]。
　⇨ 당신은 필시 다시 마음을 고쳐먹고 다른 사람의 아내가 되시겠지요.

❏ これのミ、心[こころ]にかゝりて[21]、うしろがミぞ、ひかれ侍(はん)べるなり[22]。」と、涙[なみだ]とゝもに[23]、かきくどき、かたりければ[24]、
　⇨ 이것만이 마음에 걸려서 뒷머리를 잡아당기는 것입니다."라며 눈물 흘리며 하소연하여 이르니,

❏ 淑英(しゆくえい)、こたへて、いふやう[25]、「夫(おつと)ハ、これ天[てん]なり[26]、人[ひと]と生(むま)れたる身[み]の[27]、いかでか天[てん]

---

18) 「きみ【君・公】[代]너. 당신」+「は[助詞]」+「さだめて【定めて】[副]아마도. 필시. 분명」.

19) 「また【又・亦・復】[副]다시. 달리. 또한」+「こころ【心】마음. 뜻. 생각」+「を[助詞]」+「あらたむ【改む・革む】[下2]고치다. 바꾸다. 새로이 하다」의 連用形「あらため」+「て」.

20) 「ひと【人】사람. 다른 사람」+「の[助詞]」+「つま【妻】처. 아내」+「と[助詞]」+「なる【成る・為る】[4]되다」의 連用形「なり」+「たまふ【給ふ】[助動]존경」의 未然形「たまは」+「む[助動]추량・의지」→「ん」.

21) 「これ【此・是】[代]이것. 이사람」+「のみ[助詞]만. 뿐」+「こころ【心】마음. 뜻. 생각」+「に[助詞]」+「かかる【掛かる・懸かる】[4]걸리다」의 連用形「かかり」+「て」.

22) 「うしろがみ【後ろ髪】뒷머리」+「ぞ[係助詞]뜻을 강하게 함」(문말은 連体形)+「ひく【引く】당기다」의 未然形「ひか」+「る[助動]수동・존경」의 連用形「れ」+「はんべり【侍り】〈侍(はべ)り[助動]격식・정중〉가 변한 말」의 連体形「はんべる」+「なり[助動]단정・지정」(앞에 係助詞〈ぞ〉가 있어서 連体形인〈なる〉가 기대되는 자리이므로 '係り結びの法則'에 어긋난다고 할 수 있겠다).

23) 「と[助詞]~라고」+「なみだ【涙】눈물」+「と[助詞]~와」+「ともに【共に・俱に】[連語]함께. 동반하여. 동시에」.

24) 「かきくどく【搔き口説く】[4]자신의 마음속을 상대방에게 확실히 알도록 하거나, 상대방을 설득하기 위해 구구하게 이야기하다」의 連用形「かきくどき」+「かたる【語る】[4]들려주다. 말하다」의 連用形「かたり」+「けり[助動]회상・과거」의 已然形「けれ」+「ば[助詞]확정조건. 원인・이유」.

25) 「こたふ【答ふ・応ふ】[下2]대답하다. 반응하다」의 連用形「こたへ」+「て」+「いふ【言ふ・云ふ】말하다」의 連体形「いふ」+「やう→よう【様】모습. 형상. 꼴」.

たうに、そむかんや28)。

⇨ 숙영이 답하여 이르길 "지아비는 바로 하늘이다. 사람으로 태어난 몸이 어찌 하늘에 거스르겠는가?

☐ ねがハくは29)、われ、たとひ命[いのち]をうしなふとも30)、二[ふた]たび、人[ひと]にゆるすべからず31)。

⇨ 원컨대 나는 비록 목숨을 잃더라도 다시 다른 사람에게 허락하지 않을 것이다.

☐ さあらバ32)、君[きみ]の見[み]給[たま]ハんとき33)、御心[みこころ]のうたがひを、はらしたてまつらん34)。」とて35)、

---

26) 「をつと → おっと【夫】지아비」(〈お〉는 歴史的仮名遣에 어긋남)+「は[助詞]」+「これ【此・是】[代]앞에 제시한 말을 재차 언급할 때 사용하는 말」+「てん【天】하늘」+「なり[助動]단정・지정」.

27) 「ひと【人】사람」+「と[助詞]~로」+「むまる【生る】[下2]〈うまる[下2] → うまれる【生まれる・産まれる】[下1]태어나다〉와 같은 말」의 連用形「むまれ」+「たり[助動]완료・존속」의 連体形「たる」+「み【身】몸. 자신. 처지」+「の[助詞]현대일본어〈が〉의 쓰임」.

28) 「いかでか【如何でか・争でか】[副]어찌. 문말에 호응하여 '어찌 ~하겠는가?'의 뜻」(문말에는 連体形)+「てんたう → てんとう【天道】천지를 주재하는 신(神). 천제(天帝)」+「に[助詞]」+「そむく【背く・叛く】[4]등지다. 위반하다. 모반하다. 대들다」의 未然形「そむか」+「む[助動]추량・의지」 → 「ん」+「や[係助詞]의문・질문」.

29) 「ねがはくは → ねがわくは【願わくは】[副]바라기는. 원하기는」.

30) 「われ【我・吾】[代]나」+「たとひ → たとい【縦い・仮令・縦令】[副]①만일. 만약에 ②만일 그렇다 해도. 비록」+「いのち【命】목숨」+「を[助詞]」+「うしなふ【失ふ】[4]잃다」의 終止形「うしなふ」+「とも[助詞]역접의 가정조건. ~해도」.

31) 「ふたたび【二度・再び】두 번. 다시. 거듭」+「ひと【人】사람. 다른 사람」+「に[助詞]」+「ゆるす【許す・赦す】[4]풀어주다. 승낙하다. 허가하다」의 終止形「ゆるす」+「べかり[助動]추량・가능 등」의 未然形「べから」+「ず[助動]부정」.

32) 「さ【然】[副]그렇게」+「あり【有り】[ラ変]있다」의 未然形「あら」+「ば[助詞]가정조건」.

33) 「きみ【君・公】당신」+「の[助詞]현대일본어〈が〉의 쓰임」+「みる【見る】[上1]보다」의 連用形「み」+「たまふ【給ふ】[助動]존경」의 未然形「たまは」+「む[助動]추량・의지・완곡」의 連体形「む」 → 「ん」+「とき【時】때」.

34) 「みこころ【御心】상대방을 높여서 그 마음을 가리키는 말」+「の[助詞]」+「うたがひ【疑ひ】[名]의심」+「を[助詞]」+「はらす【晴らす・霽らす】[4]맑게 하다. 없애다」의 連用形「はらし」+「たてまつる[助動]겸양. ~해드리다」의 未然形「たてまつら」+「む[助動]추량・의지」 → 「ん」.

⇨ 그렇다면 당신이 보실 때에 마음의 의심을 풀어 올리겠습니다."라며,

❏ かたなをぬきて36)、ミづから耳(ミゝ)をきらん、としたりけるを37)、女[にょう]バうたち、とりつきて38)、をしとゞめ侍[は]へりけり39)。
　⇨ 칼을 뽑아 손수 귀를 자르려 했는데 시녀들이 매달려 가로막았습니다.

❏ 李徳武(りとくぶ)、すでに立(たち)わかれて40)、なく〴〵41)嶺南(れいなん)にそ、おもむきける42)。
　⇨ 이덕무는 이제 헤어져서 울며불며 영남으로 향했다.

❏ かくて43)、妻(つま)の44)淑英(しゆくえい)、夫(おつと)にわかれしより、このかたハ45)礼義(れいぎ)いよ〴〵、つゝしミ46)、

---

35) 「とて[助詞]인용. ~라 해서. ~라는 것으로. ~라는 이름으로」.

36) 「かたな【刀】칼」+「を[助詞]」+「ぬく【抜く】[4]뽑다」의 連用形「ぬき」+「て」.

37) 「みづから→みずから【自ら】[名]자기 자신. 나 [副]스스로. 친히」+「みみ【耳】귀」+「を[助詞]」+「きる【切る・斬る】[4]베다. 자르다」의 未然形「きら」+「む[助動]추량・의지」→「ん」+「と[助詞]」+「す[サ変]하다」의 連用形「し」+「たり[助動]완료・존속」의 連用形「たり」+「けり[助動]회상・과거」의 連體形「ける」+「を[助詞]~한 것을. ~하는데」.

38) 「にょうばう→にょうぼう【女房】귀족 집에서 일하는 여자」+「たち【達】[接尾]~들」+「とりつく【取り付く】[4]매달리다. 붙들다」의 連用形「とりつき」+「て」.

39) 「おしとどむ【押し止む】[下2]제지하다. 가로막다」의 連用形「おしとどめ」(〈を-〉는 정서법에 어긋남)+「侍(はべり)[助動]격식・정중」의 連用形「はべり」(〈-へ-〉는 無濁点 표기)+「けり[助動]회상・과거」.

40) 「すでに【既に・已に】[副]이미. 모두. 이제」+「たちわかる【立ち別る】[下2]헤어져서 가다. 떠나다」의 連用形「たちわかれ」+「て」.

41) 「なくなく【泣く泣く】[副]울면서」.

42) 「に[助詞]」+「ぞ[係助詞]뜻을 강하게 함. 문말은 連體形」(〈そ〉는 無濁点 표기)+「おもむく【赴く・趣く】[4]그 방향으로 가다」의 連用形「おもむき」+「けり[助動]회상・과거」의 連體形「ける」(앞의 〈ぞ〉에 호응).

43) 「かくて【斯くて】[副・接続]이러해서. 이렇게 해서. 그건 그렇고」.

44) 「つま【妻】처. 아내」+「の[助詞]~인」.

45) 「をつと→おっと【夫】지아비」(〈お〉는 歷史的仮名遣에 어긋남)+「に[助詞]」+「わかる【分かる・別】[下2]따로 떨어지다. 나뉘다. 헤어지다」의 連用形「わかれ」+「き[助動]회상・과거」의 連體形「し」+「より[助詞]동작・장소・시간의 起點. ~부터」+「こ

⇨ 이처럼 아내인 숙영은 남편과 헤어지고 난 이래로 예의에 더욱 삼가고,

▫衣裝(いしやう)に、たきものする事[こと]なく47)、垢(あか)づきたる、うづら衣(ころも)を、かたにかけて48)、

⇨ 옷에 향 입히는 적 없고 때가 묻은 누더기를 어깨에 걸치고,

▫つねに八列女傳(れつぢよでん)をよみて49)、その中(なか)に50)、節義(せつぎ)をまもりて51)、二[ふた]たび人[ひと]に嫁(か)せざることを52)、しるしたるところを見[み]て53)、

⇨ 평소에는 열녀전을 읽다가 그 가운데 절의를 지켜 다시 다른 사람에게 시집가지 아니한 것을 적어놓은 곳을 보고,

▫人[ひと]にかたりて、いふやう54)、「心[こころ]を一[ひと]すぢにし

のかた 【此の方・以来】 [連語]이쪽. 이래」+「は[助詞]」.

46) 「れいぎ 【礼義】 예의」+「いよいよ[副]더욱. 한층 더」+「つつしむ 【慎む・謹む】 [4]삼가다. 조심하다. 자중하다. 근신하다」의 連用形 「つつしみ」.

47) 「いしやう→いしょう 【衣裳・衣装】 의상. 옷. 의복」+「に[助詞]」+「たきもの 【薫物・炷物】 다양한 향(香)을 합쳐서 만든 것. 그러한 향을 피우는 것」+「す[サ変]하다」의 連体形 「する」+「こと 【事】 것. 일」+「なし 【無し】 [形]없다」의 連用形 「なく」.

48) 「あか 【垢】 때」+「つく 【付く・附く・着く】 [4]달라붙다」의 連用形 「つき」(〈づ-〉는 連濁) +「たり[助動]완료・존속」의 連体形 「たる」+「うづらごろも→うずらごろも 【鶉衣】 기운 옷」+「を[助詞]」+「かた 【肩】 어깨」+「に[助詞]」+「かく 【掛く・懸く】 [下2]걸다. 놓다」의 連用形 「かけ」+「て」.

49) 「つね 【常】 변함없는 것. 평소. 보통」+「に[助詞]」+「は[助詞]」+「れつぢよでん→れつじょでん 【列女伝】 열녀전」+「を[助詞]」+「よむ 【読む】 [4]읽다」의 連用形 「よみ」+「て」.

50) 「その 【其の】 [連体]그」+「なか 【中】 안. 가운데」+「に[助詞]」.

51) 「せつぎ 【節義】 절의. 절절을 지키고 정도(正道)를 걷는 것」+「を[助詞]」+「まもる 【守る・護る】 [4]지키다. 막다」의 連用形 「まもり」+「て」.

52) 「ふたたび 【二度・再び】 두 번. 다시. 거듭」+「ひと 【人】 사람. 다른 사람」+「に[助詞]」+「かす 【嫁す】 [サ変]시집가다. 시집보내다」의 未然形 「かせ」+「ざり[助動]부정」의 連体形 「ざる」+「こと 【事】 것. 일」+「を[助詞]」.

53) 「しるす 【記す・誌す】 [4]쓰다. 기록하다」의 連用形 「しるし」+「たり[助動]완료・존속」의 連体形 「たる」+「ところ 【所・処】 곳」+「を[助詞]」+「みる 【見る】 [上1]보다」의 連用形 「み」+「て」.

て55)、二[ふた]たび、よそに行[ゆき]て56)、こと人[ひと]の妻(つま)と、ならざるハ57)、女[おんな]の身[み]の、つねの法(ほう)なり58)。

⇨ 다른 사람에게 밝혀 말하길 "마음을 한결같이 하여 재차 다른 곳에 가서 다른 사람의 아내가 되지 않는 것은 여자 몸의 지당한 법도다.

□これを、きどくとして59)、かきのするにハ、をよぶまじきをや60)。」と。

⇨ 이것을 갸륵하다 하여 적어놓는 것은 가당치 않은데 말이지."라고.

□そのゝち十[じゅう]年(ねん)をすぐるまでハ61)、李德武(りとくふ)さら

---

54) 「ひと【人】사람. 다른 사람」+「に[助詞]」+「かたる【語る】[4]상대에게 전하다. 자초지종을 이야기하다」의 連用形「かたり」+「て」+「いふ【言ふ・云ふ】말하다」의 連体形「いふ」+「やう→よう【様】모습. 꼴」.

55) 「こころ【心】마음. 뜻. 생각」+「を[助詞]」+「ひとすぢ→ひとすじ【一筋】①[名]한 가닥 ②[形動ナリ]한결같은 모습. 막힘이 없는 모습」의 連用形「ひとすぢに」+「す[サ変]하다」의 連用形「し」+「て」(〈して〉는 連用形에 접속하여 상태를 나타내는 助詞로도 풀이할 수 있다).

56) 「ふたたび【二度・再び】두 번. 다시. 거듭」+「よそ【余所・他所】다른 곳」+「に[助詞]」+「ゆく【行く】[4]가다」의 連用形「ゆき」+「て」.

57) 「ことひと【異人】다른 사람」+「の[助詞]」+「つま【妻】처. 아내」+「と[助詞]」+「なる【成る・為る】[4]되다」의 未然形「なら」+「ざり[助動부정]」의 連体形「ざる」+「は[助詞]」.

58) 「をんな→おんな【女】여자」+「の[助詞]」+「み【身】몸. 자신. 처지」+「の[助詞]」+「つね【常】영구불변. 평소. 보통. 당연」+「の[助詞]」+「はふ→ほう【法】법. 방식. 법도. 규정」(〈ほう〉는 歴史的仮名遣에 어긋남)+「なり[助動]단정・지정」.

59) 「これ【此・是】[代]이것. 이사람」+「を[助詞]」+「きとく【奇特】(〈きどく〉로도 씀)특히 빼어나 진기한 것. 마음가짐이나 행실이 빼어나 칭찬할 만한 것」+「と[助詞]~라고」+「す[サ変]하다」의 連用形「し」+「て」.

60) 「かきのす【書き載す】[下2]적어놓다. 기재하다」의 連体形「かきのする」+「に[助詞]~하니. ~하는데」+「は[助詞]」+「およぶ【及ぶ】[4]어떤 때나 장소 등에 다다르다. 도달하다」의 終止形「およぶ」(〈を-〉는 정서법에 어긋남)+「まじ[助動]부정의 추량(~않을 것이다). 의뢰・권유(~하지 않겠는가). 부정의 결의(~하지 않을 것이다) 등」의 連体形「まじき」+「をや[連語]~인 것일까. ~인 것을. ~일 텐데. 차라리 당연할 것이다」.

61) 「その【其の】[連体]그」+「のち【後】후」+「じふねん→じゅうねん【十年】10년」+「を[助詞]」+「すぐ【過ぐ】[上2]지나다. 통과하다」의 連体形「すぐる」+「まで【迄】[助詞]~까지」+「は[助詞]」.

に帰[かえ]らず62)。

⇨ 그 후 10년을 지날 때까지 이덕무는 도무지 돌아오지 않는다.

☐淑英(しゆくえい)か父(ちゝ)63)、裴公矩(はいこうく)、わがむすめの64)、ひとりすむ事[こと]を、あはれミて65)、「こと人[ひと]に、あはせん66)。」と、いひけれは67)、

⇨ 숙영의 아버지 배공구가 자기 딸이 혼자 사는 것을 불쌍히 여겨서 "다른 사람에게 보내겠다."라고 했더니,

☐淑英(しゆくえい)、わが髪(カミ)をきりて68)、食(しよく)をたちければ69)、心[こころ]ざしの、うばひかたき事[こと]をさとりて70)、

⇨ 숙영이 자신의 머리카락을 자르고 음식을 끊으니 마음가짐이 빼앗기 어려운 것을

---

62) 「さらに【更に】[副]전혀 ~지 않다」+「かへる【帰る】[4]돌아오(가)다」의 未然形「かへら」+「ず[助動]부정」.

63) 「が[助詞]현대일본어〈の〉의 쓰임」(〈か〉는 無濁点표기)+「ちち【父】아버지」.

64) 「わが【我が・吾が】[連体]나의. 자신의」+「むすめ【娘】딸」+「の[助詞]현대일본어〈が〉의 쓰임」.

65) 「ひとり【一人・独り】한 사람. 혼자」+「すむ【住む・棲む・栖む】[4]살다. 생활하다」의 連体形「すむ」+「こと【事】것. 일」+「を[助詞]」+「あはれむ【哀れむ・憐れむ】[4]동정하다. 불쌍히 여기다」의 連用形「あはれみ」+「て」.

66) 「ことひと【異人】다른 사람」+「に[助詞]」+「あはす【合はす・会はす・逢はす・遭はす・併はす】[下2]만나게 하다. 경험시키다. 결혼시키다」의 未然形「あはせ」+「む[助動]추량・의지」→「ん」.

67) 「と[助詞]~라고」+「いふ【言ふ・云ふ】[4]말하다」의 連用形「いひ」+「けり[助動]회상・과거」의 已然形「けれ」+「ば[助詞]확정조건. 원인・이유」(〈は〉는 無濁点표기).

68) 「わが【我が・吾が】[連体]나의. 자신의」+「かみ【髪】두발」+「を[助詞]」+「きる【切る・斬る】[4]자르다. 베다. 끊다」의 連用形「きり」+「て」.

69) 「しよく【食】식사. 음식」+「を[助詞]」+「たつ【絶つ・断つ・截つ】[4]끊다. 그만두다」의 連用形「たち」+「けり[助動]회상・과거」의 已然形「けれ」+「ば[助詞]확정조건. 원인・이유」.

70) 「こころざし【志】마음이 향하는 바. 뜻. 마음가짐」+「の[助詞]현대일본어〈が〉의 쓰임」+「うばふ【奪ふ】[4]빼앗다. 훔치다」의 連用形「うばひ」+「かたし【難し】[形ク]어렵다」의 連体形「かたき」+「こと【事】것. 일」+「を[助詞]」+「さとる【悟る・覚る】[4]알다. 깨닫다. 알아차리다」의 連用形「さとり」+「て」.

깨달아서,

❏「さらば心[こころ]のまゝに、せよ71)。」とて、ゆるして、又[また]いはず72)。
　⇨ "그렇다면 뜻대로 하라."라며 받아들여서 다시 말하지 아니한다.

❏李德武(りとくぶ)ハ、嶺南(れいなん)にして73)、尓朱(じしゆ)氏[し]のむすめを、めとりて74)妻(つま)として住(すミ)けるが75)、
　⇨ 이덕무는 영남에서 이주 씨의 딸을 맞아들여 아내로 삼아 살았는데,

❏国(くに)の大[たい]赦(しや)にあふて76)、二[ふた]たび故郷(こきやう)に、かへりけるに77)、
　⇨ 나라에 큰 사면이 있어서 다시 고향으로 돌아왔는데,

❏道[みち]にして78)、淑英(しゆくえい)が貞節(ていせつ)の心[こころ]ざ

---

71) 「さらば【然らば】[接続]그렇다면. 그러면」+「こころ【心】마음. 뜻」+「の[助詞]」+「まゝに【儘に・随に】그 상태나 심정 따위에 그대로 따르는 모양. ~대로」+「す[サ変]하다」의 命令形 「せよ」.

72) 「とて[助詞]인용. ~라 해서. ~라는 것으로」+「ゆるす【許す・赦す】[4]승낙하다. 허가하다」의 連用形 「ゆるし」+「て」+「また【又・亦・復】[副]다시. 같이. 달리」+「いふ【言ふ・云ふ】[4]말하다」의 未然形 「いは」+「ず[助動]부정」.

73) 「にして[連語]장소나 때를 나타냄. ~에서. ~에」.

74) 「し【氏】씨」+「の[助詞]」+「むすめ【娘】딸」+「を[助詞]」+「めとる【娶る】[4]아내로 들이다」의 連用形 「めとり」+「て」.

75) 「つま【妻】처. 아내」+「と[助詞]」+「す[サ変]하다」의 連用形 「し」+「て」+「すむ【住む・棲む・栖む】[4]살다」의 連用形 「すみ」+「けり[助動]회상・과거」의 連体形 「ける」+「が[助詞]~인데」.

76) 「くに【国】나라」+「の[助詞]」+「たいしゃ【大赦】대사. 법령에 정해진 죄에 대한 형벌 집행을 사면하는 것」+「に[助詞]」+「あふ【合ふ・会ふ・逢ふ・遭ふ・遇ふ】[4]만나다. 당하다」+「て」.

77) 「ふたたび【二度・再び】두 번. 다시. 거듭」+「こきやう→こきょう【故郷】고향」+「に[助詞]」+「かへる【帰る・還る】[4]돌아가다(오다)」의 連用形 「かへり」+「けり[助動]회상・과거」의 連体形 「ける」+「に[助詞]~하니. ~하는데」.

78) 「みち【道】길. 도중」+「なり[助動]단정」의 連用形 「に」+「して[助詞]」(〈~にして[連語]〉는 장소나 때를 나타냄. ~에서. ~에).

し深[ふか]き事[こと]を聞[きき]て79)、大[おおい]にはぢて80)、

⇨ 길에서 숙영의 정절의 뜻이 깊다는 것을 듣고서 크게 부끄러워하여,

❏ 後(のち)の妻(つま)をバ81)、嶺南(れいなん)に、をくりかへして82)、故郷[こきょう]にかへりつゝ83)、いにしへのごとく84)、淑英(しゆくえい)と夫婦(ふうふ)と、なれりけり85)。

⇨ 후처를 영남으로 되돌려 보내고 고향으로 돌아와서 옛날과 같이 숙영과 부부가 되었던 것이다.

---

79) 「が[助詞]현대일본어 〈の〉의 쓰임」+「ていせつ【貞節】 정절」+「の[助詞]」+「こころざし【志】 뜻. 마음가짐」+「ふかし【深し】[形ク]깊다」의 連体形 「ふかき」+「こと【事】 것. 일」+「を[助詞]」+「きく【聞く】[4]듣다」의 連用形 「きき」+「て」.

80) 「おおいに【大いに】[副]매우. 몹시. 많이」+「はづ【恥づ・愧づ・羞づ・慙づ】[上2]창피해하다」의 連用形 「はぢ」+「て」.

81) 「のち【後】 후」+「の[助詞]」+「つま【妻】 처. 아내」+「をば : 〈を〉의 뜻을 강하게 함」.

82) 「に[助詞]」+「おくりかへす【送り返す】[4]되돌려 보내다. 반송하다」의 連用形 「おくりかへし」(〈を-〉는 정서법에 어긋남)+「て」.

83) 「こきやう→こきょう【故郷】 고향」+「に[助詞]」+「かへる【帰る・還る】[4]돌아가다(오다)」의 連用形 「かへり」+「つゝ[助詞]같은 동작의 반복・계속 등. ~하면서. ~해 두고 나서」.

84) 「いにしへ→いにしえ【古】 옛날. 과거」+「の[助詞]」+「ごとし【如し】[助動]~와 같다. ~와 비슷하다」의 連用形 「ごとく」.

85) 「と[助詞]~와」+「ふうふ【夫婦】 부부」+「と[助詞]~가」+「なる【成る・為る】[4]되다」의 命令形 「なれ」+「り[助動]완료・존속」의 連用形 「り」+「けり[助動]회상・과거」.

15. 魏(ぎ)氏(し)斬(きる)ㄴ指(ゆびを)
위 씨가 손가락을 자르다

❑ 唐(たう)の¹⁾樊彦琛(はんげんじん)が妻(つま)、魏(ぎ)氏(し)ハ²⁾、楊州(やうちう)³⁾の人[ひと]なり⁴⁾。
  ⇨ 당나라 번언침의 아내 위 씨는 양주 사람이다.

❑ 婦(ふ)の道(みち)をつとめて⁵⁾、心[こころ]ざし、うすからず⁶⁾。
  ⇨ 부인의 도리를 힘써 마음가짐이 얄팍하지 않다.

❑ しかるに⁷⁾、彦琛(げんじん)、おもきやまひに、ふして⁸⁾、今[いま]をかぎり、と、みえたり⁹⁾。
  ⇨ 그런데 언침이 무거운 병으로 몸져누워서 이제 마지막이라고 보였다.

---

1) 「たう→とう【唐】당나라」+「の[助詞]」.
2) 「が[助詞]현대일본어〈の〉의 쓰임」+「つま【妻】처. 아내」+「ぎ【魏】위」+「し【氏】씨」+「は[助詞]」.
3) 「楊州」는 사전에 등재되지 않은 지명으로 「楊」은 「ヤウ→ヨウ(呉·漢音)」, 「州」는 「シウ→シュウ(漢音)」로 음독(音讀)한다. 이를 료이(了意)가 「やうちう」로 읽고 있으며 『假名草子集成』에는 이 부분에 원문에 잘못이 있으나 그대로 옮긴다는 표시인 "ママ"가 붙어 있다.
4) 「の[助詞]」+「ひと【人】사람」+「なり[助動]단정·지정」.
5) 「ふ【婦】부인. 아내. 여자」+「の[助詞]」+「みち【道】길. 도리」+「を[助詞]」+「つとむ【勤む·努む·務む·力む·勉む】[下2]힘쓰다. 노력하다. 섬기다. 근행하다」의 連用形「つとめ」+「て」.
6) 「こころざし【志】마음이 향하는 바. 뜻. 마음가짐」+「うすし【薄し·淡し】[形ク]얇다. 옅다」의 未然形「うすから」+「ず[助動]부정」.
7) 「しかるに【然るに】[接續]그런데. 하지만. 그건 그렇고」.
8) 「おもし【重し】[形ク]무겁다」의 連體形「おもき」+「やまひ→やまい【病】병」+「に[助詞]~로. ~때문에」+「ふす【伏す·臥す】[4]눕다」의 連用形「ふし」+「て」.

□妻(つま)の魏(ぎ)氏(し)10)、夜[よ]を日[ひ]につぎて11)、いたハりつゝ12)、さま／＼心[こころ]をつくす、と、いへども13)、さらに命(いのち)あるべくもなし14)。

⇨ 아내인 위 씨는 밤을 낮에 이어서 애쓰며 여러모로 마음을 다한다고 해도 도무지 목숨이 있을 것 같지도 않다.

□魏(ぎ)氏(し)なげき、かなしミて15)、まくらに立(たち)より16)、涙(なミだ)とゝもに、かたりて、いはく17)、

⇨ 위 씨는 한탄하고 슬퍼하며 머리맡에 다가서서 눈물과 더불어 밝혀 말하길,

□「君[きみ]のやまひ、すでに、あやうし18)、今[いま]ハ、いかにとも、

---

9) 「いま【今】 현재. 지금. 이 국면」+「を[助詞]」+「かぎり【限り】 한도. 끝. 마지막. 극한. 임종」+「と[助詞]」+「みゆ【見ゆ】[下2]보이다」의 連用形「みえ」+「たり[助動]완료·존속」.

10) 「つま【妻】 처. 아내」+「の[助詞]~인」+「ぎ【魏】위」+「し【氏】씨」.

11) 「よ【夜】 밤」+「を[助詞]」+「ひ【日】 해. 낮」+「に[助詞]」+「つぐ【継ぐ·接ぐ·続ぐ·次ぐ】[4]이어가다. 유지하다. 계속하다」의 連用形「つぎ」+「て」. 결국 '밤낮으로'의 뜻.

12) 「いたはる【労る】[4]위로하다. 소중히 여기다. 쉬다. 고생하다. 병들다」의 連用形「いたはり」+「つつ[助詞]같은 동작의 반복·계속 등. ~하면서. ~해 두고 나서」.

13) 「さまざま【様様】여러 가지」+「こころ【心】마음. 뜻. 생각」+「を[助詞]」+「つくす【尽くす】[4]노력하다. 힘쓰다」+「と[助詞]」+「라고」+「いへども → いえども【雖も】[連語]~하지만. ~해도」.

14) 「さらに【更に】[副]또한. 새로이. 전혀 ~지 않다」+「いのち【命】목숨」+「あり【有り】[ラ変]있다」의 連体形「ある」+「べくもなし【可くもなし】[連語]그러한 일은 할 수 있을 것 같지도 않다. 도저히 있을 수 없다」.

15) 「ぎ【魏】위」+「し【氏】씨」+「なげく【嘆く·歎く】[4]한숨짓다. 탄식하다. 슬퍼하다. 절망하다. 애원하다. 호소하다」의 連用形「なげき」+「かなしむ【愛しむ·悲しむ·哀しむ】[4]슬퍼하다. 가여워하다」의 連用形「かなしみ」+「て」.

16) 「まくら【枕】베개」+「に[助詞]」+「たちよる【立ち寄る】[4]다가가다」의 連用形「たちより」.

17) 「なみだ【涙】 눈물」+「と[助詞]~와」+「ともに【共に·倶に】[連語]함께. 동반하여. 동시에」+「かたる【語る】[4]상대에게 전하다. 자초지종을 이야기하다」의 連用形「かたり」+「て」+「いはく【曰く】말하길. 이르길」.

18) 「きみ【君·公】당신」+「の[助詞]」+「やまひ【病】병」+「すでに【既に·已に】[副]이미.

すべきかたなし19)。
　　⇨ 당신의 병환은 이미 위태롭다. 이제는 어떻게든 할 방도가 없다.

❏ 君[きみ]もし、むなしく成[なり]給[たま]ハゝ20)、われ、さらに、いのちながらへて21)、あるべくも、おぼえ侍[はべ]らず22)。」と。
　　⇨ 당신이 만일 돌아가시면 나는 도무지 목숨을 이어가서 존재해야 할 것으로도 여겨지지 않습니다."라고.

❏ 彦琛(げんじん)が、いはく23)、「人[ひと]の死(し)するハ24)、常(つね)のならひなり25)、をそく、とく、いづれか、のがるべき26)。

　　　벌써. 이제. 틀림없이」+「あやふし[形ク]→あやうい【危うい】[形]걱정이다. 위험하다」(〈-う〉는 歴史的仮名遣에 어긋남).

19)「いま【今】지금. 이제」+「は[助詞]」+「いかに【如何に】[副]어떻게. 어찌. 어째서. 얼마나」+「とも[助詞]역접의 가정조건. ~해도」+「す[サ変]하다」의 終止形「す」+「べし[助動]의무·당연·추량·가능 등」의 連体形「べき」+「かた【方】편. 방향. 수단」+「なし【無し】[形ク]없다」.

20)「きみ【君·公】당신」+「もし【若し】[副]만일」+「むなし【空し·虚し】[形シク]덧없다. 무상하다. 죽었다」의 連用形「むなしく」+「なる【成る·為る】[4]되다」의 連用形「なり」+「たまふ【給ふ】[助動]존경」의 未然形「たま[は]」+「ば[助詞]가정조건」.

21)「われ【我·吾】[代]나」+「さらに【更に】[副]더욱. 절대로 ~가 아니다」+「いのち【命】목숨」+「ながらふ【存ふ·永らふ】[下2]같은 상태가 이어지다. 오래 살다」의 連用形「ながらへ」+「て」.

22)「あり【有り】[ラ変]있다」의 連体形「ある」+「べし[助動]의무·당연·추량·가능 등」의 連用形「べく」+「も[助詞]」+「おぼゆ【覚ゆ】[下2]느끼다. 생각되다」의 連用形「おぼえ」+「侍(はべ)り[助動]격식·정중」의 未然形「はべら」+「ず[助動]부정」.

23)「が[助詞]」+「いはく【曰く】말하길. 이르길」.

24)「ひと【人】사람」+「の[助詞]현대일본어〈が〉의 쓰임」+「しす【死す】[サ変]죽다」의 連体形「しする」+「は[助詞]」.

25)「つね【常】영구불변. 평소. 보통. 당연」+「の[助詞]」+「ならひ【慣·習ひ·倣ひ】[名]습관. 관례. 보통」+「なり[助動]단정·지정」.

26)「おそし【遅し】[形ク]늦다. 시간이 걸리다」의 連用形「おそく」(〈を-〉는 정서법에 어긋남)+「とし【疾し·捷し】[形ク]재빠르다. 진행이 빠르다」의 連用形「とく」+「いづれ→いずれ【何れ·孰れ】[代]누구. 어느 쪽」+「か[係助詞]의문·질문」(문말은 連体形)+「のがる【逃る·遁る】[下2]벗어나다. 피하다. 도망치다」의 終止形「のがる」+「べし[助動]의무·당연·추량·가능 등」의 連体形「べき」(앞의〈か〉에 호응).

⇨ 언침이 말하길 "사람이 죽는 것은 상례다. 늦게, 일찍, 누가 벗어날 수 있겠는가?

❏ われ、たとひ、身[み]まかるとも27)、君[きみ]、かまへて28)、つれて、もろともに死(し)する事[こと]なかれ29)。

⇨ 내가 설령 몸이 가더라도 당신은 결코 더불어서 함께 죽는 일이 없도록 하라.

❏ 幸(さいはひ)に30)、わが子[こ]、とし、いまだ、いとけなし31)、よくそだてゝ人[ひと]となし32)、家(いへ)をも、つがしめて33)、

⇨ 다행히 내 아이가 나이 아직 어리다. 잘 키워서 사람으로 만들고 집안까지도 잇게 하여,

❏ なからん跡[あと]までも34)門(かど)を、さかえ侍(はべ)らん35)、とのミ

---

27) 「われ【我・吾】[代]나」+「たとひ→たとい【縱い・仮令・縱令】[副]①만일. 만약에 ②만일 그렇다 해도. 비록」+「み【身】몸. 자신. 자기」+「まかる【罷る】[4]물러나다. 내려가다. 죽다」의 終止形「まかる」+「とも[助詞]역접의 가정조건. ~해도」.

28) 「きみ【君・公】당신」+「かまへて【構へて】[副]①준비하여 ②필시. 분명 ③(뒤에 금지)결코. 절대로」.

29) 「つれて【連れて】[副]그와 함께」+「もろとも【諸共】[形動ナリ]함께 하는 모양. 같이. 동시」의 連用形「もろともに」+「しす【死す】[サ變]죽다」의 連體形「しする」+「こと【事】것. 일」+「なし【無し】[形ク]없다」의 命令形「なかれ」(금지의 뜻).

30) 「さいはひに→さいわいに【幸いに】[副]다행히」.

31) 「わが【我が・吾が】[連體]나의. 자신의」+「こ【子】아이. 자식」+「とし【年・歳】해. 나이」+「いまだ【未だ】[副]아직. 여전히」+「いとけなし【幼し・稚し】[形ク]나이 어리다. 철없다」.

32) 「よく【善く・良く・能く】[副]충분히. 상세히. 능숙하게. 잘」+「そだつ【育つ】[下2]키우다. 양육하다. 가르쳐 이끌다」의 連用形「そだて」+「て」+「ひと【人】사람. 어른. 훌륭한 사람」+「と[助詞]」+「なす【生す・成す・為す】[4]만들어내다. 낳다. 행하다」의 連用形「なし」.

33) 「いへ→いえ【家】집」+「を[助詞]」+「も[助詞]」(〈をも〉는 '~까지도・~조차도'의 뜻)+「つぐ【継ぐ・接ぐ・續ぐ・次ぐ】[4]이어가다. 유지하다. 계속하다」의 未然形「つが」+「しむ[助動사역. ~시키다」의 連用形「しめ」+「て」.

34) 「なし【無し】[形ク]없다」의 未然形「なから」+「む[助動추량・의지・완곡]」의 連體形「む」→「ん」+「あと【後】후. 나중」(〈あと〉는 〈後〉나 〈跡〉를 읽은 것인데, 〈後〉는 '시간적・공간적인 뒤', 〈跡〉은 '발자취. 흔적'의 뜻이다. 따라서 문맥상 〈後〉가 기대되는 부분이다)+「まで【迄】[助詞]~까지」+「も[助詞]」.

思[おも]ひ給[たま]ふべし36)。
⇨ (내가) 없을 이후까지도 가문을 꽃피우겠다고만 생각하셔야 할 것이다.

❏我[われ]と、もろともに死(し)なん事[こと]は37)、わが心[こころ]にあらず38)。」と。
⇨ 나와 함께 죽으려 하는 것은 내 뜻이 아니다."라고.

❏つゐに39)彦琛(げんじん)、むなしく成[なり]たり40)。
⇨ 끝내 언침이 죽었다.

❏いく程[ほど]もなきに41)、徐敬業(じよけいげう)と云[いう]もの、むほんの事[こと]ありて42)、天下[てんか]すでに、みだれたり43)。

---

35) 「かど【門】문. 가문. 일족」+「を[助詞]」+「さかゆ【栄ゆ】[下2]번영하다. 번창하다」의 連用形「さかえ」+「侍(はべ)り[助動]격식・정중」의 未然形「はべら」+「む[助動]추량・의지」→「ん」.

36) 「と[助詞]~라고」+「のみ[助詞]만. 뿐」+「おもふ【思ふ】[4]생각하다」의 連用形「おもひ」+「たまふ【給ふ】[助動]존경」의 終止形「たまふ」+「べし[助動]의무・당연・추량・가능 등」.

37) 「われ【我・吾】[代]나」+「と[助詞]~와」+「もろとも【諸共】[形動ナリ]함께 하는 모양. 같이. 동시」의 連用形「もろともに」+「しぬ【死ぬ】[ナ変]죽다」의 未然形「しな」+「む[助動]추량・의지」의 連体形「む」→「ん」+「こと【事】것. 일」+「は[助詞]」.

38) 「わが【我が・吾が】[連体]나의. 자신의」+「こころ【心】마음. 뜻. 생각」+「に[助詞]」+「あり【有り】[ラ変]있다」(〈~にあり〉는 현대일본어의 〈~である〉)의 未然形「あら」+「ず[助動]부정」(〈あらず〉는 현대일본어의 〈ない〉).

39) 「つひに→つゐに【終に・遂に】[副]결국. 마침내」(〈-ゐ-〉는 정서법에 어긋남).

40) 「むなし【空し・虚し】[形シク]덧없다. 무상하다. 죽었다」의 連用形「むなしく」+「なる【成る・為る】[4]되다」의 連用形「なり」+「たり[助動]완료・존속」.

41) 「いくほど【幾程】어느 정도. 얼마나」+「も[助詞]」+「なし【無し】[形ク]없다」의 連体形「なき」+「に[助詞]~하니. ~하는데」.

42) 「と[助詞]~라고」+「いふ【言ふ・云ふ】[4]말하다」의 連体形「いふ」+「もの【者】자. 사람」+「むほん【謀叛・謀反】모반」+「の[助詞]」+「こと【事】것. 일」+「あり【有り】[ラ変]있다」의 連用形「あり」+「て」.

43) 「てんか【天下】천하」+「すでに【既に・已に】[副]①이미. 벌써 ②모두. 남김없이 ③이제 ④틀림없이」+「みだる【乱る・紊る】[下2]혼란하다. 흐트러지다. 동요하다. 수습이 되지 않다」의 連用形「みだれ」+「たり[助動]완료・존속」.

⇨ 얼마 지나지 않아 서경업이라 하는 자의 모반 사건이 있어서 천하가 온통 어지러워졌다.

☐ 徐敬業(じょけいげう)、すなハち44)、彦琛(けんじん)が妻(つま)魏(ぎ)氏(し)を、とらへて45)、をのれが陳(ぢん)46)につれて行[ゆき]つゝ47)、

⇨ 서경업은 곧 언침의 아내 위 씨를 붙잡아서 자기 진영으로 데리고 가서,

☐「日[ひ]ころ、われ聞[きき]及(をよ)び侍(はべ)り48)、きハめたる箏(こと)の上[じょう]手(ず)なり、と49)。

⇨ "일찍이 내가 들어 압니다. 대단한 쟁(箏)의 고수라고.

☐ この事[こと]かくれなし50)、軍陳(ぐんぢん)のつかれをも51)、なぐさみ侍(はべ)らんに52)、一[いっ]曲(きよく)を、しらべよ。」とて53)、

---

44) 「すなはち→すなわち【即ち・則ち】[副]곧바로. 즉시. 그래서. 즉」.

45) 「が[助詞]현대일본어 〈の〉의 쓰임」+「つま【妻】처. 아내」+「ぎ【魏】위」+「し【氏】씨」+「を[助詞]」+「とらふ[下2]→とらえる【捕らえる・捉える】[下1]손으로 꽉 붙들다. 꽉 쥐다. 붙잡다. 포박하다」의 連用形「とらへ」+「て」.

46) 「陳(ちん)」은 중국의 나라 이름이다. 문맥상 「陣(ぢん→じん)」의 잘못이며 『假名草子集成』에도 여기에 원문의 잘못을 그대로 옮긴다는 표시인 "ママ"가 붙어있다.

47) 「おのれ【己】〈1〉[名]자기 자신. 〈2〉[代]①(1인칭)나. 저 ②(2인칭)손아랫사람 또는 다른 사람을 낮잡아 부르는 말. 너. 자네」(〈を-〉는 정서법에 어긋남)+「が[助詞]현대일본어 〈の〉의 쓰임」+「ぢん→じん【陣】진. 진영」+「に[助詞]」+「つる【連る】[下2]동행하다」의 連用形「つれ」+「て」+「ゆく【行く】[4]가다」의 連用形「ゆき」+「つつ[助詞]같은 동작의 반복・계속 등. ~하면서. ~해 두고 나서」.

48) 「ひごろ【日頃】여러 날. 평소. 늘. 요사이」+「われ【我・吾】[代]나」+「ききおよぶ【聞き及ぶ】[4]남을 통해 들어 알다. 전부터 들었다」의 連用形「ききおよび」(〈-を-〉는 정서법에 어긋남)+「侍(はべ)り[助動]격식・정중」.

49) 「きはむ【極む・窮む】[下2]극한에 도달하게 하다. 끝내다」의 連用形「きはめ」+「たり[助動]완료・존속」의 連體形「たる」+「こと【琴・箏】금. 쟁」+「の[助詞]」+「じやうず→じょうず【上手】[形動ナリ]능숙한 것. 명인」의 終止形「じやうずなり」+「と[助詞]~라고」.

50) 「この【此の・斯の】[連體]이」+「こと【事】것. 일」+「かくれなし【隱れ無し】[形ク]숨긴 부분이 없다. 널리 알려져 있다」.

51) 「ぐんぢん→ぐんじん【軍陣】군진. 싸움」(본문은 〈軍陳〉)+「の[助詞]」+「つかれ【疲れ】[名]피로. 피폐. 곤궁」+「を[助詞]」+「も[助詞]」(〈をも〉는 '~까지도・~조차도'의 뜻).

⇨ 이 일이 널리 알려져 있다. 전쟁의 고단함을 달래기 위해 한 곡을 타라."라며,

▫箏(こと)をいだして54)、ひかしめん、とせり55)。
　⇨ 쟁을 내어서 타게 시키고자 했다.

▫魏(ぎ)氏(し)こたへて、いはく56)、「そのかみ57)、夫(おつと)の死(し)せしとき58)、つれて死(し)すべかりしを59)、
　⇨ 위 씨가 답하여 이르길 "그 옛날, 지아비가 죽었을 때 따라서 죽었어야 했는데,

▫いとけなき子(こ)の不敏(ふびん)さに60)死(し)すべきときに61)死(し)な

---

52) 「なぐさむ【慰む】[4]기분을 풀다. 달래다」의 連用形「なぐさみ」+「侍(はべり)[助動]격식·정중」의 未然形「はべら」+「む[助動]추량·의지」→「ん」+「に[助詞]~하는데」.

53) 「いっきょく【一曲】한 곡」+「を[助詞]」+「しらぶ【調ぶ】[下2]조율하다. 연주하다」의 命令形「しらべよ」+「とて[助詞]인용. ~라 해서. ~라는 것으로. ~라는 이름으로」.

54) 「こと【琴·箏】쟁」+「を[助詞]」+「いだす【出だす】[4]내놓다. 드러내다」의 連用形「いだし」+「て」.

55) 「ひく【弾く】[4]현악기를 연주하다」의 未然形「ひか」+「しむ[助動]사역. ~시키다」의 未然形「しめ」+「む[助動]추량·의지」→「ん」+「と[助詞]」+「す[サ変]하다」의 命令形「せ」+「り[助動]완료·존속」.

56) 「ぎ【魏】위」+「し【氏】씨」+「こたふ【答ふ·応ふ】[下2]대답하다」의 連用形「こたへ」+「て」+「いはく【曰く】말하길. 이르길」.

57) 「その【其の】[連体]그」+「かみ【上】위. 옛날」.

58) 「をつと→おっと【夫】지아비」(〈お〉는 歷史的仮名遣에 어긋남)+「の[助詞]현대일본어〈が〉의 쓰임」+「しす【死す】[サ変]죽다」+「き[助動]회상·과거」의 連体形「し」(〈き助動〉는 동사의 連用形에 접속하지만〈サ変動詞〉에 이어지는 경우는〈せし〉〈しき〉와 같은 꼴을 취한다)+「とき【時】때」.

59) 「つれて【連れて】[副]그와 함께」+「しす【死す】[サ変]죽다」의 終止形「しす」+「べかり[助動]추량·가능 등」의 連用形「べかり」+「き[助動]회상·과거」의 連体形「し」+「を[助詞]~한 것을. ~하는데」.

60) 「いとけなし【幼し·稚し】[形ク]나이 어리다. 철없다」의 連体形「いとけなき」+「こ【子】아이」+「の[助詞]」+「ふびん【不便·不憫·不愍】[形動ナリ]불편한 것. 불쌍한 것. 귀엽다고 생각하는 것」(본문의〈不敏(ふびん)〉은 '민첩하지 않은 것. 재능이 떨어지는 것'의 뜻으로 문맥상 맞지 않는다)의 語幹「ふびん」+「さ[接尾]형용사의 어간 등에 접속하여 그 정도나 상태를 나타내는 명사를 만듦」+「に[助詞]」.

61) 「しす【死す】[サ変]죽다」의 終止形「しす」+「べし[助動]의무·당연·추량·가능 등」의

❏いま、この箏(こと)のせめに、あふて⁽⁶³⁾、大[おおい]なる辱(はぢ)を、かうふらんとす⁽⁶⁴⁾。
　⇨ 지금 이러한 쟁의 생떼를 겪어 커다란 치욕을 뒤집어쓰려 한다.

❏これ、汝(なんぢ)らがとがに、あらず⁽⁶⁵⁾、わざハひは我[わが]身[わがみ]より、おこれり⁽⁶⁶⁾。この指(ゆび)こそ、うらめしけれ⁽⁶⁷⁾。」と、いふて⁽⁶⁸⁾、
　⇨ 이는 너희들의 잘못이 아니다. 화는 자신으로부터 일어났다. 이 손가락이야말로 원망스럽다."라고 하고서,

　　連体形「べき」+「とき【時】때」+「に[助詞]」.

62)「しぬ【死ぬ】[ナ変]죽다」의 未然形「しな」+「ず[助動]부정」의 連用形「ず」+「して[助詞](連用形에 접속)~인 상태로. ~때문에」.

63)「いま【今】현재. 지금」+「この【此の·斯の】[連体]이」+「こと【琴·箏】쟁」+「の[助詞]」+「せめ【責】괴롭힘. 질책. 책임. 고문」+「に[助詞]」+「あふ【合ふ·会ふ·逢ふ·遭ふ·遇ふ】[4]만나다. 당하다」+「て」.

64)「おほい→おおい【大い】[形動ナリ]큰. 중대한」의 連体形「おほいなる」+「はぢ→はじ【恥·辱】부끄러움. 불명예. 치욕」+「を[助詞]」+「かうぶる【被る·蒙る】[4]윗사람이나 강자의 동작을 받다」의 未然形「かうぶら」(⟨-ふ-⟩는 無濁点표기)+「む[助動]추량·의지」→「ん」+「と[助詞]」+「す[サ変]하다」.

65)「これ【此·是】[代]이것. 이사람」+「なんぢ【汝·爾】[代]아랫사람을 가리키는 말. 너」+「ら【等】[接尾]복수(複數)를 나타냄. ~들」+「が[助詞]현대일본어 ⟨の⟩의 쓰임」+「とが【咎·科】죄」+「に[助詞]」+「あり【有り】[ラ変]있다」(⟨-にあり⟩는 현대일본어의 ⟨~である⟩)의 未然形「あら」+「ず[助動]부정」(⟨あらず⟩는 현대일본어의 ⟨ない⟩).

66)「わざはひ→わざわい【禍·災い】[名]화. 재난. 불행한 일」+「は[助詞]」+「わが【我が·吾が】[連体]나의. 자신의」+「み【身】몸. 자신. 자기」+「より[助詞]동작·장소·시간의 起點. ~부터」+「おこる【起こる·興る】[4]일어나다. 시작되다」의 命令形「おこれ」+「り[助動]완료·존속」.

67)「この【此の·斯の】[連体]이」+「ゆび【指】손가락」+「こそ[係助詞]뜻을 강하게 함」(문말은 已然形)+「うらめし【恨めし·怨めし】[形シク]원망스럽다. 한심하다」의 已然形「うらめしけれ」(앞의 ⟨こそ⟩에 호응).

68)「と[助詞]~라고」+「いふ【言ふ·云ふ】[4]말하다」+「て」.

❏かたなをとりて69)、右(ミぎ)のゆびを、きりおとす70)。
  ⇨ 칼을 들어 오른 손가락을 잘라낸다.

❏つハものども、あつまりて71)、魏(ぎ)氏(し)をとらへて72)、をかさん、とするに73)、魏ぎ氏し、かたく、ふせぎて、したがハず74)。
  ⇨ 병사들이 모여서 위 씨를 붙잡아 범하려고 하는데 위 씨는 굳게 지켜 따르지 않는다.

❏つハものども、大[おおい]にいかりて75)、刀(かたな)を魏(ぎ)氏(し)がくびに、あてがふて、いはく76)、
  ⇨ 병사들이 크게 노하여 칼을 위 씨의 목에 들이대고 말하길,

❏「わが、いふ事[こと]に、したがハゞ77)、ゆるすべし78)。」と、い

---

69) 「かたな【刀】칼」+「を[助詞]」+「とる【取る・執る】[4]취하다. 집다」의 連用形「とり」+「て」.

70) 「みぎ【右】오른쪽」+「の[助詞]」+「ゆび【指】손가락」+「を[助詞]」+「きりおとす【切り落とす】[4]잘라내 버리다」.

71) 「つはもの【兵】무기. 병사」+「ども【共】[接尾]복수(複數)의 뜻을 나타내는 접미어. ~들」+「あつまる【集まる】[4]모이다. 집중하다」의 連用形「あつまり」+「て」.

72) 「ぎ【魏】위」+「し【氏】씨」+「を[助詞]」+「とらふ【捕らふ・捉ふ】[下2]붙들다. 붙잡다」의 連用形「とらへ」+「て」.

73) 「をかす【犯す・侵す・冒す】[4]범하다. 거스르다. 더럽히다」의 未然形「をかさ」+「む [助動]추량・의지」→「ん」+「と[助詞]」+「す[サ変]하다」의 連體形「する」+「に[助詞]~하니. ~하는데」.

74) 「ぎ【魏】위」+「し【氏】씨」+「かたし【堅し・固し・硬し・難し】[形ク]굳다. 확실하다. 완고하다」의 連用形「かたく」+「ふせぐ【防ぐ・禦ぐ・拒ぐ】[4]막다. 방어하다」의 連用形「ふせぎ」+「て」+「したがふ【従ふ・随ふ・順ふ】[4]말하는 대로 따르다. 거스르지 않다」의 未然形「したがは」+「ず[助動]부정」.

75) 「つはもの【兵】병사」+「ども【共】[接尾]~들」+「おほいに【大いに】[副]매우. 몹시. 많이」+「いかる【怒る】[4]화내다. 노하다」의 連用形「いかり」+「て」.

76) 「かたな【刀】칼」+「を[助詞]」+「ぎ【魏】위」+「し【氏】씨」+「が[助詞]현대일본어 〈の〉의 쓰임」+「くび【首】목」+「に[助詞]」+「あてがふ【宛がふ】[4]주다. 딱 달라붙게 대다」+「て」+「いはく【曰く】말하길. 이르길」.

77) 「わ【我・吾】[代]나. 자신」+「が[助詞]」+「いふ【言ふ・云ふ】[4]말하다」의 連體形「いふ」+「こと【事】것. 일」+「に[助詞]」+「したがふ【従ふ・随ふ・順ふ】[4]따르다」의 未

ふ79)。

⇨ "내가 하는 말에 따르면 풀어줄 것이다."라고 한다.

▫ 魏(ぎ)氏(し)、こゑを、はげまして、いはく80)、「汝(なんぢ)らハ狗(いぬ)ぞかし81)、しかも国(くに)を害(かい)する大[だい]賊(ぞく)なり82)。

⇨ 위 씨가 목소리를 높여서 말하길 "너희들은 개다. 게다가 나라를 해하는 큰 도적이다.

▫ 汝[なんじ]らに、けがされん事[こと]ハ83)、思[おも]ひよらず84)、死(し)するハ、わが心[こころ]ざしなり85)、汝[なんじ]らにハ、したがハし86)、

然形「したがは」+「ば[助詞]가정조건」.

78) 「ゆるす【許す・赦す】[4]풀어주다. 승낙하다. 허가하다」의 終止形「ゆるす」+「べし[助動]의무・당연・추량・가능 등」.

79) 「と[助詞]~라고」+「いふ【言ふ・云ふ】[4]말하다」.

80) 「ぎ【魏】위」+「し【氏】씨」+「こゑ→こえ【声】목소리」+「を[助詞]」+「はげます【励ます】[4]북돋우다. 거칠게 하다. 거세게 하다」의 連用形「はげまし」+「て」+「いはく【曰く】말하길. 이르길」.

81) 「なんぢ【汝・爾】[代]너」+「ら【等】[接尾]~들」+「は[助詞]」+「いぬ【犬・狗】개」+「ぞかし(〈ゾ〉〈カシ〉모두 강조의 뜻을 나타내는 조사. 문말에 쓰임)~인 것이다」.

82) 「しかも【然も・而も】[接続]게다가. 그래도」+「くに【国】나라. 지역」+「を[助詞]」+「がいす【害す】[サ変]해하다. 상처 입히다. 죽이다」의 連体形「がいする」(〈か〉는 無濁点표기)+「だいぞく【大賊】큰 악행을 저지르는 도둑. 대도」+「なり[助動]단정・지정」.

83) 「なんぢ【汝・爾】[代]너」+「ら【等】[接尾]~들」+「に[助詞]」+「けがす【穢す・汚す】[4]더럽히다. 상처내다」의 未然形「けがさ」+「る[助動]수동・존경」의 未然形「れ」+「む[助動]추량・의지・완곡」의 連体形「む」→「ん」+「こと【事】것. 일」+「は[助詞]」.

84) 「おもひよる【思ひ寄る】[4]생각이 미치다. 생각해내다. 마음이 끌리다」의 未然形「おもひよら」+「ず[助動]부정」의 連用形「ず」.

85) 「しす【死す】[サ変]죽다」의 連体形「しする」+「は[助詞]」+「わが【我が・吾が】[連体]나의. 자신의」+「こころざし【志】마음이 향하는 바. 뜻. 마음가짐」+「なり[助動]단정・지정」.

86) 「なんぢ【汝・爾】[代]너」+「ら【等】[接尾]~들」+「に[助詞]」+「は[助詞]」+「したがふ【従ふ・随ふ・順ふ】[4]따르다」의 未然形「したがは」+「じ[助動]추량・의지의 부정. ~아닐

⇨ 너희들에게 더럽혀지는 것은 생각 밖인데 죽는 것은 내 뜻이다. 너희들에게는 따르지 않을 것이다.

❏「はやく、ころせよ87)。」と、よバゝりけるほどに88)、つゐにハあえなく、ころし侍はべりけり89)。

⇨ 어서 죽여라."라고 부르짖었기에 끝내 무참하게 죽였습니다.

것이다. ~하지 않겠다」(〈し〉는 無濁点표기).

87)「はやし【早し・速し・疾し・捷し】[形ク]이르다. 빠르다」의 連用形「はやく」(부사적인 쓰임)+「ころす【殺す】[4]죽이다」의 命令形「ころせ」+「よ間投助詞]영탄. 상대에게 호소하는 뜻」.

88)「と[助詞]~라고」+「よばはる【呼ばはる】[4]큰 소리로 외치다」의 連用形「よばはり」+「けり[助動]회상・과거」의 連体形「ける」+「ほどに【程に】①~하면. ~하는 사이에 ②원인・이유. ~이므로」(명사〈ほど〉에 조사〈に〉가 붙은 것으로 用言의 連体形에 접속함).

89)「つひに→つゐに【終に・遂に】[副]결국. 마침내」(〈-ゐ-〉는 정서법에 어긋남)+「は[助詞]」+「あへなし【敢へ無し】[形ク]새삼 어쩔 수 없다. 보기에도 무참하다」의 連用形「あへなく」(〈-え-〉는 歴史的仮名遣에 어긋남)+「ころす【殺す】[4]죽이다」의 連用形「ころし」+「侍(はべり)[助動]격식・정중」의 連用形「はべり」+「けり[助動]회상・과거」.

16. 李(り)氏(し)負(をふ)ㄴ骸(かバねを)
이 씨가 주검을 둘러메다

❏ 五代(だい)のとき[1]、王凝(わうげう)と云[いう]人[ひと][2]、青齊(せいせい)の間(あひだ)に家[いえ]つくりして[3]、すみ侍[は]べる[4] 虢州(くわつしう)[5]の司戶參軍(しこさんぐん)[6]たり[7]。

⇨ 오대 때 왕응이라 하는 사람은 청제 사이에 집 짓고 사는 괵주의 사호참군이다.

❏ しかるに[8]、王凝(わうげう)[9]、やまひのために、をかれて[10]、官(く

---

1) 「ごだい【五代】오대. 당(唐)과 송(宋) 사이에 화북(華北)에서 흥망한 후양(後梁)·후당(後唐)·후진(後晉)·후한(後漢)·후주(後周) 다섯 왕조. 907-960」+「の[助詞]」+「とき【時】때」.

2) 「と[助詞]~라고」+「いふ【言ふ·云ふ】[4]말하다」의 連体形「いふ」+「ひと【人】사람」.

3) 「の[助詞]」+「あひだ→あいだ【間】사이」+「に[助詞]」+「いへづくり【家作·家造】집을 만드는 것. 집의 만듦새」(〈-つ〉는 無濁点표기)+「す【サ変】하다」의 連用形「し」+「て」.

4) 「すむ【住む·棲む·栖む】[4]살다. 생활하다」의 連用形「すみ」+「侍(はべ)り[助動]격식·정중」의 連体形「はべる」.

5) 「虢州」는 『広辞苑』 등에는 등재되지 않은 말이다. 〈표준국어대사전〉에는 「괵주(虢州)」가 '중국 수나라·당나라 때의 행정 구역. 지금의 허난성(河南省) 루스현(盧氏縣)이다'라는 풀이가 있다.

6) 「司戶參軍」은 사전에서 확인되지 않는다. 〈한문본〉에는 이를 전후하여 「王凝家靑齊之間. 爲虢州司戶參軍」으로 되어있으며, 이는 벼슬 이름으로 봐야겠다.

7) 「たり[助動](체언에 접속하여)단정·지정. ~이다」.

8) 「しかるに【然るに】[接続]그런데. 하지만. 그건 그렇고」.

9) 『假名草子集成』에는 이 부분이 「王業(わうげう)」로 되어있으나 일본 〈국문학연구자료관〉의 「三綱行實圖」를 살펴보니 「王凝(わうげう)」이고 이쪽이 문맥상 통하므로 이를 고쳐서 제시한다.

10) 「やまひ→やまい【病】병」+「の[助詞]」+「ため【為】[名]때문. 위함」+「に[助詞]」(〈~の

わん)に11)ありながら、むなしくなれり12)。

⇨ 그런데 왕응이 병으로 인해 불러들여져서 관직에 있으면서 죽었다.

□ 家(いへ)もとより、まづしくして13)、一人[ひとり]の子(こ)あり14)、と
し、なを、いまだ、いとけなし15)。

⇨ 집안이 본디 가난하고 한 자식이 있다. 나이가 여전히 아직 어리다.

□ 妻(つま)の李(り)氏(し)16)、ミづから夫(おつと)のかバねを、はうふ
り17)、薪(たきゞ)をつミて、けふりとなし18)、

　　(が)ために)의 꼴로 '이익·이유·목적'의 뜻. ~때문에. ~위해)+「をく【招く】[4]불러들
　　이다. 끌어들이다」의 未然形「をか」+「る[助動受動]」의 連用形「れ」+「て」.

11) 『假名草子集成』에는 「をかれ官(くわん)に」로 되어있고 아울러 이 부분에 원문에 잘
　　못이 있으나 그대로 옮긴다는 표시인 "ママ"가 붙어있다. 그러나 일본〈国文学研
　　究資料館〉의 「三綱行實圖」를 살펴보니 「をかれて官(くわん)に」이므로 이를 고쳐서
　　제시하고 풀이한다.

12) 「くわん→かん【官】관. 벼슬」+「に[助詞]」+「あり【有り】[ラ変있다]」의 連用形「あり」+
　　「ながら【乍ら】[助詞]~채로. ~하면서. ~이지만」+「むなし【空し·虚し】[形シク덧없다.
　　무상하다. 죽었다]」의 連用形「むなしく」+「なる【成る·為る】[4]되다」의 命令形「なれ」
　　+「り[助動完了·존속]」.

13) 「いへ→いえ【家】집」+「もとより【元より·固より·素より】[副]처음부터. 이전부터. 원
　　래. 본래」+「まづし【貧し】[形シク가난하다. 적다. 부족하다]」의 連用形「まづしく」
　　+「して[助詞](連用形에 접속하여)~인 상태로」.

14) 「ひとり【一人·独り】한 사람. 혼자」+「の[助詞]」+「こ【子】아이. 자식」+「あり【有
　　り】[ラ変있다]」.

15) 「とし【年·歳】해. 나이」+「なほ→なお【猶·尚】[副]아직. 역시. 그래도」(〈-を〉는 歷
　　史的仮名遣에 어긋남)+「いまだ【未だ】[副]아직. 여전히」+「いとけなし【幼し·稚し】
　　[形ク]나이 어리다. 철없다」.

16) 「つま【妻】처. 아내」+「の[助詞]~인」+「り【李】이」+「し【氏】씨」.

17) 「みづから→みずから【自ら】[名]자기 자신. 나 [副]스스로. 친히」+「をつと→おっと
　　【夫】지아비」(〈お〉는 歷史的仮名遣에 어긋남)+「の[助詞]」+「かばね【屍·尸】시
　　체. 주검」+「を[助詞]」+「はうぶる→ほうぶる【葬る】[4]장사지내다. 매장하다」의 連
　　用形「はうぶり」(〈-ふ〉는 無濁点표기).

18) 「たきぎ【薪】장작. 땔나무」+「を[助詞]」+「つむ【積む】[4]쌓다」의 連用形「つみ」+
　　「て」+「けむり【煙·烟】연기」(옛날에는〈けぶり〉로 쓰였으므로〈-ふ〉는 無濁点표
　　기로 봐야겠다)+「と[助詞]」+「なす【生す·成す·為す】[4]만들어내다. 행하다」의 連

⇨ 아내인 이 씨는 손수 남편의 시신을 장사지내고 땔나무를 쌓아 연기로 만들고,

❏むなしき骨(ほね)を19)、けこにいれて20)、うしろにをふて21)、いとけなき子(こ)を、いたきて22)、なく＼／故郷(こきやう)に帰[かえ]る23)。

⇨ 덧없는 뼈를 꽃 담는 그릇에 넣어 뒤에 짊어지고 어린 아이를 안고 울며 고향으로 돌아간다.

❏ひがしのかた24)開封(かいほう)と、いふところを過(すぐ)るに25)、日[ひ]すでに暮(くれ)ければ26)、旅(たび)やに宿(やど)をかる27)。

⇨ 동쪽 개봉이라 하는 곳을 지나는데 날이 이미 저물었기에 객사에 방을 빌린다.

❏あるじ、此[この]人[ひと]を、つら＼／ミるに28)、そのさま、さすが

用形「なし」.

19) 「むなし【空し・虚し】[形シク]비다. 흔적이 없다. 덧없다. 무상하다. 소용없다」의 連體形「むなしき」+「ほね【骨】뼈」+「を[助詞]」.

20) 「けこ【花笥・華笥・花籠】불교 용구의 하나로서 공양하는 꽃을 넣는 그릇」+「に[助詞]」+「いる【入る・容る】[下2]넣다」의 連用形「いれ」+「て」.

21) 「うしろ【後ろ】뒤」+「に[助詞]」+「おふ【負ふ】[4]메다. 지다. 받다. 입다」(〈を-〉는 정서법에 어긋남)+「て」.

22) 「いとけなし【幼し・稚し】[形ク]어리다」의 連體形「いとけなき」+「こ【子】아이. 자식」+「を[助詞]」+「いだく【抱く・懐く】[4]안다. 품다」의 連用形「いだき」(〈-た-〉는 無濁点 표기)+「て」.

23) 「なくなく【泣く泣く】[副]울면서」+「こきやう→こきょう【故郷】고향」+「に[助詞]」+「かへる【帰る・還る】[4]돌아가다(오다)」.

24) 「ひがし【東】동」+「の[助詞]」+「かた【方】편. 방향」.

25) 「かいほう【開封】개봉. 중국 하남성(河南省) 남부의 도시」+「と[助詞]~라고」+「いふ【言ふ・云ふ】[4]말하다」의 連體形「いふ」+「ところ【所・処】곳」+「を[助詞]」+「すぐ【過ぐ】[上2]지나가다. 통과하다」의 連體形「すぐる」+「に[助詞]~하니. ~하는데」.

26) 「ひ【日】해. 날」+「すでに【既に・已に】[副]이미. 모두. 이제」+「くる【暮る】[下2]날이 저물다. 시기가 끝나다」의 連用形「くれ」+「けり[助動]회상・과거」의 已然形「けれ」+「ば[助詞]확정조건. 원인・이유」.

27) 「たびや【旅屋】역참에서 객을 머물게 하는 곳」+「に[助詞]」+「やど【宿】집. 머물 곳」+「を[助詞]」+「かる【借る】[4]빌리다」.

に、いやしからず29)、
⇨ 주인이 이 사람을 찬찬히 보니 그 모습이 과연 천하지 않은데,

☐ いとけなき子(こ)を、いだきて30)、只[ただ]一人[ひとり]31)さしも、つかれたるけしき32)、あやしく思[おも]ひければ33)、宿(やど)をかさず34)。
⇨ 어린 아이를 안고 그저 홀로 너무나도 지친 모습을 수상쩍게 생각했기에 방을 빌려주지 않는다.

☐ 李[り]氏し]のいはく35)、「天[てん]すでに暮(くれ)て36)、又[また]、ゆくさき、はるかなり37)、いかにとも、すべきたより、なし38)、

---

28) 「あるじ【主】가장(家長). 주인」+「この【此の・斯の】[連体]이」+「ひと【人】사람」+「を[助詞]」+「つらつら【倩・熟】[副]유심히. 자세히」+「みる【見る】[上1]보다」의 連体形 「みる」+「に[助詞]~하니. ~하는데」.

29) 「その【其の】[連体]그」+「さま【様・状・方】[名]방법. 형식. 모습. 모양」+「さすがに[副]그렇게 생각하지만 역시. 그렇지만. 과연」+「いやし【卑し・賤し】[形シク]신분이 낮다. 보잘것없다. 천하다. 천박하다」의 未然形 「いやしから」+「ず[助動]부정」.

30) 「いとけなし【幼し・稚し】[形ク]어리다」의 連体形 「いとけなき」+「こ【子】아이. 자식」+「を[助詞]」+「いだく【抱く・懐く】[4]안다」의 連用形 「いだき」+「て」.

31) 「ただ【只・唯】[副]단지. 오직. 그저」+「ひとり【一人・独り】한 사람. 혼자」.

32) 「さしも【然しも】[副]그렇게. 이렇게도. 그 정도까지도」+「つかる【疲る】[下2]지치다. 약해지다. 피폐하다. 곪다」의 連用形 「つかれ」+「たり[助動]완료・존속」의 連体形 「たる」+「けしき【気色】기색. 모습」.

33) 「あやし【怪し】[形シク]드물다. 기묘하다. 괴이하다」의 連用形 「あやしく」+「おもふ【思ふ】[4]생각하다」의 連用形 「おもひ」+「けり[助動]회상・과거」의 已然形 「けれ」+「ば[助詞]확정조건. 원인・이유」.

34) 「やど【宿】머물 곳」+「を[助詞]」+「かす【貸す】[4]빌려주다」의 未然形 「かさ」+「ず[助動]부정」.

35) 「り【李】이」+「し【氏】씨」+「の[助詞]현대일본어〈が〉의 쓰임」+「いはく【曰く】말하길. 이르길」.

36) 「てん【天】하늘」+「すでに【既に・已に】[副]이미. 벌써. 모두」+「くる【暮る】[下2]날이 저물다」의 連用形 「くれ」+「て」.

37) 「また【又・亦・復】[副]다시. 같이. 달리. 또한. 게다가」+「ゆくさき【行く先】향하는 곳. 목적지」+「はるか【遥か・悠か】[形動ナリ]거리가 멀리 떨어져있는 모양」의 終止

⇨ 이 씨가 말하길 "날이 이미 저물고 또한 갈 길이 멀다. 어떻게든 할 도리가 없다.

❏ひらに一[いち]夜(や)39)を、あかせて給[たま]ハれ40)。」と、いへども41)、あるじ耳(ミヽ)にも聞[きき]いれず42)。

⇨ 부디 하룻밤을 지새우게 하십시오."라고 했지만 주인은 귓등으로도 듣지 않는다.

❏内[うち]にいりて43)戸(と)を、とぢんと、せしを44)、李(り)氏(し)しゐて、なげきけるを45)、

⇨ 안에 들어가서 문을 닫으려 했는데, 이 씨가 간절히 애원했는데,

❏なさけなく46)、李(り)氏(し)が手[て]をとりて47)、門(かど)の外(そと)

形「はるかなり」.

38) 「いかに【如何に】[副]어떻게. 어찌. 어째서. 얼마나」+「とも[助詞]역접의 가정조건. ~해도」+「す[サ変]하다」의 終止形「す」+「べし[助動]의무·당연·추량·가능 등」의 連体形「べき」+「たより【便り·頼り】의지하는 사람이나 물건. 기회. 연줄. 수단. 방법」+「なし【無し】[形ク]없다」.

39) 「ひらに【平に】[副]오직. 쉽게. 부디」+「いちや【一夜】하룻밤」+「を[助詞]」.

40) 「あく【明く·開く·空く】[四]비다. 열다. 뜨다」의 未然形「あか」+「す[助動]사역. ~시키다」의 連用形「せ」+「て」+「たまはる【賜る·給はる】[四]①받다(겸양어) ②주시다(존경어)」의 命令形「たまはれ」.

41) 「と[助詞]~라고」+「いへども→いえども【雖も】[連語]~하지만. ~해도」(〈いへども〉는 〈いふ【言ふ·云ふ】[四]말하다〉의 已然形〈いへ〉+〈ども[助詞]역접〉로도 분석할 수 있다).

42) 「あるじ【主】주인」+「みみ【耳】귀」+「に[助詞]」+「も[助詞]」+「ききいる【聞き入る】[下2]들어서 마음에 담다. 받아들이다. 납득하다. 동의하다」의 未然形「ききいれ」+「ず[助動]부정」.

43) 「うち【内】안」+「に[助詞]」+「いる【入る】[四]들어가다」의 連用形「いり」+「て」.

44) 「と【戸·門】문」+「を[助詞]」+「とづ【閉づ】[上2]닫다」의 未然形「とぢ」+「む[助動]추량·의지」→「ん」+「と[助詞]」+「す[サ変]하다」+「き[助動]회상·과거」의 連体形「し」(〈き[助動]〉는 동사의 連用形에 접속하지만 〈サ変동사〉에 이어지는 경우는 〈せし〉〈しき〉와 같은 꼴을 취한다)+「を[助詞]」.

45) 「り【李】이」+「し【氏】씨」+「しふ【強ふ】[上2]강제하다. 밀어붙이다」의 連用形「しひ」(〈ゐ〉는 정서법에 어긋남)+「て」(『広辞苑』에는 〈しひて→しいて【強いて】[副]억지로. 굳이〉도 표제어로 등재되어 있다)+「なげく【嘆く·歎く】[四]한숨짓다. 탄식하다. 슬퍼하다. 절망하다. 애원하다. 호소하다」의 連用形「なげき」+「けり[助動]회상·과거」의 連体形「ける」+「を[助詞]~한 것을. ~하는데」.

へ引(ひき)いだす[48]。
⇨ 매몰차게 이 씨의 손을 붙잡아 문밖으로 끌어낸다.

☐ 李(り)氏(し)すなハち[49]天[てん]をあふぎて啼(なき)て、いはく[50]、「女[おんな]の身[み]程[ほど][51]ものうき事[こと]ハなし[52]、
⇨ 이 씨가 곧 하늘을 우러러 울부짖으며 말하길 "여자의 처지만큼 딱한 것은 없다.

☐ 夫(おっと)に別[わか]れてよりハ[53]、二[ふた]たび人[ひと]のために[54]、我わが身[み]を、けかされじ、と思[おも]ひしに[55]、心[こころ]のまゝならず[56]、

---

46) 「なさけなし【情け無し】[形ク]매정하다. 무뚝뚝하다」의 連用形「なさけなく」.

47) 「り【李】이」+「し【氏】씨」+「が[助詞]현대일본어 〈の〉의 쓰임」+「て【手】손」+「を[助詞]」+「とる【取る・採る】[4]취하다. 집다. 잡다」의 連用形「とり」+「て」.

48) 「かど【門】문」+「の[助詞]」+「そと【外】밖」+「へ[助詞]」+「ひきいだす【引き出す】[4]끌어내다」.

49) 「り【李】이」+「し【氏】씨」+「すなはち【即ち・則ち】[副]곧바로. 즉시. 그래서」.

50) 「てん【天】하늘」+「を[助詞]」+「あふぐ【仰ぐ】[4]우러러보다. 존경하다」의 連用形「あふぎ」+「て」+「なく【泣く・鳴く・啼く】울다. 소리 내어 눈물 흘리다」의 連用形「なき」+「て」+「いはく【曰く】말하길. 이르길」.

51) 「をんな→おんな【女】여자」+「の[助詞]」+「み【身】몸. 자신. 처지」+「ほど【程】시간・공간・사항의 정도. 모습」.

52) 「ものうし【物憂し・懶し】[形ク]내키지 않다. 괴롭다」의 連體形「ものうき」+「こと【事】것. 일」+「は[助詞]」+「なし【無し】[形ク]없다」.

53) 「をと→おっと【夫】지아비」(〈を〉는 歷史的仮名遣에 어긋남)+「に[助詞]」+「わかる【分かる・別る】[下2]따로 떨어지다. 나뉘다. 헤어지다」의 連用形「わかれ」+「て」+「より[助詞]동작・장소・시간의 起點. ~부터」+「は[助詞]」.

54) 「ふたたび【二度・再び】두 번. 다시. 거듭」+「ひと【人】사람. 다른 사람」+「の[助詞]」+「ため【為】[名]때문. 위함」+「に[助詞]」(〈~の(が)ために〉의 꼴로 '이익・이유・목적'의 뜻. ~때문에. ~위해).

55) 「わが【我が・吾が】[連體]나의. 자신의」+「み【身】몸. 자신. 자기」+「を[助詞]」+「けがす【穢す・汚す】[4]더럽히다. 상처내다」의 未然形「けがさ」+「る[助動]수동」의 未然形「れ」+「じ[助動]추량・의지의 부정. ~아닐 것이다. ~하지 않겠다」+「と[助詞]~라고」+「おもふ【思ふ】[4]생각하다」의 連用形「おもひ」+「き[助動]회상・과거」의 連體形「し」+「に[助詞]~하니. ~하는데」.

⇨ 남편과 헤어진 후에는 재차 다른 사람으로 인해 내 몸을 더럽혀지지 않겠다고 생각했는데 뜻대로 되지 않는다.

❑この手[て]を、けがされける事[こと]こそ57)、やすからね58)。此[この]手[て]故[ゆえ]に59)、身[み]までも60)、つれて、けがされんこと61)有[ある]べからず62)。」とて63)、

⇨ 이 손을 더럽혀지는 것이야말로 편치 않다. 이 손 때문에 몸까지도 더불어서 더럽혀지는 일은 있어서는 안 된다."라며,

❑斧(をの)をとりて64)、ミづから左(ひだり)の手(て)を、きりおとしたり65)。

⇨ 도끼를 들어 손수 왼손을 잘라냈다.

❑ミる人[ひと]66)、あはれを、もよほし67)、涙[なみだ]をながす68)。

---

56) 「こころのまま【心の儘】생각대로. 마음껏」+「なる【成る·為る】[4]되다」의 未然形「なら」+「ず[助動]부정」.

57) 「この【此の·斯の】[連体]이」+「て【手】손」+「を[助詞]」+「けがす【穢す·汚す】[4]더럽히다」의 未然形「けがさ」+「る[助動]수동」의 未然形「れ」+「けり[助動]회상·과거」의 連体形「ける」+「こと【事】것. 일」+「こそ[係助詞]뜻을 강하게 함」(문말은 已然形).

58) 「やすし【安し·易し】[形ク]평안하다. 근심이 없다. 안심이다. 쉽다」의 未然形「やすから」+「ず[助動]부정」의 已然形「ね」(앞의 〈こそ〉에 호응).

59) 「この【此の·斯の】[連体]이」+「て【手】손」+「ゆゑ→ゆえ【故】이유. 까닭」+「に[助詞]」.

60) 「み【身】몸. 자신. 자기」+「まで【迄】[助詞]~까지」+「も[助詞]」.

61) 「つれて【連れて】[副]그와 함께」+「けがす【穢す·汚す】[4]더럽히다」의 未然形「けがさ」+「る[助動]수동」의 未然形「れ」+「む[助動]추량·의지」의 連体形「む」→「ん」+「こと【事】것. 일」.

62) 「あり【有り】[ラ変]있다」의 連体形「ある」+「べかり[助動]추량·가능 등」의 未然形「べから」+「ず[助動]부정」.

63) 「とて[助詞]인용. ~라 해서. ~라는 것으로. ~라는 이름으로」.

64) 「をの→おの【斧】도끼」+「を[助詞]」+「とる【取る·採る】[4]잡다. 들다」의 連用形「とり」+「て」.

65) 「みづから【自ら】[名]자기 자신. 나 [副]스스로. 친히」+「ひだり【左】왼쪽」+「の[助詞]」+「て【手】손」+「を[助詞]」+「きりおとす【切り落とす】[4]잘라내 버리다」의 連用形「きりおとし」+「たり[助動]완료·존속」.

⇨ 보는 사람들이 동정심을 일으켜 눈물을 흘렸다.

❏ 開封(かいほう)の尹(いん)[69]、これを聞[きき]て[70]、旅(たび)やの主(あるじ)の[71]情(なさけ)なきことを、にくミて[72]、公義(こうぎ)に申[もうし]けれバ[73]、

⇨ 개봉의 수령이 이를 듣고서 객사 주인의 매몰찬 것을 못마땅해 하여 조정에 아뢰었더니,

❏ 則(すなハち)、薬(くすり)を給[たま]ハりて[74]、疵(きず)をつくろひ[75]、李(り)氏(し)をバ故郷(こきやう)に、をくり給[たま]ひ[76]、

---

66) 「みる【見る】[上1]보다」의 連體形「みる」+「ひと【人】사람. 다른 사람」.

67) 「あはれ【哀れ】[名]마음속에서 끓어오르는 절절한 감동이나 감정을 일컫는 말. 친애·정취·감격·애련·비애 등」+「を[助詞]」+「もよほす【催す】[4]재촉하다. 불러일으키다」의 連用形「もよほし」.

68) 「なみだ【涙】눈물」+「を[助詞]」+「ながす【流す】[4]흘리다」.

69) 「かいほう【開封】개봉」+「の[助詞]」+「ゐん→いん【尹】윤. 일본에서는〈弾正台(だんじょうだい);내외의 불법을 바로잡고 풍속을 숙정하는 관청〉의 수령」.

70) 「これ【此・是】[代]이것. 이사람」+「を[助詞]」+「きく【聞く】[4]듣다」의 連用形「きき」+「て」.

71) 「たびや【旅屋】여관」+「の[助詞]」+「あるじ【主】주인」+「の[助詞]」.

72) 「なさけなし【情け無し】[形ク]매정하다」의 連體形「なさけなき」+「こと【事】것. 일」+「を[助詞]」+「にくむ【憎む・悪む】[4]미워하다. 증오하다. 옳지 않은 것을 싫어하여 멀리하다. 비난하다」의 連用形「にくみ」+「て」.

73) 「こうぎ【公儀】①공적인 일 ②정부. 조정 ③세상」(원본의〈公義〉는 '사회생활을 해나감에 있어서의 도의'의 뜻으로 통하지 않는다)+「に[助詞]」+「まうす【申す】[4]'말하다·고하다'의 겸양어. 부탁드리다」의 連用形「まうし」+「けり[助動]회상·과거」의 已然形「けれ」+「ば[助詞]확정조건. 원인·이유」.

74) 「すなはち【即ち・則ち】[副]곧바로」+「くすり【薬】약」+「を[助詞]」+「たまはる【賜る·給はる】[4]주시다(존경어)」의 連用形「たまはり」+「て」.

75) 「きず【傷·疵·瑕】상처. 부상」+「を[助詞]」+「つくろふ【繕ふ】[4]수리하다. 치료하다」의 連用形「つくろひ」.

76) 「り【李】이」+「し【氏】씨」+「をば:〈格助詞〈を〉에 係助詞〈は〉가 붙어 濁音化한 것〉〈を〉의 뜻을 강하게 함」+「こきやう→こきよう【故郷】고향」+「に[助詞]」+「おくる【送る·贈る】【送る】[4]보내다. 수여하다」의 連用形「おくり」(〈を-〉는 정서법에 어

⇨ 곧 약을 내리셔서 상처를 살피고 이 씨를 고향으로 보내시고,

❏ あるじをバ、めしいだして77)、笞(むち)をもつて78)、いましめの刑(けい)を、おこなひ給[たま]ひけり79)。

⇨ 주인을 불러내서 매로써 형벌을 집행하셨다.

굿남)+「たまふ【給ふ】[助動]존경」의 連用形「たまひ」.

77) 「あるじ【主】주인」+「をば : 〈を〉의 뜻을 강하게 함」+「めしいだす【召し出す】[4]아랫사람을 불러내다. 호출하다」의 連用形「めしいだし」+「て」.

78) 「むち【鞭・韃・策・笞】채찍. 매」+「を[助詞]」+「もつて【以て】수단・방법. ~에 의해. ~로써」(본래는 동사 〈もつ【持つ】[4]가지다〉의 音便形에 접속조사 〈て〉가 붙은 것).

79) 「いましめ【戒・誡・警】경고. 훈계. 금제. 포박. 금고. 처벌. 포승줄」+「の[助詞]」+「けい【刑】형」+「を[助詞]」+「おこなふ【行ふ】[4]행하다」의 連用形 「おこなひ」+「たまふ【給ふ】[助動]존경」의 連用形「たまひ」+「けり[助動]회상・과거」.

17. 趙(てう)氏(し)縊(くひる)ㇾ輿(こしに)
조 씨가 가마에 목매달다

▫宋(そう)の趙(てう)氏(し)ハ1)、貝州(ばいしう)の人[ひと]なり2)。
  ➪ 송나라의 조 씨는 패주 사람이다.

▫王則(わうそく)と、いふもの3)、むほんを、おこして4)天下[てんか]すでに、みだれんとす5)。
  ➪ 왕측이라 하는 자가 모반을 일으켜 천하가 온통 어지러워지려 한다.

▫趙(てう)氏(し)ハ、人[ひと]にこえて6)、かほかたち、たぐひなかりける事[こと]を7)、王則(わうそく)聞[きき]をよびて8)、人[ひと]をつかハして、よびいれて9)、妻(つま)にせん、と、いふ10)。

---

1) 「そう【宋】송나라」+「の[助詞]」+「てう→ちょう【趙】조」+「し【氏】씨」+「は[助詞]」.

2) 「の[助詞]」+「ひと【人】사람」+「なり[助動]단정·지정」.

3) 「と[助詞]~라고」+「いふ【言ふ·云ふ】[4]말하다」의 連体形「いふ」+「もの【者】자. 사람」.

4) 「むほん【謀叛·謀反】모반」+「を[助詞]」+「おこす【起こす·興す·熾す】[4]일으키다」의 連用形「おこし」+「て」.

5) 「てんか【天下】천하」+「すでに【既に·已に】[副]이미. 모두. 이제」+「みだる【乱る·紊る】[下2]혼란하다. 흐트러지다. 동요하다. 수습이 되지 않다」의 連用形「みだれ」+「む[助動]추량·의지」→「ん」+「と[助詞]」+「す[サ変]하다」.

6) 「てう→ちょう【趙】조」+「し【氏】씨」+「は[助詞]」+「ひと【人】사람. 다른 사람」+「に[助詞]」+「こゆ【越ゆ·超ゆ】[下2]넘다. 웃돌다」의 連用形「こえ」+「て」.

7) 「かほかたち→かおかたち【顔貌·顔容·顔形】얼굴 생김새. 용모」+「たぐひなし【類無し】[形ク]비교할 것이 없다. 매우 빼어나다. 현저하다」의 連用形「たぐひなかり」+「けり[助動]회상·과거」의 連体形「ける」+「こと【事】것. 일」+「を[助詞]」.

8) 「ききおよぶ【聞き及ぶ】[4]남을 통해 들어 알다. 전부터 들었다」의 連用形「ききおよび」(〈-を-〉는 정서법에 어긋남)+「て」.

⇨ 조 씨는 다른 사람을 뛰어넘어 얼굴 생김새가 견줄 바 없다는 것을 왕측이 들어 알고서 사람을 보내시어 불러들여서 아내로 삼겠다고 한다.

☐ 趙(てう)氏(し)なげき、うれへて11)、ミだりに悪口(あくこう)をはき12)、「只[ただ]ねがハくハ13)、我われ]をころすべし14)。

⇨ 조 씨가 한탄하고 슬퍼하며 마구 욕설을 내뱉고 "그저 바라건대 나를 죽여야 할 것이다.

☐ 汝(なんぢ)らがことくなる15)国[くに]の大[だい]賊(ぞく)の妻(つま)とハ16)、なるまじきぞ17)。」と、のゝしりけれども18)、

---

9) 「ひと【人】사람. 다른 사람」+「を[助詞]」+「つかはす【使はす・遣はす】[4]심부름 보내시다. 파견하시다」의 連用形「つかはし」+「て」+「よびいる【呼び入る】[下2]불러들이다. 아내로 맞이하다」의 連用形「よびいれ」+「て」.

10) 「つま【妻】처. 아내」+「に[助詞]」+「す[サ変]하다」의 未然形「せ」+「む[助動]추량・의지」→「ん」+「と[助詞]~라고」+「いふ【言ふ・云ふ】[4]말하다」.

11) 「てう→ちょう【趙】조」+「し【氏】씨」+「なげく【嘆く・歎く】[4]한숨짓다. 탄식하다. 슬퍼하다. 절망하다. 애원하다. 호소하다」의 連用形「なげき」+「うれふ【憂ふ・愁ふ・患ふ】[下2]한탄하다. 슬퍼하다. 걱정하다. 아프다」의 連用形「うれへ」+「て」.

12) 「みだりに【妄りに・濫りに・猥りに】[副]질서를 어지럽혀서. 쓸데없이. 이유 없이. 버릇없이. 마구잡이로」+「あくこう→あっこう【悪口】악구. 험담」+「を[助詞]」+「はく【吐く】[4]뱉다」의 連用形「はき」.

13) 「ただ【只・唯】[副]단지. 오직. 그저」+「ねがはくは【願はくは】[副]바라기는. 원하기는」.

14) 「われ【我・吾】[代]나」+「を[助詞]」+「ころす【殺す】[4]죽이다」의 終止形「ころす」+「べし[助動]의무・당연・추량・가능 등」.

15) 「なんぢ【汝・爾】[代]아랫사람을 가리키는 말. 너」+「ら【等】[接尾]복수(複數)를 나타냄. ~들」+「が[助詞]현대일본어〈の〉의 쓰임」+「ごとくなり【如くなり】[助動]~같다」의 連体形「ごとくなる」(〈こ-〉는 無濁点표기).

16) 「くに【国】나라. 지역」+「の[助詞]」+「だいぞく【大賊】큰 도둑. 대도」+「の[助詞]」+「つま【妻】처. 아내」+「と[助詞]」+「は[助詞]」.

17) 「なる【成る・為る】[4]되다」의 終止形「なる」+「まじ[助動]부정의 추량(~않을 것이다). 의뢰・권유(~하지 않겠는가). 부정의 결의(~하지 않을 것이다) 등」의 連体形「まじき」+「ぞ[終助詞](문말에 써서)상대방에게 자신의 발언을 강조함」.

18) 「と[助詞]~라고」+「ののしる【罵る】[4]소란을 피우다. 목소리를 높이다. 비난하다」의 連用形「ののしり」+「けり[助動]회상・과거」의 已然形「けれ」+「ども[助詞]역접」.

⇨ 너희들과 같은 나라의 큰 도적의 아내는 되지 않겠다."라고 목청을 높였지만,

❏ かたち世[よ]にすぐれて19)、うつくしきに愛着(あいぢやく)して20)、さらに、いからず21)、番(ばん)をつけて、まもらしむ22)。

⇨ 생김새가 세상에 빼어나 아름다움에 집착해서 전혀 성내지 않고 망꾼을 붙여서 지키게 한다.

❏ 趙(てう)氏(し)、心[こころ]におもひけるやうハ23)、今(いま)ハ、いかにも、のがるべからず24)、じがいせん、と、すれども25)、又[また]、心[こころ]のまゝならず26)。

⇨ 조 씨가 마음에 생각했던 것은, 이제는 참으로 벗어날 수 없다, 자해하려 하지만 또한 뜻대로 되지 않는다.

❏ いつハりをもつて27)、此[この]辱(はぢ)をのがれバや、と、おもひ

---

19) 「かたち【形・容】 모습. 용모」+「よ【世】 세상」+「に[助詞]」+「すぐる【優る・勝る】 [下2]빼어나다. 뛰어나다」의 連用形 「すぐれ」(〈-く-〉는 無濁点표기)+「て」.

20) 「うつくし【美し・愛し】 [形シク]아름답다. 사랑스럽다」의 連体形 「うつくしき」+「に[助詞]」+「あいぢやく→あいじゃく【愛着・愛著】 욕망에 빠져 집착하는 것. 애집」+「す[サ変]하다」의 連用形 「し」+「て」.

21) 「さらに【更に】 [副]또한. 전혀 ~지 않다」+「いかる【怒る】 [4]화내다. 노하다」의 未然形 「いから」+「ず[助動]부정」의 連用形 「ず」.

22) 「ばん【番】 교대로 하는 것(역할). 망보는 것(사람)」+「を[助詞]」+「つく【付く・附く・着く】 [下2]붙이다. 닿게 하다」의 連用形 「つけ」+「て」+「まもる【守る・護る】 [4]지키다. 막다」의 未然形 「まもら」+「しむ[助動]사역. ~시키다」.

23) 「てう→ちょう【趙】 조」+「し【氏】 씨」+「こころ【心】 마음」+「に[助詞]」+「おもふ【思ふ】 [4]생각하다」의 連用形 「おもひ」+「けり[助動]회상・과거」의 連体形 「ける」+「やう→よう【様】 모습. 형상. 꼴. 이유. 방법」+「は[助詞]」.

24) 「いま【今】 현재. 지금」+「は[助詞]」+「いかにも【如何にも】 [副]어떻게든. 정말로. 분명」+「のがる【逃る・遁る】 [下2]벗어나다. 피하다. 도망치다」의 終止形 「のがる」+「べかり[助動]추량・가능 등」의 未然形 「べから」+「ず[助動]부정」.

25) 「じがい【自害】 자해. 자살」+「す[サ変]하다」의 未然形 「せ」+「む[助動]추량・의지」→「ん」+「と[助詞]~하려고」+「す[サ変]하다」의 已然形 「すれ」+「ども[助詞]역접. ~하지만」.

26) 「また【又・亦・復】 [副]다시. 같이. 달리. 또한」+「こころのまま【心の儘】 생각대로. 마음껏」+「なる【成る・為る】 [4]되다」의 未然形 「なら」+「ず[助動]부정」.

て28)、王則(わうそく)がかたへ申[もうし]つかはしけるハ29)、

⇨ 속임수로써 이 치욕을 벗어났으면 하고 생각해서 왕측 쪽에 고했던 것은,

☐「かならず、我[われ]を妻(つま)とせん、と、おもひ給[たま]ハゞ30)、我[われ]も、ちからなく31)、したがひ、ゆるし侍[はべ]らん32)、

⇨ "기어이 나를 아내로 삼겠다고 생각하시면 나도 어쩔 수 없이 좇아서 응하겠습니다.

☐吉日(きちにち)をえらひて33)、むかへ給[たま]へ34)。」と、いひやりければ35)、

---

27) 「いつはり→いつわり【偽り・詐り】[名]속임. 거짓. 꾸밈」+「を[助詞]」+「もって【以て】(〈を[助詞]〉에 이어져서)수단이나 원인 등을 나타냄. ~로써. ~때문에」.

28) 「この【此の・斯の】[連体]이」+「はぢ→はじ【恥・辱】부끄러움. 불명예. 치욕」+「を[助詞]」+「のがる【逃る・遁る】[下2]벗어나다」의 未然形 「のがれ」+「ばや[助詞](未然形에 접속)①자신의 행동 등에 대한 바람을 나타냄. ~하고 싶구나 ②본인의 의지를 완곡하게 표현함. ~해야지」+「と[助詞]~라고」+「おもふ【思ふ】[4]생각하다」의 連用形 「おもひ」+「て」.

29) 「が[助詞]현대일본어 〈の〉의 쓰임」+「かた【方】방향. 쪽」+「へ[助詞]」+「まうしつかはす【申し遣はす】[4]고하여 알리다. 아뢰다」의 連用形 「まうしつかはし」+「けり[助動]회상·과거」의 連体形 「ける」+「は[助詞]」.

30) 「かならず【必ず】[副]꼭. 반드시. 필시」+「われ【我·吾】[代]나」+「を[助詞]」+「つま【妻】처. 아내」+「と[助詞]」+「す[サ変]하다」의 未然形 「せ」+「む[助動]추량·의지」→「ん」+「と[助詞]~라고」+「おもふ【思ふ】[4]생각하다」의 連用形 「おもひ」+「たまふ【給ふ】[助動]존경」의 未然形 「たまは」+「ば[助詞]가정조건」.

31) 「われ【我·吾】[代]나」+「も[助詞]」+「ちからなし【力無し】[形ク]어쩔 수 없다. 기운이 없다」의 連用形 「ちからなく」.

32) 「したがふ【從ふ・隨ふ・順ふ】[4]말하는 대로 따르다. 거스르지 않다. 맡기다」의 連用形 「したがひ」+「ゆるす【許す・赦す】[4]풀어주다. 승낙하다. 허가하다」의 連用形 「ゆるし」+「侍(はべ)り[助動]격식・정중」의 未然形 「はべら」+「む[助動]추량·의지」→「ん」.

33) 「きちにち【吉日】길일」+「を[助詞]」+「えらぶ【選ぶ・択ぶ】[4]고르다. 선택하다. 발탁하다」의 連用形 「えらび」(〈-ひ〉는 無濁点표기)+「て」.

34) 「むかふ【迎ふ】[下2]마중하다. 불러들이다. 받아들이다」의 連用形 「むかへ」+「たまふ【給ふ】[助動]존경」의 命令形 「たまへ」.

35) 「と[助詞]~라고」+「いひやる【言ひ遣る】[4]심부름꾼을 보내거나 또는 편지로 말을 전하다」의 連用形 「いひやり」+「けり[助動]회상·과거」의 已然形 「けれ」+「ば[助詞]」

⇨ 길일을 골라 맞이하십시오."라고 전갈했더니,

❏ 王則(わうそく)、大[おおい]に、よろこびて36)、趙(てう)氏(し)を家(いへ)に、かへらしめ37)、なを、家人(けにん)どもに、いふやう38)、
　　⇨ 왕측이 크게 기뻐하며 조 씨를 집에 돌아가게 하고 다시 청지기들에게 말하기를,

❏「趙(てう)氏(し)、もし39)、じがいすべき事[こと]もこそ40)、あらんずらめ41)、
　　⇨ 조 씨가 어쩌면 자해할 일도 있을지 모른다.

❏ もしも、趙(てう)氏(し)42)、夜(よ)にまぎれて、おちゆくか43)、あるひハ、もし44)、じがいする事[こと]あらバ45)、

확정조건. 원인·이유」.

36)「おおいに【大いに】[副]매우. 몹시. 많이」+「よろこぶ【喜ぶ·悦ぶ】[4]기뻐하다」의 連用形「よろこび」+「て」.

37)「てう→ちょう【趙】조」+「し【氏】씨」+「を[助詞]」+「いへ→いえ【家】집」+「に[助詞]」+「かへる【帰る】[4]돌아가(오)다」의 未然形「かへら」+「しむ[助動]사역. ~시키다」의 連用形「しめ」.

38)「なほ→なお【猶·尚】[副]아직. 역시. 그래도. 다시. 원래대로」(〈-を〉는 정서법에 어긋남)+「けにん【家人】청지기. 가신」+「ども【共】[接尾]~들」+「に[助詞]」+「いふ【言ふ·云ふ】말하다」의 連体形「いふ」+「やう→よう【様】모습. 형상. 꼴」.

39)「てう→ちょう【趙】조」+「し【氏】씨」+「もし【若し】[副]만일. 어쩌면」.

40)「じがい【自害】자해」+「す[サ変]하다」의 終止形「す」+「べし[助動]의무·당연·추량·가능 등」의 連体形「べき」+「こと【事】것. 일」+「も[助詞]」+「こそ[係助詞]뜻을 강하게 함」(문말은 已然形).

41)「あり【有り】[ラ変]있다」의 未然形「あら」+「むず[助動]~하려고 하고 있다. ~일 것이다. ~해야지」의 終止形「むず」→「んず」+「らむ[助動]이유나 원인 따위의 추량」의 已然形「らめ」(앞의 〈こそ〉에 호응).

42)「もしも【若しも】만약에. 만일 또한」+「てう→ちょう【趙】조」+「し【氏】씨」.

43)「よ【夜】밤」+「に[助詞]」+「まぎる【紛る】[下2]뒤섞이다. 구별하기 어렵게 되다. 숨다」의 連用形「まぎれ」+「て」+「おちゆく【落ち行く】[4]도망쳐가다. 패주하다」의 連体形「おちゆく」+「か[係助詞]의문·질문」.

44)「あるいは【或いは】[接続]혹은. 또는」+「もし【若し】[副]만일」.

45)「じがい【自害】자해」+「す[サ変]하다」의 連体形「する」+「こと【事】것. 일」+「あり

➭ 만일 조 씨가 밤을 틈타 도망치거나 혹은 만일 자해하는 일이 있으면,

❏ 趙(てう)氏(し)が家人(けにん)を46)、ひとりものこらず、ころすべし47)。」と申[もうし]けるほどに48)、

➭ 조 씨의 청지기를 하나도 남김없이 죽여야 할 것이다."라고 했기에,

❏ 家人(けにん)被官(ひくわん)のともがら49)、ふかく此[この]事[こと]を、おそれて50)、夜(よ)る昼(ひる)となく51)、番(ばん)をすへて52)、すきまもなく、まもり居(ゐ)たり53)。

➭ 청지기와 소작농 무리들이 깊이 이 일을 두려워하여 밤낮을 가리지 않고 망꾼을 두고 빈틈없이 지키고 있었다.

❏ 趙(てう)氏(し)も又[また]54)、さすがに、じがいして55)、日[ひ]ごろ、

【有り】「ラ変있다」의 未然形「あら」+「ば[助詞]가정조건」.

46) 「てう→ちょう【趙】조」+「し【氏】씨」+「が[助詞]현대일본어〈の〉의 쓰임」+「けにん【家人】청지기. 가신」+「を[助詞]」.

47) 「ひとり【一人・独り】한 사람」+「も[助詞]」+「のこる【残る】[4]남다」의 未然形「のこら」+「ず[助動]부정」+「ころす【殺す】[4]죽이다」의 終止形「ころす」+「べし[助動]의무・당연・추량・가능 등」.

48) 「と[助詞]~라고」+「まうす[4]→もうす【申す】[5]'말하다・고하다'의 겸양어. 부탁드리다」의 連用形「まうし」+「けり[助動]회상・과거」의 連体形「ける」+「ほどに【程に】①~하면. ~하는 사이에 ②원인・이유. ~이므로」.

49) 「けにん【家人】청지기. 가신」+「ひくわん→ひかん【被官・被管】하급무사. 소작농민」+「の[助詞]」+「ともがら【輩・儕】동료. 한패」.

50) 「ふかし【深し】[形ク]깊다」의 連用形 「ふかく」+「この【此の・斯の】[連体]이」+「こと【事】것. 일」+「を[助詞]」+「おそる【恐る・畏る・怖る・懼る】[下2]두려워하다. 무서워하다. 우려하다」의 連用形「おそれ」+「て」.

51) 「よるひる【夜昼】밤과 낮. 종일」+「と[助詞]」+「なし【無し】[形ク]없다」의 連用形「なく」.

52) 「ばん【番】파수꾼」+「を[助詞]」+「すう【据う】[下2]설치하다. 지키게 하다」의 連用形「すゑ」(〈-へ〉는 정서법에 어긋남)+「て」.

53) 「すきま【隙間・透き間】빈틈. 방심」+「も[助詞]」+「なし【無し】[形ク]없다」의 連用形「なく」+「まもる【守る・護る】[4]지키다. 막다」의 連用形「まもり」+「ゐる【居る】[上1]있다. 머물다」의 連用形「ゐ」+「たり[助動]완료・존속」.

つかへし家人(けにん)どもに56)、物[もの]うき事[こと]を見[み]せんも57)不敏(ふびん)さに58)、

⇨ 조 씨도 또한 역시 자해하여 이제껏 섬겼던 수하들에게 괴로운 일을 당하게 하는 것도 딱함에,

□只[ただ]何(なに)となく、もてなし59)、王(わう)そくがかたに、行(ゆく)べき60)出[いで]たちをぞ、いたしける61)。

⇨ 그저 아무렇지 않게 처신하며 왕측 쪽으로 갈 채비를 했다.

□家人(けにん)ども丶62)、いまハ、趙(てう)氏(し)の御[み]こ丶ろも63)、

---

54) 「てう→ちょう【趙】조」+「し【氏】씨」+「も[助詞]」+「また【又・亦・復】[副]다시. 같이. 달리. 또한. 게다가」.

55) 「さすがに[副]그렇게 생각하지만 역시. 그렇지만. 과연」+「じがい【自害】자해」+「す[サ変]하다」의 連用形「し」+「て」.

56) 「ひごろ【日頃】여러 날. 평소. 늘. 요사이」+「つかふ【仕ふ】[下2]윗사람 가까이에서 섬기다. 모시다」의 連用形「つかへ」+「き[助動]회상・과거」의 連体形「し」+「けにん【家人】청지기. 가신」+「ども【共】[接尾]~들」+「に[助詞]」.

57) 「ものうし【物憂し・懶し】[形ク]내키지 않다. 괴롭다」의 連体形「ものうき」+「こと【事】것. 일」+「を[助詞]」+「みす【見す】[下2]보여주다. 받게 하다」의 未然形「みせ」+「む[助動]추량・의지・완곡」의 連体形「む」→「ん」+「も[助詞]」.

58) 「ふびん【不便・不憫・不愍】[形動ナリ]불편한 것. 불쌍한 것. 귀엽다고 생각하는 것」(본문의 〈不敏(ふびん)〉은 '민첩하지 않은 것. 재능이 떨어지는 것'의 뜻)의 語幹「ふびん」+「さ[接尾](형용사의 어간 등에 접속)그 정도나 상태를 나타내는 명사를 만듦」+「に[助詞]」.

59) 「ただ【只・唯】[副]단지. 오직. 그저」+「なにとなし【何と無し】[連語]특별할 것 없다. 평범하다. 뭐라 할 목적도 없다」의 連用形「なにとなく」+「もてなす【持て成す】[4]처치하다. 대우하다. 대접하다. 돌보다. 처신하다」의 連用形「もてなし」.

60) 「が[助詞]현대일본어〈の〉의 쓰임」+「かた【方】방향. 쪽」+「に[助詞]」+「ゆく【行く】[4]가다」의 終止形「ゆく」+「べし[助動]의무・당연・추량・가능 등」의 連体形「べき」.

61) 「いでたち【出立ち】[名]여행을 떠남. 출발. 여행 떠날 때의 식사. 옷차림」+「を[助詞]」+「ぞ[係助詞]뜻을 강하게 함」(문말은 連体形)+「いたす【致す】[4]하다. 혼신을 다 바치다. 온힘을 쏟다」의 連用形「いたし」+「けり[助動]회상・과거」의 連体形「ける」(앞의 〈ぞ〉에 호응).

62) 「けにん【家人】청지기. 가신」+「ども【共】[接尾]~들」+「も[助詞]」.

63) 「いま【今】현재. 지금」+「は[助詞]」+「てう→ちょう【趙】조」+「し【氏】씨」+「の[助

とけさせ給[たま]ひけり、とて(64)、よろこひあへり(65)。

⇨ 수하들은 이제는 조 씨의 마음도 풀리셨다며 한가지로 기뻐했다.

□さるほとに(66)、王則(わうそく)、すてに吉日(きちにち)をえらびて(67)、婚姻(こんいん)の礼(れい)を、おこなハん、とす(68)。

⇨ 그러는 사이에 왕측이 이제 길일을 골라 혼인의 예를 거행하려 한다.

□すなハち、さま〴〵こしらへて(69)、輿(こし)をかざり(70)、人[ひと]をそへて(71)、大[おお]勢(ぜい)をもよほし(72)、趙(てう)氏(し)をむかひにぞ、つかハしける(73)。

詞」+「み【御】[接頭]존경의 뜻을 보탬」+「こころ【心】마음. 뜻」+「も[助詞]」.

64) 「とく【解く】[下2]풀다」의 未然形「とけ」+「さす[助動사역・존경]」의 連用形「させ」+「たまふ【給ふ】[助動존경]」의 連用形「たまひ」+「けり[助動회상・과거]」의 終止形「けり」+「とて[助詞]인용. ~라 해서. ~라는 것으로」.

65) 「よろこぶ【喜ぶ・悦ぶ】[4]기뻐하다」의 連用形「よろこび」(〈-ひ〉는 無濁点표기)+「あふ【合ふ】[4](다른 동사의 連用形에 접속하여)둘 이상의 사람이 동시에 그 동작을 하다. 함께 ~하다」의 命令形「あへ」+「り[助動완료・존속]」.

66) 「さるほどに【然る程に】[接續]그러는 사이에. 그건 그렇고. 그런데」(〈-と-〉는 無濁点표기).

67) 「すでに【既に・已に】[副]이미. 벌써. 이제」(〈-て-〉는 無濁点표기)+「きちにち【吉日】길일」+「を[助詞]」+「えらぶ【選ぶ・択ぶ】[4]고르다」의 連用形「えらび」+「て」.

68) 「こんいん【婚姻】혼인」+「の[助詞]」+「れい【礼】예」+「を[助詞]」+「おこなふ【行ふ】[4]행하다」의 未然形「おこなは」+「む[助動추량・의지]」→「ん」+「と[助詞]」+「す[サ変]하다」.

69) 「すなはち【即ち・則ち】[副]곧바로. 즉시. 그래서」+「さまざま【樣樣】[形動ナリ](부사적으로도 쓰임)여러 가지」+「こしらふ【拵ふ】[下2]만들어내다. 준비하다. 조리하다」의 連用形「こしらへ」+「て」.

70) 「こし【輿】지붕 모양 안에 사람을 태우고, 그 아래에 있는 막대를 어깨에 메고 옮기는 탈것」+「を[助詞]」+「かざる【飾る】[4]꾸미다. 장식하다. 설치하다」의 連用形「かざり」.

71) 「ひと【人】사람. 다른 사람」+「を[助詞]」+「そふ【添ふ・副ふ】[下2]덧붙이다. 따르게 하다」의 連用形「そへ」+「て」.

72) 「おほぜい→おおぜい【大勢】많은 사람」+「を[助詞]」+「もよほす【催す】[4]재촉하다. 불러일으키다. 준비하다. 소집하다」의 連用形「もよほし」.

179

⇨ 곧 여러모로 채비하여 가마를 꾸미고 사람을 붙여서 수많은 사람들도 불러서 조 씨를 맞이하러 보내셨다.

❏趙(てう)氏(し)、家人(けにん)に74)、いとまごひして、いふやう75)、「今[いま]ハ、この世[よ]のわかれそかし76)、

⇨ 조 씨가 집안사람에게 작별을 고하고 말하길 "이제는 이 세상의 헤어짐이다.

❏二[ふた]たび、爰(こゝ)にハ来(きた)るべからず77)。われ、大[だい]賊(ぞく)のために、けがされ78)、いのちいきて、何[なに]にかせん79)。」と、

⇨ 다시 여기에는 오지 못할 것이다. 내가 큰 도적으로 인해 더럽혀지고 목숨 이어서 무엇 하겠는가."라고,

❏なく＼／ひそかに、かきくどきければ80)、家人(けにん)、申[もう]す

---

73) 「てう→ちょう【趙】조」+「し【氏】씨」+「を[助詞]」+「むかひ【迎ひ】(〈迎(むか)へ〉가 변한 말)마중하는 것. 마중하러 가는 사람이나 탈것」+「に[助詞]~하러」+「ぞ[係助詞]뜻을 강하게 함」(문말은 連体形)+「つかはす【使はす・遣はす】[4]파견하시다」의 連用形「つかはし」+「けり[助動]회상・과거」의 連体形「ける」(앞의 〈ぞ〉에 호응).

74) 「てう→ちょう【趙】조」+「し【氏】씨」+「けにん【家人】청지기. 가신」+「に[助詞]」.

75) 「いとまごひ【暇乞ひ】[名]이별을 고하는 것. 작별. 고별」+「す[サ変]하다」의 連用形「し」+「て」+「いふ【言ふ・云ふ】말하다」의 連体形「いふ」+「やう→よう【様】모습. 형상. 꼴」.

76) 「いま【今】지금. 이제」+「は[助詞]」+「この【此の・斯の】[連体]이」+「よ【世】세상」+「の[助詞]」+「わかれ【別れ・分れ】헤어짐. 작별」+「ぞかし(〈ゾ〉〈カシ〉모두 강조의 뜻을 나타내는 조사. 문말에 쓰임)~인 것이다」.

77) 「ふたたび【二度・再び】두 번. 다시. 거듭」+「ここ【此処・此所・此・是・爰】[代]여기. 이것」+「に[助詞]」+「は[助詞]」+「きたる【来る】[4]오다」의 終止形「きたる」+「べかり[助動]추량・가능 등」의 未然形「べから」+「ず[助動]부정」.

78) 「われ【我・吾】[代]나」+「だいぞく【大賊】큰 악행을 저지르는 도둑. 대도」+「の[助詞]」+「ため【為】[名]때문. 위함」+「に[助詞]」(〈~の(が)ために〉의 꼴로 '이익・이유・목적'의 뜻. ~때문에. ~위해)+「けがす【穢す・汚す】[4]더럽히다」의 未然形「けがさ」+「る[助動]수동」의 連用形「れ」.

79) 「いのち【命】목숨」+「いく【生く・活く】[上2]살다. 생존하다」의 連用形「いき」+「て」+「なに【何】[代]어떤. 무엇」+「に[助詞]」+「か[係助詞]의문・질문」(문말은 連体形)+「す[サ変]하다」의 未然形「せ」+「む[助動]추량・의지」의 連体形「む」(앞의 〈か〉에 호응)→「ん」.

やう81)、

⇨ 울면서 슬며시 하소연했더니 청지기가 아뢰길,

☐「時世(ときよ)に、したがふ、ならひなり82)、我[われ]らのためにも、よろしかるべし83)。

⇨ "세상에 따르는 이치다. 우리를 위해서도 바람직할 것이다.

☐只[ただ]忍[しの]びて84)、妻(つま)と成[なり]給[たま]へかし85)。」と、いひけるを86)、

⇨ 그저 견디어 아내가 되십시오."라고 했는데

☐返事[へんじ]も、さだかならで87)、涙[なみだ]とともに88)、輿(こし)に

---

80) 「なくなく【泣く泣く】[副]울면서」+「ひそか【密か】[形動ナリ]남모르게. 몰래」의 連用形「ひそかに」+「かきくどく【掻き口説く】[4]구구절절 이야기하다. 거듭 말하다. 불평하다. 호소하다. 상대방을 설득하기 위해 구구하게 이야기하다」의 連用形「かきくどき」+「けり[助動]회상・과거」의 已然形「けれ」+「ば[助詞]확정조건. 원인・이유」.

81) 「けにん【家人】청지기. 가신」+「まうす[4]→もうす【申す】[5]'말하다・고하다'의 겸양어. 부탁드리다」의 連体形「まうす」+「やう→よう【様】모습. 형상. 꼴」.

82) 「ときよ【時世】때와 세상. 시절. 시대. 그 시대의 풍조」+「に[助詞]」+「したがふ【従ふ・随ふ・順ふ】[4]말하는 대로 따르다. 거스르지 않다. 맡기다」의 連体形「したがふ」+「ならひ【慣・習ひ・倣ひ】[名]습관. 관례. 보통. 세상사. 규칙」+「なり[助動]단정・지정」.

83) 「われら【我等】[代]우리들」+「の[助詞]」+「ため【為】[名]이득. 행복. 위함」+「に[助詞]」(く~の(が)ためにく)의 꼴로 '이익・이유・목적'의 뜻. ~때문에. ~위해)+「も[助詞]」+「よろし【宜し】[形シク]좋다. 바람직하다. 적당하다. 알맞다」의 連体形「よろしかる」+「べし[助動]의무・당연・추량・가능 등」.

84) 「ただ【只・唯】[副]단지. 오직. 그저」+「しのぶ【忍ぶ】[上2]참다. 눈에 띄지 않게 하다. 남의 눈을 피하다」의 連用形「しのび」+「て」.

85) 「つま【妻】처. 아내」+「と[助詞]」+「なる【成る・為る】[4]되다」의 連用形「なり」+「たまふ【給ふ】[助動존경]」의 命令形「たまへ」+「かし[助詞]다짐을 받는 뜻을 강하게 함」(문말에 사용되는 〈かし〉는 終止形이나 命令形에 접속함).

86) 「と[助詞]~라고」+「いふ【言ふ・云ふ】[4]말하다」의 連用形「いひ」+「けり[助動]회상・과거」의 連体形「ける」+「を[助詞]~한 것을. ~하는데」.

87) 「へんじ【返事・返辞】대답. 답장」+「も[助詞]」+「さだか【定か】[形動ナリ]분명한 모양. 확실한 모양」의 未然形「さだかなら」+「で[助動]부정」(〈て〉는 無濁点표기).

のりて、ゆく89)。
⇨ 대답도 얼버무리고 눈물과 함께 가마에 올라서 간다.

☐其[その]日(ひ)の暮(くれ)がたに90)、国(くに)の境(さかひ)に、いたりぬ91)。
⇨ 그날 저물녘에 국경에 다다랐다.

☐簾(すだれ)をあげて92)、内(うち)を、さしのぞきたれば93)、趙(てう)氏(し)ハ94)、輿(こし)の内[うち]に95)、ミづから縊(くび)れて死(し)したりけり96)。
⇨ 발을 올리고 안을 들여다봤더니 조 씨는 가마 안에서 스스로 목매달아 죽어있었다.

☐あはれ也(なり)ける事[こと]共[ども]也(なり)97)。

---

88) 「なみだ【涙】 눈물」+「と[助詞]」+「ともに【共に·俱に】[連語]함께. 동반하여. 동시에」.

89) 「こし【輿】 가마」+「に[助詞]」+「のる【乗る】[4]타다」의 連用形 「のり」+「て」+「ゆく【行く】[4]가다」.

90) 「その【其の】[連体ユ]」+「ひ【日】 날」+「の[助詞]」+「くれがた【暮れ方】 해가 저물 무렵」+「に[助詞]」.

91) 「くに【国】 나라. 지역」+「の[助詞]」+「さかひ→さかい【境·界】 경계. 국경」+「に[助詞]」+「いたる【至る·到る】[4]도착하다. 도달하다」의 連用形 「いたり」+「ぬ[助動]완료·존속」.

92) 「すだれ【簾】 발」+「を[助詞]」+「あぐ【上ぐ·挙ぐ·揚ぐ】[下2]올리다. 높이다」의 連用形 「あげ」+「て」.

93) 「うち【内】 안」+「を[助詞]」+「さしのぞく【差し覗く】[4]엿보다. 들르다」의 連用形 「さしのぞき」+「たり[助動]완료·존속」의 已然形 「たれ」+「ば[助詞]확정조건. 원인·이유」.

94) 「てう→ちょう【趙】 조」+「し【氏】 씨」+「は[助詞]」

95) 「こし【輿】 가마」+「の[助詞]」+「うち【内】 안」+「に[助詞]~에서」.

96) 「みづから【自ら】[名]자기 자신. 나 [副]스스로. 친히」+「くびる【縊る】[下2]목을 매어 죽다」의 連用形 「くびれ」+「て」+「しす【死す】[サ変]죽다」의 連用形 「しし」+「たり[助動]완료·존속」의 連用形 「たり」+「けり[助動]회상·과거」.

97) 「あはれ【哀れ】[形動ナリ]마음속에서 끓어오르는 절절한 감동이나 감정을 일컫는 말. 친애·정취·감격·애련·비애 등」의 連用形 「あはれなり」+「けり[助動]회상·과거」의 連体形 「ける」+「こと【事】 것. 일」+「ども【共】[接尾]~들」+「なり[助動]단정·지정」.

⇨ 절절했던 일들이다.

☐尚書(しやうしよ)屯田員(しゆんてんいん)外郎(げらう)張寅(ちやういん)98)、この事[こと]を聞[きき]をよびて99)、あはれを、もよほして100)、詩(し)をつくりて、とふらひ侍[は]へりき101)。

⇨ 상서 둔전원 외랑 장인이 이 일을 전해 듣고서 동정심을 일으켜 시를 지어 명복을 빌었습니다.

---

98) 이 부분은 〈한문본〉에 「尚書屯田員外郎張寅有趙女詩」이고 〈언해본〉에는 「尚書屯田員外郎 張寅이 趙女詩를 지스니라」이다. 참고로 「しやうしよ→しょうしょ【尚書】 상서. 중국의 벼슬 이름」, 「うゐらう → うゐろう【外郎】 외랑. 중국의 벼슬 이름」, 「屯(トン)[漢音]」을 제시해두겠다.

99) 「この【此の·斯の】[連体]이」+「こと【事】 것. 일」+「を[助詞]」+「ききおよぶ【聞き及ぶ】[4]남을 통해 들어 알다」의 連用形「ききおよび」(〈-を-〉는 정서법에 어긋남)+「て」.

100) 「あはれ → あわれ【哀れ】[名]절절함. 동정심」+「を[助詞]」+「もよほす【催す】[4]불러일으키다」의 連用形「もよほし」+「て」.

101) 「し【詩】시」+「を[助詞]」+「つくる【作る·造る】[4]만들다」의 連用形「つくり」+「て」+「とぶらふ【訪ふ·弔ふ】[4]문안하다. 찾다. 조문하다. 명복을 빌다」의 連用形「とぶらひ」(〈-ふ〉는 無濁点표기)+「侍(はべり)[助動]격식·정중」의 連用形「はべり」(〈-へ〉는 無濁点표기)+「き[助動]회상·과거」.

18. 徐(じよ)氏(し)罵(のり)死(しす)
서 씨가 욕하며 죽다

☐ 宋そう]の徐(じよ)氏(し)ハ¹⁾、和州(くわしう)の閎中(くわうちう)と、いふ人[ひと]の娘(むすめ)として²⁾、おなじ郡(こほり)の³⁾張弼(ちやうひつ)と云[いう]人[ひと]の妻(つま)と、なれり⁴⁾。

  ⇨ 송나라 서 씨는 화주의 굉중이라 하는 사람의 딸로서, 같은 마을의 장필이라 하는 사람의 아내가 됐다.

☐ 建炎(けんゑん)三年(ねん)の春(はる)⁵⁾、金(きん)の軍兵(ぐんびやう)⁶⁾大勢(おほぜい)を、もよほして⁷⁾、維揚(ゆいやう/ゐやう)と、いふところに、をしよせたり⁸⁾。

---

1) 「そう【宋】송나라」+「の[助詞]」+「じよ【徐】서」+「し【氏】씨」+「は[助詞]」.

2) 「と[助詞]~라고」+「いふ【言ふ・云ふ】[4]말하다」의 連体形「いふ」+「ひと【人】사람」+「の[助詞]」+「むすめ【娘】딸. 젊은 미혼여성」+「として[助詞]~의 자격으로. ~로서」.

3) 「おなじ【同じ】[連体]동일한. 같은」+「こほり→こおり【郡】지방구획으로 里(리)・郷(きょう)・町(ちょう)・村(そん) 등을 포괄하는 것」+「の[助詞]」.

4) 「と[助詞]~라고」+「いふ【言ふ・云ふ】[4]말하다」의 連体形「いふ」+「ひと【人】사람」+「の[助詞]」+「つま【妻】처. 아내」+「と[助詞]」+「なる【成る・為る】[4]되다」의 命令形「なれ」+「り[助動]완료・존속」.

5) 「建炎(けんえん) : 건염. 중국 남송(南宋) 시절 고종(高宗) 치세에서 사용된 연호 (1127-1130)」(ウィキペディア[Wikipedia]참조)+「さん【三】3」+「ねん【年】년」+「の[助詞]」+「はる【春】봄」.

6) 「きん【金】금. 중국 동북부의 여진족(女真族) 완안부(完顔部)의 수장 아골타(阿骨打;アクダ)가 세운 나라(1115~1234)」+「の[助詞]」+「ぐんびやう→ぐんびょう【軍兵】군병. 군졸」.

7) 「おほぜい→おおぜい【大勢】많은 사람」+「を[助詞]」+「もよほす【催す】[4]불러일으키다. 준비하다. 소집하다」의 連用形「もよほし」+「て」.

⇨ 건염 3년 봄 금나라 군병이 대군을 불러 모아 유양이라 하는 곳에 밀어닥쳤다.

❏軍(いくさ)すでに、はじまりて9)、宋(そう)の官軍(くわんぐん)10)ちからを、つくして11)、ふせぎけるところに12)、
　⇨ 싸움이 이제 시작되어 송나라 관군이 힘을 다해 지키고 있었는데,

❏いかゞしたりけん13)、宋(そう)のつハもの14)、たちまちに、うらがへりて15)、金(きん)の軍兵(ぐんびやう)にくミし16)、
　⇨ 어찌 된 영문인지 송나라 병사가 별안간 돌아서서 금나라 군병과 한패가 돼서,

❏家ゞ(いへ＼／)に、うちいりて17)、たから物[もの]を、うばひと

---

8) 「と[助詞]~라고」+「いふ【言ふ・云ふ】[4]말하다」의 連体形 「いふ」+「ところ【所・処】곳」+「に[助詞]」+「おしよす【押し寄す】[下2]거세게 밀려들다. 밀어붙이다」의 連用形 「おしよせ」(〈を-〉는 정서법에 어긋남)+「たり[助動]완료・존속」.

9) 「いくさ【軍・戦】병사. 군대. 전쟁」+「すでに【既に・已に】[副]이미. 벌써. 이제」+「はじまる【始まる】[4]새로 일어나다. 시작되다」의 連用形 「はじまり」+「て」.

10) 「そう【宋】송나라」+「の[助詞]」+「くわんぐん→かんぐん【官軍】관군. 조정 측 군병」.

11) 「ちから【力】힘」+「を[助詞]」+「つくす【尽くす】[4]노력하다. 힘쓰다」의 連用形 「つくし」+「て」.

12) 「ふせぐ【防ぐ・禦ぐ・拒ぐ】[4]막다. 가로막다. 방어하다」의 連用形 「ふせぎ」+「けり[助動]회상・과거」의 連体形 「ける」+「ところに【所に】[助詞]~하고 있는데. ~하고 있었지만」.

13) 「いかが【如何】[副]어떻게. 어째서」+「す[サ変]하다」의 連用形 「し」+「たり[助動]완료・존속」의 連用形 「たり」+「けむ[助動]과거추량. ~했을 것이다. ~였을 것이다」(주로 의문을 나타내는 말과 함께 쓰여서, 과거의 사실에 대해 원인이나 이유를 의심하거나 상상하는 뜻을 나타냄) → 「けん」.

14) 「そう【宋】송나라」+「の[助詞]」+「つはもの→つわもの【兵】무기. 병사」.

15) 「たちまち【忽ち】[名・副]갑자기. 곧」+「に[助詞]」+「うらがへる【裏返る】[4]뒤집다. 배반하다」의 連用形 「うらがへり」+「て」.

16) 「きん【金】금나라」+「の[助詞]」+「ぐんびやう→ぐんびょう【軍兵】군병」+「に[助詞]」+「くみす【与す・組す】[サ変]한패가 되어 가세하다. 편들다. 협력하다」의 連用形 「くみし」.

17) 「いへいへ→いえいえ【家家】집마다. 수많은 집」+「に[助詞]」+「うちいる【打ち入る・討ち入る】[4]마구잡이로 들어가다. 기세 좋게 공격하다」의 連用形 「うちいり」+「て」.

り18)、人[ひと]の妻子(さいし)を、かすめ、をかす19)。
⇨ 온 집에 들이닥쳐서 보물을 빼앗고 남의 처자를 훔쳐 범한다.

❏つゐに、徐(じよ)氏(し)を、とらへて20)、けがしをかさん、とす21)。
⇨ 끝내 서 씨를 붙잡아서 더럽혀 범하려 한다.

❏徐(じよ)氏(し)、大[おおい]に罵(のり)いかりて、いはく22)、「天子(てんし)かたじけなくも23)、汝(なんぢ)らを不敏(ふびん)し給[たま]ひ24)、国(くに)の大[だいじ]事(じ)を25)、ふせがしめん、と、おほす26)。

---

18) 「たからもの【宝物】보물」+「を[助詞]」+「うばひとる【奪ひ取る】[4]억지로 취하다. 탈취하다」의 連用形「うばひとり」.

19) 「ひと【人】사람. 다른 사람」+「の[助詞]」+「さいし【妻子】①아내와 자식 ②아내」+「を[助詞]」+「かすむ【掠む】[下2]훔치다. 몰래 빼앗다. 남의 눈을 속이다」의 連用形「かすめ」+「をかす【犯す·侵す·冒す】[4]범하다. 거스르다. 더럽히다」.

20) 「つひに→ついに【終に·遂に】[副]결국. 마침내」(〈-ゐ-〉는 정서법에 어긋남)+「じょ【徐】서」+「し【氏】씨」+「を[助詞]」+「とらふ【捕ふ·捉ふ】[下2]손으로 꽉 붙들다. 꽉 쥐다. 동물을 붙잡다. 포박하다」의 連用形「とらへ」+「て」.

21) 「けがす【穢す·汚す】[4]더럽히다. 상처내다」의 連用形「けがし」+「をかす【犯す·侵す·冒す】[4]범하다」의 未然形「をかさ」+「む[助動]추량·의지」→「ん」+「と[助詞]」+「す[サ変]하다」.

22) 「じょ【徐】서」+「し【氏】씨」+「おおいに【大いに】[副]매우. 몹시. 많이」+「のる【罵る】[4]욕하다. 험담하다」의 連用形「のり」+「いかる【怒る】[4]화내다. 노하다」의 連用形「いかり」+「て」+「いはく【曰く】말하길. 이르길」.

23) 「てんし【天子】천자」+「かたじけなし【忝し·辱し】[形ク]부끄럽다. 과분하다. 황송하다」의 連用形「かたじけなく」+「も[助詞]」.

24) 「なんぢ→なんじ【汝·爾】[代]아랫사람을 가리키는 말. 너」+「ら【等】[接尾]복수(複數)를 나타냄. ~들」+「を[助詞]」+「ふびん【不便·不憫·不愍】[形動ナリ]불편한 것. 불쌍한 것. 귀엽다고 생각하는 것」(본문의〈不敏(ふびん)〉은 '민첩하지 않은 것. 재능이 떨어지는 것'의 뜻)의 語幹「ふびん」+「す[サ変]하다」의 連用形「し」+「たまふ【給ふ】[助動존경]」의 連用形「たまひ」.

25) 「くに【国】나라. 지역」+「の[助詞]」+「だいじ【大事】대사. 중대한 사건. 위태로운 일」+「を[助詞]」.

26) 「ふせぐ【防ぐ·禦ぐ·拒ぐ】[4]막다. 지키다」의 未然形「ふせが」+「しむ[助動사역. ~시키다」의 未然形「しめ」+「む[助動추량·의지」→「ん」+「と[助詞]」+「おほす【負す·課

⇨ 서 씨가 마구 욕설하고 노하여 이르길 "천자가 황송하게도 너희들을 가엾게 여기셔서 나라의 대사를 지키게 하시고자 말씀하신다.

❏ しかるに27)、いま敵軍(てきぐん)大[おお]勢(ぜい)よせきたりて28)、禁中(きんちう)に、せめいらん、とすれ共[ども]29)、

⇨ 그런데 이제 적군이 무수히 밀려들어서 궁중에 쳐들어가려 하지만,

❏ ふせぐべきおもひハ、なく30)、かへつて敵(てき)に、くミして31)、人[ひと]の家(いへ)に、こみいり32)、ぬすミをくハたて33)、

⇨ 막을 생각은 없이 오히려 적에 맞장구쳐서 남의 집에 마구 들어가 도적질을 꾀하고,

❏ 人[ひと]の妻子(さいし)を34)、けがしをかさん、と、する事[こと]ハ35)、何[なん]の故(ゆへ)ぞや36)。

─────────────

す・仰す」[下2]짊어지게 하다. 명령하다. 말씀하시다」.

27) 「しかるに【然るに】[接続]그런데. 하지만. 그건 그렇고」.

28) 「いま【今】 현재. 지금. 이제」+「てきぐん【敵軍】 적군」+「おほぜい→おおぜい【大勢】 많은 사람」+「よす【寄す】[下2]다가오다」의 連用形「よせ」+「きたる【来る】[4] 오다」의 連用形「きたり」+「て」.

29) 「きんちゅう【禁中】 금중. 궁중」+「に[助詞]」+「せめいる【攻め入る】[4]진격하여 적진에 들어가다. 쳐들어가다」의 未然形「せめいら」+「む[助動]추량・의지」→「ん」+「と[助詞]」+「す[サ変]하다」의 已然形「すれ」+「ども[助詞]역접. ~하지만」.

30) 「ふせぐ【防ぐ・禦ぐ・拒ぐ】[4]방어하다」의 終止形「ふせぐ」+「べし[助動]의무・당연・추량・가능 등」의 連体形「べき」+「おもひ【思ひ】[名]생각. 뜻」+「は[助詞]」+「なし【無し】[形ク]없다」의 連用形「なく」.

31) 「かへつて【却って・反って】[副]오히려. 반대로」+「てき【敵】 적」+「に[助詞]」+「くみす【与す・組す】[サ変]편들다」의 連用形「くみし」+「て」.

32) 「ひと【人】 사람. 다른 사람」+「の[助詞]」+「いへ→いえ【家】 집」+「に[助詞]」+「こみいる【込み入る】[4]마구잡이로 들어가다. 침입하다」의 連用形「こみいり」.

33) 「ぬすみ【盗・偸】 도둑질」+「を[助詞]」+「くはだつ【企つ】[下2](옛날에는 清音)계획하다. 기도하다」의 連用形「くはたて」.

34) 「ひと【人】 다른 사람」+「の[助詞]」+「さいし【妻子】 아내」+「を[助詞]」.

35) 「けがす【穢す・汚す】[4]더럽히다」의 連用形「けがし」+「をかす【犯す・侵す・冒す】[4]범하다」의 未然形「をかさ」+「む[助動]추량・의지」→「ん」+「と[助詞]」+「す[サ変]

⇨ 남의 처자를 더럽혀 범하고자 하는 것은 무슨 까닭인가?

❏ それ37)天下[てんか]しづかなる時[とき]ハ38)、君[きみ]の大[だお]をんに、ほこり39)、国家(こつか)ミだるゝ時[とき]ハ40)、君[きみ]にそむきて41)、をんを、わするゝ42)。

⇨ 대저 천하가 조용할 때는 주군의 큰 은혜로 영화를 누리고 국가가 어지러울 때는 주군에게 등지고 은혜를 잊는다.

❏ 我[われ]うらむらくハ43)、女[おんな]の身[み]として44)、劒(けん)をとりて45)、汝(なんぢ)らが首(くび)をきる事[こと]の46)、かなハざるこ

하다」의 連体形 「する」+「こと【事】것. 일」+「は[助詞]」.

36) 「なん【何】[代]어떤」+「の[助詞]」+「ゆゑ→ゆえ【故】이유. 까닭」(〈-へ〉는 정서법에 어긋남)+「ぞや[助詞](지정의 〈ぞ〉에 의문·질문의 〈や〉를 붙인 말)~인 것인가?」.

37) 「それ【其·夫】[感](한문의 〈夫〉에 대한 訓読에서)격식을 차린 자세로 글을 시작할 때 쓰는 말. 대저. 무릇」.

38) 「てんか【天下】천하」+「しづか【静か·閑か】[形動ナリ]움직이지 않는 모양. 차분한 모양. 조용한 모양」의 連体形 「しづかなる」+「とき【時】때」+「は[助詞]」.

39) 「きみ【君·公】주군. 천자」+「の[助詞]」+「だいおん【大恩】대은. 큰 은혜」(〈-を-〉는 정서법에 어긋남)+「に[助詞]」+「ほこる【誇る】[4]자랑스러워하다. 자랑하다. 풍요롭게 지내다」의 連用形 「ほこり」.

40) 「こくか→こっか【国家】국가」+「みだる【乱る·紊る】[下2]혼란하다. 흐트러지다. 소동이 일어나다」의 連体形 「みだるる」+「とき【時】때」+「は[助詞]」.

41) 「きみ【君·公】주군」+「に[助詞]」+「そむく【背く·叛く】[4]등지다. 위반하다. 모반하다. 대들다」의 連用形 「そむき」+「て」.

42) 「おん【恩】은. 은혜」(〈-を-〉는 정서법에 어긋남)+「を[助詞]」+「わする【忘る】[下2]잊다. 떠올리지 않다」의 連体形 「わするる」(여기에서 連体形이 쓰인 이유는 미상).

43) 「われ【我·吾】[代]나」+「うらむらくは【恨むらくは】[連語]원망스러운 것은. 유감스러운 것은. 아쉬운 것은」.

44) 「をんな→おんな【女】여자」+「の[助詞]」+「み【身】몸. 자신. 처지」+「として[助詞]~의 자격으로. ~로서」.

45) 「けん【剣】검. 칼」+「を[助詞]」+「とる【取る·採る】[4]취하다. 집다」의 連用形 「とり」+「て」.

46) 「なんぢ【汝·爾】[代]너」+「ら【等】[接尾]~들」+「が[助詞]현대일본어 〈の〉의 쓰임」+「くび【首】목」+「を[助詞]」+「きる【切る·斬る】[4]베다」의 連体形 「きる」+「こと

とよ47)。
⇨ 내가 원통하기는 여자의 몸으로서 칼을 들어 너희들의 머리를 베는 일을 이룰 수 없는 것이다.

☐ しかるを48)、猶(なを)いま49)、汝(なんぢ)らがために50)、我わが身[み]をけがされてハ51)、命[いのち]いきて何[なに]にかせん52)、
⇨ 그런데 또한 이제 너희들로 인해 내 몸을 더럽혀져서는 목숨 이어서 무엇 하겠는가?

☐ たゞすミやかに53)、我[われ]をころすべし54)。」と、よバゝりければ55)、
⇨ 그저 어서 나를 죽여야 할 것이다."라고 부르짖었기에,

【事】 것. 일」+「の[助詞]현대일본어〈が〉의 쓰임」.

47) 「かなふ【適ふ・叶ふ】[4]적합하다. 바람대로 되다」의 未然形 「かなは」+「ざり[助動]부정」의 連体形 「ざる」+「こと【事】 것. 일」+「よ[終助詞]~다」.

48) 「しかるを【然るを・而るを】[接続]그렇지만. 그럼에도 불구하고」.

49) 「なほ→なお【猶・尚】[副]아직. 여전히. 그래도 역시. 더욱」(〈-を〉는 정서법에 어긋남)+「いま【今】현재. 지금」.

50) 「なんぢ【汝・爾】[代]너」+「ら【等】[接尾]~들」+「が[助詞]」+「ため【為】[名]때문. 위함」+「に[助詞]」.

51) 「わが【我が・吾が】[連体]나의. 자신의」+「み【身】몸. 자신」+「を[助詞]」+「けがす【穢す・汚す】[4]더럽히다」의 未然形 「けがさ」+「る[助動]수동」의 未然形 「れ」+「て」+「は[助詞]」.

52) 「いのち【命】목숨」+「いく【生く・活く】[上2]살다. 생존하다」의 連用形 「いき」+「て」+「なに【何】[代]어떤. 무엇」+「に[助詞]」+「か[係助詞]의문・질문」(문말은 連体形)+「す【サ変]하다」의 未然形 「せ」+「む[助動]추량・의지」의 連体形 「む」(앞의 〈か〉에 호응)→「ん」.

53) 「ただ【只・唯】[副]단지. 오직. 그저」+「すみやか【速やか】[形動ナリ]빠른 모양. 시간이 걸리지 않는 모양」의 連用形 「すみやかに」.

54) 「われ【我・吾】[代]나」+「を[助詞]」+「ころす【殺す】[4]죽이다」의 終止形 「ころす」+「べし[助動]의무・당연・추량・가능 등」.

55) 「と[助詞]~라고」+「よばはる【呼ばはる】[4]큰 소리로 외치다」의 連用形 「よばはり」+「けり[助動]회상・과거」의 已然形 「けれ」+「ば[助詞]확정조건. 원인・이유」.

❏つハものども56)、大おおいに、いかりて57)、徐(じよ)氏(し)をさしころして58)、江(え)59)の水[みず]に、なげいれて去(さり)侍(はべ)りき60)。

⇨ 병사들이 크게 노하여 서 씨를 찔러 죽이고 강물에 던져 넣고 떠났다.

---

56) 「つはもの【兵】 병사」+「ども【共】[接尾]~들」.

57) 「おおいに【大いに】[副]매우. 몹시. 많이」+「いかる【怒る】[4]화내다. 노하다」의 連用形「いかり」+「て」.

58) 「じよ【徐】서」+「し【氏】씨」+「を[助詞]」+「さしころす【刺し殺す】[4]칼이나 창으로 찔러 죽이다」의 連用形「さしころし」+「て」.

59) 「江」는 일본어로「え」나「こう」로 읽는다.「え【江】」는 원래 강이나 바다 호수 등에 대한 일반적인 호칭인데 〈바다나 호수의 일부분이 육지로 파고들어 와 있는 곳. 만(灣)〉의 뜻으로 쓰이는 경우가 많고,「こう【江】」는 〈큰 강〉의 뜻이다. 참고로 〈한문본〉에는「投江中而去」로 되어있다.

60) 「の[助詞]」+「みづ→みず【水】물」+「に[助詞]」+「なげいる【投げ入る】[下2]던져서 안에 넣다」의 連用形「なげいれ」+「て」+「さる【去る】[4]가다. 떠나다」의 連用形「さり」+「侍(はべ)り[助動]격식・정중」의 連用形「はべり」+「き[助動]회상・과거」.

19. 李(り)氏(し)縊(くびる)ㄴ獄(ごくに)
이 씨가 옥에서 목매달다

☐ 宋(そう)の¹⁾謝枋得(じやはうとく)²⁾が妻(つま)、李(り)氏(し)ハ³⁾、安仁(あんじん)と、いふところの人[ひと]なり⁴⁾。
　⇨ 송나라 사방득의 아내 이 씨는 안인이라 하는 곳의 사람이다.

☐ かたち、はなハだ、うるハしくして⁵⁾、しかも智恵(ちゑ)ふかし⁶⁾、
　⇨ 생김새가 매우 곱고 게다가 지혜가 깊다.

☐ 学文(がくもん)を、このミて⁷⁾、もろ＼／の⁸⁾女[おんな]を、をしふる書物(しよもつ)⁹⁾こと＼／く、あきらめたり¹⁰⁾。

---

1) 「そう【宋】송나라」+「の[助詞]」.

2) 「사방득(謝枋得)」은 「충신」의 25번째 이야기(枋得茹蔬)에도 등장한 인물이다.

3) 「が[助詞]현대일본어〈の〉의 쓰임」+「つま【妻】처. 아내」+「り【李】이」+「し【氏】씨」+「は[助詞]」.

4) 「と[助詞]~라고」+「いふ【言ふ・云ふ】[4]말하다」의 連体形「いふ」+「ところ【所・処】곳」+「の[助詞]」+「ひと【人】사람」+「なり[助動]단정・지정」.

5) 「かたち【形・容】모습. 용모」+「はなはだ【甚だ】[副]매우. 몹시. 대단히. 현저히」+「うるはし【麗し・美し・愛し】[形シク]단정하다. 기분이나 표정이 밝다」의 連用形「うるはしく」+「して[助詞](連用形에 접속하여)~인 상태로」.

6) 「しかも【然も・而も】[接続]게다가. 그래도. 하지만」+「ちゑ【知恵・智慧・智恵】지혜」+「ふかし【深し】[形ク]깊다」.

7) 「がくもん【学問・学文】학문」+「を[助詞]」+「このむ【好む】[4]좋아하다. 즐기다」의 連用形「このみ」+「て」.

8) 「もろもろ【諸諸・諸】수많은 것(사람). 모든 것(사람). 모두」+「の[助詞]」.

9) 「をんな→おんな【女】여자」+「を[助詞]」+「をしふ【教ふ】[下2]가르치다. 알려주다」의 連体形「をしふる」+「しょもつ【書物】서적. 책」.

⇨ 학문을 즐겨서 여러 가지 여자를 가르치는 책을 모두 깨우쳤다.

☐ 枋得(はうとく)が妻(つま)となりてよりハ11)、舅(しうと)につかへて12)、つゝしミふかく13)、しうとめを、かしづきて、やしなひ14)、ねんごろなり15)。

⇨ 방득의 아내가 되고 나서는 시아버지 섬기기에 조신함이 깊고, 시어머니를 귀하게 봉양하고 정성스럽다.

☐ 家庿(かべう)16)のまつりに17)法(ほう)を、ミたりにせず18)、賓客(ひんかく)を待(まち)て19)、礼義(れいぎ)あつし20)。

---

10) 「ことごとく【悉く・尽く】[副]모두. 남김없이」+「あきらむ【明らむ】[下2]분명히 하다. 훤하게 알다. 밝히다」의 連用形「あきらめ」+「たり[助動]완료・존속」.

11) 「が[助詞]현대일본어〈の〉의 쓰임」+「つま【妻】처. 아내」+「と[助詞]」+「なる【成る・為る】[4]되다」의 連用形「なり」+「て」+「より[助詞]동작・장소・시간의 起點. ~부터. ~이후」+「は[助詞]」.

12) 「しうと→しゅうと【舅・姑】시아버지. 장인」+「に[助詞]」+「つかふ【仕ふ】[下2]윗사람 가까이에서 섬기다. 모시다」의 連用形「つかへ」+「て」.

13) 「つつしみ【慎・謹】[名]삼가는 것. 조심하는 것. 근신. 자중」+「ふかし【深し】[形ク]깊다」의 連用形「ふかく」.

14) 「しうとめ→しゅうとめ【姑】시어머니. 장모」+「を[助詞]」+「かしづく【傅く】[4]소중히 키우다. 돌보다. 후견하다」+「やしなふ【養ふ】[4]양육하다. 부양하다. 키우다」의 連用形「やしなひ」.

15) 「ねんごろ【懇ろ】[形動ナリ]진심을 다해. 열심히」의 終止形「ねんごろなり」.

16) 「家廟」(본문의 〈庿〉는 〈廟〉의 옛글자)는 사전에 등재되지 않은 말이다. 그런데「べう→びょう【廟】」는 '조상의 영을 제사하는 곳'의 뜻이므로 '집의 사당'으로 풀이할 수 있겠다.

17) 「の[助詞]」+「まつり【祭り】제사. 제례」+「に[助詞]」.

18) 「はふ→ほう【法】법. 방식. 법도. 규정」(〈ほう〉는 歴史的仮名遣에 어긋남)+「を[助詞]」+「みだり【乱・妄・濫・猥・漫】[形動ナリ]질서를 무시하는 모양. 무분별한 모양. 대충하는 모양」의 連用形「みだりに」(〈-た-〉는 無濁点표기)+「す[サ変]하다」의 未然形「せ」+「ず[助動]부정」의 連用形「ず」.

19) 「ひんかく【賓客】빈객. 귀히 맞아야 할 손님」+「を[助詞]」+「まつ【待つ・俟つ】기다리다. 맞이하다. 대접하다」의 連用形「まち」+「て」.

20) 「れいぎ【礼義】예의」+「あつし【厚し・篤し】[形ク]두텁다. 후하다. 풍부하다」.

⇨ 집 사당의 제사에서 법도를 건성으로 하지 않고 빈객을 대접하여 예의가 두텁다.

❏ しかるに21)、宋(そう)のすゑにいたりて22)、元(げん)のつハもの23)、天下[てんか]を、うばふところに24)、

⇨ 그런데 송나라 말기에 이르러 원나라 군사가 천하를 훔쳤는데,

❏ 謝枋得(じやはうとく)、つハものを、もよほして25)、安仁(あんじん)の城(じやう)に、たてごもる26)。

⇨ 사방득이 군대를 모아서 안인성에서 농성한다.

❏ 元(げん)の兵(つハもの)ども27)、大勢(おほぜい)をもつて、せめければ28)、程[ほど]なく城(じやう)ハ、おちにけり29)。

⇨ 원나라 병사들이 대군으로써 공격했기에 이내 성은 떨어지고 말았다.

❏ 枋得(はうとく)ハ、すなハち、城(じやう)をおちて30)、閩(ミん)とい

---

21) 「しかるに【然るに】[接続]그런데. 하지만. 그건 그렇고」.

22) 「そう【宋】송나라」+「の[助詞]」+「すゑ→すえ【末】말. 끝」+「に[助詞]」+「いたる【至る・到る】[4]도착하다. 도달하다」의 連用形「いたり」+「て」.

23) 「げん【元】원나라」+「の[助詞]」+「つはもの→つわもの【兵】무기. 병사. 용사」.

24) 「てんか【天下】천하」+「を[助詞]」+「うばふ【奪ふ】[4]빼앗다. 훔치다」의 連体形「うばふ」+「ところに【所に】[助詞]~하고 있는데. ~하고 있었지만」.

25) 「つはもの【兵】병사」+「を[助詞]」+「もよほす【催す】[4]재촉하다. 불러일으키다. 준비하다. 소집하다」의 連用形「もよほし」+「て」.

26) 「の[助詞]」+「じやう→じょう【城】성」+「に[助詞]」+「たてこもる【立て籠もる・楯籠る】[4](〈たてごもる〉로도 쓰임)문을 걸어 잠그고 실내에 틀어박히다. 농성하다」.

27) 「げん【元】원나라」+「の[助詞]」+「つはもの【兵】병사」+「ども【共】[接尾]복수(複數)의 뜻을 나타내는 접미어. ~들」.

28) 「おほぜい→おおぜい【大勢】많은 사람」+「を[助詞]」+「もつて【以て】(〈を[助詞]〉에 이어져서)수단이나 원인 등을 나타냄. ~로써. ~ 때문에」+「せむ【攻む】[下2]다가와 압박하다. 공격하다」의 連用形「せめ」+「けり[助動]회상・과거」의 已然形「けれ」+「ば[助詞]확정조건. 원인・이유」.

29) 「ほどなし【程無し】[形ク]시간이 얼마 지나지 않다」의 連用形「ほどなく」(부사적인 용법. 얼마 지나지 않아서. 곧. 이내)+「じやう【城】성」+「は[助詞]」+「おつ【落つ・墜つ・堕つ】[上2]떨어지다. 싸움에 지거나 해서 도망치다」의 連用形「おち」+「ぬ[助動]완료・존속」의 連用形「に」+「けり[助動]회상・과거」.

ふ国(くに)に、にげいりて31)、名[な]をかくし32)、かたちをひそめて居(ゐ)たりけり33)。
　⇨ 방득은 곧 성을 도망쳐서 민이라고 하는 나라로 숨어들어서 이름을 숨기고 모습을 감추고 머물렀다.

❏元(げん)の大[たい]将(しやう)34)、武万戸(ぶばんこ)、こゝろに思[おも]ひけるやうハ35)、
　⇨ 원나라 대장 무만호가 마음속에 생각했던 것은,

❏謝枋得(じやはうとく)ハ、きこゆる大[だい]こうの、つハものなり36)、
　⇨ '사방득은 소문난 대단히 강한 무사다.

❏人[ひと]また37)、これにしたしミ38)、ちかづく事[こと]おほし39)、

---

30) 「は[助詞]」+「すなはち→すなわち【即ち・則ち】[副]곧바로. 즉시. 그래서. 즉」+「じやう【城】성」+「を[助詞]」+「おつ【落つ・墜つ・堕つ】[上2]떨어지다. 도망치다」의 連用形 「おち」+「て」.

31) 「と[助詞]~라고」+「いふ【言ふ・云ふ】[4]말하다」의 連体形 「いふ」+「くに【国】나라. 지역」+「に[助詞]」+「にぐ【逃ぐ】[下2]도망치다」의 連用形 「にげ」+「いる【入る】[4]들어가다」의 連用形 「いり」+「て」.

32) 「な【名】이름」+「を[助詞]」+「かくす【隠す・匿す】[4]숨기다」의 連用形 「かくし」.

33) 「かたち【形・容】모습. 용모」+「を[助詞]」+「ひそむ【潜む】[下2]숨기다. 조용히 하다. 삼가다」의 連用形 「ひそめ」+「て」+「ゐる【居る】[上1]있다. 머물다」의 連用形 「ゐ」+「たり[助動]완료・존속」의 連用形 「たり」+「けり[助動]회상・과거」.

34) 「げん【元】원나라」+「の[助詞]」+「たいしやう→たいしょう【大将】대장」.

35) 「こころ【心】마음」+「に[助詞]」+「おもふ【思ふ】[4]생각하다」의 連用形 「おもひ」+「けり[助動]회상・과거」의 連体形 「ける」+「やう→よう【様】모습. 형상. 꼴. 이유. 방법」+「は[助詞]」.

36) 「は[助詞]」+「きこゆ【聞こゆ】[下2]들리다. 세간에 전해지다. 소문나다」의 連体形 「きこゆる」+「だいがう→だいごう【大剛】(〈たいごう〉나 〈だいこう〉로도 쓰임)빼어나게 (극히) 강한 것(사람)」+「の[助詞]」+「つはもの【兵】병사. 용사. 무인」+「なり[助動]단정・지정」

37) 「ひと【人】사람. 다른 사람」+「また【又・亦・復】[副]다시. 같이. 달리. 또한」.

38) 「これ【此・是】[代]이것. 이사람」+「に[助詞]」+「したしむ【親しむ】[4]친하게 지내다.

⇨ 사람들이 또한 이에 친해서 가까이하는 일이 많다.

☐ 今[いま]このものを、とりにがして40)行[ゆき]かたを、うしなへり41)、

⇨ 이제 이 자를 다 잡았다 놓쳐서 행방을 잃었다.

☐ 又[また]、二[ふた]たび42)、つハものを、あつめて43)、むほんをや、おこすべき、と44)、

⇨ 다시 거듭 병사를 모아서 모반을 일으킬 텐가?라고.

☐ 後(のち)のわざハひを、おそれて45)、枋得(ハうとく)がゆくゑを、たづねさがし46)、家人(けにん)ともを、とらへて47)、さま〳〵がうもん

가까이하다. 익숙하다」의 連用形 「したしみ」.

39) 「ちかづく【近付く】[4]다가가다. 친밀해지다」의 連體形 「ちかづく」+「こと【事】것. 일」+「おほし【多し】[形ク]많다」.

40) 「いま【今】지금. 이제」+「この【此の・斯の】[連體]이」+「もの【者】자. 사람」+「を[助詞]」+「とりにがす【取り逃す】[4]붙잡았다 놓치다」의 連用形 「とりにがし」+「て」.

41) 「ゆきかた【行方】가야 할 방향. 간 방향. 간 곳」(〈ゆきかた[行き方]〉는 '가는 방법'의 뜻이므로 〈-か〉는 無濁点表記로 봐야겠다)+「を[助詞]」+「うしなふ【失ふ】[4]잃다」의 命令形 「うしなへ」+「り[助動]완료・존속」.

42) 「また【又・亦・復】[副]다시. 같이. 달리. 또한」+「ふたたび【二度・再び】두 번. 다시. 거듭」.

43) 「つはもの【兵】병사」+「を[助詞]」+「あつむ【集む】[下2]모으다」의 連用形 「あつめ」+「て」.

44) 「むほん【謀叛・謀反】모반」+「を[助詞]」+「や[係助詞]의문・질문・반어」(문말에는 連體形)+「おこす【起こす・興す・熾す】[4]일으키다」의 終止形 「おこす」+「べし[助動]의무・당연・추량・가능 등」의 連體形 「べき」(앞의 〈や〉에 호응)+「と[助詞]~라고」.

45) 「のち【後】후. 나중」+「の[助詞]」+「わざはひ→わざわい【禍・災い】[名]화. 재난. 불행한 일」+「を[助詞]」+「おそる【恐る・畏る・怖る・懼る】[下2]두려워하다. 무서워하다. 우려하다」의 連用形 「おそれ」+「て」.

46) 「が[助詞]현대일본어 〈の〉의 쓰임」+「ゆくへ→ゆくえ【行方】행방」(〈-ゑ〉는 정서법에 어긋남)+「を[助詞]」+「たづぬ【尋ぬ】[下2]찾다. 묻다」의 連用形 「たづね」+「さがす【探す・捜す】[4]찾다」의 連用形 「さがし」.

47) 「けにん【家人】부하. 가신」+「ども【共】[接尾]~들」(〈と-〉는 無濁点表記)+「を[助詞]」

せり48)。
⇨ 후일의 화를 두려워하여 방득의 행방을 물어 찾아 수하들을 붙잡아서 여러 가지로 고문했다.

❏枋得(ハうとく)が妻(つま)李(り)氏(し)ハ49)、貴渓山(きけいさん)といふ山[やま]のおくに50)、二人[ふたり]の子(こ)をつれて、かくれつゝ51)、
⇨ 방득의 아내 이 씨는 귀계산이라 하는 산의 깊은 곳에 두 아이를 데리고 숨어있으면서,

❏草木(くさき)をとりて食(しよく)として52)、やう\/に命(いのち)を、つぎけり53)。
⇨ 초목을 캐서 음식 삼아 근근이 목숨을 이었다.

❏至元(しげん)54)十四[じゅうよ]年(ねん)の冬(ふゆ)にいたりて55)、元

+「とらふ【捕らふ・捉ふ】[下2]손으로 꽉 붙들다. 꽉 쥐다. 동물을 붙잡다. 포박하다」의 連用形「とらへ」+「て」.

48)「さまざま【様様】[形動ナリ]여러 가지. 다양함」의 語幹「さまざま」+「がうもん→ごうもん【拷問】고문」+「す】サ変]하다」의 命令形「せ」+「り[助動]완료·존속」.

49)「が[助詞]현대일본어〈の〉의 쓰임」+「つま【妻】처. 아내」+「り【李】이」+「し【氏】씨」+「は[助詞]」.

50)「と[助詞]~라고」+「いふ【言ふ・云ふ】[4]말하다」의 連体形「いふ」+「やま【山】산」+「の[助詞]」+「おく【奥】깊은 곳」+「に[助詞]」.

51)「ふたり【二人】두 사람」+「の[助詞]」+「こ【子】아이. 자식」+「を[助詞]」+「つる【連る】[下2]동행하다」의 連用形「つれ」+「て」+「かくる【隠る】[下2]숨다. 은둔하다」의 連用形「かくれ」+「つつ[助詞]같은 동작의 반복·계속 등. ~하면서. ~해 두고 나서」.

52)「くさき【草木】풀과 나무. 초목」+「を[助詞]」+「とる【取る・採る】[4]취하다. 집다. 채집하다」의 連用形「とり」+「て」+「しよく【食】식사. 음식」+「と[助詞]~로」+「す】サ変]하다」의 連用形「し」+「て」.

53)「やうやう→ようよう【漸う】[副]점점. 겨우. 간신히」+「に[助詞]」+「いのち【命】목숨」+「を[助詞]」+「つぐ【継ぐ・接ぐ・続く・次ぐ】[4]이어가다. 유지하다. 계속하다」의 連用形「つぎ」+「けり[助動]회상·과거」.

54)「至元(しげん): 지원. 몽고제국의 쿠빌라이(원나라 세조) 치세에 사용된 연호(1264-1294)」(ウィキペディア[Wikipedia]참조).

(げん)の兵(つはもの)共[ども]⁵⁶⁾、これを聞[きき]つたへて⁵⁷⁾、
⇨ 지원 14년 겨울에 이르러서 원나라 병사들이 이를 전해 듣고서,

☐山中(さんちう)に尋(たづ)ね入[いり]つゝ⁵⁸⁾、札(ふだ)をたてゝ、いはく⁵⁹⁾、
⇨ 산속에 찾아 들어가서 푯말을 세우고 이르길,

☐「謝枋得(じやハうとく)が妻(つま)を、かくしをきたらんものハ⁶⁰⁾、三族(ぞく)の刑(けい)⁶¹⁾に、おこなふべし⁶²⁾。」と、いふ⁶³⁾。
⇨ "사방득의 아내를 숨겨둔 자는 삼족의 형벌에 처할 것이다."라고 한다.

☐李(り)氏(し)、これを聞[きき]て、いはく⁶⁴⁾、「我(わが)故(ゆへ)をもつ

---

55) 「じゅうよ【十四】14」+「ねん【年】년」+「の[助詞]」+「ふゆ【冬】겨울」+「に[助詞]」+「いたる【至る・到る】[4]도달하다」의 連用形「いたり」+「て」.

56) 「げん【元】원나라」+「の[助詞]」+「つはもの【兵】병사」+「ども【共】[接尾]~들」.

57) 「これ【此・是】[代]이것. 이사람」+「を[助詞]」+「ききつたふ【聞き伝ふ】[下2]남에게 전해 듣다」의 連用形「ききつたへ」+「て」.

58) 「さんちゅう【山中】산중」+「に[助詞]」+「たづねいる【尋ね入る】[4]찾아서 들어가다. 찾기 위해 산속 따위에 깊이 헤치고 들어가다」의 連用形「たづねいり」+「つつ[助詞]~하면서」.

59) 「ふだ【札・簡】어떤 목적을 위해 필요한 사항을 기록한 작은 나뭇조각・종잇조각・금속조각」+「を[助詞]」+「たつ【立つ・建つ】[下2]세우다」의 連用形「たて」+「て」+「いはく【曰く】말하길. 이르길」.

60) 「が[助詞]현대일본어 〈の〉의 쓰임」+「つま【妻】처」+「を[助詞]」+「かくす【隠す・匿す】[4]숨기다」의 連用形「かくし」+「おく【置く】[4]두다」의 連用形「おき」(〈を-〉는 정서법에 어긋남)+「たり[助動]완료・존속」의 未然形「たら」+「む[助動]추량・의지・완곡」의 連体形「む」→「ん」+「もの【者】자. 사람」+「は[助詞]」.

61) 『広辞苑』등에서 「三族(さんぞく)の刑(けい)」는 찾을 수 없으나 「三族(さんぞく)の罪(つみ)」는 등재되어 있으며 '한 사람의 죄에 의해 그 삼족까지 벌 받는 죄'로 풀이되어 있다.

62) 「に[助詞]」+「おこなふ【行ふ】[4]집행하다. 수행하다」의 終止形「おこなふ」+「べし[助動]의무・당연・추량・가능 등」.

63) 「と[助詞]~라고」+「いふ【言ふ・云ふ】[4]말하다」.

64) 「り【李】이」+「し【氏】씨」+「これ【此・是】[代]이것. 이사람」+「を[助詞]」+「きく【聞

て65)、人[ひと]を、わづらハさんや66)。」と云[いい]て67)、

⇨ 이 씨가 이를 듣고서 말하길 "나의 연고로써 다른 사람을 화 입게 하겠는가?"라고 하며,

❏ミづから二人[ふたり]の子[こ]をつれて68)、山中[さんちゅう]より出[いで]たり69)。

⇨ 스스로 두 아이를 데리고 산속에서 나왔다.

❏明年(ミやうねん)70)、建康(けんかう)と云[いう]ところに71)、囚人(めしうと)をうつす72)。

⇨ 이듬해 건강이라 하는 곳으로 죄수를 옮긴다.

❏ある人[ひと]、李(り)氏(し)をさして、いはく73)、「まさに、この女[お

 〈」 [4]듣다」의 連用形 「きき」+「て」+「いはく【曰く】 말하길. 이르길」.

65) 「わが【我が・吾が】[連体]나의. 자신의」+「ゆゑ→ゆえ【故】 연유. 까닭. 연고」(〈-ヘ〉는 정서법에 어긋남)+「を[助詞]」+「もって【以て】 (〈を[助詞]〉에 이어져서)수단이나 원인 등을 나타냄. ~로써. ~때문에」.

66) 「ひと【人】 사람. 다른 사람」+「を[助詞]」+「わづらはす【煩はす】[4]괴롭히다. 고생시키다. 폐 끼치다」의 未然形「わづらはさ」+「む[助動]추량・의지」의 連体形「む」→「ん」+「や[係助詞]의문・질문」.

67) 「と[助詞]~라고」+「いふ【言ふ・云ふ】[4]말하다」의 連用形「いひ」+「て」.

68) 「みづから→みずから【自ら】[名]자기 자신. 나 [副]스스로. 친히」+「ふたり【二人】두 사람」+「の[助詞]」+「こ【子】 아이」+「を[助詞]」+「つる【連る】[下2]동행하다」의 連用形「つれ」+「て」.

69) 「さんちゅう【山中】 산중」+「より[助詞]기점. ~로부터」+「いづ【出づ】[下2]나오(가)다」의 連用形「いで」+「たり[助動]완료・존속」.

70) 「みやうねん→みょうねん【明年】 명년. 내년. 이듬해」.

71) 「と[助詞]~라고」+「いふ【言ふ・云ふ】[4]말하다」의 連体形「いふ」+「ところ【所・処】곳」+「に[助詞]」.

72) 「めしうど【囚人】 붙잡혀서 옥에 갇혀 있는 사람. 수인」(〈-と〉는 無濁点表記)+「を[助詞]」+「うつす【移す・遷す】[4]옮기다. 이동시키다」.

73) 「ある【或る】[連体]어떤」+「ひと【人】 사람」+「り【李】 이」+「し【氏】 씨」+「を[助詞]」+「さす【差す・指す】[4]그 방향을 가리키다. 그쪽으로 향하다」의 連用形「さし」+「て」+「いはく【曰く】 말하길. 이르길」.

んな]をバゆるして74)、人[ひと]の妻(つま)とすべし75)。」と。

⇨ 어떤 사람이 이 씨를 가리켜 말하길 "이제 이 여자를 풀어주어서 다른 사람의 아내로 만들어야 한다."라고.

▫李(り)氏(し)、これを聞[きき]て76)、二人[ふたり]の子(こ)の髪(かミ)かきなでゝ77)、さめ＼／と泣(なき)けり78)。

⇨ 이 씨가 이를 듣고서 두 아이의 머리카락을 쓰다듬으며 구슬프게 울었다.

▫官人(くわんにん)ども、みな、いはく79)、「たとひ、人[ひと]の妻(つま)となるとも80)、又[また]、いやしきものゝ妻(つま)となさんや81)、何[なん]ぞ泣(なく)や82)。」と。

―――――――――――

74) 「まさに【正に】[副]①틀림없이. 분명 ②바로 지금. 이제라도」+「この【此の・斯の】[連体]이」+「をんな→おんな【女】여자」+「をば : 〈を〉의 뜻을 강하게 함」+「ゆるす【許す・赦す】[4]풀어주다. 승낙하다. 허가하다」의 連用形「ゆるし」+「て」.

75) 「ひと【人】사람. 다른 사람」+「の[助詞]」+「つま【妻】처. 아내」+「と[助詞]」+「す[サ変]하다」의 終止形「す」+「べし[助動]의무・당연・추량・가능 등」.

76) 「り【李】이」+「し【氏】씨」+「これ【此・是】[代]이것」+「を[助詞]」+「きく【聞く】[4]듣다」의 連用形「きき」+「て」.

77) 「ふたり【二人】두 사람」+「の[助詞]」+「こ【子】아이」+「の[助詞]」+「かみ【髪】두발」+「を[助詞]」+「かきなづ【掻き撫でる】[下2]쓰다듬다. 빗다」의 連用形「かきなで」+「て」.

78) 「さめざめ[副]눈물을 흘리며 조용히 계속 우는 모양. 절절히 말하는 모양」+「と[助詞]」+「なく【泣く・啼く】[4]울다」의 連用形「なき」+「けり[助動]회상・과거」.

79) 「くわんにん→かんにん【官人】관인. 관리」+「ども【共】[接尾]~들」+「みな【皆】①[名]모든 사람. 전부 ②[副]남김없이. 모두」+「いはく【曰く】말하길. 이르길」.

80) 「たとひ→たとい【縦い・仮令・縦令】[副]①만일. 만약에 ②만일 그렇다 해도. 비록」+「ひと【人】사람. 다른 사람」+「の[助詞]」+「つま【妻】처. 아내」+「と[助詞]」+「なる【成る・為る】[4]되다」의 終止形「なる」+「とも[助詞]역접의 가정조건. ~해도」.

81) 「また【又・亦・復】[副]다시. 같이. 달리. 또한」+「いやし【卑し・賎し】[形シク]신분이 낮다. 보잘것없다. 천하다」의 連體形「いやしき」+「もの【者】자. 사람」+「の[助詞]」+「つま【妻】처. 아내」+「と[助詞]」+「なす【生す・成す・為す】[4]만들어내다. 행하다」의 未然形「なさ」+「む[助動]추량・의지」의 連體形「む」→「ん」+「や[係助詞]의문・질문」.

82) 「なんぞ【何ぞ】[副]어찌. 어떤. 무언가」+「なく【泣く・啼く】[4]울다」의 連體形「なく」+「や[係助詞]의문・질문」.

⇨ 관리들이 모두 말하길 "설령 다른 사람의 아내가 된다 해도 또한 천한 자의 아내로 만들겠는가? 어찌 우는가?"라고.

❏ 李(り)氏(し)、こたへて、いはく83)、「我(われ)また84)、更(さら)に、二夫(じふ)をもつべきや85)。」とて86)、

⇨ 이 씨가 대답하여 이르길 "내가 다시 새로이 두 지아비를 가질 수 있겠는가?"라며,

❏ 二人[ふたり]の子(こ)に、かたりて、いはく87)、「汝(なんぢ)らも又[また]88)、強敵(かうてき)の子[こ]なれバ89)、さだめて、ころさるべし90)、

⇨ 두 아이에게 밝혀 이르길 "너희들도 또한 강적의 자식이기에 기어코 죽임당할 것이다.

❏ もし幸(さいはひ)有[あり]て91)、命(いのち)あらバ92)、わが姑(しうと

---

83) 「り【李】이」+「し【氏】씨」+「こたふ【答ふ·応ふ】[下2]대답하다. 반응하다」의 連用形「こたへ」+「て」+「いはく【曰く】말하길. 이르길」.

84) 「われ【我·吾】[代]나」+「また【又·亦·復】[副]다시. 같이. 달리. 또한. 게다가」.

85) 「さらに【更に】[副]또한. 거듭. 새로이」+「じふ【二夫】두 남편」+「を[助詞]」+「もつ【持つ】[4]가지다」의 終止形「もつ」+「べし[助動]의무·당연·추량·가능 등」의 連体形「べき」+「や[係助詞]의문·질문」.

86) 「とて[助詞]인용. ~라 해서. ~라는 것으로. ~라는 이름으로」.

87) 「ふたり【二人】두 사람」+「の[助詞]」+「こ【子】아이」+「に[助詞]」+「かたる【語る】[4]상대에게 전하다. 자초지종을 이야기하다」의 連用形「かたり」+「て」+「いはく【曰く】말하길. 이르길」.

88) 「なんぢ【汝·爾】[代]너」+「ら【等】[接尾]~들」+「も[助詞]」+「また【又·亦·復】[副]같이. 또한」.

89) 「がうてき→ごうてき【強敵·剛敵】강적. 만만찮은 상대」(〈か〉는 無濁点표기)+「の[助詞]」+「こ【子】아이. 자식」+「なり[助動]단정·지정」의 已然形「なれ」+「ば[助詞]확정조건. 원인·이유」.

90) 「さだめて【定めて】[副]아마도. 필시. 분명」+「ころす【殺す】[4]죽이다」의 未然形「ころさ」+「る[助動]수동」의 終止形「る」+「べし[助動]의무·당연·추량·가능 등」.

91) 「もし【若し】[副]만일」+「さいはひ【幸ひ】[名]행복. 행운」+「あり【有り】[ラ変]있다」의 連用形「あり」+「て」.

92) 「いのち【命】목숨」+「あり【有り】[ラ変]있다」의 未然形「あら」+「ば[助詞]가정조건」.

め)につかへよ93)、
⇨ 만일 행운이 있어서 목숨이 있으면 내 시어머니에게 섬겨라.

❑ われ、心[こころ]のまゝに94)、やしなひを、つくさずして95)、これの
ミ心[こころ]にかゝるぞ96)。」と、いふて97)、
⇨ 나는 마음껏 봉양을 다하지 못하여 이것만이 마음에 걸린다."라고 하고,

❑ 其(その)夜(よ)98)、衣(ころも)の紐(ひも)をときて99)、籠(ろう)の内[う
ち]にて100)、ミづから縊(くびれ)死(し)せり101)。
⇨ 그날 밤 옷끈을 풀어서 옥 안에서 스스로 목매달아 죽었다.

---

93) 「わが【我が・吾が】[連体]나의. 자신의」+「しうとめ【姑】시어머니」+「に[助詞]~에게」
+「つかふ【仕ふ】[下2]섬기다. 모시다」의 命令形「つかへよ」.

94) 「われ【我・吾】[代]나」+「こころのまま【心の儘】생각대로. 마음껏」+「に[助詞]」.

95) 「やしなひ【養ひ】[名]양육. 부양. 식사. 자양분」+「を[助詞]」+「つくす【尽くす】[4]노
력하다. 힘쓰다」의 未然形「つくさ」+「ず[助動]부정」의 連用形「ず」+「して[助詞](連
用形에 접속)~인 상태로. ~때문에」.

96) 「これ【此・是】[代]이것」+「のみ[助詞]만. 뿐」+「こころ【心】마음. 뜻. 생각」+「に[助
詞]」+「かかる【掛かる・懸かる】[4]걸리다」의 連体形「かかる」+「ぞ[終助詞](문말에
써서)상대방에게 자신의 발언을 강조함」.

97) 「と[助詞]~라고」+「いふ【言ふ・云ふ】[4]말하다」+「て」.

98) 「その【其の】[連体]그」+「よ【夜】밤」.

99) 「ころも【衣】옷」+「の[助詞]」+「ひも【紐】끈」+「を[助詞]」+「とく【解く】[4]풀다」의
連用形「とき」+「て」.

100) 「らう→ろう【牢・籠】옥. 뇌옥」+「の[助詞]」+「うち【内】안」+「にて[助詞]현대일본어
의〈で〉와 같은 쓰임. ~에서」.

101) 「みづから【自ら】[副]스스로. 친히」+「くびる【縊る】[下2]목을 매달아 죽다」의 連用
形「くびれ」+「しす【死す】[サ変]죽다」의 命令形「しせ」+「り[助動]완료・존속」.

20. 雍(よう)氏(し)同(おなじくす)ル死(しを)
옹 씨가 죽음을 한 가지로 하다

❑ 宋朝(そうてう)まさに、かたぶかん、と、する時[とき]1)、元(げん)の軍兵(ぐんびやう)すでに2)池州(ちしう)をせむ3)。

　⇨ 송나라 조정이 이제 기울려 할 때 원나라 군병이 이미 지주를 공략한다.

❑ 通判(とうはん)4)趙昴發(てうバうはつ)、これを、ふせきて5)城(しやう)をまもる事[こと]6)、心[こころ]さらに、たゆむ事[こと]なし、といへども7)、

---

1) 「そうてう→そうちょう【宋朝】송조. 송나라 조정」+「まさに【正に】[副]①틀림없이. 분명 ②바로 지금. 이제라도」+「かたぶく【傾く】[4]기울어지다. 왕성한 상태에서 쇠약한 상태가 되다」의 未然形「かたぶか」(〈-ふ〉는 無濁点표기)+「む[助動]추량・의지」→「ん」+「と[助詞]+「す]サ変]하다」의 連体形「する」+「とき【時】때」.

2) 「げん【元】원나라」+「の[助詞]」+「ぐんびやう→ぐんびょう【軍兵】군병」+「すでに【既に・已に】[副]이미. 벌써. 모두. 이제」.

3) 「を[助詞]」+「せむ【攻む】[下2]다그다가 압박하다. 공격하다」.

4) 「つうはん【通判】통판. 중국의 벼슬 이름. 송나라 초기에 시작된 지방관」. 이를 「とうはん」으로 읽은 것은 미상. 「通」은 音으로는 「ツウ」(관용음), 「ツ」(吳音)다.

5) 「これ【此・是】[代]이것. 이사람」+「を[助詞]」+「ふせぐ【防ぐ・禦ぐ・拒ぐ】[4]막다. 지키다. 방어하다」의 連用形「ふせぎ」(〈-き〉는 無濁点표기)+「て」.

6) 「じやう→じょう【城】성」+「を[助詞]」+「まもる【守る・護る】[4]지키다. 막다」의 連体形「まもる」+「こと【事】것. 일」.

7) 「こころ【心】마음. 뜻. 생각」+「さらに【更に】[副]①또한. 거듭. 더욱 ②새로이 ③강한 부정. 절대로 ~가 아니다. 전혀 ~지 않다」+「たゆむ【弛む】[4]게을리 하다. 방심하다. 느슨해지다」의 連体形「たゆむ」+「こと【事】것. 일」+「なし【無し】[形ク]없다」+「と[助詞]~라고」+「いへども→いえども【雖も】[連語]~하지만. ~해도」(〈いへども〉는 〈いふ【言ふ・云ふ】[4]말하다〉의 已然形〈いへ〉+〈ども[助詞]역접〉로 분석할 수도 있다).

▷ 통판 조묘발이 이를 막아 성을 지키는 일에 마음이 조금도 해이해지는 적이 없다고 해도,

▢大[おお]勢(ぜい)をもつて、せめかけ8)、あら手[て]をかへて、たゝかひける故[ゆえ]に9)、城中(じやうちう)のつハもの10)、ふせぎかねて11)、

▷ 대군으로써 쳐들어와서 새로운 병력을 바꿔가며 싸웠기 때문에 성안의 병사들이 막아내지 못하고,

▢やうやく、たゝかひつかれ12)、きずをかうふるものも13)、おほかりければ14)、

▷ 시나브로 싸움에 지치고 부상을 입는 자도 많았기에,

▢趙昴発15)(てうバうはつ)、いまハ、かなハじ、と、おもひて16)、その

---

8) 「おほぜい→おおぜい【大勢】많은 사람」+「を[助詞]」+「もつて【以て】(〈を[助詞]〉에 이어져서)수단이나 원인 등을 나타냄. ~로써. ~때문에」+「せめかく【攻め掛く】[下2]쳐들어오다. 공격하다」의 連用形「せめかけ」.

9) 「あらて【新手】아직 싸우지 않은 기운이 넘치는 병력」+「を[助詞]」+「かふ【替ふ・換ふ・代ふ】바꾸다. 교대로 시키다. 교체하다」의 連用形「かへ」+「て」+「たたかふ【戦ふ・闘ふ】[4]싸우다. 전쟁하다」의 連用形「たたかひ」+「けり[助動.回想・과거]」의 連体形「ける」+「ゆへ→ゆえ【故】이유. 까닭」+「に[助詞]」.

10) 「じやうちう→じょうちゅう【城中】성안」+「の[助詞]」+「つはもの→つわもの【兵】무기. 병사. 용사. 무인」.

11) 「ふせぐ【防ぐ・禦ぐ・拒ぐ】[4]막다. 가로막다. 방어하다」의 連用形「ふせぎ」+「かぬ【兼ぬ】[下2](다른 동사의 連用形에 접속하여)주저・불가능・곤란의 뜻을 보탬」의 連用形「かね」+「て」.

12) 「やうやく→ようやく【漸く】[副]점점. 점차. 겨우. 이미. 마침내」+「たたかふ【戦ふ・闘ふ】[4]싸우다. 전쟁하다」의 連用形「たたかひ」+「つかる【疲る】[下2]지치다. 약해지다. 피폐하다」의 連用形「つかれ」.

13) 「きず【傷】상처. 부상」(〈-す〉는 無濁点표기)+「を[助詞]」+「かうぶる【被る・蒙る】[4](〈こうむる〉의 옛 형태)(윗사람이나 강자의 동작을)받다. 당하다」의 連体形「かうぶる」(〈-ふ-〉는 無濁点표기)+「もの【者】자. 사람」+「も[助詞]」.

14) 「おほし【多し】[形ク]많다」의 連用形「おほかり」+「けり[助動.回想・과거]」의 已然形「けれ」+「ば[助詞]확정조건. 원인・이유」.

15) 일본〈国文学研究資料館〉에 공개되어 있는「三綱行實圖」에「發」이 아닌「発」로 되어

妻(つま)雍(よう)氏(し)に、かたりて、いはく17)、

⇨ 조묘발은 이제는 당해낼 수 없겠다고 생각하여 그 아내 옹 씨에게 밝혀 이르길,

□「城(じやう)すでに、やぶれんとす18)、我[われ]ハ、この城(じやう)の大[たい]将(しやう)たり19)。

⇨ "성이 이제 떨어지려 한다. 나는 이 성의 대장이다.

□のがるゝに、みちなし20)、天[てん]運(うん)すでに、きハまれり21)、君[きみ]のために、うち死(じ)にして22)、朝恩(てうをん)を、ほうずべし23)。

있고『假名草子集成』에도 이 부분에 원문에 잘못이 있으나 그대로 옮긴다는 표시인 'ママ'가 붙어있다.

16) 「いま【今】현재. 지금. 이 국면에. 이제」+「は[助詞]」+「かなふ【適ふ・叶ふ】[4]적합하다. 바람대로 되다. 필적하다. 감당하다. 견뎌내다」의 未然形「かなは」+「じ[助動]추량・의지의 부정. ~아닐 것이다」+「と[助詞]~라고」+「おもふ【思ふ】[4]생각하다」의 連用形「おもひ」+「て」.

17) 「その【其の】[連体]그」+「つま【妻】처. 아내」+「よう【雍】옹」+「し【氏】씨」+「に[助詞]」+「かたる【語る】[4]상대에게 전하다. 자초지종을 이야기하다」의 連用形「かたり」+「て」+「いはく【曰く】말하길. 이르길」.

18) 「じやう→じょう【城】성」+「すでに【既に・已に】[副]①이미. 벌써 ②모두. 남김없이 ③이제 ④틀림없이」+「やぶる【破る・敗る】[下2]부서지다. 상하다. 못쓰게 되다. 패배하다」의 未然形「やぶれ」+「む[助動]추량・의지」→「ん」+「と[助詞]」+「す[サ変]하다」.

19) 「われ【我・吾】[代]나」+「は[助詞]」+「この【此の・斯の】[連体]이」+「じやう【城】성」+「の[助詞]」+「たいしやう→たいしょう【大将】대장」+「たり[助動](체언에 접속하여)단정・지정. ~이다」.

20) 「のがる【逃る・遁る】[下2]벗어나다. 피하다. 도망치다」의 連体形「のがるる」+「に[助詞]~하니. ~하는데」+「みち【道】길. 방도」+「なし【無し】[形ク]없다」.

21) 「てんうん【天運】천운. 하늘이 내린 운명」+「すでに【既に・已に】[副]이미. 모두. 이제」+「きはまる【極まる・窮まる】[4]한도에 도달하다」의 命令形「きはまれ」+「り[助動]완료・존속」.

22) 「きみ【君・公】주군. 천자」+「の[助詞]」+「ため【為】[名]이득. 행복. 위함」+「に[助詞]」(〈~の(が)ために〉의 꼴로 '이익・이유・목적'의 뜻. ~때문에. ~위해)+「うちじに【討死】전사」+「す[サ変]하다」의 連用形「し」+「て」.

23) 「てうおん→ちょうおん【朝恩】조정의 은혜. 천자의 은혜. 황은」(〈-を-〉는 정서법에 어긋남)+「に[助詞]」+「ほうず【報ず】[サ変]보답하다. 갚다」의 終止形「ほうず」+「べ

⇨ 벗어나려니 길이 없다. 천운이 이미 다했다. 주군을 위해 전사하여 조정의 은혜를 갚아야겠다.

□汝(なんぢ)ハ、すミやかに24)、この城(じやう)を、のがれいで〴25)、いかならん人[ひと]にも、身[み]をよせて26)、命(いのち)をたすかり給[たま]ふべし27)。」と。

　⇨ 너는 어서 이 성을 벗어나 나가서 어떠한 사람에게라도 몸을 의탁하여 목숨을 건지셔야 할 것이다."라고.

□雍(よう)氏(し)、こたへて、いはく28)、「趙昻發(てうばうはつ)ハ、これ29)池州(ちしう)の命官(めいくわん)30)たり31)、

──────

し[助動]의무・당연・추량・가능 등」.

24) 「なんぢ→なんじ【汝・爾】[代]아랫사람을 가리키는 말. 너」+「は[助詞]」+「すみやか【速やか】[形動ナリ]빠른 모양. 시간이 걸리지 않는 모양」의 連用形「すみやかに」.

25) 「この【此の・斯の】[連体]이」+「じやう【城】성」+「を[助詞]」+「のがる【逃る・遁る】[下2]도망치다」의 連用形「のがれ」+「いづ【出づ】[下2]나가다. 떠나다」의 連用形「いで」+「て」.

26) 「いかなり【如何なり】[ラ変]어떠하다」의 未然形「いかなら」+「む[助動]추량・의지・완곡」의 連体形「む」→「ん」+「ひと【人】사람. 다른 사람」+「に[助詞]」+「も[助詞]」+「み【身】몸. 자신. 처지」+「を[助詞]」+「よす【寄す】[下2]가까이하다. 의지하여 몸을 두다. 맡기다」의 連用形「よせ」+「て」.

27) 「いのち【命】목숨」+「を[助詞]」+「たすかる【助かる】[4]재난・죽음 따위를 면하다」의 連用形「たすかり」+「たまふ【給ふ】[助動]존경」의 終止形「たまふ」+「べし[助動]의무・당연・추량・가능 등」.

28) 「よう【雍】옹」+「し【氏】씨」+「こたふ【答ふ・応ふ】[下2]대답하다. 반응하다」의 連用形「こたへ」+「て」+「いはく【曰く】말하길. 이르길」.

29) 「これ【此・是】[代]앞에 제시한 말을 재차 언급할 때 사용하는 말」.

30) 「命官」은 『広辞苑』 등에 등재되지 않은 말이다. 이 부분은 〈한문본〉에 「君爲命官. 我爲命婦. 君爲忠臣. 我獨不能爲忠臣之婦乎」이며 〈언해본〉은 「그듸ᄂᆞᆫ 命官이오 나ᄂᆞᆫ 命婦ㅣ로니 그듸 忠臣이 ᄃᆞ외어든 나ᄂᆞᆫ 忠臣의 겨지비 몯 ᄃᆞ외리여」다. 료이(了意)가 〈한문본〉의 「命官」과 「命婦」를 그대로 音讀한 것으로 봐야겠다. 참고로 〈표준국어대사전〉에는 「명관(命官)」이 표제어로 등재되어 있으나 '조선 시대에, 전시(殿試)를 주재하도록 임금이 친히 임명하던 시험관'으로 풀이되어 있어서 문맥상 통하지 않는다.

31) 「たり[助動](체언에 접속하여)단정・지정. ~이다」.

⇨ 옹 씨가 대답하여 말하길 "조모발은 바로 지주의 명관이다.

❏ミづからハ、又[また]これ32)、命婦(めやうぶ)33)たり34)。
　⇨ 나는 또한 바로 명부다.

❏君[きみ]ハ、まことに35)忠臣(ちうしん)たり36)、
　⇨ 당신은 참으로 충신이다.

❏かたく其[その]忠(ちう)を、わすれず37)、命(めい)をもつて38)恩(をん)に、むくハん、と、し給[たま]ふものなり39)。
　⇨ 굳게 그 충을 잊지 아니하고 목숨으로써 은혜에 보답하고자 하시는 것이다.

❏ミづから又[また]40)、貞節(ていせつ)の命婦(ミやうぶ)として41)、忠臣

---

32)「みづから【自ら】[名]자기 자신. 나」+「は[助詞]」+「また【又・亦・復】[副]같이. 또한」+「これ【此・是】[代]앞에 제시한 말을 재차 언급할 때 사용하는 말」.

33)「命婦」역시 위의「命官」과 마찬가지로 〈한문본〉의 용어를 그대로 옮긴 것으로 봐야겠지만 사전 등재 여부는 다르다. 『広辞苑』에는「みやうぶ【命婦】옛날 5위 이상의 나인을 내명부(内命婦), 5위 이상 관리의 아내를 외명부(外命婦)라고 칭하여 모두 조정에 들 수 있게 했다. 후에는 중급 나인의 호칭으로 쓰인다」와 같은 풀이가 있다. 한편 〈표준국어대사전〉에도「명부(命婦)」가 표제어로 등재되어 있으며 '봉작(封爵)을 받은 부인을 통틀어 이르는 말. 내명부와 외명부의 구별이 있었다'와 같이 풀이되어 있다.

34)「たり[助動](체언에 접속하여)단정・지정. ~이다」.

35)「きみ【君・公】주군. 당신」+「は[助詞]」+「まことに【真に・実に・誠に】[副]정말로. 거짓 없이. 매우」.

36)「ちゅうしん【忠臣】충신」+「たり[助動](체언에 접속하여)단정・지정. ~이다」.

37)「かたし【堅し・固し・硬し】[形ク]굳다. 확실하다」의 連用形「かたく」+「その【其の】[連体]그」+「ちゅう【忠】충」+「を[助詞]」+「わする【忘る】[下2]잊다. 떠올리지 않다」의 未然形「わすれ」+「ず[助動]부정」.

38)「めい【命】명. 목숨. 명령」+「を[助詞]」+「もって【以て】(〈を[助詞]〉에 이어져서)수단이나 원인 등을 나타냄. ~로써. ~때문에」.

39)「おん【恩】은. 은혜」((〈を-〉는 정서법에 어긋남)+「に[助詞]」+「むくふ【報ふ】[4]갚다」의 未然形「むくは」+「む[助動]추량・의지」→「ん」+「と[助詞]」+「すuサ変하다」의 連体形「する」+「もの【物】문말에서 단정하는 말을 수반하여 화자가 단정하는 뜻을 강하게 나타냄. ~하는 법이다. ~하기 마련이다」+「なり[助動]단정・지정」.

(ちうしん)の妻(つま)なり42)、
⇨ 나는 또한 정절의 명부로서 충신의 아내다.

☐君[きみ]をはなれて43)、いづかたに行[ゆき]て44)、いかならん辱(はぢ)をかミん45)、
⇨ 당신을 떠나서 어디로 가서 어떤 치욕을 당하겠는가?

☐君[きみ]とおなじく46)、此[この]身(ミ)をすて▽47)、黄泉(くわうせん)の底(そこ)までも48)、友(とも)なひ侍[は]べらん49)。」と。
⇨ 당신과 한가지로 이 몸을 버려서 황천의 바닥까지도 함께 가겠습니다."라고.

☐趙昂発(てうバうはつ)が、いはく50)、「これ城中(じやうちう)のいくさの事[こと]51)、いのちをすつる、じがいの有[あり]さまハ52)、女[おん

---

40) 「みづから【自ら】[名]자기 자신. 나」+「また【又・亦・復】[副]같이. 또한」.
41) 「ていせつ【貞節】정절」+「の[助詞]」+「みやうぶ【命婦】명부」+「として[助詞]~의 자격으로. ~로서」.
42) 「ちゅうしん【忠臣】충신」+「の[助詞]」+「つま【妻】처. 아내」+「なり[助動]단정・지정」.
43) 「きみ【君・公】주군. 당신」+「を[助詞]」+「はなる【離る・放る】[下2]멀어지다. 떠나다」의 連用形「はなれ」+「て」.
44) 「いづかた【何方】[代]어느 방향. 어디」+「に[助詞]」+「ゆく【行く】[4]가다」의 連用形「ゆき」+「て」.
45) 「いかなり【如何なり】[ラ変]어떠하다」의 未然形「いかなら」+「む[助動]추량・완곡」의 連体形「む」→「ん」+「はぢ→はじ【恥・辱】부끄러움. 불명예. 치욕」+「を[助詞]」+「か[係助詞]의문・질문」(문말은 連体形)+「みる【見る・視る・観る】[上1]보다. 조우하다」의 未然形「み」+「む[助動]추량・의지」의 連体形「む」(앞의 〈か〉에 호응)→「ん」.
46) 「きみ【君・公】주군. 당신」+「と[助詞]~와」+「おなじ【同じ】[形シク]같다」의 連用形「おなじく」.
47) 「この【此の・斯の】[連体]이」+「み【身】몸. 자신」+「を[助詞]」+「すつ【捨つ・棄つ】[下2]버리다」의 連用形「すて」+「て」.
48) 「くわうせん→こうせん【黄泉】황천」+「の[助詞]」+「そこ【底】바닥」+「まで【迄】[助詞]~까지」+「も[助詞]」.
49) 「ともなふ【伴ふ】[4]따르다. 함께 가다. 데리고 가다」의 連用形「ともなひ」+「侍(はべり)[助動]격식・정중」의 未然形「はべら」+「む[助動]추량・의지」→「ん」.
50) 「が[助詞]」+「いはく【曰く】말하길. 이르길」.

な]の知(しる)へきミちに、あらず53)。

⇨ 조모발이 말하길 "이는 성안 싸움의 일이니 목숨을 버리는 자해하는 모습은 여자가 알아야 할 일이 아니다.

❏只[ただ]とく＼／54)おち給[たま]へ55)。」と。

⇨ 그저 어서어서 도망치십시오."라고.

❏雍(よう)氏(し)、是(これ)を聞[きき]て、いはく56)、「われ、しからバ、まづ57)、君[きみ]にさき立(だち)て死(し)すべし58)。」とて59)、すでに、じがいせん、とす60)。

---

51) 「これ【此·是】[代]이것. 이사람」+「じょうちゅう【城中】성중. 성안」+「の[助詞]」+「いくさ【軍·戰】병사. 군대. 전쟁」+「の[助詞]」+「こと【事】것. 일」.

52) 「いのち【命】목숨」+「を[助詞]」+「すつ【捨つ·棄つ】[下2]버리다」의 連體形 「すつる」+「じがい【自害】자해. 자살」+「の[助詞]」+「ありさま【有様】일의 모습. 상태. 처지」+「は[助詞]」.

53) 「をんな→おんな【女】여자」+「の[助詞]」+「しる【知る】[4]알다」의 終止形 「しる」+「べし[助動]의무·당연·추량·가능 등」의 連體形 「べき」(〈へ〉는 無濁點表記)+「みち【道】길. 도리. 방면」+「に[助詞]」+「あり【有り】[ラ變]있다」(〈~にあり〉는 현대일본어의 〈~である〉)의 未然形 「あら」+「ず[助動]부정」(〈あらず〉는 현대일본어의 〈ない〉).

54) 「ただ【只·唯】[副]단지. 오직. 그저」+「とくとく【疾く疾く】[副]재빨리. 매우 서둘러서. 지금 바로」.

55) 「おつ【落つ·墜つ·堕つ】[上2]떨어지다. 싸움에 지거나 해서 도망치다」의 連用形 「おち」+「たまふ【給ふ】[助動존경]의 命令形 「たまへ」.

56) 「よう【雍】옹」+「し【氏】씨」+「これ【此·是】[代]이것. 이사람」+「を[助詞]」+「きく【聞く】[4]듣다」의 連用形 「きき」+「て」+「いはく【曰く】말하길. 이르길」.

57) 「われ【我·吾】[代]나」+「しからば【然らば】[接續]그렇다면. 그러면」(〈しかり【然り】[ラ變]그러하다〉의 未然形〈しから〉+〈ば[助詞]가정조건〉로도 분석 가능)+「まづ→まず【先ず】[副]우선. 먼저」.

58) 「きみ【君·公】주군. 당신」+「に[助詞]」+「さきだつ【先立つ】[4]앞에 서다. 먼저 가다. 먼저 죽다」의 連用形 「さきだち」+「て」+「しす【死す】[サ變]죽다」의 終止形 「しす」+「べし[助動]의무·당연·추량·가능 등」.

59) 「とて[助詞]인용. ~라 해서. ~라는 것으로. ~라는 이름으로」.

60) 「すでに【既に·已に】[副]이미. 벌써. 이제. 틀림없이」+「じがい【自害】자해. 자살」+「す[サ變]하다」의 未然形 「せ」+「む[助動]추량·의지」→「ん」+「と[助詞]」+「す[サ變]하다」.

⇨ 옹 씨가 이를 듣고서 말하길 "나는 그렇다면 먼저 당신에 앞서 죽을 것이다."라며 이제 자해하려 한다.

❑趙昴発(てうバうはつ)、わらひて、をしとゞめつゝ⁽⁶¹⁾、「ともかくも、心[こころ]のまゝに、し給[たま]へ⁽⁶²⁾、

⇨ 조묘발이 웃으며 가로막으면서 "여하튼 뜻대로 하십시오.

❑ちからなく⁽⁶³⁾黄泉(くわうせん)まで友(とも)なひ、ゆき侍[は]べらん⁽⁶⁴⁾。」と。

⇨ 어쩔 수 없이 황천까지 함께 갑시다."라고.

❑明日[みょうにち]にいたりて⁽⁶⁵⁾、家(いへ)の子(こ)郎等(らうどう)ともを、めしよせ⁽⁶⁶⁾、

⇨ 이튿날에 이르러서 가신과 종들을 불러들여서,

❑金銀(きんぎん)その外[ほか]⁽⁶⁷⁾、もろ＼／のたから物[もの]を、とり出[いだ]し⁽⁶⁸⁾、

---

61) 「わらふ【笑ふ】[4]웃다」의 連用形「わらひ」+「て」+「おしとどむ【押し止む】[下2]제지하다. 가로막다」의 連用形「おしとどめ」(〈を-〉는 정서법에 어긋남)+「つつ[助詞]같은 동작의 반복·계속 등. ~하면서. ~해 두고 나서」.

62) 「ともかくも[副]아무래도. 어떻게든」+「こころのまま【心の儘】생각대로. 마음껏」+「に[助詞]」+「すサ変하다」의 連用形「し」+「たまふ【給ふ】[助動존경]」의 命令形「たまへ」.

63) 「ちからなし【力無し】[形ク]어쩔 수 없다. 기운이 없다」의 連用形「ちからなく」.

64) 「くわうせん【黄泉】황천」+「まで【迄】[助詞]~까지」+「ともなふ【伴ふ】[4]함께 가다」의 連用形「ともなひ」+「ゆく【行く】[4]가다」의 連用形「ゆき」+「侍(はべ)り[助動]격식·정중」의 未然形「はべら」+「む[助動]추량·의지」→「ん」.

65) 「みやうにち→みょうにち【明日】명일. 이튿날」+「に[助詞]」+「いたる【至る·到る】[4]도달하다」의 連用形「いたり」+「て」.

66) 「いへのこ【家の子】①그 가문에 태어난 아이 ②무사 일족으로 본가와 주종관계에 있는 사람 ③무가(武家)의 가신(家臣) ④사가(私家)의 종복(從僕)」+「らうどう→ろうどう【郎等】하인. 종자. 무사의 가신」+「ども【共】[接尾]~들」(〈と-〉는 無濁点표기)+「を[助詞]」+「めしよす【召し寄す】[下2]불러 모으다. 가까이 부르시다」의 連用形「めしよせ」.

67) 「きんぎん【金銀】금은」+「その【其の】[連体]그」+「ほか【外·他】외. 밖」.

68) 「もろもろ【諸諸·諸】수많은 것(사람). 모든 것(사람)」+「の[助詞]」+「たからもの【宝

❏ こと＼／く、わかちあたへ⁶⁹⁾、ミな、いとまを、いだしつゝ⁷⁰⁾、夜[よ]にまぎれて⁷¹⁾、城(じやう)をおとし⁷²⁾、
⇨ 남김없이 나눠주고 모두 떠나게 하고서 밤에 틈타 성을 벗어나게 하고,

❏ その後(のち)に⁷³⁾、趙昴發(てうバうはつ)ミづから、筆[ふで]をとりて⁷⁴⁾、机(つくえ)のうへに⁷⁵⁾一[いっ]首(しゆ)の詩句(しく)をかきて、いはく⁷⁶⁾、
⇨ 그 후에 조묘발이 몸소 붓을 들어 책상 위에 한 수의 시구를 적어 이르길,

❏ 「君[きみ]ハ叛(そむ)くに忍(しの)びず⁷⁷⁾。城(じやう)あへて降(くだ)らず⁷⁸⁾。夫婦(ふうふ)死(し)をおなじくし⁷⁹⁾。節義(せつぎ)⁸⁰⁾双(さう)

物】보물」+「を[助詞]」+「とりいだす【取り出す】[4]꺼내다」의 連用形「とりいだし」.

69) 「ことごとく【悉く・尽く】[副]모두. 남김없이」+「わかつ【分かつ・別つ】[4]나누다. 떼다」의 連用形「わかち」+「あたふ【与ふ】[下2]주다. 건네다」의 連用形「あたへ」.

70) 「みな【皆】①[名]모든 사람. 전부 ②[副]남김없이. 모두」+「いとま【暇・遑】휴가. 사직. 이별. 면제하여 떠나게 하는 일. 해고」+「を[助詞]」+「いだす【出す】[4]내다. 주다」의 連用形「いだし」+「つつ[助詞]~하면서. ~해 두고 나서」.

71) 「よ【夜】밤」+「に[助詞]」+「まぎる【紛る】[下2]뒤섞이다. 구별하기 어렵게 되다. 숨다」의 連用形「まぎれ」+「て」.

72) 「じやう【城】성」+「を[助詞]」+「おとす【落とす・墜す・貶す】[4]떨어뜨리다. 잃다. 버리다. 도망치게 하다」의 連用形「おとし」.

73) 「その【其の】[連体]그」+「のち【後】후」+「に[助詞]」.

74) 「みづから【自ら】[副]스스로. 친히」+「ふで【筆】붓」+「を[助詞]」+「とる【取る・執る】[4]취하다. 집다. 잡다」의 連用形「とり」+「て」.

75) 「つくえ【机・案】책상」+「の[助詞]」+「うへ→うえ【上】위」+「に[助詞]」.

76) 「いっしゅ【一首】한 수」+「の[助詞]」+「しく【詩句】시구」+「を[助詞]」+「かく【書く】[4]쓰다」의 連用形「かき」+「て」+「いはく【曰く】말하길. 이르길」.

77) 「きみ【君・公】주군. 천자. 당신」+「は[助詞]」+「そむく【背く・叛く】[4]등지다. 위반하다. 모반하다. 대들다」의 連体形「そむく」+「に[助詞]~하니. ~하는데」+「しのぶ【忍ぶ】[上2]견디다. 참다」의 未然形「しのび」+「ず[助動]부정」. 여기에는 〈가능〉의 뜻으로 풀이할 문법요소가 없지만 문맥상 위와 같이 해석한다. 이는 다음 구절도 마찬가지다.

をなす81)。」82)と。

⇨ "주군은 거스를 수 없다. 성은 감히 버릴 수 없다. 부부가 죽음을 한가지로 하여 절의가 쌍을 이룬다."라고.

▢ かやうに、かきをきて83)、夫婦[ふうふ]ともに84)、衣裝(いしやう)を うるハしく出[いで]たちて85)、

⇨ 이처럼 적어두고 부부가 함께 옷을 곱게 차리고,

▢ 從容堂(せうようだう)86)に立(たち)いり87)、あえなくも88)、くびれ死

---

78) 「じやう【城】 성」+「あへて【敢へて】[副]굳이. 감히. 조금도」+「くだる【下る・降る】[4]내려가다. 항복하다」의 未然形「くだら」+「ず[助動]부정」.

79) 「ふうふ【夫婦】 부부」+「し【死】 죽음」+「を[助詞]」+「おなじ【同じ】[形シク]같다」의 連用形「おなじく」+「す[サ変]하다」의 連用形「し」.

80) 「せつぎ【節義】 절의. 정절을 지키고 정도(正道)를 걷는 것」+「を[助詞]」+「まもる【守る・護る】[4]지키다. 막다」의 連用形「まもり」+「て」.

81) 「さう→そう【双】 쌍. 짝」+「を[助詞]」+「なす【生す・成す・為す】[4]만들어내다. 낳다. 행하다」.

82) 이 부분은 〈한문본〉에 「君不忍叛. 城不敢降. 夫婦同死. 節義成雙」이고 〈언해본〉에는 「님금도 ᄎᆞ마 背叛 몯ᄒᆞ며 城도 降티 몯ᄒᆞ야 夫婦ㅣ ᄒᆞᆫ듸 주거 節介ㅣ 와 義왜 雙이 ᄃᆞ외노라」다.

83) 「かやう【斯樣】[形動ナリ]이러한. 이런 식의」의 連用形「かやうに」+「かきおく【書き置く】[4]적어서 뒤에 남기다」의 連用形「かきおき」(〈-を-〉는 정서법에 어긋남)+「て」.

84) 「ふうふ【夫婦】 부부」+「ともに【共に・俱に】[連語]함께. 동반하여. 동시에」.

85) 「いしやう→いしょう【衣裳・衣装】 의상. 옷. 의복」+「を[助詞]」+「うるはし【麗し・美し・愛し】[形シク]단정하다. 곱다. 밝다」의 連用形「うるはしく」+「いでたつ【出で立つ】[4]나가다. 시작하다. 꾸미다」의 連用形「いでたち」+「て」.

86) 이 부분은 〈한문본〉에 「遂與雍氏盛服. 同縊從容堂」이며 〈언해본〉은 「雍 氏와 ᄆᆞ장 빗어 從容堂의 ᄒᆞᆷ끠 목 ᄆᆡ여 죽거늘」로 되어 있다. 그런데 『假名草子集成』에는 「從容」과 「堂」 사이에 読点이 있어서 다른 해석도 가능할 듯싶다. 즉 「しょうよう【從容・縱容】[形動タリ]흔들리지 않고 차분한 모양」에 「だう→どう【堂】 당. 사당」이 연결된 것으로 보는 방법이다. 그러면 '침착하게 사당에 들어가서'로 풀이할 수 있겠는데, 일본 〈国文学研究資料館〉에 공개되어 있는 「三綱行實圖」에는 読点이 없으므로 고유명사로 보기로 하겠다.

87) 「に[助詞]」+「たちいる【立ち入る】[4]들어가다」의 連用形「たちいり」.

88) 「あへなし【敢へ無し】[形ク]새삼 어쩔 수 없다. 어이없다. 곁에서 보기에 너무나도

(し)せり89)。

⇨ 종용당에 들어가서 비참하게도 목매달아 죽었다.

❏城[じょう]の内[うち]に90)、二人[ふたり]のつハもの、あり91)、忠節(ちうせつ)わたくしなし92)、

⇨ 성안에 두 명의 무사가 있다. 충절에 사사로움이 없다.

❏此[この]故[ゆえ]に93)、今[いま]までも94)、なを落(おち)とゞまりて95)、敵[てき]をふせぎけるが96)、

⇨ 이런고로 이제까지도 여전히 남아서 적을 막았는데,

❏此[この]有[あり]さまを見[み]て97)、夫婦(ふうふ)のかバねを哭(こく)して、いはく98)、

약하고 덧없게 느껴지다. 보기에도 무참하다」의 連用形「あへなく」(〈-え-〉는 歷史的仮名遣에 어긋남)+「も[助詞]」.

89) 「くびる【縊る】[下2]목을 매달아 죽다」의 連用形「くびれ」+「しす【死す】[サ変]죽다」의 命令形「しせ」+「り[助動]완료·존속」.

90) 「じゃう→じょう【城】성」+「の[助詞]」+「うち【内】안」+「に[助詞]」.

91) 「ふたり【二人】두 사람」+「の[助詞]」+「つはもの【兵】병사. 무사」+「あり【有り】[ラ変]있다」.

92) 「ちゅうせつ【忠節】충절」+「わたくし【私】[名]공(公)에 대한 사(私)」+「なし【無し】[形ク]없다」.

93) 「この【此の·斯の】[連体]이」+「ゆゑ→ゆえ【故】이유. 까닭」+「に[助詞]」.

94) 「いま【今】지금. 이제」+「まで【迄】[助詞]~까지」+「も[助詞]」.

95) 「なほ→なお【猶·尚】[副]아직. 역시. 그래도. 다시. 원래대로」(〈-を〉는 정서법에 어긋남)+「おちとどまる【落ち止まる·落ち留まる】[4]머물다. 전쟁에서 도망치지 않고 남다」의 連用形「おちとどまり」+「て」.

96) 「てき【敵】적. 원수」+「を[助詞]」+「ふせぐ【防ぐ·禦ぐ·拒ぐ】[4]방어하다」의 連用形「ふせぎ」+「けり[助動]회상·과거」의 連体形「ける」+「が[助詞]~인데」.

97) 「この【此の·斯の】[連体]이」+「ありさま【有様】일의 모습. 상태. 처지」+「を[助詞]」+「みる【見る】[上1]보다」의 連用形「み」+「て」.

98) 「ふうふ【夫婦】부부」+「の[助詞]」+「かばね【屍·尸】시체. 주검」+「を[助詞]」+「こくす【哭す】[サ変]곡하다. 큰소리로 울부짖다」의 連用形「こくし」+「て」+「いはく【曰く】말하길. 이르길」.

⇨ 이 모습을 보고 부부의 주검을 곡하고 말하길,

☐「生[いき]てハ大[だい]宋(そう)の人(ひと)たり99)、死(し)してハ大[だい]宋(そう)の鬼[おに]たり100)、

⇨ "살아서는 대송의 사람이다. 죽어서는 대송의 귀신이다.

☐何[なに]をもつてか101)、この汚(けがれ)をあらハん102)、清渓(しんけい)103)一泓(こう)104)の水[みず]105)。」106)と云[いい]て107)、

⇨ 무엇으로써 이 더러움을 씻겠는가? 청계일홍의 물."이라 하고,

☐又[また]、かけ出[いで]て108)、うちじにせり109)。

⇨ 다시 내달려 나가서 전사했다.

---

99) 「いく【生く・活く】[上2]살다. 생존하다」의 連用形「いき」+「て」+「は[助詞]」+「だい【大】대」+「そう【宋】송」+「の[助詞]」+「ひと【人】사람」+「たり[助動](체언에 접속하여)단정·지정. ~이다」.

100) 「しす【死す】[サ変]죽다」의 連用形「しし」+「て」+「は[助詞]」+「だい【大】대」+「そう【宋】송」+「の[助詞]」+「おに【鬼】귀신. 망령」+「たり[助動]단정·지정. ~이다」.

101) 「なに【何】무엇」+「を[助詞]」+「もつて【以て】(〈を[助詞]〉에 이어져서)수단이나 원인 등을 나타냄. ~로써. ~때문에」+「か[係助詞]의문·질문」(문말은 連体形).

102) 「この【此の・斯の】[連体]이」+「けがれ【穢れ・汚れ】[名]더러움. 때」+「を[助詞]」+「あらふ【洗ふ】[4]씻다. 닦다. 깨끗하게 하다」의 未然形「あらは」+「む[助動]추량·의지」의 連体形「む」(앞의 〈か〉에 호응)→「ん」.

103) 「せいけい【清渓·清谿】맑은 시내」(〈清〉을 〈シン〉으로 읽은 것은 唐音).

104) 「一泓」은 사전에 등재되지 않은 말이다. 료이(了意)는 「泓」에만 「こう」라는 읽는 법을 붙여놓았는데 「泓」은 呉音 漢音 모두 「ワウ→オウ」로 '물이 깊다' '맑다'의 뜻이다. 나머지 문제는 「一」을 어떻게 읽을 것인가 인데 이를 「いち」로 읽으면 '제일가는'의 뜻으로 풀이할 수 있고 「いつ」으로 읽으면 한 단어로 취급하는 것이 된다.

105) 「の[助詞]」+「みづ→みず【水】물」.

106) 참고로 이 부분은 〈한문본〉에는 「生爲大宋人. 死爲大宋鬼. 何以洗此汚. 清溪一泓水」다. 또한 〈언해본〉은 다음과 같다. 「사라셔 大宋ㅅ 사ᄅ미 두외오 주거 大宋ㅅ 鬼 두외니 므스거스로 이 모ᄅᆯ 시스려뇨 ᄆᆞᆯᄀ 내햇 웅덩잇 므리로다」.

107) 「と[助詞]~라고」+「いふ【言ふ·云ふ】[4]말하다」의 連用形「いひ」+「て」.

108) 「また【又·亦·復】[副]다시. 또한」+「かけいづ【駆け出づ】[下2]말을 달려서 나가다」의 連用形「かけいで」+「て」.

❏城(じやう)落(おち)て後(のち)110)、元(げん)の将軍(しやうぐん)111)、伯顔(はくがん)丞相(せうじやう)112)、この有[あり]さまを見[み]て113)、
⇨ 성이 떨어진 후에 원나라 장군 백안 승상이 이 모습을 보고서,

❏此[この]人[ひと]をおしミ、なげきて114)、棺(ひつき)をとゝのへ115)、あつく、はうふり116)、
⇨ 이 사람을 아쉬워 슬퍼하며 관을 갖추고 후하게 장사지내고,

❏その墳(つか)をまつる事[こと]117)、ねんごろにして118)、去(さり)侍

---

109) 「うちじに【討死】싸움터에서 적과 싸우다 죽는 것. 전사」+「す[サ変]하다」의 命令形「せ」+「り[助動]완료·존속」.

110) 「じやう【城】성」+「おつ【落つ·墜つ·堕つ】[上2]떨어지다」의 連用形「おち」+「て」+「のち【後】후」.

111) 「げん【元】원나라」+「の[助詞]」+「しやうぐん→しょうぐん【将軍】장군」.

112) 「しょうじやう→しょうじょう【丞相】승상. 옛날 중국에서 천자를 도와서 국정을 수행한 대신」. 『假名草子集成』의 본문에는 「烝相」으로 되어 있는데 이는 잘못으로 보이므로 바로잡아 제시하고 풀이한다. 참고로 일본〈国文学研究資料館〉의「三綱行實圖」에서는 글자가 명확하지 않아 판단이 어렵다.

113) 「この【此の·斯の】[連体]이」+「ありさま【有樣】일의 모습」+「を[助詞]」+「みる【見る】[上1]보다」의 連用形「み」+「て」.

114) 「この【此の·斯の】[連体]이」+「ひと【人】사람」+「を[助詞]」+「をしむ【惜しむ·愛しむ】[4]아까워하다. 아쉬워하다. 그리워하다」의 連用形「をしみ」(〈お〉는 歷史的仮名遣에 어긋남)+「なげく【嘆く·歎く】[4]한숨짓다. 탄식하다. 슬퍼하다. 절망하다」의 連用形「なげき」+「て」.

115) 「ひつぎ【棺·柩】(옛날에는 淸音)관」+「を[助詞]」+「ととのふ【調ふ·整ふ·齊ふ】[下2]정돈하다. 맞추다. 갖추다. 준비하다」의 連用形「ととのへ」.

116) 「あつし【厚し·篤し】[形ク]두껍다. 두텁다. 후하다. 깊다」의 連用形「あつく」+「はうぶる【葬る】[4]장사지내다. 매장하다」의 連用形「はうぶり」(〈-ふ〉는 無濁点표기).

117) 「その【其の】[連体]그」+「つか【塚·冢】무덤. 묘」(〈墳〉은 『広辞苑』에서는 〈ふん〉으로만 읽음)+「を[助詞]」+「まつる【祭る·祀る】[4]제사하다」의 連体形「まつる」+「こと【事】것. 일」.

118) 「ねんごろ【懇ろ】[形動ナリ]진심을 다해. 열심히」의 連用形「ねんごろに」+「す[サ変]하다」의 連用形「し」+「て」.

(はん)へりぬ[119]。

⇨ 그 무덤을 제사하는 일을 정성스럽게 하고 떠났습니다.

---

119) 「さる【去る】[4]가다. 떠나다」의 連用形 「さり」+「はんべり【侍り】〈侍(はべり)[助動] 격식·정중〉가 변한 말」의 連用形 「はんべり」(〈-へ-〉는 無濁点표기)+「ぬ[助動]완료·존속」.

21. 貞(てい)婦(ふ)淸(せい)風(ふう)
정부청풍

▫ 王貞婦(わうていふ)が夫(おっと)ハ[1]、臨海(りんかい)と、いふところの人[ひと]なり[2]。
⇨ 왕정부의 남편은 임해라고 하는 곳의 사람이다.

▫ 德祐(とくゆう)[3]二[に]ねんの冬(ふゆ)[4]、元(げん)の軍兵(ぐんびやう)すでに[5]浙東(せつとう)と云(いふ)ところに、せめいりたり[6]。
⇨ 덕우 2년 겨울, 원나라 군병이 이제 절동이라 하는 곳에 쳐들어왔다.

▫ 王貞婦(わうていふ)か夫(おっと)[7]、その親(おや)夫婦(ふうふ)ミな[8]、とらへられて、ころされたり[9]。

---

1) 「が[助詞]현대일본어〈の〉의 쓰임」+「をつと→おっと【夫】지아비」(〈お〉는 歷史的仮名遣에 어긋남. 이하 같음)+「は[助詞]」.

2) 「と[助詞]~라고」+「いふ【言ふ・云ふ】[4]말하다」의 連体形「いふ」+「ところ【所・処】곳」+「の[助詞]」+「ひと【人】사람」+「なり[助動]단정・지정」.

3) 「德祐(とくゆう): 덕우. 중국 남송 시절에 사용된 연호(1275-1276)」(ウィキペディア[Wikipedia] 참조).

4) 「に【二】2」+「ねん【年】년」+「の[助詞]」+「ふゆ【冬】겨울」.

5) 「げん【元】원나라」+「の[助詞]」+「ぐんびやう→ぐんびよう【軍兵】군병」+「すでに【既に・已に】[副]이미. 벌써. 이제」.

6) 「と[助詞]~라고」+「いふ【言ふ・云ふ】[4]말하다」의 連体形「いふ」+「ところ【所・処】곳」+「に[助詞]」+「せめいる【攻め入る】[4]진격하여 적진에 들어가다. 쳐들어가다」의 連用形「せめいり」+「たり[助動]완료・존속」.

7) 「が[助詞]현대일본어〈の〉의 쓰임」(〈か〉는 無濁点표기)+「をつと→おっと【夫】지아비」.

8) 「その【其の】[連体]그」+「おや【親】부모」+「ふうふ【夫婦】부부」+「みな【皆】①[名]모든 사람. 전부 ②[副]남김없이. 모두」.

⇨ 왕정부의 남편과 그 부모 부부 모두 붙잡혀서 죽임 당했다.

❏ 元(げん)の大[たい]将(しやう)10)、かの11)王貞婦(わうていふ)がかたちの、うつくしきに12)、心[こころ]をうつし13)、これを、とゞめて14)、をのれが妻(つま)と、せんとす15)。

⇨ 원나라 대장이 그 왕정부의 용모가 아름다움에 마음을 바꿔 이를 막아 세워 자기 아내로 삼으려 한다.

❏ 王(わう)ていふ、大[おおい]に、なきさけびて16)、じがいせん、とす17)。

⇨ 왕정부가 크게 울부짖으며 자해하려 한다.

❏ 人〴〵[ひとびと]をしとゞめて18)、死(し)する事[こと]あたハず19)。

---

9) 「とらふ【捕らふ・捉ふ】[下2]붙들다. 붙잡다. 포박하다」의 未然形「とらへ」+「らる[助動수동]」의 連用形「られ」+「て」+「ころす[殺す][4]죽이다」의 未然形「ころさ」+「る[助動수동]」의 連用形「れ」+「たり[助動완료・존속]」.

10) 「げん【元】원나라」+「の[助詞]」+「たいしやう→たいしよう【大将】대장」.

11) 「かの【彼の】[連体]저. 그」.

12) 「が[助詞]현대일본어〈の〉의 쓰임」+「かたち【形・容】모습. 용모」+「の[助詞]현대일본어〈が〉의 쓰임」+「うつくし【美し・愛し】[形シク]아름답다. 귀엽다」의 連体形「うつくしき」+「に[助詞]~에」.

13) 「こころ【心】마음. 뜻. 생각」+「を[助詞]」+「うつす【移す・遷す】[4]옮기다. 바꾸다」의 連用形「うつし」.

14) 「これ【此・是】[代]이것. 이사람」+「を[助詞]」+「とどむ【止む・留む・停む】[下2]막아서 가지 못하게 하다. 제지하다. 남기다」의 連用形「とどめ」+「て」.

15) 「おのれ【己】〈1〉[名]자기 자신.〈2〉[代]①(1인칭)나. 저 ②(2인칭)손아랫사람 또는 다른 사람을 낮잡아 부르는 말. 너. 자네」(〈を-〉는 정서법에 어긋남)+「が[助詞]현대일본어〈の〉의 쓰임」+「つま【妻】처. 아내」+「と[助詞]」+「す[サ変]하다」의 未然形「せ」+「む[助動추량・의지]」→「ん」+「と[助詞]」+「す[サ変]하다」.

16) 「おおいに【大いに】[副]매우. 몹시. 많이」+「なきさけぶ【泣(啼)き叫ぶ】[4]큰 소리로 울다. 울며 외치다」의 連用形「なきさけび」+「て」.

17) 「じがい【自害】자해. 자살」+「す[サ変]하다」의 未然形「せ」+「む[助動추량・의지]」→「ん」+「と[助詞]」+「す[サ変]하다」.

18) 「ひとびと【人人】사람들」+「おしとどむ【押し止む】[下2]제지하다. 가로막다」의 連用

⇨ 사람들이 가로막아서 죽는 일을 해내지 못한다.

❏ 夜(よ)るハ[20]、いけどりの女[にょう]バうどもに[21]、番(はん)をせさせて、まもらしめ[22]、昼(ひる)ハ、又[また][23]、つハものどもに、まもらしむ[24]。

⇨ 밤에는 사로잡은 시녀들에게 망을 보게 시켜서 지키게 하고 낮에는 또한 병사들에게 지키게 한다.

❏ わうてい婦(ふ)いつハりて、いはく[25]、「まことに[26]、ミづからを[27]、妻(つま)とせんと、おもひ給[たま]ハゞ[28]、わが思[おも]ハん事[こと]を[29]、かなへ給[たま]へ[30]。

形「おしとどめ」(〈を-〉는 정서법에 어긋남)+「て」.

19) 「しす【死す】[サ変]죽다」의 連体形「しする」+「こと【事】것. 일」+「あたふ【能ふ·適ふ】[4]할 수 있다. 적합하다」의 未然形「あたは」+「ず[助動]부정」.

20) 「よる【夜】 밤」+「は[助詞]」.

21) 「いけどり【生け捕り·生擒】생포하는 것. 생포된 사람(동물)」+「の[助詞]」+「にょうばう→にょうぼう【女房】귀족 집에서 일하는 여자. 부인」+「ども【共】[接尾]복수(複數)의 뜻을 나타내는 접미어. ~들」+「に[助詞]」.

22) 「ばん【番】파수꾼」+「を[助詞]」+「す[サ変]하다」의 未然形「せ」+「さす[助動]사역·존경. ~시키다. ~하시다」의 連用形「させ」+「て」+「まもる【守る·護る】[4]지키다. 막다」의 未然形「まもら」+「しむ[助動]사역. ~시키다」의 連用形「しめ」.

23) 「ひる【昼】낮」+「は[助詞]」+「また【又·亦·復】[副]다시. 같이. 달리. 또한」.

24) 「つはもの【兵】무기. 병사」+「ども【共】[接尾]~들」+「に[助詞]」+「まもる【守る·護る】[4]지키다」의 未然形「まもら」+「しむ[助動]사역. ~시키다」.

25) 「いつはる【偽る·詐る】[4]거짓말하다. 속이다」의 連用形「いつはり」+「て」+「いはく【曰く】말하길. 이르길」.

26) 「まことに【真に·実に·誠に】[副]정말로. 거짓 없이. 매우」.

27) 「みづから【自ら】[名]자기 자신. 나 [副]스스로. 친히」+「を[助詞]」.

28) 「つま【妻】처. 아내」+「と[助詞]」+「す[サ変]하다」의 未然形「せ」+「む[助動]추량·의지」→「ん」+「と[助詞]」+「おもふ【思ふ】[4]생각하다」의 連用形「おもひ」+「たまふ【給ふ】[助動]존경」의 未然形「たまは」+「ば[助詞]가정조건」.

29) 「わが【我が·吾が】[連体]나의. 자신의」+「おもふ【思ふ·想ふ·憶ふ·念ふ】[4]생각하다. 원하다. 기대하다. 결심하다」의 未然形「おもは」+「む[助動]추량·의지·완곡」

⇨ 왕정부가 꾸며 말하길 "정말로 나를 아내로 삼고자 생각하신다면 내가 원하는 것을 이루게 하십오.

❏さても31)、ミづからがしうと姑(しうとめ)32)その外(ほか)33)、夫(おっと)までも34)死(し)し侍(はべ)れども35)、

⇨ 그런데 내 시아버지와 시어머니 그 밖에 남편까지도 죽었습니다만,

❏われ、これかために36)裏(さい)37)せずして38)、二[ふた]たび又[また]39)、夫(おっと)をまうく、と、いふ事[こと]40)、これ天[てん]たう

의 連体形「む」→「ん」+「こと【事】것. 일」+「を[助詞]」.

30)「かなふ【適ふ·叶ふ】[下2]채우다. 바람을 성취시키다」의 連用形「かなへ」+「たまふ【給ふ】[助動존경]」의 命令形「たまへ」.

31)「さても【扨も】[接続]그래도. 그건 그렇지만. 그런데」.

32)「みづから【自ら】[名]자기 자신. 나 [副]스스로. 친히」+「が[助詞]현대일본어〈の〉의 쓰임」+「しうとめ→しゅうとめ【姑】시어머니. 장모」.

33)「その【其の】[連体]ユ」+「ほか【外·他】외. 밖」.

34)「をつと→おっと【夫】지아비」+「まで【迄】[助詞]~까지」+「も[助詞]」.

35)「しす【死す】[サ変]죽다」의 連用形「しし」+「侍(はべ)り[助動]격식·정중」의 已然形「はべれ」+「ども[助詞]역접. ~하지만」.

36)「われ【我·吾】[代]나」+「これ【此·是】[代]이것. 이사람」+「が[助詞]」(〈か〉는 無濁点표기)+「ため【為】[名]때문. 위함」+「に[助詞]」(〈~の(が)ために〉의 꼴로 '이익·이유·목적'의 뜻. ~때문에. ~위해)」.

37)『假名草子集成』의 본문에는「裏」으로 되어 있고 여기에 주를 붙여서「斎」일지도 모른다고 기술되어 있다. 그런데「裏」은 관용음이「ジヤウ→ジョウ」漢音이「シヤウ→ショウ」라서 료이(了意)의 읽기와 부합하지 않고 '치우다. 올라가다. 이루다. 돕다'의 뜻이므로 내용과 맞지 않는다. 한편「斎」는「サイ」(漢音)로 읽고 '신불을 제사하기 전에 음식 등을 삼가고 심신을 깨끗이 한다'의 뜻이므로 문맥과 통하기는 하지만 확실치 않다. 이에 일본〈国文学研究資料館〉의『三綱行實圖』를 살펴보니 여전히 글자가 명확하지 않아 판단이 어렵다. 그런데〈한문본〉을 보면 이 부분이「吾舅姑與夫死而不爲之衰」이므로 이는「衰」로 보는 것이 맞을 듯싶다.「衰」는 漢音으로「スイ」나「サイ」로 읽으며 '약해지다'의 뜻 외에 '상복(喪服)의 윗도리'의 뜻도 있으므로 문맥상 통한다.

38)「す【サ変]하다」의 未然形「せ」+「ず[助動부정]」의 連用形「ず」+「して[助詞](連用形에 접속)~인 상태로」.

39)「ふたたび【二度·再び】두 번. 다시. 거듭」+「また【又·亦·復】[副]다시. 같이. 달리」.

に、そむくにあらずや41)、
⇨ 내가 이를 위해 상복 입지 아니하고서 다시 달리 남편을 둔다고 하는 것은 바로 하늘에 거스름이 아니겠는가?

❏天[てん]たうに、そむくもの42)、人[ひと]なんぞ人[ひと]と、いはん43)。
⇨ 하늘에 거스르는 자가 사람이 어찌 사람이라 하겠는가?

❏ねがハくは44)、われに一年[いちねん]の服(ふく)を、つとめしめ45)、その後(のち)ハ46)、いかにも仰(おほせ)に、したがハん47)。」と云[いう]48)。

---

40) 「をつと→おっと【夫】지아비」+「を[助詞]」+「まうく【設く・儲く】[下2]준비하다. 마련하다」+「と[助詞]~라고」+「いふ【言ふ・云ふ】[4]말하다」의 連体形 「いふ」+「こと【事】것. 일」.

41) 「これ【此·是】[代]앞에 제시한 말을 재차 언급할 때 사용하는 말」+「てんたう→てんとう【天道】천지를 주재하는 신(神). 천제(天帝)」+「に[助詞]」+「そむく【背く·叛く】[4]등지다. 위반하다. 모반하다. 대들다」의 連体形 「そむく」+「に[助詞]」+「あり【有り】[ラ変]있다」(〈~にあり〉는 현대일본어의 〈~である〉)의 未然形 「あら」+「ず[助動부정]」(〈あらず〉는 현대일본어의 〈ない〉)+「や[係助詞]의문·질문」(〈ずや〉는 조동사 〈ず〉에 係助詞 〈や〉가 접속한 말로서 문말에 쓰여서 부정의 의문이나 반어의 뜻을 나타낸다. ~아닐 것인가?).

42) 「てんたう【天道】천제(天帝)」+「に[助詞]」+「そむく【背く·叛く】[4]등지다」의 連体形 「そむく」+「もの【者】자. 사람」.

43) 「ひと【人】사람」+「なんぞ【何ぞ】[副]어찌. 어떤. 무언가」+「ひと【人】사람」+「と[助詞]~라고」+「いふ【言ふ·云ふ】[4]말하다」의 未然形 「いは」+「む[助動추량·의지]」→「ん」.

44) 「ねがはくは【願はくは】[副]바라기는. 원하기는」.

45) 「われ【我·吾】[代]나」+「に[助詞]」+「いちねん【一年】1년」+「の[助詞]」+「ぶく【服】상복(喪服). 상중(喪中)」(〈ふ〉는 無濁点표기)+「を[助詞]」+「つとむ【勤む·努む·務む·力む·勉む】[下2]힘쓰다. 노력하다. 섬기다. 근행하다」의 未然形 「つとめ」+「しむ[助動사역. ~시키다」의 連用形 「しめ」.

46) 「その【其の】[連体]그」+「のち【後】후」+「は[助詞]」.

47) 「いかにも【如何にも】[副]어떻게든. 무슨 일이 있어도. 정말로. 분명」+「おほせ→おおせ【仰せ】말씀. 하명」+「に[助詞]」+「したがふ【従ふ·随ふ·順ふ】[4]말하는 대로 따르다. 거스르지 않다. 맡기다」의 未然形 「したがは」+「む[助動추량·의지]」→「ん」.

⇨ 원컨대 나에게 1년의 상을 치르게 하고 그 후에는 어떻게든 말씀에 따르겠다."라고 한다.

❏ 将軍(しやうぐん)、是[これ]を聞[きき]て49)、ゆるしけり50)、然[しか]れとも51)、猶[なお]人[ひと]をして52)、かたくまもらしむ53)。

⇨ 장군이 이를 듣고 풀어주었다. 하지만 여전히 사람으로 하여금 굳게 지키게 한다.

❏ 明年[みょうねん]の春[はる]にいたりて54)、元[げん]の兵(つハもの)55)、軍(いくさ)をかへす56)。

⇨ 이듬해 봄에 이르러서 원나라 병사가 군대를 되돌린다.

❏ 貞婦(ていふ)、こしにのせて57)、本国(ほんごく)にかへる道[みち]に58)、青楓嶺(せいふうれい)と云[いう]山[やま]に、いたる59)。

---

48) 「と[助詞]~라고」+「いふ【言ふ・云ふ】[4]말하다」.

49) 「しやうぐん→しょうぐん【将軍】장군」+「これ【此・是】[代]이것」+「を[助詞]」+「きく【聞く】[4]듣다」의 連用形「きき」+「て」.

50) 「ゆるす【許す・赦す】[4]풀어주다. 승낙하다. 허가하다」의 連用形「ゆるし」+「けり[助動]회상・과거」.

51) 「しかれども【然れども】[接続]역접의 확정조건. 그렇지만. 하지만」.

52) 「なほ→なお【猶・尚】[副]아직. 여전히. 그래도 역시. 더욱」+「ひと【人】사람. 다른 사람」+「をして[連語]수단・방법의 뜻. 어떤 동작을 행하는 수단으로서의 사역(使役)의 대상을 나타냄」(대개 〈~をして~しむ(사역)〉의 형태를 취함).

53) 「かたし【堅し・固し・硬し】[形ク]굳다. 확실하다. 완고하다」의 連用形「かたく」+「まもる【守る・護る】[4]지키다」의 未然形「まもら」+「しむ[助動]사역. ~시키다」.

54) 「みやうねん→みょうねん【明年】명년. 내년. 이듬해」+「の[助詞]」+「はる【春】봄」+「に[助詞]」+「いたる【至る・到る】[4]도달하다」의 連用形「いたり」+「て」.

55) 「げん【元】원나라」+「の[助詞]」+「つはもの【兵】병사」.

56) 「いくさ【軍・戦】병사. 군대. 전쟁」+「を[助詞]」+「かへす【帰す・還す】[4]돌려보내다. 되돌려놓다」.

57) 「こし【輿】가마」+「に[助詞]」+「のす【乗す・載す】[下2]태우다. 싣다」의 連用形「のせ」+「て」.

58) 「ほんごく【本国】본국」+「に[助詞]」+「かへる【帰る】[4]돌아가(오)다」의 連体形「かへる」+「みち【道】길. 도리」+「に[助詞]」.

59) 「と[助詞]~라고」+「いふ【言ふ・云ふ】[4]말하다」의 連体形「いふ」+「やま【山】산」+

⇨ 정부를 가마에 태워서 본국으로 돌아가는 길에 청풍령이라 하는 산에 다다른다.

❏ けハしき所[ところ]に、さしかゝりて(60)、輿(こし)をかくものども(61)、少(すこし)をこたりて(62)、やすみふしたり(63)。
　⇨ 험준한 곳에 이르러서 가마를 메는 자들이 잠시 멈춰서 누워 쉬었다.

❏ 王貞婦(わうていふ)、ひそかに指(ゆび)を、くひきり(64)、血(ち)をいだして(65)、石(いし)の上[うえ]に文字(もんじ)を書(かき)つけ(66)、
　⇨ 왕정부는 남몰래 손가락을 물어뜯어 피를 내서 돌 위에 글을 적어두고,

❏ 南(ミなミ)にむかひて、慟哭(どうこく)して(67)、ミづから深(ふか)き谷底(たにぞこ)へ(68)、身[み]をなげたり(69)。

─────────────

　　　「に[助詞]」＋「いたる【至る・到る】[4]도착하다」.
60) 「けはし【険し・嶮し】[形シク]경사가 급해서 오르기 곤란하다. 험준하다」의 連体形「けはしき」＋「ところ【所・処】곳」＋「に[助詞]」＋「さしかかる【差し掛かる】[4]그 장소에 임하다. 그 시기가 되다. 다다르다. 닥치다」의 連用形「さしかかり」＋「て」.
61) 「こし【輿】가마」＋「を[助詞]」＋「かく【舁く】[4]어깨에 걸쳐서 옮기다. 메다」의 連体形「かく」＋「ものども【者共】사람들. 從者나 신분이 낮은 자를 부를 때 쓰는 말」.
62) 「すこし【少し】[副]조금. 약간」＋「おこたる【怠る・惰る】[4]①他動詞해야 할 일을 하지 않다. 게을리 하다 ②自動詞무심결에 과실을 범하다. 도중에 휴지(休止)하다. 끊어지다」의 連用形「おこたり」(〈を-〉는 정서법에 어긋남)＋「て」.
63) 「やすむ【休む】[4]활동을 중지하다. 휴식하다. 눕다」의 連用形「やすみ」＋「ふす【伏す・臥す】[4]눕다」의 連用形「ふし」＋「たり[助動]완료・존속」.
64) 「ひそか【密か】[形動ナリ]남모르게. 몰래」의 連用形「ひそかに」＋「ゆび【指】손가락」＋「を[助詞]」＋「くひきる【食ひ切る】[4]이빨로 물어 자르다」의 連用形「くひきり」.
65) 「ち【血】피」＋「を[助詞]」＋「いだす【出す】[4]내보내다」의 連用形「いだし」＋「て」.
66) 「いし【石】돌」＋「の[助詞]」＋「うへ【上】위」＋「に[助詞]」＋「もんじ【文字】문자. 글. 문장」＋「を[助詞]」＋「かきつく【書き付く】[下2]써두다」의 連用形「かきつけ」.
67) 「みなみ【南】남쪽」＋「に[助詞]」＋「むかふ【向かふ・対ふ】[4]향하다. 맞서다」의 連用形「むかひ」＋「て」＋「どうこく【慟哭】통곡. 큰 소리를 내서 슬퍼 우는 것」＋「す[サ変]하다」의 連用形「し」＋「て」.
68) 「みづから【自ら】[副]스스로. 친히」＋「ふかし【深し】[形ク]깊다」의 連体形「ふかき」＋「たにそこ【谷底】계곡의 가장 깊은 곳」(〈-ぞ-〉는 連濁하는 말로 인식한 듯)＋「へ[助詞]」.

⇨ 남쪽을 향해 통곡하고 스스로 깊은 계곡 바닥으로 몸을 던졌다.

❑人〻[ひとびと]おとろきて70)、とゞめんとするに71)、かなハず72)。
　⇨ 사람들이 놀라서 가로막으려 하는데 이루어지지 않는다.

❑つゐに石(いし)にあたり73)、其[その]身[み]摧(くだけ)て、むなしくなれり74)。
　⇨ 끝내 돌에 부딪혀 그 몸이 깨져서 죽었다.

❑其[その]後[のち]75)、かの書[かき]つけたりし血(ち)76)、すこしも、みだれず77)、石(いし)のおもてに染(そミ)つきて78)、

---

69) 「み【身】몸. 자신. 자기」+「を[助詞]」+「なぐ【投ぐ】[下2]던지다」의 連用形「なげ」+「たり[助動]완료·존속」.

70) 「ひとびと【人人】사람들」+「おどろく【驚く·愕く·駭く】[4]놀라다」의 連用形「おどろき」((〈-と-〉는 無濁点표기)+「て」.

71) 「とどむ【止む·留む·停む】[下2]멈추게 하다. 막다」의 連用形「とどめ」+「む[助動]추량·의지」→「ん」+「と[助詞]」+「す[サ変]하다」의 連体形「する」+「に[助詞]~하니. ~하는데」.

72) 「かなふ【適ふ·叶ふ】[4]바람대로 되다」의 未然形「かなは」+「ず[助動]부정」.

73) 「つひに→つゐに【終に·遂に】[副]결국. 마침내」((〈-ゐ-〉는 정서법에 어긋남)+「いし【石】돌」+「に[助詞]」+「あたる【当たる·中る】[4]닿다. 명중하다. 부딪치다」의 連用形「あたり」.

74) 「その【其の】[連体]그」+「み【身】몸」+「くだく【砕く·摧く】[下2]부서지다. 조각나다」의 連用形「くだけ」+「て」+「むなし【空し·虚し】[形シク]덧없다. 무상하다. 죽었다」의 連用形「むなしく」+「なる【成る·為る】[4]되다」의 命令形「なれ」+「り[助動]완료·존속」.

75) 「その【其の】[連体]그」+「のち【後】후」.

76) 「かの【彼の】[連体]저. 그」+「かきつく【書き付く】[下2]써두다」의 連用形「かきつけ」+「たり[助動]완료·존속」의 連用形「たり」+「き[助動]회상·과거」의 連体形「し」+「ち【血】피」.

77) 「すこしも【少しも】[副]조금이라도. 조금도」+「みだる【乱る·紊る】[下2]혼란하다. 흐트러지다」의 未然形「みだれ」+「ず[助動]부정」.

78) 「いし【石】돌」+「の[助詞]」+「おもて【表】표면. 정면」+「に[助詞]」+「そむ【染む】[4]물들다. 배다」의 連用形「そみ」+「つく【付く·附く·着く】[4]붙다. 흔적이 남다」의 連用形「つき」+「て」.

⇨ 그 후에 그 적어둔 피는 조금도 흩어지지 않고 돌의 겉에 배어들어서,

☐ 天[てん]くもり雨[あめ]ふる時[とき]ハ79)、高(たか)くあかりて、みえける、と也[なり]80)。

⇨ 하늘이 흐리고 비가 올 때는 높이 붉게 보였다고 한다.

☐ 元[げん]の至治(しゐち)年中(ねんちうう)に81)、此[この]事[こと]を顯(あらハ)し82)、貞婦(ていふ)とし83)、

⇨ 원나라 지치 연중에 이 일을 널리 알려서 정부라 하고,

☐ 郡(ぐん)の太守(たいしゆ)84)、青楓嶺(せいふうれい)の上(うへ)に85)、石[いし]の祠(やしろ)を立[たて]て86)、

⇨ 군의 태수가 청풍(楓)령 위에 돌로 된 사당을 짓고,

☐ 則(すなはち)其[その]山[やま]の名(な)をかへて87)、青風嶺(せいふうれ

---

79)「てん【天】하늘」+「くもる【曇る・陰る】[4]흐리다」의 連用形「くもり」+「あめ【雨】비」+「ふる【降る】[4]내리다」의 連体形「ふる」+「とき【時】때」+「は[助詞]」.

80)「たかし【高し】[形ク]높다」의 連用形「たかく」+「あかる【赤る】[4]빨개지다」(또는〈あかる【明かる】[4]밝아지다〉)의 連用形「あかり」+「て」+「みゆ【見ゆ】[下2]보이다. 생각되다」의 連用形「みえ」+「けり[助動]회상・과거」의 連体形「ける」+「と[助詞]인용」+「なり[助動]추량・전문(伝聞)」.

81)「げん【元】원나라」+「の[助詞]」+「至治(しち): 지치. 중국 원나라 영종(英宗) 치세에 사용된 연호(1321-1323)」(ウィキペディア[Wikipedia]참조)+「ねんちゅう【年中】연중」+「に[助詞]」.

82)「この【此の・斯の】[連体]이」+「こと【事】것. 일」+「を[助詞]」+「あらはす【表す・現す・顯す・著す】[4]드러내다. 보이다. 표현하다. 널리 세상에 알리다」의 連用形「あらはし」.

83)「ていふ【貞婦】정부. 정조를 굳게 지키는 부인」+「と[助詞]~라고」+「す[サ変]하다」의 連用形「し」.

84)「ぐん【郡】군」+「の[助詞]」+「たいしゆ【太守・大守】태수」.

85)「の[助詞]」+「うへ【上】위」+「に[助詞]」.

86)「いし【石】돌」+「の[助詞]」+「やしろ【社】사당. 신이 내리는 곳」(〈祠〉는 音으로는〈シ〉(漢音) 訓으로는〈ほこら〉로 읽음)+「を[助詞]」+「たつ【立つ・建つ】[下2]세우다」의 連用形「たて」+「て」.

87)「すなはち【即ち・則ち】[副]곧바로」+「その【其の】[連体]그」+「やま【山】산」+「の[助

い)とそ、なつけゝる88)。

⇨ 곧 그 산의 이름을 바꿔서 청풍(風)령이라 이름 지었다.

詞」+「な【名】이름」+「を[助詞]」+「かふ【替ふ・換ふ・代ふ・変ふ】[下2]바꾸다」의 連用形「かへ」+「て」.

88)「と[助詞]~라고」+「ぞ[係助詞]뜻을 강하게 함」(〈そ〉는 無濁点표기)+「なづく【名付く】[下2]명명하다. 칭하다」의 連用形「なづけ」+「けり[助動]회상・과거」의 連体形「ける」(앞의 〈ぞ〉에 호응).

22. 梁(りやう)氏(し)被ㇾ殺(ころさる)
양 씨가 죽임 당하다

☐ 宋(そう)の王(わう)氏(し)か妻(つま)、梁(りやう)氏(し)ハ[1]、臨川(りんせん)と云[いう]ところの人[ひと]なり[2]。
　⇨ 송나라 왕 씨의 아내 양 씨는 임천이라 하는 곳의 사람이다.

☐ 夫(おつと)の家(いへ)に行[ゆき]て[3]、いまだ、いくバくならずして[4]、元(げん)の軍兵(ぐんびやう)のせめ来[きた]るに、あふ[5]。
　⇨ 남편의 집에 가서 아직 얼마 되지 않아서 원나라 군병의 쳐들어옴을 당한다.

☐ 梁(りやう)氏(し)、その夫(おつと)に約束(やくそく)して、いはく[6]、「わ

---

1) 「そう【宋】송나라」+「の[助詞]」+「わう→おう【王】왕」+「し【氏】씨」+「か[助詞]현대일본어〈の〉의 쓰임」(〈か〉는 無濁点표기)+「つま【妻】처. 아내」+「りやう→りょう【梁】양」+「し【氏】씨」+「は[助詞]」.

2) 「りんせん【臨川】임천. 중국 강서성(江西省) 남부의 옛 현 이름. 현재 무주시(撫州市)의 구(区) 이름. 왕안석(王安石)이 태어난 곳」+「と[助詞]~라고」+「いふ【言ふ·云ふ】[4]말하다」의 連体形「いふ」+「ところ【所·処】곳」+「の[助詞]」+「ひと【人】사람」+「なり[助動단정·지정].

3) 「をつと→おっと【夫】지아비」(〈お〉는 歴史的仮名遣에 어긋남. 이하 같음)+「の[助詞]」+「いへ→いえ【家】집」+「に[助詞]」+「ゆく【行く】[4]가다」의 連用形「ゆき」+「て」.

4) 「いまだ【未だ】[副]아직. 여전히」+「いくばく【幾何·幾許】[副](뒤에 부정하는 표현을 수반하여)수나 양이 그렇게 많지 않다는 뜻을 나타냄)어느 정도. 그렇게. 그다지」+「なる【成る·為る】[4]되다」의 未然形「なら」+「ず[助動부정]」의 連用形「ず」+「して[助詞](連用形에 접속)~인 상태로」.

5) 「げん【元】원나라」+「の[助詞]」+「ぐんびやう→ぐんびょう【軍兵】군병」+「の[助詞]」+「せむ【攻む】[下2]다가와 압박하다. 공격하다」의 連用形「せめ」+「きたる【来る】[カ変]오다」의 連体形「きたる」+「に[助詞]」+「あふ【合ふ·会ふ·逢ふ·遭ふ·遇ふ】[4]만나다. 당하다」.

6) 「りやう→りょう【梁】양」+「し【氏】씨」+「その【其の】[連体ユ」+「をつと→おっと【夫】

れ、元(げん)のつハものに、あハゞ7)、かならず死(し)すべし8)。
  ⇨ 양 씨가 그 남편에게 약속하여 말하길 "나는 원나라 병사를 만나면 기필코 죽을 것이다.

☐ 君[きみ]にはなれてハ9)、又[また]、人[ひと]のために10)、身[み]をけがされじ11)。」と。
  ⇨ 당신과 헤어져서는 다시 다른 사람으로 인해 몸을 더럽혀지지 않겠다."라고.

☐ かくて12)、夫婦[ふうふ]ともに13)、元(げん)のつハものに14)、からめとられたり15)。
  ⇨ 이렇게 하여 부부가 함께 원나라 병사에게 잡아매어졌다.

☐ 元(げん)のつハものに16)、軍(ぐん)千[せん]古(こ)17)と、いふものあ

지아비」+「に[助詞]」+「やくそく【約束】약속」+「す[サ変]하다」의 連用形 「し」+「て」+「いはく【曰く】말하길. 이르길」.

7) 「われ【我·吾】[代]나」+「げん【元】원나라」+「の[助詞]」+「つはもの → つわもの【兵】무기. 병사. 용사」+「に[助詞]」+「あふ【合ふ·会ふ·逢ふ·遭ふ·遇ふ】[4]만나다」의 未然形 「あは」+「ば[助詞]가정조건」.

8) 「かならず【必ず】[副]꼭. 반드시. 필시」+「しす【死す】[サ変]죽다」의 終止形 「しす」+「べし[助動]의무·당연·추량·가능 등」.

9) 「きみ【君·公】당신」+「に[助詞]」+「はなる【離る·放る】[下2]멀어지다. 떠나다. 인연이 끊어지다」의 連用形 「はなれ」+「て」+「は[助詞]」.

10) 「また【又·亦·復】[副]다시. 같이. 달리. 또한. 게다가」+「ひと【人】사람. 다른 사람」+「の[助詞]」+「ため【為】[名]때문. 위함」+「に[助詞]」(<~の(が)ために>의 꼴로 '이익·이유·목적'의 뜻. ~때문에. ~위해).

11) 「み【身】몸. 자신. 자기」+「を[助詞]」+「けがす【穢す·汚す】[4]더럽히다. 상처내다」의 未然形 「けがさ」+「る[助動]수동」의 未然形 「れ」+「じ[助動]추량·의지의 부정. ~아닐 것이다」.

12) 「かくて【斯くて】[副·接続]이러해서. 이렇게 해서. 그건 그렇고」.

13) 「ふうふ【夫婦】부부」+「ともに【共に·俱に】[連語]함께. 동반하여. 동시에」.

14) 「げん【元】원나라」+「の[助詞]」+「つはもの【兵】병사」+「に[助詞]」.

15) 「からめとる【搦め捕る】[4]붙잡아서 묶다. 포박하다」의 未然形 「からめとら」+「る[助動]수동」의 連用形 「れ」+「たり[助動]완료·존속」.

16) 「げん【元】원나라」+「の[助詞]」+「つはもの【兵】병사. 무사」+「に[助詞]」.

り18)。

⇨ 원나라 무사에 군천고라 하는 자가 있다.

☐ 梁(りやう)氏(し)が、年[とし]19)いまだ、わかくして20)、しかも21)、かほかたち、うつくしきをもつて22)、しゐて23)、「をのれに、したがへ24)。」と云[いう]25)。

⇨ 양 씨의 나이 아직 젊고 더군다나 얼굴 생김새가 아름다워서 억지로 "나에게 따르라."라고 한다.

☐ 梁(りやう)氏(し)いつハりて、いはく26)、「我[われ]と夫(おつと)

---

17) 이 부분은 〈한문본〉에 「有軍千戶强使從己」이고 〈언해본〉은 「혼 千戶ㅣ 구틔여 어루려 커늘」이다. 료이(了意)는 「軍千古」로 옮기고 이를 사람 이름으로 풀이하고 있어서 상이하다. 참고로 「천호(千戶)」는 〈표준국어대사전〉에 '①고려 시대에, 순군만호부에 속한 벼슬 ②조선 시대에, 조운선(漕運船) 20척 또는 30척을 거느리던 조졸(漕卒)의 우두머리. 해운판관의 추천으로 호조에서 임명하였다'는 풀이가 있으며 『広辞苑』 등에는 등재되지 않은 말이다.

18) 「と[助詞]~라고」+「いふ【言ふ・云ふ】[4]말하다」의 連体形「いふ」+「もの【者】자. 사람」+「あり【有り】[ラ変]있다」.

19) 「りやう【梁】양」+「し【氏】씨」+「が[助詞]현대일본어〈の〉의 쓰임」+「とし【年・歳】나이」.

20) 「いまだ【未だ】[副]아직. 여전히」+「わかし【若し・稚し】[形ク]어리다. 젊다」의 連用形「わかく」+「して[助詞](連用形에 접속)~인 상태로」.

21) 「しかも【然も・而も】[接続]게다가. 그래도. 하지만」.

22) 「かほかたち【顔貌・顔容・顔形】얼굴 생김새. 용모」+「うつくし【美し・愛し】[形]아름답다」의 連体形「うつくしき」+「を[助詞]」+「もって【以て】(〈を[助詞]〉에 이어져서)수단이나 원인 등을 나타냄. ~로써. ~때문에」.

23) 「しふ【強ふ】[上2]강제하다. 밀어붙이다」의 連用形「しひ」(〈-ゐ〉는 정서법에 어긋남)+「て」.

24) 「おのれ【己】〈1〉[名]자기 자신.〈2〉[代]①(1인칭)나. 저 ②(2인칭)손아랫사람 또는 다른 사람을 낮잡아 부르는 말. 너. 자네」(〈を-〉는 정서법에 어긋남)+「に[助詞]」+「したがふ【従ふ・随ふ・順ふ】[4]말하는 대로 따르다. 거스르지 않다. 맡기다」의 命令形「したがへ」.

25) 「と[助詞]~라고」+「いふ【言ふ・云ふ】[4]말하다」.

26) 「りやう【梁】양」+「し【氏】씨」+「いつはる【偽る・詐る】[4]거짓말하다. 속이다」의 連用形「いつはり」+「て」+「いはく【曰く】말하길. 이르길」.

と27)、かたく契約(けいやく)しつる事[こと]有[あり]て28)、只今[ただいま]ハ、心[こころ]のまゝに、したがふ事[こと]あたハず29)。

⇨ 양 씨가 꾸며 말하길 "나와 남편과 굳게 약조했던 일이 있어서 지금은 마음대로 따르는 것이 불가하다.

☐ねがハくは30)、家[いえ]にかへりてのちにハ31)、いかにも、おほせに、したがふべし32)。」と、いふ33)。

⇨ 원컨대 집에 돌아간 후에는 무슨 일이 있어도 말씀에 따를 것이다."라고 한다.

☐軍(ぐん)千[せん]古(こ)、まことに、さもあるべし、と信(しん)じて34)、夫(おつと)にハ金銀(きんぎん)を、とらせ35)、

⇨ 군천고가 참으로 그렇기도 하겠다고 믿어서 남편에게는 금은을 주고,

---

27) 「われ【我・吾】[代]나」+「と[助詞]~와」+「をつと→おっと【夫】지아비」+「と[助詞]~와」.

28) 「かたし【堅し・固し・硬し】[形ク]굳다. 확실하다」의 連用形 「かたく」+「けいやく【契約】계약. 약속」+「す[サ変]하다」의 連用形 「し」+「つ[助動]완료」의 連体形 「つる」+「こと【事】것. 일」+「あり【有り】[ラ変]있다」의 連用形 「あり」+「て」.

29) 「ただいま【只今・唯今】지금」+「は[助詞]」+「こころのまま【心の儘】생각대로. 마음껏」+「に[助詞]」+「したがふ【從ふ・随ふ・順ふ】[4]따르다」의 連体形 「したがふ」+「こと【事】것. 일」+「あたふ【能ふ・適ふ】[4]할 수 있다. 적합하다」의 未然形 「あたは」+「ず[助動]부정」.

30) 「ねがはくは【願はくは】[副]바라기는. 원하기는」.

31) 「いへ→いえ【家】집」+「に[助詞]」+「かへる【帰る】[4]돌아오(가)다」의 連用形 「かへり」+「て」+「のち【後】후」+「に[助詞]」+「は[助詞]」.

32) 「いかにも【如何にも】[副]어떻게든. 무슨 일이 있어도. 정말로. 분명」+「おほせ【仰せ】말씀. 하명」+「に[助詞]」+「したがふ【從ふ・随ふ・順ふ】[4]따르다」의 終止形 「したがふ」+「べし[助動]의무・당연・추량・가능 등」.

33) 「と[助詞]~라고」+「いふ【言ふ・云ふ】[4]말하다」.

34) 「まことに【真に・実に・誠に】[副]정말로. 거짓 없이. 매우」+「さも【然も】[副]그처럼. 그대로. 실로」+「あり【有り】[ラ変]있다」의 連体形 「ある」+「べし[助動]의무・당연・추량・가능 등」+「と[助詞]~라고」+「しんず【信ず】[サ変]믿다. 신뢰하다」의 連用形 「しんじ」+「て」.

35) 「をつと→おっと【夫】지아비」+「に[助詞]」+「は[助詞]」+「きんぎん【金銀】금은」+「を[助詞]」+「とらす【取らす】[下2]주다. 수여하다」의 連用形 「とらせ」.

❏ 其[その]外[ほか]また36)、弓矢(ゆミや)なんどまで、とりそろへて37)、をくりて、いはく38)、
⇨ 그밖에 또한 활과 화살 등까지도 갖추어서 보내고 말하길,

❏ 「もし兵(つハもの)の、をそふ事[こと]あらば39)、これにて、ふせぐべし40)。」と、いふて41)、梁(りやう)氏(し)を家[いえ]に、かへらしむ42)。
⇨ "만일 병사가 덮치는 일이 있으면 이것으로 막아야 할 것이다."라고 하고 양 씨를 집으로 돌아가게 한다.

❏ すでに、ゆくこと十[じゅう]余(よ)里(り)に、をよびて43)、軍(ぐん)千[せん]古(こ)、跡[あと]より来[きた]る梁(りやう)氏(し)44)、夫(おつと)

---

36) 「その【其の】[連体]그」+「ほか【外・他】외. 밖」+「また【又・亦・復】[副]다시. 같이. 달리. 또한. 게다가」.

37) 「ゆみや【弓矢・弓箭】활과 화살」+「なんど[助詞]〈など〉와 같은 말. ~등」+「まで【迄】[助詞]~까지」+「とりそろふ【取り揃ふ】[下2]여러 가지로 갖추다」의 連用形「とりそろへ」+「て」.

38) 「おくる【送る・贈る】【送る】[4]보내다. 수여하다」의 連用形「おくり」(〈を-〉는 정서법에 어긋남)+「て」+「いはく【曰く】말하길. 이르길」.

39) 「もし【若し】[副]만일」+「つはもの【兵】병사」+「の[助詞]현대일본어〈が〉의 쓰임」+「おそふ【襲ふ】[4]덮치다. 갑자기 공격하다. 위협하다」의 連体形「おそふ」(〈を-〉는 정서법에 어긋남)+「こと【事】것. 일」+「あり【有り】[ラ変]있다」의 未然形「あら」+「ば[助詞]가정조건」.

40) 「これ【此・是】[代]이것」+「にて[助詞]현대일본어의〈で〉와 같은 쓰임. ~로」+「ふせぐ【防ぐ・禦ぐ・拒ぐ】[4]막다. 방어하다」의 終止形「ふせぐ」+「べし[助動]의무・당연・추량・가능 등」.

41) 「と[助詞]~라고」+「いふ【言ふ・云ふ】[4]말하다」+「て」.

42) 「りやう【梁】양」+「し【氏】씨」+「を[助詞]」+「いへ→いえ【家】집」+「に[助詞]」+「かへる【帰る】[4]돌아가(오)다」의 未然形「かへら」+「しむ[助動]사역. ~시키다」.

43) 「すでに【既に・已に】[副]이미. 벌써. 이제. 틀림없이」+「ゆく【行く】[4]가다」의 連体形「ゆく」+「こと【事】것. 일」+「じふ→じゅう【十】십」+「よ【余】여」+「り【里】리」+「に[助詞]」+「および【及ぶ】[4]어떤 때나 장소 등에 다다르다」의 連用形「および」(〈を-〉는 정서법에 어긋남)+「て」.

44) 「あと【後】후. 뒤. 나중」(〈あと〉는〈後〉나〈跡〉을 읽은 것인데,〈後〉는 '시간적・공

をば45)、山[やま]ふかく、いらしめ46)、

⇨ 이제 가는 것이 10여 리에 이르러서 군천고의 뒤에서 오는 양 씨가 남편을 산속 깊이 들어가게 하고,

❏ ミづから一人[ひとり]47)、家(いへ)の内[うち]にとゞまりて48)、罵(のり)て、いはく49)、

⇨ 자기 홀로 집 안에 머물며 욕설하여 이르길,

❏ 「斫(しやく)頭(とう)奴め]50)の大[だい]賊(ぞく)共[ども]よ51)、我[われ]と夫(おつと)と52)、かたく、ちかごとをもつて53)、ちぎりたる事[こと]あり54)、

────────────────

간적인 뒤', 〈跡〉은 '발자취. 흔적'의 뜻이다. 따라서 문맥상 〈後〉가 기대되는 부분이다」+「より[助詞]동작・장소・시간의 起點. ~부터」+「きたる【来る】[カ変]오다」의 連体形「きたる」+「りやう【梁】양」+「し【氏】씨」.

45) 「をつと→おっと【夫】지아비」+「をば : (格助詞 〈を〉에 係助詞 〈は〉가 붙어 濁音化한 것)〈を〉의 뜻을 강하게 함」.

46) 「やま【山】산」+「ふかし【深し】[形ク깊다]의 連用形「ふかく」+「いる【入る】[4]들어가다」의 未然形「いら」+「しむ[助動사역. ~시키다]의 連用形「しめ」.

47) 「みづから【自ら】[名]자기 자신. 나 [副]스스로. 친히」+「ひとり【一人・独り】한 사람. 혼자」.

48) 「いへ→いえ【家】집」+「の[助詞]」+「うち【内】안」+「に[助詞]」+「とどまる【止まる・留まる・停まる】[4]머물다. 체재하다. 남다」의 連用形「とどまり」+「て」.

49) 「のる【罵る】[4]욕하다. 험담하다」의 連用形「のり」+「て」+「いはく【曰く】말하길. 이르길」.

50) 이 부분은 〈한문본〉에 「斫頭奴」이고 〈언해본〉은 「목 버힐 노마」다. 「斫」은 呉音 漢音 모두 「シャク」이고 '베다. 자르다'의 뜻이며, 「頭」는 漢音이 「トウ」로 '머리'의 뜻이다. 마지막으로 「奴」는 접미어로 사용될 때 「め」로 읽으며 '이름 아래에 붙여서 낮잡아 부르는 말이다.

51) 「の[助詞]~인」+「だいぞく【大賊】큰 악행을 저지르는 도둑. 대도」+「ども【共】[接尾]들」+「よ[終助詞]~다」.

52) 「われ【我・吾】[代]나」+「と[助詞]~와」+「をつと→おっと【夫】지아비」+「と[助詞]~와」.

53) 「かたし【堅し・固し・硬し】[形ク굳다. 확실하다」의 連用形「かたく」+「ちかごと【誓言】맹세하는 말」+「を[助詞]」+「もって【以て】(〈を[助詞]〉에 이어져서)수단이나 원인 등을 나타냄. ~로써. ~때문에」.

⇨ "목 벨 놈인 큰 도적들이다. 나와 남편과 굳게 맹세로써 약조한 일이 있다.

❏ いかでか汝(なんぢ)らに、したがふて55)、身[み]をけがされんや56)、たとひ、身[み]をくだくとも57)、したがふへからず58)。」と、いふ59)。

⇨ 어찌 너희들에게 따라서 몸을 더럽혀지겠는가? 설령 몸을 짓찧더라도 따르지 않을 것이다."라고 한다.

❏ 元(げん)のつハもの60)、大[おおい]に、いかりて61)、つゐに梁(りやう)氏(し)を、ころしけり62)。

⇨ 원나라 무사가 크게 노하여 끝내 양 씨를 죽였다.

---

54) 「ちぎる【契る】[4]굳게 약속하다」의 連用形 「ちぎり」+「たり[助動]완료・존속」의 連体形 「たる」+「こと【事】것. 일」+「あり【有り】[ラ変]있다」.

55) 「いかでか【如何でか・争でか】[副]어찌. 문말에 호응하여 '어찌 ~하겠는가?'의 뜻」+「なんぢ→なんじ【汝・爾】[代]아랫사람을 가리키는 말. 너」+「ら【等】[接尾]복수(複數)를 나타냄. ~들」+「に[助詞]」+「したがふ【従ふ・随ふ・順ふ】[4]따르다」+「て」.

56) 「み【身】몸. 자신. 자기」+「を[助詞]」+「けがす【穢す・汚す】[4]더럽히다」의 未然形 「けがさ」+「る[助動수동]」의 未然形 「れ」+「む[助動추량・의지]」의 連体形 「む」→「ん」+「や[係助詞]의문・질문」.

57) 「たとひ【縦ひ・仮令・縦令】[副]만일. 비록」+「み【身】몸」+「を[助詞]」+「くだく【砕く・摧く】[4]부수다. 찧다. 가루로 만들다」의 終止形 「くだく」+「とも[助詞]역접의 가정조건. ~해도」.

58) 「したがふ【従ふ・随ふ・順ふ】[4]따르다」의 終止形 「したがふ」+「べかり[助動추량・가능 등]」의 未然形 「べから」(《へ》는 無濁点표기)+「ず[助動]부정」.

59) 「と[助詞]~라고」+「いふ【言ふ・云ふ】[4]말하다」.

60) 「げん【元】원나라」+「の[助詞]」+「つはもの【兵】병사. 무사」.

61) 「おおいに【大いに】[副]매우. 몹시. 많이」+「いかる【怒る】[4]화내다. 노하다」의 連用形 「いかり」+「て」.

62) 「つひに→ついに【終に・遂に】[副]결국. 마침내」(〈ゐ〉는 정서법에 어긋남)+「りやう【梁】양」+「し【氏】씨」+「を[助詞]」+「ころす【殺す】[4]죽이다」의 連用形 「ころし」+「けり[助動회상・과거]」.

23. 明(めい)秀(しう)具(そなふ)ㇾ棺(ひつきを)
명수가 관을 마련하다

❏ 金(きん)のとき¹⁾、蒲察(ふさつ)氏(し)のむすめ²⁾明秀(めいしう)ハ、完顔長樂(くわんがんちやうらく)といふ人[ひと]の妻(つま)と、なれり³⁾。
  ⇨ 금나라 때 포찰 씨의 딸 명수는 완안장락이라 하는 사람의 아내가 되었다.

❏ しかるに⁴⁾、哀宗(あいそう)皇帝(くわうてい)⁵⁾、帰徳(きとく)に、うつりしとき⁶⁾、完顔長樂(くわんがんちやうらく)を大[たい]将軍(しやうぐん)と、なされたり⁷⁾。
  ⇨ 그런데 애종 황제가 귀덕에 옮겼을 때 완안장락을 대장군으로 삼으셨다.

---

1) 「きん【金】 금나라」+「の[助詞]」+「とき【時】 때」.
2) 「ふ【蒲】 포」(〈蒲〉를 〈フ〉로 읽는 것은 唐音. 漢音은 〈ホ〉 吳音은 〈ブ〉)+「さつ【察】 찰」(〈察〉을 〈サツ〉로 읽는 것은 漢音. 吳音은 〈セチ〉)+「し【氏】 씨」+「の[助詞]」+「むすめ【娘】 딸. 젊은 미혼여성」.
3) 「と[助詞]~라고」+「いふ【言ふ・云ふ】 [4]말하다」의 連体形 「いふ」+「ひと【人】 사람」+「の[助詞]」+「つま【妻】 처. 아내」+「と[助詞]」+「なる【成る・為る】 [4]되다」의 命令形 「なれ」+「り[助動]완료・존속」.
4) 「しかるに【然るに】 [接続]그런데. 하지만. 그건 그렇고」.
5) 「哀宗(あいそう): 애종. 금나라 제9대 황제(1223~1234 재위)」(ウィキペディア[Wikipedia] 참조)」+「くわうてい→こうてい【皇帝】 황제」.
6) 「に[助詞]」+「うつる【移る・遷る】 [4]옮기다. 관위(官位), 권한, 직무, 직장 등이 바뀌다」의 連用形 「うつり」+「き[助動]회상・과거」의 連体形 「し」+「とき【時】 때」.
7) 「を[助詞]」+「たいしやうぐん→たいしょうぐん【大将軍】 대장군」+「と[助詞]」+「なす【生す・成す・為す】[4]만들어내다. 낳다. 행하다. 임명하다」의 未然形 「なさ」+「る[助動]수동・존경」의 連用形 「れ」+「たり[助動]완료・존속」.

❏ これによりて8)、あまたのつハものを、したがへて9)、みかどの御[お]とも、つかうまつりけり10)。

  ⇨ 이런고로 수많은 병사를 거느리고 황제의 수행을 맡았다.

❏ これよりさきに11)、完顔長樂(くわんがんちやうらく)、ある人[ひと]のむすめを、むかへて12)、妻(つま)とし侍[はべ]りしかども13)、

  ⇨ 이보다 먼저 완안장락이 어떤 사람의 딸을 맞아들여 아내로 삼았습니다만,

❏ 婦(ふ)のミちに、たがふ事[こと]ありて14)、去(さり)にけり15)、この妻(つま)に、一人[ひとり]の子(こ)あり16)。

  ⇨ 부인의 도리에 어긋난 일이 있어서 떠나버렸다. 이 아내에게 한 아이가 있다.

---

8) 「これ【此・是】[代]이것. 이사람」+「に[助詞]」+「よる【因る・由る・拠る・依る】[4]기인하다. 의거하다. ~에 따르다」의 連用形 「より」+「て」.

9) 「あまた【数多】[名・副]많이. 대단히」+「の[助詞]」+「つはもの→つわもの【兵】무기. 병사」+「を[助詞]」+「したがふ【従ふ・随ふ】[下2]복종시키다. 인솔하다」의 連用形 「したがへ」+「て」.

10) 「みかど【御門・帝】황제. 천자」+「の[助詞]」+「おとも【御供・御伴】따라서 가는 것(사람). 동반」+「つかうまつる【仕る】[4](〈つかふ【仕ふ】[下2]의 겸양어)섬기다. 모시다」의 連用形 「つかうまつり」+「けり[助動]회상・과거」.

11) 「これ【此・是】[代]이것. 이사람」+「より[助詞]기점. 비교의 기준. ~부터. ~보다」+「さき【先・前】앞. 이전」+「に[助詞]」.

12) 「ある【或る】[連体]어떤」+「ひと【人】사람. 다른 사람」+「の[助詞]」+「むすめ【娘】딸. 젊은 미혼여성」+「を[助詞]」+「むかふ【迎ふ】[下2]불러들이다. 받아들이다」의 連用形 「むかへ」+「て」.

13) 「つま【妻】처. 아내」+「と[助詞]」+「す[サ変]하다」의 連用形 「し」+「侍(はべ)り[助動] 격식・정중」의 連用形 「はべり」+「き[助動]회상・과거」의 已然形 「しか」+「ども[助詞] 역접」.

14) 「ふ【婦】부인. 아내. 여자」+「の[助詞]」+「みち【道】길. 도리」+「に[助詞]」+「たがふ【違ふ】[4]상위하다. 어긋나다」의 連体形 「たがふ」+「こと【事】것. 일」+「あり【有り】[ラ変]있다」의 連用形 「あり」+「て」.

15) 「さる【去る】[4]가다. 떠나다」의 連用形 「さり」+「ぬ[助動]완료・존속」의 連用形 「に」+「けり[助動]회상・과거」.

16) 「この【此の・斯の】[連体]이」+「つま【妻】처. 아내」+「は[助詞]」+「ひとり【一人・独り】한 사람. 혼자」+「の[助詞]」+「こ【子】아이. 자식」+「あり【有り】[ラ変]있다」.

□後(のち)のとき、又[また]17)、明秀(めいしう)をむかへて、妻(つま)とせり18)。

⇨ 후일에 다시 명수를 맞아들여 아내로 삼았다.

□明秀(めいしう)、まゝ子[こ]を、うつくしミ、そだてける事[こと]19)、をのれが生(うめ)る子(こ)のごとくせり20)。

⇨ 명수는 의붓자식을 사랑하여 키웠던 것이 자기가 낳은 아이처럼 여겼다.

□爰[ここ]に21)、崔立(さいりう)といふもの22)、天下[てんか]を乱(ミだ)りしとき23)、官(くわん)につかへしものゝ妻子(さいし)ども24)、ことゞゝく、かり出[いだ]して25)、ミづから、これを、ミる26)。

─────────────

17) 「のち【後】후」+「の[助詞]」+「とき【時】때」+「また【又・亦・復】[副]다시. 달리. 또한」.

18) 「を[助詞]」+「むかふ【迎ふ】[下2]받아들이다」의 連用形「むかへ」+「て」+「つま【妻】처. 아내」+「と[助詞]」+「す[サ変]하다」의 命令形「せ」+「り[助動]완료・존속」.

19) 「ままこ【継子】[名]핏줄이 이어지지 않은 자식. 의붓자식」+「を[助詞]」+「うつくしむ【慈しむ・愛しむ】[4]소중히 여기다. 귀여워하다. 자애를 베풀다」의 連用形「うつくしみ」+「そだつ【育つ】[下2]키우다. 양육하다」의 連用形「そだて」+「けり[助動]회상・과거」의 連体形「ける」+「こと【事】것. 일」.

20) 「おのれ【己】<1>[名]자기 자신. <2>[代]①(1인칭)나. 저」(〈を-〉는 정서법에 어긋남)+「が[助詞]」+「うむ【生む・産む】[4]낳다. 분만하다」의 命令形「うめ」+「り[助動]완료・존속」의 連体形「る」+「こ【子】아이. 자식」+「の[助詞]」+「ごとし【如し】[助動]~와 같다. ~와 비슷하다」의 連用形「ごとく」+「す[サ変]하다」의 命令形「せ」+「り[助動]완료・존속」.

21) 「ここに【此に・是に・爰に・茲に】[接続]이야기를 시작하거나 화제 전환에 쓰이는 말. 그런데. 그래서. 이에. 그건 그렇고」.

22) 「と[助詞]~라고」+「いふ【言ふ・云ふ】[4]말하다」의 連体形「いふ」+「もの【者】자. 사람」.

23) 「てんか【天下】천하」+「みだる【乱る・紊る】[4]질서를 어지럽히다. 혼란시키다. 소동을 일으키다」의 連用形「みだり」+「き[助動]회상・과거」의 連体形「し」+「とき【時】때」.

24) 「くわん→かん【官】관. 벼슬」+「に[助詞]」+「つかふ【仕ふ】[下2]①윗사람 가까이에서 섬기다. 모시다 ②관직을 수행하다」의 未然形「つかへ」+「き[助動]회상・과거」의 連体形「し」+「もの【者】자. 사람」+「の[助詞]」+「さいし【妻子】①아내와 자식 ②아내」+「ども【共】[接尾]~들」.

⇨ 그런데 최립이라 하는 자가 천하를 어지럽혔을 때, 벼슬 섬겼던 사람의 아내들을 죄다 끌어내서 손수 이를 살핀다.

❏ 明秀(めいしう)、これを聞[きき]て27)、いとけなき、まゝ子(こ)をば28)、めしつかふものに、あづけ29)、
⇨ 명수가 이를 듣고서 어린 의붓자식을 집안일 보는 사람에게 맡기고,

❏ 金銀(きんぎん)おほく、とらせ30)、ミづからハ棺(くわん)を、こしらへ31)、祭(まつり)の具(そなへ)を調(とゝのへ)て32)、家人(けにん)に語(かたり)て曰(いはく)33)、
⇨ 금은을 많이 주고 자신은 관을 마련하고 제사 용구를 갖추고 청지기에게 밝혀 이르길,

---

25) 「ことごとく【悉く・尽く】[副]모두. 남김없이」+「かりいだす【駆り出す・狩り出す】[4]쫓아내다. 끌어내다」의 連用形 「かりいだし」+「て」.

26) 「みづから【自ら】[名]자기 자신. 나 [副]스스로. 친히」+「これ【此・是】[代]이것. 이 사람」+「を[助詞]」+「みる【見る・視る・観る】[上1]보다. 조우하다. 부부의 약조를 하다. 조사하다. 시험하다」.

27) 「これ【此・是】[代]이것. 이사람」+「を[助詞]」+「きく【聞く】[4]듣다」의 連用形「きき」+「て」.

28) 「いとけなし【幼し・稚し】[形ク]나이 어리다. 철없다」의 連体形「いとけなき」+「ままこ【継子】[名]의붓자식」+「をば : (格助詞〈を〉에 係助詞〈は〉가 붙어 濁音化한 것)〈を〉의 뜻을 강하게 함」.

29) 「めしつかふ【召し使ふ】[4]사람을 불러들여서 가까이에서 일하게 하다」의 連体形「めしつかふ」+「もの【者】자. 사람」+「に[助詞]」+「あづく【預く】[下2]맡기다. 일임하다」의 連用形「あづけ」.

30) 「きんぎん【金銀】금은」+「おほし【多し】[形ク]많다」의 連用形「おほく」+「とらす【取らす】[下2]주다. 수여하다」의 連用形「とらせ」.

31) 「みづから【自ら】[名]자기 자신. 나」+「は[助詞]」+「くわん→かん【棺】관」+「を[助詞]」+「こしらふ【拵ふ】[下2]만들어내다. 채비하다」의 連用形「こしらへ」.

32) 「まつり【祭り】제사. 제례」+「の[助詞]」+「そなへ【備・具・供】[名]물건이나 상태 조건 등을 갖추는 것이나 그것을 구비한 상황이나 설비. 준비」+「を[助詞]」+「ととのふ【調ふ・整ふ・斉ふ】[下2]정돈하다. 맞추다. 갖추다. 준비하다」의 連用形「ととのへ」+「て」.

33) 「けにん【家人】청지기. 가신」+「に[助詞]」+「かたる【語る】[4]상대에게 전하다. 자초지종을 이야기하다」의 連用形「かたり」+「て」+「いはく【曰く】말하길. 이르길」.

❏「崔立(さいりう)、無道(むだう)にして³⁴⁾人[ひと]の妻子(さいし)を汚(けがし)犯(をか)す³⁵⁾、

⇨ "최립이 무도하여 남의 아내를 더럽혀 욕보인다.

❏已(すで)に兵(つハもの)よせ来(きた)りて³⁶⁾、のがるゝ地(ところ)なし³⁷⁾。

⇨ 이미 병사들이 밀려들어서 피할 곳이 없다.

❏汝(なんぢ)ら³⁸⁾、この子(こ)を世[よ]にたて³⁹⁾、二[ふた]たび家(いへ)を興(おこす)べし⁴⁰⁾。

⇨ 너희들은 이 아이를 세상에 내보내서 다시 집안을 일으켜야 한다.

❏われ死(し)して⁴¹⁾夫(おつと)の命(めい)に、そむかざる事[こと]を⁴²⁾顕

---

34)「むだう→むどう【無道】[形動ナリ]무도. 생각이나 행동 따위가 도리에 벗어난 것」의 連用形「むだうに」+「して[助詞](連用形에 접속)상태를 나타냄. ~으로. ~의 상태로」.

35)「ひと【人】사람. 다른 사람」+「の[助詞]」+「さいし【妻子】처자. 아내」+「を[助詞]」+「けがす【穢す·汚す】[4]더럽히다. 상처내다」의 連用形「けがし」+「をかす【犯す·侵す·冒す】[4]범하다. 거스르다. 더럽히다」.

36)「すでに【既に·已に】[副]이미. 벌써. 이제」+「つはもの【兵】병사」+「よす【寄す】[下2]다가오다」의 連用形「よせ」+「きたる【来る】[4]오다」의 連用形「きたり」+「て」.

37)「のがる【逃る·遁る】[下2]벗어나다. 피하다. 도망치다」의 連體形「のがるる」+「ところ【所·処】곳」(〈地〉는 〈ところ〉의 뜻을 갖고는 있지만 통상〈ところ〉로는 읽지 않는다)+「なし【無し】[形]없다」.

38)「なんぢ→なんじ【汝·爾】[代]아랫사람을 가리키는 말. 너」+「ら【等】[接尾]복수(複數)를 나타냄. ~들」.

39)「この【此の·斯の】[連体]이」+「こ【子】아이. 자식」+「を[助詞]」+「よ【世】세상」+「に[助詞]」+「たつ【立つ】[下2]세우다. 알리다. 드러내다」의 連用形「たて」. 참고로「世(よ)に立(た)つ」는 '제 몫을 하는 사람으로서 세상에 나가다. 출세하다'의 뜻.

40)「ふたたび【二度·再び】두 번. 다시. 거듭」+「いへ→いえ【家】집. 집안. 가문」+「を[助詞]」+「おこす【起こす·興す·熾す】[4]일으키다. 부흥시키다」의 終止形「おこす」+「べし[助動]의무·당연·추량·가능 등」.

41)「われ【我·吾】[代]나」+「しす【死す】[サ変]죽다」의 連用形「しし」+「て」.

42)「をつと→おっと【夫】지아비」(〈を〉는 歷史的仮名遣에 어긋남)+「の[助詞]」+「めい【命】명. 명령. 목숨」+「に[助詞]」+「そむく【背く·叛く】[4]등지다. 위반하다. 대들

(あら)ハすべし43)。」とて44)、つゐに、ミづから縊(くびれ)て死(し)せり45)。

⇨ 나는 죽어서 남편의 명에 거스르지 않는 것을 드러내야겠다."라며 끝내 스스로 목매달아 죽었다.

❏ 節(せつ)をまもるところ、かくのことし46)、年(とし)すでに二十七に[じゅうしち]なりけり47)。

⇨ 절개를 지키는 바 이와 같다. 나이는 이제 스물일곱이었다.

다」의 未然形「そむか」+「ざり[助動]부정」의 連体形「ざる」+「こと【事】것. 일」+「を[助詞]」.

43) 「あらはす【表す·現す·顕す·著す】[4]드러내다. 보이다. 표현하다. 널리 세상에 알리다」의 終止形「あらはす」+「べし[助動]의무·당연·추량·가능 등」.

44) 「とて[助詞]인용. ~라 해서. ~라는 것으로. ~라는 이름으로」.

45) 「つひに→ついに【終に·遂に】[副]결국. 마침내」(〈-ゐ-〉는 정서법에 어긋남)+「みづから【自ら】[副]스스로. 친히」+「くびる【縊る】[下2]목을 매달아 죽다」의 連用形「くびれ」+「て」+「しす【死す】[サ変]죽다」의 命令形「しせ」+「り[助動]완료·존속」.

46) 「せつ【節】절. 절개」+「を[助詞]」+「まもる【守る·護る】[4]지키다」의 連体形「まもる」+「ところ【所·処】곳. 바. 상황. 찰나」+「かくのごとし【斯くの如し·如此·如斯】이러하다. 이와 같다」.

47) 「とし【年·歳】해. 나이」+「すでに【既に·已に】[副]이미. 이제」+「に【二】2」+「じふ→じゅう【十】10」+「しち【七】7」+「なり[助動]단정·지정」의 連用形「なり」+「けり[助動]회상·과거」.

24. 義(ぎ)婦(ふ)臥(ふす)ㇾ氷(こほりに)
의부가 얼음에 엎드리다

☐ 元(げん)の¹⁾張義婦(ちゃうぎふ)ハ、済南(せいなん)と、いふところの人[ひと]なり²⁾。
  ⇨ 원나라 장의부는 제남이라 하는 곳의 사람이다.

☐ 里人(りにん)³⁾、李伍(りご)と、いふものゝ妻(つま)となれり⁴⁾。
  ⇨ 마을 사람 이오라고 하는 사람의 아내가 되었다.

☐ しかるに⁵⁾、李伍(りご)、その⁶⁾従子(じうし)⁷⁾、李麗(りれい)とゝもに⁸⁾、福寧(ふくねい)と、いふところに行[ゆき]けり⁹⁾、

---

1) 「げん【元】원나라」+「の[助詞]」.
2) 「は[助詞]」+「さいなん【済南】제남. 중국 산동성(山東省)의 성도(省都)」(〈サイ〉는 呉音〈セイ〉는 漢音)+「と[助詞]~라고」+「いふ【言ふ・云ふ】[4]말하다」의 連体形「いふ」+「ところ【所・処】곳」+「の[助詞]」+「ひと【人】사람」+「なり[助動단정・지정]」.
3) 「里人」은 『広辞苑』 등에서는 「りじん」으로 읽고 '마을 사람'의 뜻이다.
4) 「と[助詞]~라고」+「いふ【言ふ・云ふ】[4]말하다」의 連体形「いふ」+「もの【者】자. 사람」+「の[助詞]」+「つま【妻】처. 아내」+「と[助詞]」+「なる【成る・為る】[4]되다」의 命令形「なれ」+「り[助動완료・존속]」.
5) 「しかるに【然るに】[接続]그런데. 하지만. 그건 그렇고」.
6) 「その【其の】[連体]그」.
7) 「従子」는 『広辞苑』 등에 등재되지 않은 말이다. 다만 발음이 같은 「じゅうし【従姉】손위 여자 사촌」는 있다. 한편 〈표준국어대사전〉에는 「종자(從子)」가 '조카'와 같은 말로 풀이되어 있다.
8) 「と[助詞]~와」+「ともに【共に・倶に】[連語]함께. 동반하여. 동시에」.
9) 「と[助詞]~라고」+「いふ【言ふ・云ふ】[4]말하다」의 連体形「いふ」+「ところ【所・処】곳」+「に[助詞]」+「ゆく【行く】[4]가다」의 連用形「ゆき」+「けり[助動회상・과거]」.

⇨ 그런데 이오가 그 조카 이려와 함께 복령이라 하는 곳으로 갔다.

❏いくほどなく10)、福寧(ふくねい)にして11)、身[み]まかりにけり12)。

⇨ 얼마 지나지 않아 복령에서 자신이 죽었다.

❏張義婦(ちやうぎふ)、節(せつ)をまもりて13)、夫(おつと)の家[いえ]を、いてずして14)、そのしうと姑(しうとめ)に、つかへて15)、かう〴〵を、つくせり16)。

⇨ 장의부가 정절을 지켜 남편의 집을 나가지 아니하고 그 시아버지 시어머니에 섬겨 효행을 다했다.

❏舅(しうと)しうとめ、やまひにふして17)、大[だい]事(じ)なりけるとき18)、張義婦(ちやうぎふ)ミヅから19)、肱(もゝ)20)の肉[にく]をさき

---

10) 「いくほど【幾程】 어느 정도. 얼마나」+「なし【無し】[形ク없다]의 連用形「なく」.

11) 「に[助詞]」+「して[助詞]」(〈にして[連語]〉는 장소나 때를 나타냄. ~에서. ~에).

12) 「み【身】 몸. 자신」+「まかる【罷る】[4]물러나다. 내려가다. 죽다」의 連用形「まかり」+「ぬ[助動]완료·존속」의 連用形「に」+「けり[助動]회상·과거」.

13) 「せつ【節】 절개. 정절」+「を[助詞]」+「まもる【守る·護る】[4]지키다. 막다」의 連用形「まもり」+「て」.

14) 「をつと→おっと【夫】 지아비」(〈お〉는 歴史的仮名遣에 어긋남. 이하 같음)+「の[助詞]」+「いへ→いえ【家】 집」+「を[助詞]」+「いづ【出づ】[下2]나가다. 떠나다」의 未然形「いで」(〈-て〉는 無濁点표기)+「ず[助動]부정」의 連用形「ず」+「して[助詞](連用形에 접속)~인 상태로」.

15) 「その【其の】[連体고]」+「しうと→しゅうと【舅·姑】 시아버지. 장인」+「しうとめ→しゅうとめ【姑】 시어머니. 장모」+「に[助詞]~에게」+「つかふ【仕ふ】[下2]윗사람 가까이에서 섬기다. 모시다」의 連用形「つかへ」+「て」.

16) 「かうかう→こうこう【孝行】 효행」+「を[助詞]」+「つくす【尽くす】[4]노력하다. 힘쓰다」의 命令形「つくせ」+「り[助動]완료·존속」.

17) 「しうと【舅·姑】 시아버지」+「しうとめ【姑】 시어머니」+「やまひ【病】 병」+「に[助詞]~으로. ~때문에」+「ふす【伏す·臥す】[4]눕다」의 連用形「ふし」+「て」.

18) 「だいじ【大事】[形動ナリ]곤란한 것. 위험한 것. 위독함」의 連用形「だいじなり」+「けり[助動]회상·과거」의 連体形「ける」+「とき【時】 때」.

19) 「みづから→みずから【自ら】[名]자기 자신. 나 [副]스스로. 친히」.

20) 이 부분에 원문에 잘못이 있으나 그대로 옮긴다는 표시인 'ママ'가 붙어있다. 본

て21)、

⇨ 시아버지와 시어머니가 병들어 몸져누워 위독했을 때 장의부는 몸소 허벅지 살을 도려내서,

▢ 薬(くすり)にいれて、たてまつり22)、いのちを、すくふ事[こと]23)四[よん]たびに、をよべり24)。

⇨ 약에 넣어 올려서 목숨을 구하는 일이 네 차례에 이르렀다.

▢ つゐに25)、しうと、しうとめ、夫婦(ふうふ)ながら26)、むなしく成[なり]たりけるに27)、

⇨ 끝내 시아버지와 시어머니는 부부 모두 별세했기에,

▢ さうれいの法(ほう)28)、ひとつも、かけたる事[こと]なく29)、まつり

문의 「肱」은 「ひじ」로 읽으며 '팔꿈치'의 뜻이다. 이를 료이(了意)는 「もも」로 읽고 있는데 「もも」는 「股」 즉 '허벅지'의 뜻이므로 'ママ'는 적절한 것으로 볼 수 있겠다. 그런데 〈한문본〉에는 「凡四刲股肉」, 〈언해본〉에는 「네 번 다릿 고기 버혀」로 되어있는 것을 볼 때 료이(了意)가 漢字를 잘못 쓴 것으로 봐야겠다.

21) 「の[助詞]」+「にく【肉】고기. 살」+「を[助詞]」+「さく【裂く・割く】[4]떼다. 가르다. 부수다」의 連用形「さき」+「て」.

22) 「くすり【薬】약」+「に[助詞]」+「いる【入る】[下2]넣다」의 連用形「いれ」+「て」+「たてまつる【奉る】[4]드리다. 바치다」의 連用形「たてまつり」.

23) 「いのち【命】목숨」+「を[助詞]」+「すくふ【救ふ・済ふ】[4]구하다. 구조하다」의 連体形「すくふ」+「こと【事】것. 일」.

24) 「よん【四】4」+「たび【度】횟수. 번」+「に[助詞]」+「およぶ【及ぶ】[4]어떤 때나 장소 등에 다다르다. 도달하다」의 命令形「およべ」(〈を-〉는 정서법에 어긋남)+「り[助動]완료・존속」.

25) 「つひに→ついに【終に・遂に】[副]결국. 마침내」(〈-ゐ-〉는 정서법에 어긋남).

26) 「しうと【舅・姑】시아버지」+「しうとめ【姑】시어머니」+「ふうふ【夫婦】부부」+「ながら【乍ら】[助詞]모두. ~채로. ~하면서. ~이지만」.

27) 「むなし【空し・虚し】[形シク]덧없다. 무상하다. 죽었다」의 連用形「むなしく」+「なる【成る・為る】[4]되다」의 連用形「なり」+「たり[助動]완료・존속」의 連用形「たり」+「けり[助動]회상・과거」의 連体形「ける」+「に[助詞]~하니. ~하는데」.

28) 「さうれい→そうれい【葬礼】장례」+「の[助詞]」+「はふ→ほう【法】법. 방식. 법도. 규정」(〈ほう〉는 歷史的仮名遣에 어긋남).

の式(しき)30)、ねんころに、いたし侍(は)へりけり31)。

⇨ 장례의 법도가 하나도 빠지는 일 없이 장례식을 정성스럽게 힘썼습니다.

❏ すでに、なげきて、いはく32)、「わが夫(おつと)ハ33)、数(す)千(せん)里(り)の外(ほか)に行(ゆき)て34)、つゐに、かへる事(こと)あたハずして35)、むなしくなれり36)。

⇨ 남김없이 슬퍼하고 말하길 "내 남편은 수천 리 밖으로 가서 끝내 돌아오지 못한 채로 죽었다.

❏ このかバねを故郷(こきょう)に、かへして37)、はうふる事(こと)あたは

---

29) 「ひとつ【一つ】하나」+「も[助詞]」+「かく【欠く・缺く・闕く】[下2]일부가 깨지다. 일부가 빠지다. 있어야 할 것이 없다」의 連用形「かけ」+「たり[助動完了・존속]」의 連体形「たる」+「こと【事】것. 일」+「なし【無し】[形ク]없다」의 連用形「なく」.

30) 「まつり【祭り】제사. 제례」+「の[助詞]」+「しき【式】식. 행사」.

31) 「ねんごろ【懇ろ】[形動ナリ]진심을 다해. 열심히」의 連用形「ねんごろに」((-こ-)는 無濁点표기)+「いたす【致す】[4]하다. 혼신을 다 바치다. 온힘을 쏟다」의 連用形「いたし」+「侍(はべり)[助動]격식・정중」의 連用形「はべり」((-へ-)는 無濁点표기)+「けり[助動]회상・과거」.

32) 「すでに【既に・已に】[副]①이미. 벌써 ②모두. 남김없이 ③이제 ④틀림없이」+「なげく【嘆く・歎く】[4]한숨짓다. 탄식하다. 슬퍼하다. 절망하다. 애원하다. 호소하다」의 連用形「なげき」+「て」+「いはく【曰く】말하길. 이르길」.

33) 「わが【我が・吾が】[連体]나의. 자신의」((-か)는 無濁点표기)+「をつと→おっと【夫】지아비」+「は[助詞]」.

34) 「す【数】(慣用音으로〈スウ〉로 읽으며〈ス〉는 漢音)수」+「せん【千】천」+「り【里】리」+「の[助詞]」+「ほか【外・他】외부. 밖. 이외」+「に[助詞]」+「ゆく【行く】[4]가다」의 連用形「ゆき」+「て」.

35) 「つひに→ついに【終に・遂に】[副]결국. 마침내」((-ゐ)는 정서법에 어긋남)+「かへる【帰る】[4]돌아가(오)다」의 連体形「かへる」+「こと【事】것. 일」+「あたふ【能ふ・適ふ】[4]할 수 있다. 적합하다」의 未然形「あたは」+「ず[助動]부정」의 連用形「ず」+「して[助詞]~인 상태로. ~때문에」.

36) 「むなし【空し・虚し】[形シク]덧없다. 무상하다. 죽었다」의 連用形「むなしく」+「なる【成る・為る】[4]되다」의 命令形「なれ」+「り[助動]완료・존속」.

37) 「この【此の・斯の】[連体]이」+「かばね【屍・尸】시체. 주검」+「を[助詞]」+「こきやう→こきょう【故郷】고향」+「に[助詞]」+「かへす【帰す・還す】[4]돌려보내다. 되돌려놓다」의 連用形「かへし」+「て」.

ざるハ38)、しうと、しうとめ、いまだ、おはせし故[ゆえ]に39)、
> 이 주검을 고향에 되돌려서 장사지내지 못하는 것은 시아버지 시어머니가 아직 계셨기 때문에,

❏ これにつかふる事[こと]の40)、をこたるをもつて、なり41)。
> 이에 섬기는 일이 소홀해지기 때문이다.

❏ 今[いま]二人[ふたり]ともに42)、むなしく成[なり]給[たま]へり43)、
> 이제 두 사람 모두 돌아가셨다.

❏ この上[うえ]ハ44)、わが夫(おつと)の白骨(はくこつ)を45)、とをき国[くに]の草[くさ]の露[つゆ]に46)、さらしすてん事[こと]も47)、

---

38) 「はうぶる【葬る】[4]장사지내다. 매장하다」의 連体形「はうぶる」(〈-ふ〉는 無濁点표기)+「こと【事】것. 일」+「あたふ【能ふ·適ふ】[4]할 수 있다」의 未然形「あたは」+「ざり[助動]부정」의 連体形「ざる」+「ハ[助詞]」.

39) 「しうと【舅·姑】시아버지.」+「しうとめ【姑】시어머니」+「いまだ【未だ】[副]아직. 여전히」+「おはす【御座す·在す】[サ変]있다·가다·오다'의 尊敬語」+「き[助動]회상·과거」의 連体形「し」(〈き[助動]〉는 동사의 連用形에 접속하지만〈サ変動詞〉에 이어지는 경우는〈せし〉〈しき〉와 같은 꼴을 취한다)+「ゆゑ→ゆえ【故】까닭. 이유. 연고」+「に[助詞]」.

40) 「これ【此·是】[代]이것. 이사람」+「に[助詞]」+「つかふ【仕ふ】[下2]윗사람 가까이에서 섬기다. 모시다」의 連体形「つかふる」+「こと【事】것. 일」+「の[助詞]현대일본어〈が〉의 쓰임」.

41) 「おこたる【怠る·惰る】[4]해야 할 일을 하지 않다. 게을리 하다」의 連体形「おこたる」(〈を-〉는 정서법에 어긋남)+「を[助詞]」+「もって【以て】(〈を[助詞]〉에 이어져서)수단이나 원인 등을 나타냄. ~로써. ~때문에」+「なり[助動]단정·지정」.

42) 「いま【今】지금. 이제」+「ふたり【二人】두 사람」+「ともに【共に·俱に】[連語]함께. 동반하여. 동시에」.

43) 「むなし【空し·虚し】[形シク죽었다」의 連用形「むなしく」+「なる【成る·為る】[4]되다」의 連用形「なり」+「たまふ【給ふ】[助動]존경」의 命令形「たまへ」+「り[助動]완료·존속」.

44) 「このうへ→このうえ【此の上】[連語]이 이상. 게다가」+「ハ[助詞]」.

45) 「わが【我が·吾が】[連体]나의. 자신의」+「をっと→おっと【夫】지아비」+「の[助詞]」+「はくこつ→はっこつ【白骨】백골」+「を[助詞]」.

46) 「とほし【遠し】[形ク멀다」의 連体形「とほき」(〈を-〉는 정서법에 어긋남)+「くに【国】나라. 지역」+「の[助詞]」+「くさ【草】풀」+「の[助詞]」+「つゆ【露】이슬. 매우 작은(적

⇨ 더 이상 내 남편의 백골을 먼 나라의 풀잎의 이슬 아래 내버려 두는 것도,

❏さりとてハ心[こころ]うく48)、わが命[いのち]有[あり]ても、せんなし49)。

⇨ 너무나도 고통스럽고 내 목숨이 있어도 소용이 없다.

❏ねがハくは、たづねもとめて50)、心[こころ]のまゝに51)、はうふらん、と、おもひたち侍(はん)べる52)心[こころ]の内[うち]こそ、はるかなれ53)。」

⇨ 원하기는 물어 찾아서 뜻대로 장사지내려 마음먹은 마음속이야말로 아득하다.”

❏冬(ふゆ)のころ54)、天[てん]55)さむく、あらし、はげしき折(をり)か

은) 것」+「に[助詞]」.

47) 「さらす【晒す・曝す】[4]햇빛이나 비바람에 맞도록 그대로 두다」의 連用形「さらし」+「すつ【捨つ・棄つ】[下2]버리다」의 連用形「すて」+「む[助動]추량・의지・완곡」의 連体形「む」→「ん」+「こと【事】것. 일」+「も[助詞]」.

48) 「さりとては【然りとては】그래도. 그렇다 해도. 도무지. 정말로」+「こころうし【心憂し】[形ク]괴롭다. 고통스럽다. 유감이다」의 連用形「こころうく」.

49) 「わが【我が・吾が】[連体]나의. 자신의」+「いのち【命】목숨」+「あり【有り】[ラ変]있다」의 連用形「あり」+「ても[助詞]~해도」+「せんなし【詮無し】[形ク]어떤 행위를 해도 한 만큼의 효과나 보답이 아무것도 없다. 보람이 없다」.

50) 「ねがはくは【願はくは】[副]바라기는. 원하기는」+「たづぬ【尋ぬ】[下2]찾다. 묻다」의 連用形「たづね」+「もとむ【求む】[下2]찾다. 구하다」의 連用形「もとめ」+「て」.

51) 「こころのまま【心の儘】생각대로. 마음껏」+「に[助詞]」.

52) 「はうぶる【葬る】[4]장사지내다」의 未然形「はうぶら」(〈-ふ〉는 無濁点표기)+「む[助動]추량・의지」→「ん」+「と[助詞]」+「おもひたつ【思い立つ】[4]어떤 일을 하려고 새로이 생각을 일으키다. 결심하다. 결의하다」의 連用形「おもひたち」+「はんべり【侍り】〈侍(はべ)り[助動]격식・정중〉가 변한 말」의 連体形「はんべる」.

53) 「こころ【心】마음. 뜻. 생각」+「の[助詞]」+「うち【内】안」+「こそ[係助詞]뜻을 강하게 함」(문말은 已然形)+「はるか【遥か・悠か】[形動ナリ]멀리 떨어져 있는 모양. 정도가 심한 모양. 깊이가 있는 모양. 마음이 내키지 않는 모양」의 已然形「はるかなれ」.

54) 「ふゆ【冬】겨울」+「の[助詞]」+「ころ【頃】경. 무렵」.

55) 「天」은「あま」「あめ」「てん」으로 읽는 것이 보통이고 주된 뜻은 '하늘'이다. 그런데

ら56)、氷(こほり)のうへにふして57)、ちかひて、いはく58)、

⇨ 겨울철 날씨가 춥고 세찬 바람이 사나운 때에 얼음 위에 엎드려서 다짐하여 말하길,

□「天[てん]59)もし、わが夫(おつと)の白骨(はくこつ)を60)、もとめうべくハ61)、

⇨ "하늘이 만일 내 남편의 백골을 찾을 수 있으면,

□たとひ62)寒凍(かんとう)63)にこゞえて64)、はだえ、さくる、と、いふとも65)、死(し)せじ66)。」と、いふて67)、

여기에서는 본문의 문맥상 '날씨'를 나타내므로 추가적인 논의가 필요하겠다. 『日本国語大辞典』에 의하면 小栗風葉(おぐりふうよう, 1875-1926)의 『青春』(1905-06)에「天(ソラ)は能く晴れて居ても風があるので」와 같이「天」을「そら」로 읽은 경우가 있다.「そら【空】」는 '①지상에 펼쳐진 공간. 하늘 ②날씨. 계절'의 뜻이므로 여기에서는「天」을 '날씨'로 풀이하겠다.

56)「さむし【寒し】[形ク]춥다」의 連用形「さむく」+「あらし【嵐】거센 바람. 폭풍우. 태풍」+「はげし【激し・烈し・劇し】[形シク]기세가 강하다. 격렬하다. 심하다」의 連體形「はげしき」+「をり→おり【折】때. 시기. 계절」+「から[助詞]~부터. ~에」.

57)「こほり→こおり【氷・凍】얼음」+「の[助詞]」+「うへ【上】위」+「に[助詞]」+「ふす【伏す・臥す】[4]눕다. 엎드리다」의 連用形「ふし」+「て」.

58)「ちかふ【誓ふ・盟ふ】[4]신불(神佛)이나 다른 사람 또는 자기 자신에게 어떤 일을 반드시 지키겠다고 굳게 약속하다. 맹세하다. 다짐하다」의 連用形「ちかひ」+「て」+「いはく【曰く】말하길. 이르길」.

59)「てん【天】하늘. 천지만물의 주재자. 신(神)」.

60)「もし【若し】[副]만일」+「わが【我が・吾が】[連體]나의」+「をつと→おっと【夫】지아비」+「の[助詞]」+「はくこつ【白骨】백골」+「を[助詞]」.

61)「もとむ【求む】[下2]찾다. 구하다」의 連用形「もとめ」+「う【得】[下2]얻다. 가능하다」의 終止形「う」+「べくは : (조동사〈べし〉의 連用形〈べく〉에 係助詞〈は〉가 접속한 말)~한다면. ~할 수 있다면」.

62)「たとひ→たとい【縱い・仮令・縱令】[副]①만일. 만약에 ②만일 그렇다 해도. 비록」.

63)「寒凍」은 사전에 등재되지 않은 말이다.「寒」과「凍」은 각각「カン」(漢音)「トウ」(漢音)이고 '춥다'와 '얼다'의 뜻이다. 참고로 이 부분은〈한문본〉에「雖寒甚」이다.

64)「に[助詞]」+「こごゆ【凍ゆ】[下2]추위로 신체의 감각을 잃다. 얼다」의 連用形「こごえ」+「て」.

⇨ 설사 추위에 얼어붙어 살갗이 터진다 해도 죽지 않을 것이다."라고 하고,

❏ 氷[こおり]の上[うえ]に、ふす事[こと]⁶⁸⁾すでに三十日[さんじゅうにち]に、あまれども⁶⁹⁾、死(し)せず⁷⁰⁾、又[また]、さらに心地(こゝち)わづらふ事[こと]もなし⁷¹⁾。

⇨ 얼음 위에 엎드리는 것이 벌써 30일을 넘지만 죽지 않고 또한 조금도 마음에 고통스러운 적도 없다.

❏ 義婦(ぎふ)、大[おおい]によろこび⁷²⁾、わがちかひ、ミてり、と⁷³⁾、此[この]事[こと]を⁷⁴⁾、つぶさに衣(ころも)のうへに、かきつけて⁷⁵⁾、福寧(ふくねい)の、はるかなる旅(たひ)に、おもむきけり⁷⁶⁾。

---

65) 「はだへ→はだえ【肌・膚】피부」((-え)는 歴史的仮名遣에 어긋남)+「さくる【決る・拆る・剖る】[4]파다. 파내서 구멍을 내다」의 終止形「さくる」+「と[助詞]~라고」+「いふ【言ふ・云ふ】[4]말하다」의 終止形「いふ」+「とも[助詞]역접의 가정조건. ~해도」.

66) 「しす【死す】[サ変]죽다」의 未然形「しせ」+「じ[助動]추량・의지의 부정. ~아닐 것이다. ~하지 않겠다」.

67) 「と[助詞]~라고」+「いふ【言ふ・云ふ】[4]말하다」+「て」.

68) 「こほり→こおり【氷・凍り】얼음」+「の[助詞]」+「うへ【上】위」+「に[助詞]」+「ふす【伏す・臥す】[4]눕다. 엎드리다」의 連体形「ふす」+「こと【事】것. 일」.

69) 「すでに【既に・已に】[副]이미. 벌써. 이제」+「さんじふにち【三十日】30일」+「に[助詞]」+「あまる【余る】[4]남다. 넘치다」의 已然形「あまれ」+「ども[助詞]역접. ~하지만」.

70) 「しす【死す】[サ変]죽다」의 未然形「しせ」+「ず[助動]부정」의 連用形「ず」.

71) また【又・亦・復】[副]또한. 게다가」+「さらに【更に】[副]전혀 ~지 않다」+「ここち【心地】느낌. 기분. 생각」+「わづらふ【煩ふ】[4]괴로워하다. 앓다」의 連体形「わづらふ」+「こと【事】것. 일」+「も[助詞]」+「なし【無し】[形ク]없다」.

72) 「おおいに【大いに】[副]매우. 몹시. 많이」+「よろこぶ【喜ぶ・悦ぶ】[4]기뻐하다」의 連用形「よろこび」.

73) 「わが【我が・吾が】[連体]나의. 자신의」+「ちかひ【誓】맹세. 서약」+「みつ【満つ・充つ】[4]가득 차다. 바람이 이루어지다. 만족하다」의 命令形「みて」+「り[助動]완료・존속」+「と[助詞]~라고」.

74) 「この【此の・斯の】[連体]이」+「こと【事】것. 일」+「を[助詞]」.

75) 「つぶさに【具に・悉に・備に】[副]완전히. 충분히. 상세히」+「ころも【衣】옷」+「の[助詞]」+「うへ【上】위」+「に[助詞]」+「かきつく【書き付く】[下2]써두다」의 連用形「かきつけ」+「て」.

⇨ 의부가 크게 기뻐하여 내 맹세가 이루어졌다고 이 일을 자세히 옷 위에 적어두고 복령 가는 머나먼 여행에 나섰다.

❏野(の)くれ山[やま]くれ77)、里(さと)こえて78)、村(むら)より村(むら)を、たづぬるほどに79)、やう＼／四十日[よんじゅうにち]をへて80)、福寧(ふくねい)に、つきければ81)、

⇨ 들판과 산속에 머물고 동리 넘어서 마을 지나 마을을 찾는 사이에 마침내 사십 일을 지나서 복령에 도착했는데,

❏やがて82)李零(りれい)83)に、たづねあふて84)、夫(おつと)の埋(うづ)もれし85)苔路(こけぢ)のすゑを、もとむるに86)、

---

76) 「の[助詞]」+「はるか【遥か・悠か】」[形動ナリ]거리가 멀리 떨어져있는 모양」의 連体形「はるかなる」+「たび【旅】 여행」(〈-ひ〉는 無濁点표기)+「に[助詞]」+「おもむく【赴く・趣く】[4]그 방향으로 가다. 마음이 내키다」의 連用形「おもむき」+「けり[助動]회상・과거」.

77) 「野(の)くれ山(やま)くれ」는 '들이나 산에서 날을 보내다. 긴 여로'의 뜻이다.

78) 「さと【里】 인가(人家)가 있는 곳. 마을. 동네」+「こゆ【越ゆ・超ゆ】[下2]넘다. 지나다」의 連用形「こえ」+「て」.

79) 「むら【村】 많은 사람이 모여서 살고 있는 곳. 마을」+「より[助詞]①동작・장소・시간의 起點. ~부터 ②동작이 이루어지는 경우지. ~을 지나」+「むら【村】 마을」+「を[助詞]」+「たづぬ【尋ぬ】[下2]찾다. 묻다」의 連体形「たづぬる」+「ほどに【程に】①~하면. ~하는 사이에 ②원인・이유. ~이므로」(명사〈ほど〉에 조사〈に〉가 붙은 것으로 用言의 連体形에 접속한다).

80) 「やうやう→ようよう【漸う】[副]점점. 겨우. 간신히」+「よんじふにち【四十日】 40일」+「を[助詞]」+「ふ【経・歷】[下2]시간이 지나다. 경과하다. 시간을 보내다」의 連用形「へ」+「て」.

81) 「に[助詞]」+「つく【着く・就く】[4]도착하다. 다다르다」의 連用形「つき」+「けり[助動]회상・과거」의 已然形「けれ」+「ば[助詞]확정조건. 원인・이유」.

82) 「やがて【軈て】[副]곧. 그대로. 금세. 언젠가」.

83) 앞서 남편의 조카 이름은 「李麗(りれい)」라고 했다. 『假名草子集成』에는 여기에 원문에 잘못이 있으나 그대로 옮긴다는 표시인 "ママ"가 붙어있다.

84) 「に[助詞]」+「たづぬ【尋ぬ】[下2]찾다」의 連用形「たづね」+「あふ【会ふ・逢ふ】[4]만나다」+「て」.

85) 「をつと→おっと【夫】 지아비」+「の[助詞]현대일본어〈が〉의 쓰임」+「うづもる【埋る】[下2]파묻혀서 밖에서 보이지 않게 되다」의 連用形「うづもれ」+「き[助動]회상・과거」

⇨ 곧바로 이령을 찾아 만나서 남편이 묻힌 이끼 낀 길의 끝을 물으니,

☐ 年(とし)久[ひさ]しく成[なり]ければ87)、樹(うへき)88)ハえださかえ89)、葉(は)しげり90)、荊(うばら)91)ハ地ち]をあらそふて生(おひ)はびこり92)、

⇨ 해가 오래되었기에 나무는 가지가 울창하여 잎이 우거지고, 가시나무는 바닥을 앞 다투어 자라 뻗치고,

☐ 累々(るい＼／)たる塚原(つかハら)なれば93)、それといふべき跡(あと)もなし94)。

의 連体形「し」.

86) 「こけぢ【苔路】이끼가 낀 길」+「の[助詞]」+「すゑ→すえ【末】말. 끝. 결말. 들판의 끝」+「を[助詞]」+「もとむ【求む】[下2]찾다. 구하다」의 連体形「もとむる」+「に[助詞]~하니. ~하는데」.

87) 「とし【年・歳】해. 나이」+「ひさし【久】[形シク]길다. 오래 경과하다」의 連用形「ひさしく」+「なる【成る・為る】[4]되다」의 連用形「なり」+「けり[助動]회상・과거」의 已然形「けれ」+「ば[助詞]확정조건. 원인・이유」.

88) 「樹」는 「き」로 읽어서 '나무'의 뜻이다. 본문의 「うへき」는 「うゑき【植木】정원수」로 보이며 이 경우 뜻도 어색하고 정서법에도 어긋난다.

89) 「は[助詞]」+「えだ【枝】가지」+「さかゆ【栄ゆ】[下2]기세가 왕성해지다. 번영하다. 번창하다」의 連用形「さかえ」.

90) 「は【葉】잎」+「しげる【茂る・繁る】[4]무성하다」의 連用形「しげり」.

91) 「うばら【茨・荊棘】」는 「いばら【茨・棘・荊】가시가 있는 작은 나무의 총칭. 식물의 가시」와 같은 말이다. 〈한문본〉에는 「則榛莽四塞」이며 〈언해본〉은 「개욤남기 그장 기셋거늘」이다. 「榛(진)」은 '개암나무'의 뜻이다.

92) 「は[助詞]」+「ち【地】땅. 바닥」+「を[助詞]」+「あらそふ【争ふ】[4]다투다. 경쟁하다」+「て」+「おふ【生ふ】[上2]자라다. 생장하다」의 連用形「おひ」+「はびこる【蔓延る】[4]초목이 자라 펼쳐지다. 우거지다. 만연하다」의 連用形「はびこり」.

93) 「るいるい【累累】[形動タリ]겹쳐진 모양. 늘어선 모양. 기운을 잃어 늘어진 모양」의 連体形「るいるいたる」+「つかはら【塚原】무덤 따위가 있는 들판」+「なり[助動]단정・지정」의 已然形「なれ」+「ば[助詞]확정조건. 원인・이유」.

94) 「それ【其・夫】[代]그. 그것」+「と[助詞]~라고」+「いふ【言ふ・云ふ】[4]말하다」의 終止形「いふ」+「べし[助動]의무・당연・추량・가능 등」의 連体形「べき」+「あと【跡】흔적」+「も[助詞]」+「なし【無し】[形ク]없다」.

⇨ 겹겹으로 무덤이 늘비한 들판이니 그렇다 할 자취도 없다.

❏張義婦(ちやうぎふ)かなしミて泣(なき)さけび95)、地[ち]にたをれて96)、たえいらん、とす97)。

⇨ 장의부가 슬퍼하며 울부짖고 바닥에 쓰러져서 숨이 끊어지려 한다.

❏心[こころ]ざしのまことなる98)、鬼神(きしん)にや通(つう)じけん99)、一人[ひとり]の童子(わらハ)あり100)、俄(にハか)に物(もの)にくるひて、口[くち]バしり101)、

⇨ 마음가짐 올바름이 귀신에게 통했던지, 한 동자가 있어 갑자기 신들려서 헛소리하여,

❏李伍(りご)が死[し]したる有[あり]様(さま)102)、埋(うづ)もれたる所(と

---

95) 「かなしむ【愛しむ·悲しむ·哀しむ】[4]슬퍼하다. 가여워하다」의 連用形「かなしみ」+「て」+「なきさけぶ【泣(啼)き叫ぶ】[4]큰 소리로 울다. 울며 외치다」의 連用形「なきさけび」.

96) 「ち【地】땅. 바닥」+「に[助詞]」+「たふる【倒る】[下2]쓰러지다. 드러눕다. 죽다」의 連用形「たふれ」(〈-を-〉는 정서법에 어긋남)+「て」.

97) 「たえいる【絶え入る】[4]숨이 끊어지다. 기절하다」의 未然形「たえいら」+「む[助動]추량·의지」→「ん」+「と[助詞]」+「す[サ変]하다」.

98) 「こころざし【志】마음이 향하는 바. 뜻. 마음가짐」+「の[助詞]현대일본어〈が〉의 쓰임」+「まこと【真·実·誠】[名]진짜. 진정. 거짓 없음. 성의」+「なり[助動]단정·지정」의 連体形「なる」(여기에는 문맥상 助詞인〈が〉가 생략된 것으로 봐야겠다).

99) 「きじん【鬼神】(〈きしん〉으로도 읽음)귀신」(이는 죽은 사람의 영혼이나 천지의 신령(神靈), 초인적 존재 등을 가리켜 뜻이 한국어의 '귀신'과 크게 다르지 않다)+「に[助詞]」+「や[係助詞]의문·질문」(문말은 連体形)+「つうず【通ず】[サ変]통하다. 연결되다」의 連用形「つうじ」+「けむ[助動]과거추량. ~했을 것이다. ~였을 것이다」의 連体形「けむ」(앞의〈や〉에 호응)→「けん」.

100) 「ひとり【一人·独】한 사람」+「の[助詞]」+「わらは→わらわ【童】동자」(〈童子〉는〈どうじ〉로 읽음)+「あり【有り】[ラ変]있다」의 連用形「あり」.

101) 「にはか【俄】[形動ナリ]갑자기. 돌연」의 連用形「にはかに」+「もの【物】물건. 요괴. 사신(邪神)」+「に[助詞]」+「くるふ【狂ふ】[4]미치다. 신들리다. 빙의하다」의 連用形「くるひ」+「て」+「くちばしる【口走る】[4]제정신을 잃고 헛소리를 하다. 마음에도 없는 말을 하다」의 連用形「くちばしり」.

102) 「が[助詞]」+「しす【死す】[サ変]죽다」의 連用形「しし」+「たり[助動]완료·존속」의 連

ころ)まで103)、ことゞく、妻(つま)に、かたる104)。

⇨ 이오가 죽은 모습과 묻힌 곳까지 죄다 아내에게 이야기한다.

□妻(つま)、其[その]をしへに、まかせて105)、白骨(はつこつ)一[いち]具(ぐ)を、ほりえたり106)。

⇨ 아내가 그 가르침에 의지해서 백골 한 구를 파냈다.

□妻(つま)、そのほねを、とりて107)祝(しゆく)して、いはく108)、

⇨ 아내가 그 뼈를 들고 기도하여 말하길,

□「まことに、わが夫(おつと)ならバ109)、我(わが)くちに、いれんとき110)、雪(ゆき)のごとくに、きえて111)、ねバること膠(にかわ)のご

体形「たる」+「ありさま【有様】일의 모습. 상태. 상황」.

103) 「うづもる【埋る】[下2]파묻혀서 밖에서 보이지 않게 되다」의 連用形「うづもれ」+「たり[助動]완료·존속」의 連体形「たる」+「ところ【所·処】곳」+「まで【迄】[助詞]~까지」.

104) 「ことごとく【悉く·尽く】[副]모두. 남김없이」+「つま【妻】처. 아내」+「に[助詞]」+「かたる【語る】[4]상대에게 전하다. 자초지종을 이야기하다」.

105) 「つま【妻】처. 아내」+「その【其の】[連体]그」+「をしへ【教へ·訓】가르침. 교육. 교훈」+「に[助詞]」+「まかす【任す·委す】[下2]맡기다. 위임하다」의 連用形「まかせ」+「て」.

106) 「はくこつ【白骨】백골」+「いち【一】하나」+「ぐ【具】구」+「を[助詞]」+「ほる【掘る·彫る】[4]파다」의 連用形「ほり」+「う【得】[下2]얻다. 가능하다」의 連用形「え」+「たり[助動]완료·존속」.

107) 「つま【妻】처. 아내」+「その【其の】[連体]그」+「ほね【骨】뼈」+「を[助詞]」+「とる【取る·採る】[4]취하다. 집다. 채집하다」의 連用形「とり」+「て」.

108) 「しゅくす【祝す】[サ変]축하다다. 기도하다. 기도를 올리다」의 連用形「しゅくし」+「て」+「いはく【曰く】말하길. 이르길」.

109) 「まことに【真に·実に·誠に】[副]정말로. 거짓 없이」+「わが【我が·吾が】[連体]나의. 자신의」+「をつと→おっと【夫】지아비」+「なり[助動]단정·지정」의 未然形「なら」+「ば[助詞]가정조건」.

110) 「わが【我が·吾が】[連体]나의. 자신의」+「くち【口】입」+「に[助詞]」+「いる【入る】[下2]넣다」의 未然形「いれ」+「む[助動]추량·의지·완곡」의 連体形「む」→「ん」+「とき【時】때」.

111) 「ゆき【雪】눈」+「の[助詞]」+「ごとし【如し】[助動]~와 같다. ~와 비슷하다」의 連用

とくならん112)。」と、いふて113)、

⇨ "정말로 내 남편이라면 내 입에 넣을 때 눈처럼 사라져 끈적이는 것이 아교풀과 같이 될 것이다."라고 하고서,

□すこし、くだきて、口[くち]にいるゝに114)、はたして、言葉(ことば)のごとし115)。

⇨ 조금 빻아서 입에 넣으니 과연 말과 같다.

□妻(つま)、大[おほい]によろこびて116)、故郷(こきやう)にもちて帰[かえ]り117)、さうれい、あつく、いとなみけり118)。

⇨ 아내가 크게 기뻐하여 고향으로 가지고 돌아와서 장례를 후하게 치렀다.

□官(くわん)に、此[この]事[こと]を聞[きこ]しめして119)、従子(じうし)120)李零(りれい)をめし、のぼせて121)、二[ふた]たび、門(かど)を

形「ごとく」+「に助詞」+「きゆ【消ゆ】[下2]녹아서 사라지다」의 連用形「きえ」+「て」.

112) 「ねばる【粘る】[4]끈적이다. 달라붙다」의 連体形「ねばる」+「こと【事】 것. 일」+「にかは【膠】 아교. 아교풀」+「の助詞」+「ごとし【如し】[助動]~와 같다」의 連用形「ごとく」+「なる【成る・為る】[4]되다」의 未然形「なら」+「む[助動]추량・의지」→「ん」.

113) 「と助詞~라고」+「いふ【言ふ・云ふ】[4]말하다」+「て」.

114) 「すこし【少し】[副]조금. 약간」+「くだく【砕く・摧く】[4]부수다. 빻다」의 連用形「くだき」+「て」+「くち【口】입」+「に助詞」+「いる【入る】[下2]넣다」의 連体形「いるる」+「に助詞~하니」.

115) 「はたして【果して】[副]생각대로. 정말로. 과연」+「ことば【言葉】말」+「の助詞」+「ごとし【如し】[助動]~와 같다」.

116) 「つま【妻】처. 아내」+「おほいに【大いに】[副]매우. 몹시. 많이」+「よろこぶ【喜ぶ・悦ぶ】[4]기뻐하다」의 連用形「よろこび」+「て」.

117) 「こきやう→こきょう【故郷】고향」+「に助詞」+「もつ【持つ】[4]가지다」의 連用形「もち」+「て」+「かへる【帰る・還る】[4]돌아가다(오다)」의 連用形「かへり」.

118) 「さうれい→そうれい【葬礼・喪礼】장례」+「あつし【厚し・篤し】[形ク]두텁다. 후하다. 풍부하다」의 連用形「あつく」+「いとなむ【営む】[4]일하다. 준비하다. 행하다」의 連用形「いとなみ」+「けり[助動]회상・과거」.

119) 「くわん→かん【官】관. 관청. 벼슬」+「に助詞」+「この【此の・斯の】[連体]이」+「こと【事】 것. 일」+「を助詞」+「きこしめす【聞し召す】[4]들으시다. 허락하시다. 받아들이시다」의 連用形「きこしめし」+「て」.

あらハされたり122)。
⇨ 관에서 이 일을 들으시고 조카인 이령을 불러들이셔서 다시 가문을 드러내셨다.

❏ これ、ひとへに123)、妻(つま)の心[こころ]ざし124)、まこと有[あり]ける故[ゆえ]に125)、かゝるきどくの事[こと]も、侍[は]へりけり126)。
⇨ 이는 오로지 아내의 마음가짐이 진정이 있었던 까닭에 이러한 영험한 일도 있었습니다.

---

120) 위의 각주 7) 참조.

121) 「を[助詞]」+「めす【召す】[4]'불러들이다'의 존경어. 명(命)하시다」의 連用形「めし」+「のぼす【上す】[下2]올라가게 하다. 불러들이다. 지위를 올리다. 지방에서 서울로 보내다」의 連用形「のぼせ」+「て」.

122) 「ふたたび【二度・再び】두 번. 다시. 거듭」+「かど【門】문. 가문. 일족」+「を[助詞]」+「あらはす【表す・現す・顕す・著す】[4]드러내다. 보이다. 표현하다. 널리 세상에 알리다」의 未然形「あらはさ」+「る[助動]수동・가능・존경」의 連用形「れ」+「たり[助動]완료・존속」.

123) 「これ【此・是・之・惟】[代]이것. 이 사람. 발어사(發語辭)로도 쓰임」+「ひとへに【偏に】[副]오로지. 한결같이」.

124) 「つま【妻】처. 아내」+「の[助詞]」+「こころざし【志】마음이 향하는 바. 뜻. 마음가짐」.

125) 「まこと【真・実・誠】[名]진짜. 진정. 거짓 없음. 성의」+「あり【有り】[ラ変]있다」의 連用形「あり」+「けり[助動]회상・과거」의 連体形「ける」+「ゆゑ→ゆえ【故】까닭. 이유」+「に[助詞]」.

126) 「かかる【斯かる】[連体]이러한. 이런」+「きどく【奇特】기이한 힘. 빼어난 효험. 영험. 기적」+「の[助詞]」+「こと【事】것. 일」+「も[助詞]」+「はべり【侍り】[ラ変]있습니다」의 連用形「はべり」(〈-へ〉는 無濁点표기)+「けり[助動]회상・과거」.

25. 童(とう)氏(し)皮(ひ)面(めん)
동씨피면

☐ 元(げん)の¹⁾兪士淵(ゆうしゑん)か妻(つま)、童(とう)氏(し)ハ²⁾、嚴州(げんしう)の人[ひと]なり³⁾。
⇨ 원나라 유사연의 아내 동 씨는 엄주 사람이다.

☐ そのしうとめ⁴⁾、心[こころ]たけく⁵⁾、性(しやう)ミじかく⁶⁾、しかも、かたくななり⁷⁾。
⇨ 그 시어머니는 마음이 모질고 성미가 급하고 게다가 꽁하다.

☐ 童(とう)氏(し)にむかひてハ⁸⁾、物(もの)ごとに、いかり⁹⁾、情(なさけ)なく、あたりけれども¹⁰⁾、

---

1) 「げん【元】 원나라」+「の[助詞]」.
2) 「が[助詞]현대일본어〈の〉의 쓰임」(〈か〉는 無濁点표기)+「つま【妻】 처. 아내」+「とう【童】 동」(〈トウ〉는 漢音. 관용음은〈ドウ〉)+「し【氏】 씨」+「は[助詞]」.
3) 「の[助詞]」+「ひと【人】 사람」+「なり[助動]단정·지정」.
4) 「その【其の】[連体]그」+「しうとめ→しゅうとめ【姑】 시어머니. 장모」.
5) 「こころ【心】 마음. 뜻. 생각」+「たけし【猛し】[形ク]용맹하다. 드세다」의 連用形「たけく」.
6) 「しやう→しょう【性】 성. 선천적인 성질. 천성」+「みじかし【短し】[形ク]짧다. 성급하다」의 連用形「みじかく」.
7) 「しかも【然も·而も】[接続]게다가. 그래도. 하지만」+「かたくな【頑】[形動ナリ]비뚤어지다. 융통성이 없다. 완고하다. 우둔하다. 교양이 없다」의 終止形「かたくななり」.
8) 「とう【童】 동」+「し【氏】 씨」+「に[助詞]」+「むかふ【向かふ·対ふ】[4]향하다. 맞서다」의 連用形「むかひ」+「て」+「は[助詞]」.
9) 「ものごとに【物毎に】[連語]각각의 일에. 일이 있을 때마다」+「いかる【怒る】[4]화내다. 노하다」의 連用形「いかり」.

⇨ 동 씨를 향해서는 매사에 성내고 매정하게 대했지만,

❑ 童(とう)氏(し)さらに、うらみずして11)、したがひ、つかへて12)、心[こころ]にそむかす13)。

⇨ 동 씨는 조금도 원망하지 아니하고 따라 섬겨 뜻에 거스르지 않는다.

❑ 至正(しせい)十三[じゅうさん]年[ねん]に14)、元(げん)朝(てう)大[おおい]にミだれて15)、威平(ゐへい)と、いふところの城(じやう)16)すでに、賊(ぞく)のために、せめおとされたり17)。

⇨ 지정 13년에 원나라 조정이 크게 소란하여 위평이라 하는 곳의 성이 이미 도적으로 인해 공격당해 떨어졌다.

---

10) 「なさけなし【情け無し】[形ク]매정하다. 무뚝뚝하다」의 連用形「なさけなく」+「あたる【当たる・中る】[4]도달하다. 해당하다. 대응하다」의 連用形「あたり」+「けり[助動]회상・과거」의 已然形「けれ」+「ども[助詞]역접」.

11) 「とう【童】동」+「し【氏】씨」+「さらに【更に】[副]또한. 전혀 ~지 않다」+「うらむ【恨む・怨む・憾む】[上2]불쾌하게 생각하다. 원망하다. 분노를 표시하다. 유감스러워하다. 복수하다」의 未然形「うらみ」+「ず[助動]부정」의 連用形「ず」(〈す〉는 無濁点 표기)+「して[助詞](連用形에 접속)~인 상태로」.

12) 「したがふ【從ふ・随ふ・順ふ】[4]말하는 대로 따르다. 거스르지 않다. 맡기다」의 連用形「したがひ」+「つかふ【仕ふ】[下2]윗사람 가까이에서 섬기다. 모시다」의 未然形「つかへ」+「て」.

13) 「こころ【心】마음. 뜻. 생각」+「に[助詞]」+「そむく【背く・叛く】[4]등지다. 위반하다. 모반하다. 대들다」의 未然形「そむか」+「ず[助動]부정」(〈す〉는 無濁点표기).

14) 「至正(しせい) : 지정. 중군 원나라 순제(順帝) 때 사용된 연호(1341~1370)」(ウィキペディア[Wikipedia]참조)+「じゅうさん【十三】13」+「ねん【年】년」+「に[助詞]」.

15) 「げん【元】원나라」+「の[助詞]」+「てう→ちょう【朝】조정」+「おおいに【大いに】[副]매우. 몹시. 많이」+「みだる【乱る・紊る】[下2]혼란하다. 흐트러지다. 뒤섞이다. 소동이 일어나다」의 連用形「みだれ」+「て」

16) 「と[助詞]~라고」+「いふ【言ふ・云ふ】[4]말하다」의 連体形「いふ」+「ところ【所・処】곳」+「の[助詞]」+「じやう→じょう【城】성」.

17) 「すでに【既に・已に】[副]이미. 벌써. 모두. 이제」+「ぞく【賊】도둑. 불충한 자. 반역한 자. 악행을 저지르는 자」+「の[助詞]」+「ため【為】[名]때문. 위함」+「に[助詞]」(〈~の(が)ために〉의 꼴로 '이익・이유・목적'의 뜻. ~때문에. ~위해)+「せめおとす【攻め落とす】[4]공격하여 적의 성을 빼앗다. 항복시키다」의 未然形「せめおとさ」+「る[助動수동]」의 連用形「れ」+「たり[助動]완료・존속」.

❏つハものども18)、人[ひと]の家[いえ]に、こみいりて19)、物(もの)をうバひとる20)。
⇨ 병사들이 남의 집에 마구 들어가 물건을 빼앗는다.

❏果(はた)して21)、兪士淵(ゆうしゑん)が家[いえ]に、ミたれいる22)。
⇨ 예감대로 유사연의 집에 어지러이 들어온다.

❏童(とう)氏(し)ミづから23)、我[わが]身[み]をもつて24)、姑(しうとめ)をおほひて、ふせぐ25)。
⇨ 동 씨는 스스로 자기 몸으로써 시어머니를 가려서 막는다.

❏つハものども、童(とう)氏(し)をとらへて26)、けがさんとす27)、童(とう)氏(し)、大[おおい]にのりて28)、さらに、したがハず29)。

---

18) 「つはもの【兵】 병사」+「ども【共】[接尾]복수(複數)의 뜻을 나타내는 접미어. ~들」.
19) 「ひと【人】 사람. 다른 사람」+「の[助詞]」+「いへ→いえ【家】 집」+「に[助詞]」+「こみいる【込み入る】[4]마구잡이로 들어가다. 침입하다」의 連用形「こみいり」+「て」.
20) 「もの【物】 물건」+「を[助詞]」+「うばひとる【奪ひ取る】[4]빼앗다. 탈취하다」.
21) 「はたして【果して】[副]생각대로. 예상대로. 정말로. 과연」.
22) 「が[助詞]현대일본어〈の〉의 쓰임」+「いへ→いえ【家】 집」+「に[助詞]」+「みだる【乱る・紊る】[下2]산란(散亂)하다」의 連用形「みだれ」(〈-た-〉는 無濁点표기)+「いる【入る】[4]들어오다」.
23) 「とう【童】 동」+「し【氏】 씨」+「みづから【自ら】[名]자기 자신. 나 [副]스스로. 친히」.
24) 「わが【我が・吾が】[連体]나의. 자신의」+「み【身】 몸. 자신」+「を[助詞]」+「もって【以て】(〈を[助詞]〉에 이어져서)수단이나 원인 등을 나타냄. ~로써. ~때문에」.
25) 「しうとめ【姑】 시어머니」+「を[助詞]~에게」+「おほふ【覆ふ・被ふ・掩ふ・蔽ふ】[4]덮다. 숨기다」의 連用形「おほひ」+「て」+「ふせぐ【防ぐ・禦ぐ・拒ぐ】[4]막다. 가로막다. 방어하다」.
26) 「つはもの【兵】 병사」+「ども【共】[接尾]~들」+「とう【童】 동」+「し【氏】 씨」+「を[助詞]」+「とらふ【捕らふ・捉ふ】[下2]손으로 꽉 붙들다. 꽉 쥐다. 동물을 붙잡다. 포박하다」의 連用形「とらへ」+「て」.
27) 「けがす【穢す・汚す】[4]더럽히다. 상처내다」의 未然形「けがさ」+「む[助動]추량・의지」→「ん」+「と[助詞]」+「す[サ変]하다」.
28) 「とう【童】 동」+「し【氏】 씨」+「おほいに【大いに】[副]매우. 몹시. 많이」+「のる【罵る】[4]욕하다. 험담하다」의 連用形「のり」+「て」.

⇨ 병사들이 동 씨를 붙들어서 욕보이려 한다. 동 씨는 마구 욕설하고 절대로 따르지 아니한다.

❏つハものども、これを、いかりて30)、童(とう)氏(し)か左(ひだり)のかいなを、うちおとす31)。

⇨ 병사들이 이를 노하여 동 씨의 왼쪽 팔을 잘라낸다.

❏ます＼／悪口(あつこう)して、したがハず32)。

⇨ 더더욱 욕설하며 따르지 아니한다.

❏又[また]、右(ミぎ)のかいなを、きりおとしけり33)。

⇨ 다시 오른쪽 팔을 잘라냈다.

❏しかれども、すこしも、ひるまず34)、なを＼／悪口(あつこう)しければ35)、兵(つハもの)ども、童(とう)氏(し)をうちたをし36)、

---

29) 「さらに【更に】[副]또한. 거듭. 전혀 ~지 않다」+「したがふ【從ふ・隨ふ・順ふ】[4]말하는 대로 따르다」의 未然形「したがは」+「ず[助動]부정」.

30) 「つはもの【兵】병사」+「ども【共】[接尾]~들」+「これ【此・是】[代]이것. 이사람」+「を[助詞]」+「いかる【怒る】[4]화내다. 노하다」의 連用形「いかり」+「て」.

31) 「とう【童】동」+「し【氏】씨」+「か[助詞]현대일본어 〈の〉의 쓰임」(〈か〉는 無濁点표기)+「ひだり【左】왼쪽」+「の[助詞]」+「かひな→かいな【腕・肱】팔」+「を[助詞]」+「うちおとす【打ち落とす】[4]쳐서 떨어뜨리다. 잘라서 떨어뜨리다」.

32) 「ますます【益】[副]전보다 더욱. 가일층」+「あくこう→あつこう【悪口】악구. 험담」+「す[サ変]하다」의 連用形「し」+「て」+「したがふ【從ふ・隨ふ・順ふ】[4]말하는 대로 따르다」의 未然形「したがは」+「ず[助動]부정」.

33) 「また【又・亦・復】[副]다시. 같이. 달리. 또한. 게다가」+「みぎ【右】오른쪽」+「の[助詞]」+「かひな【腕・肱】팔」+「を[助詞]」+「きりおとす【切り落とす】[4]잘라내 버리다」의 連用形「きりおとし」+「けり[助動]회상・과거」.

34) 「しかれども【然れども】[接續]역접의 확정조건. 그렇지만. 하지만」+「すこしも【少しも】[副]조금이라도. 조금도」+「ひるむ【怯む】[4]기가 죽다. 두려워하다. 위축되다」의 未然形「ひるま」+「ず[助動]부정」.

35) 「なほなほ→なおなお【猶猶・尚尚】[副]아직. 역시. 그래도. 다시. 원래대로」(〈-をを〉는 정서법에 어긋남)+「あくこう→あつこう【悪口】악구. 험담」+「す[サ変]하다」의 連用形「し」+「けり[助動]회상・과거」의 已然形「けれ」+「ば[助詞]확정조건. 원인・이유」.

36) 「つはもの【兵】병사」+「ども【共】[接尾]~들」+「とう【童】동」+「し【氏】씨」+「を[助

➪ 하지만 조금도 움츠리지 않고 여전히 욕설했기에 병사들이 동 씨를 자빠뜨리고,

❏面(おもて)の皮(かわ)をはぎ37)、耳(ミゝ)鼻(はな)をそぎて38)、すて去(さり)たり39)。

➪ 얼굴 가죽을 벗기고 귀와 코를 도려내어 버리고 떠났다.

❏童(とう)氏(し)ハ40)、そのあくる日[ひ]にいたりて、死(し)したり41)。

➪ 동 씨는 그 이튿날에 이르러 죽었다.

❏されば42)、姑(しうとめ)ハ、日比(ひごろ)にをひて43)、何[なん]の情(なさけ)かある44)、

➪ 그런데 시어머니는 일찍이 무슨 인정이 있는가?

❏心[こころ]ざし、かたくなにして45)、新婦(しんふ)にむかひてハ46)、

詞」+「うちたふす【打ち倒す】[4]넘어뜨리다. 때려서 쓰러뜨리다」의 連用形「うちたふし」(〈-を-〉는 정서법에 어긋남).

37) 「おもて【面】얼굴」+「の[助詞]」+「かは→かわ【皮】껍질. 가죽」(〈-わ〉는 歷史的仮名遣에 어긋남)+「を[助詞]」+「はぐ【剥ぐ】[4]벗기다. 깎다」의 連用形「はぎ」.

38) 「みみ【耳】귀」+「はな【鼻】코」+「を[助詞]」+「そぐ【殺ぐ・削ぐ】[4]잘라내다. 베어내다. 바르다」의 連用形「そぎ」+「て」.

39) 「すつ【捨つ・棄つ】[下2]버리다」의 連用形「すて」+「さる【去る】[4]가다. 떠나다」의 連用形「さり」+「たり[助動]완료・존속」.

40) 「とう【童】동」+「し【氏】씨」+「は[助詞]」.

41) 「その【其の】[連体]그」+「あくる【明くる】[連体]다음의」+「ひ【日】날」+「に[助詞]」+「いたる【至る・到る】[4]도달하다」의 連用形「いたり」+「て」+「しす【死す】[サ変]죽다」의 連用形「しし」+「たり[助動]완료・존속」. 참고로〈한문본〉과〈언해본〉은 여기에서 이야기가 끝난다.

42) 「されば【然れば】[接続]그렇기 때문에. 따라서. 그건 그렇고」.

43) 「しうとめ【姑】시어머니」+「は[助詞]~에게」+「ひごろ【日頃】여러 날. 평소. 늘. 요사이」+「に[助詞]」+「おいて【於いて】[連語]~에 있어서」(〈をひて〉는 정서법에 어긋남).

44) 「なん【何】[代]어떤」+「の[助詞]」+「なさけ【情け】[名]정. 감정. 자애. 인정」+「か[係助詞]의문・질문」+「あり【有り】[ラ変]있다」의 連体形「ある」(앞의〈か〉에 호응).

45) 「こころざし【志】마음이 향하는 바. 뜻. 마음가짐」+「かたくな【頑】[形動ナリ]완고하다」의 連用形「かたくなに」+「して[助詞](連用形에 접속)상태를 나타냄. ~으로. ~의 상태로」.

その恩(をん)まことに葉(ハ)よりも、うすし47)。

⇨ 성정이 꽁하고, 신부를 향해서는 그 은혜가 참으로 이파리보다도 얄팍하다.

❒童(とう)氏(し)、爰[ここ]にをひて48)、つかふる事[こと]をこたりなく49)、身[み]をわすれて50)、姑(しうとめ)をおほひ51)、

⇨ 동 씨는 이때에 섬기는 일에 소홀함이 없이 자신을 잊고서 시어머니를 가려서,

❒命(いのち)をかへりミずして52)、節(せつ)をまもり53)、五[ご]躰(たい)の狼藉(らうぜき)を54)、かうふりたりける55)。

---

46) 「しんぷ【新婦】신부」(〈-ふ〉는 無半濁点표기)+「に[助詞]」+「むかふ【向かふ・対ふ】[4]향하다. 맞서다」의 連用形「むかひ」+「て」+「は[助詞]」.

47) 「その【其の】[連体]그」+「おん【恩】은. 은혜」(〈-を-〉는 정서법에 어긋남)+「まことに【真に・実に・誠に】[副]정말로. 거짓 없이. 매우」+「は【葉】잎」+「より[助詞]비교의 기준. ~보다」+「も[助詞]」+「うすし【薄し・淡し】[形ク]얇다. 옅다」.

48) 「とう【童】동」+「し【氏】씨」+「ここにおいて【此に於て】[接続]이 때에 즈음하여. 이로 인해. 이런 까닭에」(〈-をひ〉는 정서법에 어긋남).

49) 「つかふ【仕ふ】[下2]윗사람 가까이에서 섬기다. 모시다」의 連体形「つかふる」+「こと【事】것. 일」+「おこたり【怠り】[名]나태. 태만」(〈を-〉는 정서법에 어긋남)+「なし【無し】[形ク]없다」의 連用形「なく」.

50) 「み【身】몸. 자신. 자기」+「を[助詞]」+「わする【忘る】[下2]잊다. 떠올리지 않다」의 連用形「わすれ」+「て」.

51) 「しうとめ【姑】시어머니」+「を[助詞]」+「おほふ【覆ふ・被ふ・掩ふ・蔽ふ】[4]덮다. 숨기다」의 連用形「おほひ」.

52) 「いのち【命】목숨」+「を[助詞]」+「かへりみる【顧みる・省みる】[上1]뒤돌아보다. 회상하다. 걱정하다. 돌보다」의 未然形「かへりみ」+「ず[助動]부정」의 連用形「ず」+「して[助詞](連用形에 접속)~인 상태로. ~때문에」.

53) 「せつ【節】절개」+「を[助詞]」+「まもる【守る・護る】[4]지키다. 막다」의 連用形「まもり」.

54) 「ごたい【五体】오체. 신체를 구성하는 다섯 부분. 힘줄・맥(脈)・살・뼈・가죽 또는 머리・양팔・양다리, 또는 머리・목・가슴・손・발. 전신(全身)」(〈躰〉는 〈体〉의 異體字)+「の[助詞]」+「らうぜき【狼藉】난잡한 모양. 도리에 어긋나게 남을 범하는 것. 폭행」+「を[助詞]」.

55) 「かうぶる【被る・蒙る】[4](〈こうむる〉의 옛 형태)윗사람이나 강자의 동작을 받다」의 連用形「かうぶり」(〈-ふ〉는 無濁点표기)+「たり[助動완료・존속]」+「けり[助動회상・과거](본문에서 連体形인〈ける〉가 쓰인 이유는 미상).

⇨ 목숨을 돌아보지 아니하고 절개를 지켜 오체의 욕보임을 입었던 것이다.

❏ あはれにも56)、有[あり]がたき心[こころ]ざしなり57)。
⇨ 절절하게도 귀한 마음가짐이다.

---

56) 「あはれ【哀れ】[名]귀한 모양. 훌륭한 모양. 사랑스러운 모양. 절절한 정취가 있는 모양. 불쌍한 모양. 슬픈 모양. 초라한 모양」+「に[助詞]」+「も[助詞]」.

57) 「ありがたし【有り難し】[形ク]드물다. 훌륭하다. 존귀하다. 감사하다」의 連体形「ありがたき」+「こころざし【志】마음이 향하는 바. 뜻. 마음가짐」+「なり[助動]단정・지정」.

26. 王(わう)氏(し)経(くびり)死(しす)
왕 씨가 목매달아 죽다

❏元(げん)の¹⁾思士玄(ししげん)²⁾が妻(つま)、王(わう)氏(し)ハ³⁾、大都(たいと)の人[ひと]なり⁴⁾。
　⇨ 원나라 사사현의 아내 왕 씨는 대도 사람이다.

❏思士玄(ししげん)、おもきわづらひに、ふして⁵⁾、今[いま]をかぎりなり⁶⁾。
　⇨ 사사현이 중한 병으로 몸져누워 이제 얼마 남지 않았다.

❏妻(つま)の王(わう)氏(し)⁷⁾、まくらもとに立(たち)よりて、いはく⁸⁾、
　⇨ 아내인 왕 씨가 머리맡에 다가서서 말하길,

---

1) 「げん【元】원나라」+「の[助詞]」.
2) 〈한문본〉과 〈언해본〉은 모두 「惠士玄」이다.
3) 「が[助詞]현대일본어〈の〉의 쓰임」+「つま【妻】처. 아내」+「わう→おう【王】왕」+「し【氏】씨」+「は[助詞]」.
4) 「だいと【大都】대도. 중국 원나라의 수도. 지금의 북경(北京). 1272년 세조(世祖)가 명명」+「の[助詞]」+「ひと【人】사람」+「なり[助動]단정·지정」.
5) 「おもし【重し】[形ク]무겁다」의 連体形「おもき」+「わづらひ【煩ひ】[名]고생. 질병」+「に[助詞]~으로. ~때문에」+「ふす【伏す·臥す】[4]눕다」의 連用形「ふし」+「て」.
6) 「いま【今】현재. 지금. 이 국면」+「を[助詞]」+「かぎり【限り】한도. 끝. 마지막. 극한. 임종」+「なり[助動]단정·지정」.
7) 「つま【妻】처. 아내」+「の[助詞]~인」+「わう【王】왕」+「し【氏】씨」.
8) 「まくらもと【枕許·枕元】자고 있는 사람의 베개 언저리」+「に[助詞]」+「たちよる【立ち寄る】[4]다가가다」의 連用形「たちより」+「て」+「いはく【曰く】말하길. 이르길」.

❏「われ、日[ひ]ごろに聞(きく)事こと]あり9)、病人(びやうにん)の糞(ふん)をなめて10)、そのあぢハひ、にがきものハ命(いのち)あり11)。」と、いふて12)、

⇨ "내가 일찍이 들은 바가 있다. 환자의 똥을 핥아서 그 맛이 쓴 사람은 목숨이 있다."라고 하고서,

❏妻(つま)、其(その)糞(ふん)をなめてミるに13)、味(あぢ)ハひ、きハめて、あまし14)。

⇨ 아내가 그 똥을 핥아보니 맛이 매우 달다.

❏王(わう)氏(し)、いよ＼／、うれへ、かなしミて15)、やるかたなし16)。

⇨ 왕 씨가 더욱 근심하고 슬퍼하여 어찌할 바 모른다.

❏さでもや17)、と思[おも]ひて18)、くすしを頼(たの)ミ19)、さま＼／心

---

9) 「われ【我・吾】[代]나」+「ひごろ【日頃】여러 날. 평소. 늘. 얼마 전」+「に[助詞]」+「きく【聞く・聴く】[4]듣다」의 連体形「きく」+「こと【事】것. 일」+「あり【有り】[ラ変]있다」.

10) 「びやうにん【病人】환자. 병자」+「の[助詞]」+「ふん【糞】대변」+「を[助詞]」+「なむ【嘗む・舐む】[下2]핥다. 맛보다」의 連用形「なめ」+「て」.

11) 「その【其の】[連体]그」+「あぢはひ→あじわい【味わい】맛」+「にがし【苦し】[形ク]쓰다」의 連体形「にがき」+「もの【者】자. 사람」+「は[助詞]」+「いのち【命】생명」+「あり【有り】[ラ変]있다」.

12) 「と[助詞]~라고」+「いふ【言ふ・云ふ】[4]말하다」+「て」.

13) 「つま【妻】처. 아내」+「その【其の】[連体]그」+「ふん【糞】대변」+「を[助詞]」+「なむ【嘗む・舐む】[下2]핥다. 맛보다」의 連用形「なめ」+「て」+「みる【見る・視る・観る】[上1]보다. 조사하다. 시험하다」의 連体形「みる」+「に[助詞]~하니. ~하는데」.

14) 「あぢはひ【味はひ】맛」+「きはめて→きわめて【極めて】[副]더할 나위 없이. 몹시」+「あまし【甘し】[形ク]달다」.

15) 「わう【王】왕」+「し【氏】씨」+「いよいよ[副]더욱. 한층 더」+「うれふ【憂ふ・愁ふ・患ふ】[下2]한탄하다. 슬퍼하다. 걱정하다. 아프다」의 連用形「うれへ」+「かなしむ【愛しむ・悲しむ・哀しむ】[4]슬퍼하다. 가여워하다」의 連用形「かなしみ」+「て」.

16) 「やるかたなし【遣る方無し】[形ク]마음을 풀 방법이 없다. 형언할 수 없다. 어찌할 수 없다」.

17) 「さても【扨も】[接続]그렇다 해도. 그건 그렇고」+「や[係助詞]의문・질문」(『日本国語

[こころ]をつくす、と、いへども[20]、露[つゆ]ばかりも[21]、心[こころ]よき、しるしなし[22]。

⇨ 그렇겠는가라고 생각하여 의원을 의지하여 여러모로 마음을 다한다고 하지만 눈곱만큼도 좋은 징조가 없다.

❏ 思士玄(ししげん)、妻(つま)に、かたりて、いはく[23]、「我わが)やまひ、きハめて、おもし[24]、たゞ命(いのち)をまつのミなり[25]。

⇨ 사사현이 아내에게 밝혀 말하길 "내 병이 매우 중하다. 그저 천명을 기다릴 뿐이다.

❏ これよりさき[26]、われに[27]妾(ぜう/てかり)[28]ありて[29]、すでに一人

大辭典』에서는 〈さてもや〉를 '그렇게 해도 ~일 것인가? 그렇게 하면 ~이 되기도 할 것인가? 그렇기도 하겠는가?'와 같이 풀이하고 있다). 본문에는 「さでもや」인데 『假名草子集成』에도 이 부분에 원문에 잘못이 있으나 그대로 옮긴다는 표시인 "ママ"가 붙어 있다.

18) 「と[助詞]~라고」+「おもふ【思ふ】[4]생각하다」의 連用形「おもひ」+「て」.

19) 「ぐすし【薬師・医】의사」+「を[助詞]」+「たのむ【頼む・恃む・憑む】[4]기대다. 믿다. 위탁하다. 맡기다」의 連用形「たのみ」.

20) 「さまざま【様様】여러 가지」+「こころ【心】마음. 뜻. 생각」+「を[助詞]」+「つくす【尽くす】[4]노력하다. 힘쓰다」+「と[助詞]~라고」+「いへども→いえども【雖も】[連語]~하지만. ~해도」(〈いへども〉는〈いふ【言ふ・云ふ】[4]말하다〉의 已然形〈いへ〉+〈ども[助詞역접]〉로 분석할 수도 있다).

21) 「つゆ【露】이슬. 매우 작은(적은) 것」+「ばかり【許】[助詞]정도. 쯤」+「も[助詞]」.

22) 「こころよし【快し】[形ク]기분 좋다. 즐겁다. 유쾌하다」의 連体形「こころよき」+「しるし【印・標・徴】표시. 기호. 증거」+「なし【無し】[形ク]없다」.

23) 「つま【妻】처. 아내」+「に[助詞]」+「かたる【語る】[4]상대에게 전하다. 자초지종을 이야기하다」의 連用形「かたり」+「て」+「いはく【曰く】말하길. 이르길」.

24) 「わが【我が・吾が】[連体]나의. 자신의」+「やまひ【病】병」+「きはめて【極めて】[副]지극히」+「おもし【重し】[形ク]무겁다」.

25) 「ただ【只・唯】[副]단지. 오직. 그저」+「いのち【命】목숨. 운명. 천명」+「を[助詞]」+「まつ【待つ・俟つ】[4]기다리다. 기대하다」의 連体形「まつ」+「のみ[助詞]만. 뿐」+「なり[助動단정・지정]」.

26) 「これ【此・是】[代]이것. 이사람」+「より[助詞]기점. 비교의 기준. ~부터. ~보다」+「さき【先・前】앞. 이전」+「に[助詞]」.

27) 「われ【我・吾】[代]나」+「に[助詞]」.

[ひとり]の子[こ]あり30)、かくして、そだて侍[はべ]り31)、
⇨ 이보다 먼저 첩이 있어서 이미 한 자식이 있는데 숨겨서 키웠소.

❏今[いま]ハ、さすがに32)、はゞかるべからず33)。
⇨ 이제는 그렇지만 멀리할 수 없다.

❏たとひ、わが百[ひゃく]年(ねん)の後(のち)34)、ねがハくは、君[きみ]よく、これを、はごくみて35)
⇨ 만일 내가 수명을 다한 후에, 바라기는 당신이 잘 이를 키워서,

❏此[この]子(こ)、すでに人[ひと]とならんとき36)、君[きみ]も又[ま

---

28) 본문에는「妾」에 대해「ぜう」와「てかけ」두 개의 읽기가 붙어있다.「妾」은 吳音・漢音 모두「セフ→ショウ」이고 訓은「めかけ・わらわ」다.「めかけ」는 '정처(正妻) 외에 금전으로 부양하는 여자. 측실'의 뜻이다. 또한「妾」을「てかけ」로 읽는 경우도 있는데 이는 '본처 이외의 아내'의 뜻이다. 이에 일본〈国文学研究資料館〉의「三綱行實圖」를 살펴보니 글자가 명확하지 않아 판단이 어렵기는 하지만「てかけ」로 볼 수도 있다는 점을 밝혀둔다. 참고로〈한문본〉은「前妾所生子」이고〈언해본〉은「고마이 나흔 子息을」이다.

29)「あり【有り】[ラ変]있다」의 連用形「あり」+「て」.

30)「すでに【既に・已に】[副]이미. 벌써. 틀림없이」+「ひとり【一人・独り】한 사람. 혼자」+「の[助詞]」+「こ【子】아이. 자식」+「あり【有り】[ラ変]있다」.

31)「かくす【隠す・匿す】[4]숨기다. 감추다」의 連用形「かくし」+「て」+「そだつ【育つ】[下2]키우다. 양육하다. 가르쳐 이끌다」의 連用形「そだて」+「侍[はべり][助動]격식・정중」. 한편「かくして【斯くして】[接續]이렇게. 이렇게 해서」의 가능성 역시 배제하기 어렵다.

32)「いま【今】지금. 이제」+「は[助詞]」+「さすがに[副]그렇게 생각하지만 역시. 그렇지만. 과연」.

33)「はばかる【憚る】[4]꺼리다. 멀리하다. 경원하다」의 終止形「はばかる」+「べかり[助動]추량・가능 등」의 未然形「べから」+「ず[助動]부정」.

34)「たとひ【縦ひ・仮令・縦令】[副]①만일. 만약에 ②만일 그렇다 해도. 비록」+「わが【我が・吾が】[連体]나의. 자신의」+「ひゃくねん【百年】백년. 수명의 한계. 사람의 일생. 장수. 오랜 세월」+「の[助詞]」+「のち【後】후」.

35)「ねがはくは【願はくは】[副]바라기는. 원하기는」+「きみ【君・公】당신」+「よく【善く・良く・能く】[副]충분히. 능숙하게. 잘」+「これ【此・是】[代]이것. 이사람」+「を[助詞]」+「はごくむ【育む】[4]키우다」의 連用形「はごくみ」+「て」.

た]37)、いかならん人[ひと]の妻(つま)とも成[な]り]給[たま]へ38)。」と云[いう]39)。
> ⇨ 이 아이가 이제 어른이 될 때 당신도 달리 아무 사람의 아내라도 되십시오."라고 한다.

☐王(わう)氏(し)、涙[なみだ]をながして、こたへて、いはく40)、「われ、日[ひ]ころの心[こころ]ざしある事[こと]を41)、君[きみ]いまだ、しろしめさずや42)。
> ⇨ 왕 씨가 눈물을 흘리며 대답하여 말하길 "내가 평소의 마음가짐이 있는 것을 당신이 아직 모르시는 겁니까?

☐われに、あるまじき事[こと]あらば43)、われハ、かならず死(し)すべ

---

36) 「この【此の・斯の】[連体]이」+「こ【子】아이. 자식」+「すでに【既に・已に】[副]이미. 모두. 이제. 틀림없이」+「ひと【人】사람. 어른. 훌륭한 사람」+「と[助詞]」+「なる【成る・為る】[4]되다」의 未然形「なら」+「む[助動]추량・의지」의 連体形「む」→「ん」+「とき【時】때」.

37) 「きみ【君・公】당신」+「も[助詞]」+「また【又・亦・復】[副]다시. 달리. 또한」.

38) 「いかなり【如何なり】[ラ変]어떠하다」의 未然形「いかなら」+「む[助動]추량・완곡」의 連体形「む」→「ん」+「ひと【人】사람」+「の[助詞]」+「つま【妻】처. 아내」+「と[助詞]」+「も[助詞]」+「なる【成る・為る】[4]되다」의 連用形「なり」+「たまふ【給ふ】[助動]존경」의 命令形「たまへ」.

39) 「と[助詞]~라고」+「いふ【言ふ・云ふ】[4]말하다」.

40) 「わう【王】왕」+「し【氏】씨」+「なみだ【涙】눈물」+「を[助詞]」+「ながす【流す】[4]흘리다」의 連用形「ながし」+「て」+「こたふ【答ふ・応ふ】[下2]대답하다. 반응하다」의 連用形「こたへ」+「て」+「いはく【曰く】말하길. 이르길」.

41) 「われ【我・吾】[代]나」+「ひごろ【日頃】평소. 늘. 오랫동안」+「の[助詞]」+「こころざし【志】마음이 향하는 바. 뜻. 마음가짐」+「あり【有り】[ラ変]있다」의 連体形「ある」+「こと【事】것. 일」+「を[助詞]」.

42) 「きみ【君・公】당신」+「いまだ【未だ】[副]아직. 여전히」+「しろしめす【知ろしめす】[4]아시다. 다스리시다. 돌보시다」의 未然形「しろしめさ」+「ず[助動]부정」+「や[係助詞]의문・질문」(〈ずや〉는 조동사〈ず〉에 係助詞〈や〉가 접속한 말로서 문말에 쓰여서 부정의 의문이나 반어의 뜻을 나타냄).

43) 「われ【我・吾】[代]나」+「に[助詞]」+「あり【有り】[ラ変]있다」의 連体形「ある」+「まじ[助動]부정의 추량(~않을 것이다). 의뢰・권유(~하지 않겠는가). 부정의 결의(~하지 않을 것이다) 등」의 連体形「まじき」+「こと【事】것. 일」+「あり【有り】[ラ変]있

し44)。

⇨ 나에게 있어서는 안 될 일이 있으면 나는 기어코 죽을 것이다.

❏君[きみ]に幸(さいはひ)45)、いま嫂(あによめ)あり46)、たとひミづから、むなしくなるとも47)、此[この]子[こ]ハ、まさに、たのむかた、なきにあらず48)。

⇨ 당신에게 다행스럽게 지금 형수가 있다. 설령 내가 죽더라도 이 아이는 분명 기댈 곳이 없지 아니하다.

❏只[ただ]此[この]事[こと]をバ49)心[こころ]やすく、思[おぼ]しめせ50)。」と、いふ51)。

⇨ 그저 이 일을 안심으로 생각하십시오."라고 한다.

다」의 未然形 「あら」+「ば[助詞]가정조건」.
44) 「われ[我・吾][代]나」+「は[助詞]」+「かならず【必ず】[副]꼭. 반드시. 필시」+「しす【死す】[サ変]죽다」의 終止形 「しす」+「べし[助動]의무・당연・추량・가능 등」.
45) 「きみ【君・公】당신」+「に[助詞]」+「さいはひ【幸ひ】[副]운 좋게. 다행히」.
46) 「いま【今】현재. 지금」+「あによめ【兄嫁・嫂】형의 아내」+「あり【有り】[ラ変]있다」.
47) 「たとひ【縦ひ・仮令・縱ひ】[副]만일. 비록」+「みづから【自ら】[名]자기 자신. 나 [副]스스로. 친히」+「むなし【空し・虚し】[形ク]덧없다. 무상하다. 죽었다」의 連用形 「むなしく」+「なる【成る・為る】[4]되다」의 終止形 「なる」+「とも[助詞]역접의 가정조건. ~해도」.
48) 「この【此の・斯の】[連体]이」+「こ【子】아이. 자식」+「は[助詞]」+「まさに【正に】[副]①틀림없이. 분명 ②바로 지금. 이제라도」+「たのむ【頼む・恃む・憑む】[4]상대에게 기대다. 기대하다. 신용하다. 맡기다」의 連体形 「たのむ」+「かた【方】방향. 쪽」+「なし【無し】[形ク]없다」의 連体形 「なき」+「に[助詞]」+「あり【有り】[ラ変]있다」(〈~にあり〉는 현대일본어의 〈~である〉)의 未然形 「あら」+「ず[助動]부정」(〈あらず〉는 현대일본어의 〈ない〉).
49) 「ただ【只・唯】[副]단지. 오직. 그저」+「この【此の・斯の】[連体]이」+「こと【事】것. 일」+「をば: 格助詞〈を〉에 係助詞〈は〉가 붙어 濁音化한 것〈を〉의 뜻을 강하게 함」.
50) 「こころやすし【心安し】[形ク]걱정이 없다. 안심이다. 친하다. 쉽다」의 連用形 「こころやすく」+「おぼしめす【思し召す】[4]생각하시다〈思(おも)ふ〉의 존경어인〈おぼす〉에〈めす〉가 붙어서 경의를 더욱 강하게 나타낸 말」의 命令形 「おぼしめせ」.
51) 「と[助詞]~라고」+「いふ【言ふ・云ふ】[4]말하다」.

❏ かくて、ほどなく52)思士玄(ししげん)つゐに、身(み)まかり侍(は)へり
　けり53)。
　⇨ 이렇게 해서 얼마 지나지 않아 사사현이 끝내 몸이 떠났다.

❏ 妻(つま)の王(わう)氏(し)54)、墓(はか)のほとりに居(ゐ)て55)、昼夜(ち
　うや)に泣(なき)さけび56)、首(かしら)に櫛(くし)をふれざれば57)、
　⇨ 아내인 왕 씨는 무덤가에 머물며 밤낮으로 울부짖고 머리에 빗을 대지 않으니,

❏ 髪(かミ)は、をどろをいたゞき58)、おもて、さらに、あらハざれ
　ば59)、つしミあかづきて60)、すミのことし61)。

---

52) 「かくて【斯くて】[副・接続]이러해서. 이렇게 해서. 그건 그렇고」+「ほどなし【程無
し】[形ク]시간이 얼마 지나지 않다」의 連用形 「ほどなく」(부사적인 용법. 얼마 지
나지 않아서. 곧. 이내).

53) 「つひに→つゐに【終に・遂に】[副]결국. 마침내」(〈-ゐ〉는 정서법에 어긋남)+「み
【身】몸. 자신. 자기」+「まかる【罷る】[4]물러나다. 내려가다. 죽다」의 連用形 「まか
り」+「侍(はべり)[助動]격식・정중」의 連用形 「はべり」(〈-へ-〉는 無濁点표기)+「けり
[助動]회상・과거」.

54) 「つま【妻】처. 아내」+「の[助詞]~인」+「わう【王】왕」+「し【氏】씨」.

55) 「はか【墓】무덤」+「の[助詞]」+「ほとり【辺】옆. 근처」+「に[助詞]」+「ゐる【居る】[上
1]있다. 머물다」의 連用形 「ゐ」+「て」.

56) 「ちうや→ちゅうや【昼夜】주야. 낮과 밤」+「に[助詞]」+「なきさけぶ【泣(啼)き叫ぶ】
[4]큰 소리로 울다. 울며 외치다」의 連用形 「なきさけび」.

57) 「かしら【頭】머리. 우두머리」+「に[助詞]」+「くし【櫛】빗」+「を[助詞]」+「ふる【触る】
[下2]조금 대다. 순간적으로 접촉하다」의 未然形 「ふれ」+「ざり[助動]부정」의 已然形
「ざれ」+「ば[助詞]확정조건. 원인・이유」.

58) 「かみ【髪】두발」+「は[助詞]」+「おどろ【棘・荊棘】초목이 어지러이 우거지는 것(곳).
머리카락 따위가 헝클어진 모양」+「を[助詞]」+「いただく【頂く・戴く】[4]머리에 올리
다. 높이 들다」의 連用形 「いただき」.

59) 「おもて【面】얼굴」+「さらに【更に】[副]또한. 전혀 ~지 않다」+「あらふ【洗ふ】[4]씻
다. 닦다. 깨끗하게 하다」의 未然形 「あらは」+「ざり[助動]부정」의 已然形 「ざれ」+
「ば[助詞]확정조건. 원인・이유」.

60) 「つじむ【黶む】[4](옛날에는 〈つじむ〉)살갗에 검푸르게 반점이 생기다」의 連用形 「つ
じみ」+「あか【垢】때. 더러움」+「つく【付く・附く・着く】[4]붙다. 흔적이 남다」의 連
用形 「つき」(〈づ-〉는 連濁인가)+「て」.

⇨ 머리카락은 헝클어지고 얼굴은 전혀 씻지 않으니 검푸른 반점에 때가 껴서 숯과 같다.

☐ 食(しよく)又[また]62)、くちに味(あぢ)ハひを、わすれて63)、肉(にく)うすらぎ64)、骨(ほね)あらハれ65)、歎(なげ)きの有[あり]さまハ66)、まことに法[ほう]に過[すぎ]たりけり67)。

⇨ 음식도 또한 입맛을 잃고, 살이 야위어 뼈가 드러나고 한탄하는 모습은 참으로 도에 지나친다.

☐ そのゝち、家(いへ)にかへりて68)、節(せつ)をまもる心[こころ]ざし、ふかく69)、常(つね)には、妾(せう)が子[こ]を、いとおしみて70)、

---

61) 「すみ【炭】숯」 또는 「すみ【墨】먹」+「の[助詞]」+「ごとし【如し】[助動]~와 같다. ~와 닮았다」(〈こ-〉는 無濁点표기). 이 부분은 〈한문본〉에 「蓬首垢面」인데 〈언해본〉에는 언급되지 않았다.

62) 「しよく【食】식사. 음식」+「また【又·亦·復】[副]다시. 같이. 달리. 또한. 게다가」.

63) 「くち【口】입」+「に[助詞]」+「あぢはひ→あじわい【味わい】맛」+「を[助詞]」+「わする【忘る】[下2]잊다. 떠올리지 않다」의 連用形 「わすれ」+「て」.

64) 「にく【肉】살」+「うすらぐ【薄らぐ】[4]얇아지다. 가벼워지다. 빠지다」의 連用形 「うすらぎ」.

65) 「ほね【骨】뼈」+「あらはる【現る·顕る·表る】[下2]드러나다. 표출되다」의 連用形 「あらはれ」.

66) 「なげき【嘆き·歎き】[名]탄식. 비탄」+「の[助詞]」+「ありさま【有様】일의 모습. 상태. 상황」+「は[助詞]」.

67) 「まことに【真に·実に·誠に】[副]정말로. 거짓 없이. 매우」+「はふ→ほう【法】보편적인 모습. 규정. 법도. 규범」+「に[助詞]」+「すぐ【過ぐ】[上2]지나치다. 과하다」의 連用形 「すぎ」+「たり[助動]완료·존속」.

68) 「その【其の】[連体ユ]」+「のち【後】후」+「いへ→いえ【家】집」+「に[助詞]」+「かへる【帰る】[4]돌아오(가)다」의 連用形 「かへり」+「て」.

69) 「せつ【節】절개」+「を[助詞]」+「まもる【守る·護る】[4]지키다. 막다」의 連体形 「まもる」+「こころざし【志】뜻. 마음가짐」+「ふかし【深し】[形ク]깊다」의 連用形 「ふかく」.

70) 「つね【常】변함없는 것. 평소. 보통」+「に[助詞]」+「は[助詞]」+「せふ→しよう【妾】첩」+「が[助詞]현대일본어 〈の〉의 쓰임」+「こ【子】아이. 자식」+「を[助詞]」+「いとおしむ【4】①불쌍히 여기다 ②귀여워하다. 소중히 여기다. 감싸다」의 連用形 「いとおしみ」+「て」.

⇨ 그 후에 집에 돌아와서 절개를 지키는 마음가짐이 깊고, 늘 첩의 아이를 귀히 여겨,

❏わがあたりに、をきつゝ71)、そだていつくしむ事[こと]かぎりなし72)。

⇨ 자기 가까이에 두고서 키워 사랑하는 일이 한이 없다.

❏年[とし]をこえて73)、其[その]子(こ)やまひにふして、むなしくなれり74)。

⇨ 몇 해 지나서 그 아이가 병으로 몸져누워 죽었다.

❏王(わう)氏(し)哭(こく)して、歎(なげ)きて、いはく75)、「今[いま]ハ、ゝや望(のぞ)むところなし76)。

⇨ 왕 씨가 곡하고 한탄하여 말하길, "이제는 이미 바랄 바가 없다.

❏されば77)、いかにもして、この子[こ]を世[よ]にたてゝ78)、なからん

---

71) 「わが【我が・吾が】[連体]나의. 자신의」+「あたり【辺り】근처. 부근」+「に[助詞]」+「おく【置く・措く】[4]두다. 내버려두다」의 連用形「おき」(〈を-〉는 정서법에 어긋남)+「つゝ[助詞]같은 동작의 반복・계속 등. ~하면서. ~해 두고 나서」.

72) 「そだつ【育つ】[下2]키우다. 양육하다. 가르쳐 이끌다」의 連用形「そだて」+「いつくしむ【慈しむ】[4]사랑하다. 귀여워하다. 소중히 여기다」의 連体形「いつくしむ」+「こと【事】것. 일」+「かぎりなし【限りなし】[形ク]한도가 없다. 더할 나위 없다」.

73) 「とし【年・歳】해. 나이」+「を[助詞]」+「こゆ【越ゆ・超ゆ】[下2]넘다. 웃돌다. 경과하다」의 連用形「こえ」+「て」.

74) 「その【其の】[連体]그」+「こ【子】아이. 자식」+「やまひ→やまい【病】병」+「に[助詞]~으로. ~때문에」+「ふす【伏す・臥す】[4]눕다」의 連用形「ふし」+「て」+「むなし【空し・虚し】[形シク]덧없다. 무상하다. 죽었다」의 連用形「むなしく」+「なる【成る・為る】[4]되다」의 命令形「なれ」+「り[助動]완료・존속」.

75) 「わう【王】왕」+「し【氏】씨」+「こくす【哭す】[サ変]곡하다. 큰소리로 울부짖다」의 連用形「こくし」+「て」+「なげく【嘆く・歎く】[4]한숨짓다. 탄식하다. 슬퍼하다. 절망하다. 애원하다. 호소하다」의 連用形「なげき」+「て」+「いはく【曰く】말하길. 이르길」.

76) 「いま【今】지금. 이제」+「は[助詞]」+「はや【早】[副]이미. 벌써. 빨리」+「のぞむ【望む】[4]바라다. 원하다」의 連体形「のぞむ」+「ところ【所・処】곳. 바」+「なし【無し】[形ク]없다」.

父[ちち]のかたみとも79)見[み]なし侍[は]へらん、と思[おも]ひつる
に80)、

⇨ 그러니 어떻게든 이 아이를 세상에 나아가게 하여 (세상에) 없을 아버지의 정표
라고만 여기고자 생각했는데,

▫ これさへ、さきだちて81)世[よ]をはやく、せし事[こと]よ82)、かゝ
る、うきめを、かさねてハ83)、命(いのち)ありても甲斐(かひ)な
し84)、をくれ居(ゐ)て何[なに]にかせん85)。」と、いふて86)、

---

77) 「されば【然れば】[接続]그렇기 때문에. 따라서. 그건 그렇고」.

78) 「いかに【如何に】[副]어떻게. 어찌. 어째서. 얼마나」+「も[助詞]」+「す[サ変]하다」의
連用形「し」+「て」+「この【此の・斯の】[連体]이」+「こ【子】아이. 자식」+「を[助詞]」
+「よ【世】세상」+「に[助詞]」+「たつ【立つ】[下2]세우다. 알리다. 드러내다」(〈世
(よ)に立(た)つ〉는 '제 몫을 하는 사람으로서 세상에 나가다. 출세하다'의 뜻)의 連
用形「たて」+「て」.

79) 「なし【無し】[形ク]없다」의 未然形「なから」+「む[助動]추량・의지・완곡」의 連体形「む」
→「ん」+「ちち【父】아버지」+「の[助詞]」+「かたみ【形見】기념으로 남긴 물품. 유
품. 유아(遺兒)」+「と[助詞]」+「も[助詞]」.

80) 「みなす【見做す・看做す】[4]간주하다. 가정하다」의 連用形「みなし」+「侍(はべ)り[助
動]격식・정중」의 未然形「はべら」(〈-へ-〉는 無濁点표기)+「む[助動]추량・의지」의 終
止形「む」→「ん」+「と[助詞]」+「おもふ【思ふ】[4]생각하다」의 連用形「おもひ」+「つ
[助動]완료」의 連体形「つる」+「に[助詞]~하니. ~하는데」.

81) 「これ【此・是】[代]이것. 이사람」+「さへ→さえ[助詞]~까지. ~조차」+「さきだつ【先
立つ】[4]앞에 서다. 앞이 되다. 먼저 죽다」의 連用形「さきだち」+「て」.

82) 「よ【世】세상」+「を[助詞]」+「はやし【早し・速し・疾し・捷し】[形ク]이르다. 빠르다」의
連用形「はやく」+「す[サ変]하다」의 未然形「せ」+「き[助動]회상・과거」(〈き〉는 運用形
에 접속하는 조동사지만 サ変동사는 〈せし〉〈しき〉와 같이 접속함)의 連体形「し」+
「こと【事】것. 일」+「よ[間投助詞]영탄. 상대에게 호소하는 뜻」.

83) 「かかる【斯かる】[連体]이러한. 이런」+「うきめ【憂き目】슬픔. 괴로움」+「を[助詞]」
+「かさぬ【重ぬ】[下2]겹치다. 쌓다. 더하다. 반복하다. 거듭하다」의 連用形「かさ
ね」+「て」+「は[助詞]」.

84) 「いのち【命】목숨」+「あり【有り】[ラ変]있다」의 連用形「あり」+「ても[助詞]~해도」+「か
ひ→かい【詮・甲斐】효과. 보람」+「なし【無し】[形ク]없다」.

85) 「おくる【後る・遅る】[下2]늦다. 남다. 다른 사람이 먼저 죽음을 당하다. 살아남다」
의 連用形「おくれ」(〈を-〉는 정서법에 어긋남)+「ゐる【居る】[上1]있다. 머물다」의
連用形「ゐ」+「て」+「なに【何】[代]어떤. 무엇」+「に[助詞]」+「か[係助詞]의문・질문」

⇨ 이마저 앞서서 세상을 일찍 떠났구나, 이런 고통을 거듭해서는 목숨이 있어도 소용없다. 남아서 무엇 하겠는가?"라고 하고서,

❑刀(かたな)をひきて、じがいせん、とす87)。

⇨ 칼을 뽑아서 자해하려 한다.

❑人〱[ひとびと]おどろきて、とゞめけり88)。

⇨ 사람들이 놀라서 가로막았다.

❑喪(も)すでに、おはる日[ひ]にいたりて89)、親類(しんるい)おほく、あつまりて90)、酒(しゆ)をとゝのへて91)、

⇨ 상이 모두 끝나는 날에 이르러서 친척이 많이 모여서 술을 마련하여,

❑思士玄(ししげん)が墳(はか)に参まゐり92)、これを、たむけて、まつりけり93)。

(문말은 連体形)+「す[サ変]하다」의 未然形 「せ」+「む[助動]추량・의지」의 連体形 「む」(앞의 〈か〉에 호응) → 「ん」.

86) 「と[助詞]~라고」+「いふ【言ふ・云ふ】[4]말하다」+「て」.

87) 「かたな【刀】칼」+「を[助詞]」+「ひく【引く】[4]당기다. 끌다」의 連用形 「ひき」+「て」+「じがい【自害】자해. 자살」+「す[サ変]하다」의 未然形 「せ」+「む[助動]추량・의지」→「ん」+「と[助詞]~하려고」+「す[サ変]하다」.

88) 「ひとびと【人人】사람들」+「おどろく【驚く・愕く・駭く】[4]놀라다」의 連用形 「おどろき」(본문에는 〈おろどき〉로 되어있으나 일본 〈国文学研究資料館〉의 「三綱行實圖」를 살펴보니 「おどろき」이므로 바로잡아 제시한다)+「て」+「とどむ【止む・留む・停む】[下2]멈추게 하다. 제지하다」의 連用形 「とどめ」+「けり[助動]회상・과거」.

89) 「も【喪】상」+「すでに【既に・已に】[副]이미. 모두. 이제」+「をはる[4]→おわる【終わる】[5]끝나다」의 連体形 「をはる」(〈お〉는 歷史的仮名遣에 어긋남)+「ひ【日】날」+「に[助詞]」+「いたる【至る・到る】[4]도달하다」의 連用形 「いたり」+「て」.

90) 「しんるい【親類】친척」+「おほし【多し】[形ク]많다」의 連用形 「おほく」+「あつまる【集まる】[4]모이다」의 連用形 「あつまり」+「て」.

91) 「しゆ【酒】술」+「を[助詞]」+「ととのふ【調ふ・整ふ・斉ふ】[下2]정돈하다. 맞추다. 갖추다. 준비하다」의 連用形 「ととのへ」+「て」.

92) 「が[助詞]현대일본어 〈の〉의 쓰임」+「はか【墓】무덤」(〈墳〉은 『広辞苑』에서는 〈ふん〉으로만 읽음)+「に[助詞]」+「まゐる【参る】[4]고귀한 곳에 가다. 참배하다」의 連用形 「まゐり」.

❏祭礼(さいれい)すでに事[こと]おハりて後(のち)94)、人〵〳[ひとびと]酒[さけ]をのまんとするに95)、

⇨ 제례가 모두 끝난 이후에 사람들이 술을 마시려 하는데,

❏王(わう)氏(し)うしろなる木[き]にかゝり96)、つゐに、くびれて、むなしく成[なり]けるとぞ97)。

⇨ 왕 씨가 뒤에 있는 나무에 걸어서 끝내 목매달아 죽었다고 한다.

---

93) 「これ【此・是】[代]이것. 이사람」+「を[助詞]」+「たむく【手向く】[下2]바치다. 올리다」의 連用形 「たむけ」+「て」+「まつる【祭る・祀る】[4]제사하다」의 連用形 「まつり」+「けり[助動]회상・과거」.

94) 「さいれい【祭礼】제례」+「すでに【既に・已に】[副]이미. 모두. 이제」+「こと【事】것. 일」+「をはる【終はる】[4]끝나다」의 連用形 「をはり」(〈お-〉는 歴史的仮名遣에 어긋남)+「て」+「のち【後】후」.

95) 「ひとびと【人人】사람들」+「さけ【酒】술」+「を[助詞]」+「のむ【飲む・呑む】[4]마시다」의 未然形 「のま」+「む[助動]추량・의지」→「ん」+「と[助詞]」+「す[サ変]하다」의 連体形 「する」+「に[助詞]~하니. ~하는데」.

96) 「わう【王】왕」+「し【氏】씨」+「うしろ【後ろ】뒤」+「なり : 〈にあり[~에 있다〉의 준말」의 連体形 「なる(=にある)」+「き【木】나무」+「に[助詞]」+「かかる【掛かる・繋かる】[4]걸리다. 놓이다. 미치다」의 連用形 「かかり」.

97) 「つひに→つゐに【終に・遂に】[副]결국. 마침내」(〈-ゐ-〉는 정서법에 어긋남)+「くびる【縊る】[下2]목을 매달아 죽다」의 連用形 「くびれ」+「て」+「むなし【空し・虚し】[形シク]덧없다. 무상하다. 죽었다」의 連用形 「むなしく」+「なる【成る・為る】[4]되다」의 連用形 「なり」+「けり[助動]회상・과거」의 連体形 「ける」+「とぞ : (助詞 〈と〉와 助詞 〈ぞ〉가 결합한 형태)문장 끝에 사용하여 '전해 들었다'는 뜻을 나타냄. ~라고 한다. ~라는 것이다」.

27. 朱(しゆ)氏(し)懼(おそる)ᴸ辱(ぢよくを)
주 씨가 치욕을 두려워하다

❏ 元(げん)の¹⁾黄仲起(くわうちうき)が妻(つま)、朱(しゆ)氏(し)ハ²⁾杭州(かうじう)の人[ひと]なり³⁾。
　⇨ 원나라 황중기의 아내 주 씨는 항주 사람이다.

❏ 至正(しせい)十六[じゆうろく]年(ねん)に⁴⁾、張士誠(ちやうしせい)と、いふもの⁵⁾、杭州(かうしう)にして、いくさをおこし⁶⁾、国中(こくちう)を、うちみだしけり⁷⁾。
　⇨ 지정 16년에 장사성이라 하는 자가 항주에서 전쟁을 일으켜서 온 나라를 어지럽혔다.

❏ こゝにをひて⁸⁾、朱(しゆ)氏(し)が、うめるところのむすめ⁹⁾臨安(り

---

1) 「げん【元】원나라」+「の[助詞]」.
2) 「が[助詞]현대일본어〈の〉의 쓰임」+「つま【妻】처. 아내」+「しゆ【朱】주」+「し【氏】씨」+「は[助詞]」.
3) 「かうしう→こうしゆう【杭州】항주. 중국 절강성(浙江省)의 성도(省都)」+「の[助詞]」+「ひと【人】사람」+「なり[助動]단정·지정」.
4) 「至正(しせい): 지정. 중군 원나라 순제(順帝) 때 사용된 연호(1341-1370)」(ウィキペディア[Wikipedia]참조)+「じゆうろく【十六】16」+「ねん【年】년」(1356년에 해당)+「に[助詞]」.
5) 「と[助詞]~라고」+「いふ【言ふ·云ふ】[4]말하다」의 連体形 「いふ」+「もの【者】자. 사람」.
6) 「かうしう→こうしゆう【杭州】항주」+「に[助詞]」+「して[助詞]」(〈にして[連語]〉는 장소나 때를 나타냄. ~에서. ~에)+「いくさ【軍·戦】병사. 군대. 전쟁」+「を[助詞]」+「おこす【起こす】[4]일으키다. 발생시키다」의 連用形 「おこし」.
7) 「こくちゆう【国中】나라 안. 국내. 온 나라」+「を[助詞]」+「うち【打ち】[接頭]동사 앞에 써서 뜻을 강하게 함」+「みだす【乱す·紊す】[4]혼란시키다. 흐트러뜨리다」의 連用形 「みだし」+「けり[助動]회상·과거」.

んあん)、母(はゝ)につげて、いはく10)、

⇨ 이에 주 씨가 낳은 딸인 임안이 어머니에게 고하여 이르길,

□「賊(ぞく)すでに来(きた)れり11)、いかゞすべき12)。」と、あはてふためく、ところに13)、

⇨ "도적이 이미 왔다. 어찌하겠는가?"라며 놀라 어찌할 바를 모르는데,

□つハものども、すきまもなく14)、あまた、むらがりきたりて15)、家ゞ(いへゝ)に、みだれいりて16)、

⇨ 병사들이 가득히 무수히 떼 지어 와서 집마다 어지러이 들어가서,

---

8) 「ここにおいて【此に於て】[接続]이 때에 즈음하여. 이로 인해. 이런 까닭에」(〈-をひ〉는 정서법에 어긋남).

9) 「しゅ【朱】주」+「し【氏】씨」+「が[助詞]」+「うむ【生む・産む】[4]분만하다」의 命令形「うめ」+「り[助動완료・존속]」의 連体形「る」+「ところ【所・処】곳. 상황. 바」+「の[助詞]」+「むすめ【娘】딸. 젊은 미혼여성」.

10) 「はは【母】어머니」+「に[助詞]」+「つぐ【告ぐ】[下2]고하다」의 連用形「つげ」+「て」+「いはく【曰く】말하길. 이르길」.

11) 「ぞく【賊】도둑. 불충한 자. 반역한 자. 악행을 저지르는 자」+「すでに【既に・已に】[副]이미. 모두. 이제」+「きたる【来る】[4]오다」의 命令形「きたれ」+「り[助動완료・존속]」.

12) 「いかが【如何】[副]어떻게. 어째서」+「す[サ変]하다」의 終止形「す」+「べし[助動]의 무・당연・추량・가능 등」의 連体形「べき」(앞의 〈いかが〉가 〈いかにか〉가 바뀐 말이므로 이에 호응하여 문말에 連体形이 쓰인 것으로 볼 수 있겠다).

13) 「あわてふためく【慌てふためく】[4]당황하여 어찌할 바를 모르다. 몹시 당황하다」의 連体形「あわてふためく」(〈-は-〉는 정서법에 어긋남)+「ところに【所に】[助詞]~하고 있는데. ~하고 있었지만」.

14) 「つはもの【兵】무기. 병사」+「ども【共】[接尾]복수(複數)의 뜻을 나타내는 접미어. ~들」+「すきま【隙間・透き間】빈틈. 방심」+「も[助詞]」+「なし【無し】[形ク]없다」의 連用形「なく」.

15) 「あまた【数多】[名・副]많이. 대단히」+「むらがる【群がる】[4]한 곳에 모이다. 무리를 이루다」의 連用形「むらがり」+「きたる【来る】[4]오다」의 連用形「きたり」+「て」.

16) 「いへいへ→いえいえ【家家】집마다. 수많은 집」+「に[助詞]」+「みだる【乱る・紊る】[下2]흐트러지다. 혼란하다. 뒤섞이다. 소동이 일어나다. 산란(散亂)하다」의 連用形「みだれ」+「いる【入る】[4]들어오다」의 連用形「いり」+「て」.

❏女(にようバうを、かりいだし17)、心[こころ]のまゝに、をかしけり18)。

⇨ 부녀자를 끌어내서 마음대로 범했다.

❏朱(しゆ)氏(し)が家[いえ]に、きたりて19)、母[はは]とむすめとを、さして、いはく20)、

⇨ 주 씨의 집에 와서 어머니와 딸을 가리켜 말하길,

❏「汝(なんぢ)ら、かならず21)、われらのために、したがふて22)、めしつかハれよ23)、

⇨ "너희들은 반드시 우리를 위해 따라서 뒷바라지하시오.

❏しからずハ24)、ことゞゝく、ころすべし25)。今日(けふ)の暮(くれ)が

---

17) 「にようばう→にようぼう【女房】귀족 집에서 일하는 여자. 부인. 여자. 아내」+「を[助詞]」+「かりいだす【駆り出す・狩り出す】[4]쫓아내다. 끌어내다」의 連用形「かりいだし」.

18) 「こころのまま【心の儘】생각대로. 마음껏」+「に[助詞]」+「をかす【犯す・侵す・冒す】[4]범하다. 거스르다. 더럽히다」의 連用形「をかし」+「けり[助動]회상・과거」.

19) 「しゆ【朱】주」+「し【氏】씨」+「が[助詞]현대일본어〈の〉의 쓰임」+「いへ→いえ【家】집」+「に[助詞]」+「きたる【来る】[4]오다」의 連用形「きたり」+「て」.

20) 「はは【母】어머니」+「と[助詞]~와」+「むすめ【娘】딸」+「と[助詞]~와」+「を[助詞]」+「さす【差す・指す】[4]그 방향을 가리키다. 그쪽으로 향하다」의 連用形「さし」+「て」+「いはく【曰く】말하길. 이르길」.

21) 「なんぢ→なんじ【汝・爾】[代]아랫사람을 가리키는 말. 너」+「ら【等】[接尾]복수(複數)를 나타냄. ~들」+「かならず【必ず】[副]꼭. 반드시. 필시」.

22) 「われ【我・吾】[代]나」+「ら【等】[接尾]~들」+「の[助詞]」+「ため【為】[名]이득. 행복. 위함」+「に[助詞]」(〈~の(が)ために〉의 꼴로 '이익・이유・목적'의 뜻. ~때문에. ~위해)+「したがふ【從ふ・随ふ・順ふ】[4]말하는 대로 따르다. 거스르지 않다. 맡기다」+「て」.

23) 「めしつかふ【召し使ふ】[4]사람을 불러들여서 가까이에서 일하게 하다」의 未然形「めしつかは」+「る[助動]수동・존경」의 命令形「れよ」.

24) 「しからずば【然らずば】[接続]그렇지 않으면」(〈-ば〉는 옛날에는 清音. 혹은 無濁点 표기). 한편「しからずは」는「しかり【然】[ラ変]그렇다」의 未然形「しから」+「ずは: (助動詞〈ず〉+〈は〉의 형태)①~하지 않고 ②가정조건. 만일 ~가 아니라면」로 분석할 수도 있다.

たに26)、われ〴〵爰[ここ]に、かへりきたるべし27)。
⇨ 그렇지 않으면 죄다 죽일 것이다. 오늘 저물녘에 우리가 여기에 돌아올 것이다.

□いかにも、あるじまうけして28)、あひまつべし29)。いづかたに、ゆくとも30)、のかすべからず31)。」と、いふて32)、家(いへ)を出[いで]て、さりぬ33)。
⇨ 어떻게든 대접하여 삼가 맞이해야 한다. 어디로 가더라도 놓치지 않을 것이다."라고 하고 집을 나가 떠났다.

□朱(しゆ)氏(し)、このよしを聞[きき]て34)、むすめに、かたりて、いはく35)、

---

25) 「ことごとく【悉く・尽く】[副]모두. 남김없이」+「ころす【殺す】[4]죽이다」의 終止形「ころす」+「べし[助動]의무・당연・추량・가능 등」.

26) 「けふ→きょう【今日】오늘」+「の[助詞]」+「くれがた【暮れ方】해가 저물 무렵」+「に[助詞]」.

27) 「われわれ【我我】[代]우리들」+「ここ【此処・此所・此・是・爰】[代]여기. 이것」+「に[助詞]」+「かへる【帰る】[4]돌아오(가)다」의 連用形「かへり」+「きたる【来る】[4]오다」의 終止形「きたる」+「べし[助動]의무・당연・추량・가능 등」.

28) 「いかにも【如何にも】[副]어떻게든. 정말로. 분명」+「あるじまうけ→あるじもうけ【饗設】주인으로서 손님을 대접하는 것」+「す[サ変]하다」의 連用形「し」+「て」.

29) 「あひ【相】[接頭]①(명사나 동사 앞에 써서)함께. 서로 ②(동사 앞에 써서)어조를 갖추거나 격식 차린 뜻을 보탬」+「まつ【待つ・俟つ】[4]기다리다. 맞이하다. 대접하다」의 終止形「まつ」+「べし[助動]의무・당연・추량・가능 등」.

30) 「いづかた【何方】[代]어느 방향. 어디」+「に[助詞]」+「ゆく【行く】가다」의 終止形「ゆく」+「とも[助詞]역접의 가정조건. ~해도」.

31) 「のがす【逃す】[4]도망치게 하다. 면하게 하다」의 終止形「のがす」(〈-か〉는 無濁点表記)+「べかり[助動]추량・가능 등」의 未然形「べから」+「ず[助動]부정」.

32) 「と[助詞]~라고」+「いふ【言ふ・云ふ】[4]말하다」+「て」.

33) 「いへ→いえ【家】집」+「を[助詞]」+「いづ【出づ】[下2]나오(가)다」의 連用形「いで」+「て」+「さる【去る】[4]가다. 떠나다」의 連用形「さり」+「ぬ[助動]완료・존속」.

34) 「しゆ【朱】주」+「し【氏】씨」+「この【此の・斯の】[連体이]」+「よし【由・因・縁】[名]유래. 이유. 사정. 내용. 취지」+「を[助詞]」+「きく【聞く】[4]듣다」의 連用形「きき」+「て」.

35) 「むすめ【娘】딸」+「に[助詞]」+「かたる【語る】[4]상대에게 전하다. 자초지종을 이야기하다」의 連用形「かたり」+「て」+「いはく【曰く】말하길. 이르길」.

⇨ 주 씨가 이 이야기를 듣고서 딸에게 밝혀 말하길,

❏「この大[だい]賊(ぞく)のあらえびすども36)、夕[ゆう]さり37)、かならす、きたるべき事[こと]38)うたがひなし39)。

⇨ "이 큰 도적 시골뜨기 무사들이 저녁 들어서 기어이 올 것임에 틀림없다.

❏ さるほどならば40)、このものどものために41)、あさましき事[こと]にあふて42)、身[み]をけがされん事[こと]ハ43)、案(あん)の内(うち)なり44)。

⇨ 그렇다면 이 자들로 인해 모진 일을 당해 몸을 더럽힐 것은 예상할 수 있는 일이다.

❏ いざや45)、かれらか手[て]に、かゝらんよりハ46)、むなしくなり

―――――――――

36)「この【此の・斯の】[連体]이」+「だいぞく【大賊】큰 악행을 저지르는 도둑. 대도」+「の[助詞동격]」+「あらえびす【荒夷】거친 사람. 거친 시골 무사」+「ども【共】[接尾]~들」.

37)「ゆふさる→ゆうさる【夕さる】[4]저녁이 되다」의 連用形「ゆうさり」(〈-う〉는 歷史的仮名遣에 어긋남).

38)「かならず【必ず】[副]꼭. 반드시. 필시」(〈-す〉는 無濁点표기)+「きたる【来る】[4]오다」의 終止形「きたる」+「べし[助動]의무・당연・추량・가능 등」의 連体形「べき」+「こと【事】것. 일」.

39)「うたがひ【疑ひ】[名]의심」+「なし【無し】[形ク]없다」.

40)「さる【然る】[連体]그러한. 그런. 어떤」+「ほど【程】정도. 처지. 모습」+「なり[助動]단정・지정」의 未然形「なら」+「ば[助詞]가정조건」.

41)「この【此の・斯の】[連体]이」+「ものども【者共】사람들. 從者나 신분이 낮은 자를 부를 때 쓰는 말」+「の[助詞]」+「ため【為】[名]이득. 행복. 위함」+「に[助詞]」(〈~の(が)ために〉의 꼴로 '이익・이유・목적'의 뜻. ~때문에. ~위해).

42)「あさまし【浅まし】[形シク]뜻밖이다. 놀랍다. 한심하다. 비참하다」의 連体形「あさましき」+「こと【事】것. 일」+「に[助詞]」+「あふ【合ふ・会ふ・逢ふ・遭ふ・遇ふ】[4]만나다. 당하다」+「て」.

43)「み【身】몸. 자신. 자기」+「を[助詞]」+「けがす【穢す・汚す】[4]더럽히다. 상처내다」의 未然形「けがさ」+「る[助動]수동」의 未然形「れ」+「む[助動]추량・의지・완곡」의 連体形「む」→「ん」+「こと【事】것. 일」+「は[助詞]」.

44)「あんのうち【案の内】생각(예상)대로인 것. 계획대로」+「なり[助動]단정・지정」.

45)「いざや[感動]상대에게 권유하거나 할 때 쓰는 말」.

て47)、黄泉(くわうせん)の底(そこ)にすまん48)。」と、いふて49)、

⇨ 자, 그들 손에 당하기보다 죽어서 황천 바닥에서 살자."라고 하고,

□むすめ50)臨安(りんあん)と母[はは]、もろ友[とも]に51)、くびれて死(し)したり52)。

⇨ 딸 임안과 어머니는 더불어서 목매달아 죽었다.

□黄仲起(くわうちうき)が妾(せう)に53)、馮(ふ)氏(し)と云[いう]女(にょう)バう54)、是[これ]をミて、歎(なげき)て、いはく55)、

⇨ 황중기의 첩에 풍 씨라 하는 부인이 이를 보고 한탄하여 말하길,

□「われら命(いのち)いきて56)、何[なん]のためにか57)辱(はぢ)をミ

---

46) 「かれら【彼等】[代]그들」+「が[助詞]현대일본어 〈の〉의 쓰임」+「て【手】손」+「に[助詞]」+「かかる【掛かる・繋かる・係る】[4]걸리다. 맡기다. 상대방의 뜻대로 죽임당하다」의 未然形 「かから」+「む[助動-추량・의지]」의 連体形 「む」→「ん」+「より[助詞]비교의 기준. ~보다」+「は[助詞]」.

47) 「むなし【空し・虚し】[形シク죽었다]」의 連用形 「むなしく」+「なる【成る・為る】[4]되다」의 連用形 「なり」+「て」.

48) 「くわうせん→こうせん【黄泉】황천」+「の[助詞]」+「そこ【底】바닥」+「に[助詞]」+「すむ【住む・棲む・栖む】[4]살다. 생활하다」의 未然形 「すま」+「む[助動-추량・의지]」→「ん」.

49) 「と[助詞]~라고」+「いふ【言ふ・云ふ】[4]말하다」+「て」.

50) 「むすめ【娘】딸」.

51) 「と[助詞]~와」+「はは【母】어머니」+「もろとも【諸共】[形動ナリ]함께 하는 모양. 같이. 동시」의 連用形 「もろともに」(한자를〈友〉로 쓰는 것은 특이함).

52) 「くびる【縊る】[下2]목을 매달아 죽다」의 連用形 「くびれ」+「て」+「しす【死す】[サ変]죽다」의 連用形 「しし」+「たり[助動-완료・존속]」.

53) 「が[助詞]현대일본어 〈の〉의 쓰임」+「せふ→しょう【妾】첩」+「に[助詞]」.

54) 「ひょう【馮】풍」(이를 〈ふ〉로 읽은 것은 미상)+「し【氏】씨」+「と[助詞]~라고」+「いふ【言ふ・云ふ】[4]말하다」의 連体形 「いふ」+「にょうばう→にょうぼう【女房】귀족집에서 일하는 여자. 부인. 여자. 아내」.

55) 「これ【此・是】[代]이것. 이사람」+「を[助詞]」+「みる【見る】[上1]보다」의 連用形 「み」+「て」+「なげく【嘆く・歎く】[4]한숨짓다. 탄식하다. 슬퍼하다. 절망하다. 애원하다. 호소하다」의 連用形 「なげき」+「て」+「いはく【曰く】말하길. 이르길」.

ん58)。」と云[いい]て59)、又[また]、ミづから、くびれて死(し)す60)。
⇨ "우리가 목숨을 이어서 무엇을 위해 욕을 보겠는가?"라고 하고 또한 스스로 목매달아 죽는다.

❏是[これ]につゞきて61)、仲起(ちうき)が弟(おとゝ)の妻(つま)、蔡(さい)氏(し)62)、いとけなき子(こ)をいだき63)、
⇨ 이를 이어서 중기의 동생의 아내 채 씨가 어린 자식을 안고,

❏その乳母(にうも)湯(たう)氏(し)みな64)、おなじく、くびれ死(し)したり65)。
⇨ 그 유모 탕 씨도 모두 한가지로 목매달아 죽었다.

───────────────

56) 「われら【我等】[代]우리들. 나. 너희들」+「いのち【命】목숨」+「いく【生く・活く】[上2]살다. 생존하다」의 連用形「いき」+「て」.

57) 「なん【何】[代]어떤」+「の[助詞]」+「ため【為】[名]이득. 행복. 위함」+「に[助詞]」(〈~の(が)ために〉의 꼴로 '이익・이유・목적'의 뜻. ~때문에. ~위해)+「か[係助詞]의문・질문」(문말은 連体形).

58) 「はぢ→はじ【恥・辱】부끄러움. 불명예. 치욕」+「を[助詞]」+「みる【見る・視る・觀る】[上1]보다. 조우하다」의 未然形「み」+「む[助動]추량・의지」의 連体形「む」(앞의〈か〉에 호응) →「ん」.

59) 「と[助詞]~라고」+「いふ【言ふ・云ふ】[4]말하다」의 連用形「いひ」+「て」.

60) 「また【又・亦・復】[副]다시. 같이. 달리. 또한」+「みづから→みずから【自ら】[副]스스로. 친히」+「くびる【縊る】[下2]목을 매달아 죽다」의 連用形「くびれ」+「て」+「しす【死す】[サ変]죽다」.

61) 「これ【此・是】[代]이것. 이사람」+「に[助詞]」+「つづく【續く】[4]뒤에 따르다. 이어지다」의 連用形「つづき」+「て」.

62) 「が[助詞]현대일본어〈の〉의 쓰임」+「おとと【弟】(〈おとうと〉의 준말)동생」+「の[助詞]」+「つま【妻】처. 아내」+「さい【蔡】채」+「し【氏】씨」.

63) 「いとけなし【幼し・稚し】[形ク]나이 어리다. 철없다」의 連体形「いとけなき」+「こ【子】아이. 자식」+「を[助詞]」+「いだく【抱く・懷く】[4]안다. 품다」의 連用形「いだき」.

64) 「その【其の】[連体]그」+「にゅうも【乳母】유모」+「たう→とう【湯】탕」+「し【氏】씨」+「みな【皆】①[名]모든 사람. 전부 ②[副]남김없이. 모두」.

65) 「おなじ【同じ】[形シク]같다」의 連用形「おなじく」+「くびる【縊る】[下2]목을 매달아 죽다」의 連用形「くびれ」+「しす【死す】[サ変]죽다」의 連用形「しし」+「たり[助動]완료・존속」.

❏日[ひ]くれに、いたりて66)、兵(つハもの)ども、あまた来[きた]りて67)、家(いへ)の内(うち)をみれば68)、
⇨ 저물녘에 이르러 병사들이 무수히 와서 집 안을 보니,

❏あらゆる女[にょう]バう69)一人[ひとり]も残(のこ)らず、くひれて70)、かバね家(いへ)に、ミち＼／たり71)。
⇨ 모든 여인네가 한 사람도 남김없이 목매달아서 주검이 집에 가득했다.

❏賊(ぞく)ども情(なさけ)なく72)、家(いへ)にありつる、たからもの衣類(いるい)まで73)、こと＼／く、とりて去(さり)けり74)。
⇨ 도적들이 무참하게 집에 있던 보물과 옷가지까지 죄다 가지고 떠났다.

---

66) 「ひぐれ【日暮】 날이 저물 무렵」(〈-ぐ-〉는 無濁点표기)+「に[助詞]」+「いたる【至る・到る】[4]도착하다. 도달하다」의 連用形「いたり」+「て」.

67) 「つはもの【兵】 무기. 병사」+「ども【共】[接尾]~들」+「あまた【数多】[名・副]많이. 대단히」+「きたる【来る】[4]오다」의 連用形「きたり」+「て」.

68) 「いへ→いえ【家】집」+「の[助詞]」+「うち【内】 안. 가운데」+「を[助詞]」+「みる【見る・視る・観る】[上1]보다. 조우하다. 조사하다」의 已然形「みれ」+「ば[助詞]확정조건. 원인・이유」.

69) 「あらゆる【有らゆる】[連体]모든」+「にょうばう→にょうぼう【女房】귀족 집에서 일하는 여자. 부인. 여자. 아내」.

70) 「ひとり【一人・独り】한 사람. 혼자」+「も[助詞]」+「のこる【残る】[4]남다」의 未然形「のこら」+「ず[助動부정]」의 連用形「ず」+「くびる【縊る】[下2]목을 매달아 죽다」의 連用形「くびれ」+「て」.

71) 「かばね【屍・尸】시체. 주검」+「いへ→いえ【家】집」+「に[助詞]」+「みちみつ【充ち満つ】[上2]가득하다」의 連用形「みちみち」+「たり[助動]완료・존속」.

72) 「ぞく【賊】도둑」+「ども【共】[接尾]~들」+「なさけなし【情け無し】[形ク]매정하다. 무뚝뚝하다. 잔혹하다」의 連用形「なさけなく」.

73) 「いへ→いえ【家】집」+「に[助詞]」+「あり【有り】[ラ変]있다」+「つ[助動완료]」의 連体形「つる」+「たからもの【宝物】보물」+「いるい【衣類】의류」+「まで【迄】[助詞]~까지」.

74) 「ことごとく【悉く・尽く】[副]모두. 남김없이」+「とる【取る・採る】[4]취하다. 집다」의 連用形「とり」+「て」+「さる【去る】[4]가다. 떠나다」의 連用形「さり」+「けり[助動]회상・과거」.

28. 翠(すい)哥(か)就(つく)ㇾ烹(ハうに)
취가가 삶은 음식이 되다

☐ 元(げん)の[1]李仲義(りちうぎ)か妻(つま)、劉(りう)氏(し)[2][3]、名[な]を 翠哥(すいか)と、いふ、房山(バうさん)の人[ひと]なり[4]。

　⇨ 원나라 이중의의 아내 유 씨는 이름을 취가라고 하는 방산 사람이다.

☐ 至正(しせい)二十[にじゅう]ねんに、あたりて[5]、国中(こくちう)、大[おおい]に飢饉(ききん)す[6]。

　⇨ 지정 20년에 이르러 온 나라가 크게 기근 든다.

☐ 平(へい)章(しやう)劉(りう)哈(かつ)剌(し)不(ふ)花(くわ)兵(へい)等(ら)[7]、このときに、いたりて[8]、食(じき)はなハだ、ともしかりけれ

---

1) 「げん【元】원나라」+「の[助詞]」.
2) 「か[助詞]현대일본어〈の〉의 쓰임」(〈か〉는 無濁点표기)+「つま【妻】처. 아내」+「りう→りゅう【劉】류」+「し【氏】씨」+「は[助詞]」.
3) 「な【名】이름」+「を[助詞]」.
4) 「と[助詞]~라고」+「いふ【言ふ・云ふ】[4]말하다」의 連体形「いふ」+「ばうさん→ぼうさん【房山】방산. 중국 북경시 방산구(房山区)에 있는 명승지」+「の[助詞]」+「ひと【人】사람」+「なり[助動]단정・지정」.
5) 「至正(しせい) : 지정. 중군 원나라 순제(順帝) 때 사용된 연호(1341~1370)」(ウィキペディア[Wikipedia]참조)+「にじゅう【二十】20」+「ねん【年】년」+「に[助詞]」+「あたる【当たる・中る】[4]닿다. 해당하다. 딱 그 시기다」의 連用形「あたり」+「て」.
6) 「こくちゅう【国中】나라 안. 국내. 온 나라」+「おおいに【大いに】[副]매우. 몹시. 많이」+「ききん【飢饉・饑饉】기근」+「す[サ変]하다」.
7) 「へい【兵】병사. 군인」+「ら【等】[接尾]~들」.
8) 「この【此の・斯の】[連体]이」+「とき【時】때」+「に[助詞]」+「いたる【至る・到る】[4]도달하다」의 連用形「いたり」+「て」.

バ9)、
⇨ 평장유합자불화의 병사들이 이때에 이르러 음식이 몹시 부족했기에,

☐李仲義(りちうぎ)をとらへて10)、烹(に)てくらハん、とす11)。
⇨ 이중의를 붙잡아서 삶아 먹으려 한다.

☐李仲義(りちうぎ)が弟(おとゝ)12)、李馬児(りばげい)13)、この事[こと]を聞[きき]つけて14)、家[いえ]に、はしりきたりて15)、妻(つま)の劉(りう)氏(し)に、つげしらせたり16)。
⇨ 이중의의 동생 이마아가 이 일을 알고 집에 달려와서 아내인 유 씨에게 고하여 알렸다.

☐妻(つま)、大[おおい]に、おどろきあはてゝ17)、とる物[もの]も、とり

---

9) 「じき【食】(呉音)음식」+「はなはだ【甚だ】[副]매우. 몹시. 대단히. 현저히」+「ともし【乏し·羨し】[形シク]①부럽다 ②만족스럽지 않다. 모자라다. 부족하다. 가난하다」의 連用形「ともしかり」+「けり[助動]회상·과거」의 已然形「けれ」+「ば[助詞]확정조건. 원인·이유」.

10) 「を[助詞]」+「とらふ【捕らふ·捉ふ】[下2]손으로 꽉 붙들다. 꽉 쥐다. 동물을 붙잡다. 포박하다」의 連用形「とらへ」+「て」.

11) 「にる【煮る】[上1]삶다」(〈烹〉은 音이 〈ハウ→ホウ(漢音)〉이며 訓은 〈にる〉다)의 連用形「に」+「て」+「くらふ【食らふ·喰らふ】[4]먹다」의 未然形「くらは」+「む[助動]추량·의지」→「ん」+「と[助詞]」+「す[サ変]하다」.

12) 「が[助詞]현대일본어 〈の〉의 쓰임」+「おとと【弟】(〈おとうと〉의 준말)동생」.

13) 「児」는 漢音이「ジ」, 呉音이「ニ」로 이를「げい」로 읽은 것은 미상.

14) 「この【此の·斯の】[連体]이」+「こと【事】것. 일」+「を[助詞]」+「ききつく【聞き付く】[下2]들어서 알다. 정보를 얻다」의 連用形「ききつけ」+「て」.

15) 「いへ→いえ【家】집」+「に[助詞]」+「はしる【走る·奔る】[4]뛰다. 달리다」의 連用形「はしり」+「きたる【来る】[4]오다」의 連用形「きたり」+「て」.

16) 「つま【妻】처. 아내」+「の[助詞]~인」+「りう→りゅう【劉】류」+「し【氏】씨」+「に[助詞]」+「つげしらす【告げ知らす】[下2]고해 알리다. 통지하다. 고지하다」의 連用形「つげしらせ」+「たり[助動]완료·존속」.

17) 「つま【妻】처. 아내」+「おおいに【大いに】[副]매우. 몹시. 많이」+「おどろく【驚く·愕く·駭く】[4]놀라다」의 連用形「おどろき」+「あわつ【慌つ·周章つ】[下2]당황하다. 허둥지둥하다」의 連用形「あわて」(〈-は-〉는 정서법에 어긋남)+「て」.

あへず18)、そのところに、はしり行[ゆき]て19)、
⇨ 아내가 크게 놀라 당황하여 허둥지둥 그곳으로 달려가서,

☐つハものどものまへにふして20)、涙[なみだ]とゝもに、歎(なげ)きて、いはく21)、
⇨ 병사들 앞에 엎드려 눈물과 함께 애원하여 말하길,

☐「今[いま]とり給[たま]へるものハ22)、これ、わが夫(おつと)なり23)、ねがハくは、夫(おつと)をゆるして24)、我(われ)をころし給[たま]ふべし25)。
⇨ "지금 붙잡으신 사람은 바로 내 남편이다. 원컨대 남편을 풀어주고 나를 죽여야 마땅하다.

☐わが家(いへ)に26)、醬醬油(しやう)一(ひと)をけ、米(こめ)一[いっ]斗

---

18) 「取(と)る物(もの)も取(と)り敢(あ)えず」는 관용적인 표현으로 '몹시 서둘러서. 당황해서'의 뜻. 「-ヘ-」는 정서법에 어긋남.

19) 「その【其の】[連体]그」+「ところ【所·処】곳」+「に[助詞]」+「はしる【走る·奔る】[4]뛰다」의 連用形「はしり」+「ゆく【行く】[4]가다」의 連用形「ゆき」+「て」.

20) 「つはもの【兵】병사」+「ども【共】[接尾]~들」+「の[助詞]」+「まへ→まえ【前】앞」+「に[助詞]」+「ふす【伏す·臥す】[4]눕다. 엎드리다」의 連用形「ふし」+「て」

21) 「なみだ【涙】눈물」+「と[助詞]~와」+「ともに【共に·俱に】[連語]함께. 동반하여. 동시에」+「なげく【嘆く·歎く】[4]한숨짓다. 탄식하다. 슬퍼하다. 절망하다. 애원하다. 호소하다」의 連用形「なげき」+「て」+「いはく【曰く】말하길. 이르길」.

22) 「いま【今】지금. 이제」+「とる【取る·採る·捕·執る·撮る】[4]손에 쥐다(넣다). 잡다. 받아들이다. 받다」의 連用形「とり」+「たまふ【給ふ】[助動존경]」의 命令形「たまへ」+「り[助動완료·존속]」의 連体形「る」+「もの【者】자. 사람」+「は[助詞]」.

23) 「これ【此·是】[代]앞에 제시한 말을 재차 언급할 때 사용하는 말」+「わが【我が·吾が】[連体]나의. 자신의」+「をつと→おっと【夫】지아비」(〈お〉는 歷史的仮名遣에 어긋남)+「なり[助動단정·지정]」.

24) 「ねがはくは【願はくは】[副]바라기는. 원하기는」+「をつと→おっと【夫】지아비」+「を[助詞]」+「ゆるす【許す·赦す】[4]풀어주다. 승낙하다. 허가하다」의 連用形「ゆるし」+「て」.

25) 「われ【我·吾】[代]나」+「を[助詞]」+「ころす【殺す】[4]죽이다」의 連用形「ころし」+「たまふ【給ふ】[助動존경]」의 終止形「たまふ」+「べし[助動]의무·당연·추량·가능 등」.

(とう)五(ご)升(せう)をたくハへて27)、地(ち)にうづミたり28)、これを ほりて、とり給(たま)へ29)。

⇨ 우리 집에 장 한 통, 쌀 한 말 다섯 되를 갈무리하여 땅에 묻었다. 이를 파내서 가지십시오.

ㅁこの上(うえ)に30)、夫(おつと)をたすけて31)、われを、ころし給(たま)へ32)。」と、いへども33)、つハもの、さらに、うけがハず34)。

⇨ 그러고서 남편을 살리고 나를 죽이십시오."라고 하지만 병사들은 도무지 받아들이지 않는다.

ㅁ妻(つま)、かさねて、いはく35)、「わが夫(おつと)ハ、はだえ痩(やせ)て36)、かたち、しかも、ちいさし37)、まことに、くらふべから

---

26) 「わが【我が・吾が】[連体]나의. 자신의」+「いへ→いえ【家】집」+「に[助詞]」.

27) 「しやう→しょう【醬】장」+「ひと【一】한」+「をけ→おけ【桶・麻笥】통」+「こめ【米】쌀」+「いっと【一斗】한 말」(〈ト〉는 呉音, 〈トウ〉는 漢音)+「ご【五】5」+「しょう【升】되」+「を[助詞]」+「たくはふ【蓄ふ・貯ふ】[下2]저장해두다. 챙겨두다」의 連用形「たくはへ」+「て」.

28) 「ち【地】땅. 흙」+「に[助詞]」+「うづむ【埋む】[4]덮다. 파묻다」의 連用形「うづみ」+「たり[助動]완료・존속」.

29) 「これ【此・是】[代]이것. 이사람」+「を[助詞]」+「ほる【掘る・彫る】[4]파다」의 連用形「ほり」+「て」+「とる【取る・採る・捕る・執る・撮る】[4]손에 쥐다(넣다). 잡다. 받아들이다. 받다」의 連用形「とり」+「たまふ【給ふ】[助動존경]」의 命令形「たまへ」.

30) 「このうへ→このうえ【此の上】[連語]이 이상. 이러한 사정을 살펴서」+「に[助詞]」.

31) 「をつと→おっと【夫】지아비」+「を[助詞]」+「たすく【助く・輔く・扶く】[下2]돕다. 힘을 보태다. 구조하다」의 連用形「たすけ」+「て」.

32) 「われ【我・吾】[代]나」+「を[助詞]」+「ころす【殺す】[4]죽이다」의 連用形「ころし」+「たまふ【給ふ】[助動존경]」의 命令形「たまへ」.

33) 「と[助詞]~라고」+「いふ【言ふ・云ふ】[4]말하다」의 已然形「いへ」+「ども[助詞]역접. ~하지만」.

34) 「つはもの【兵】병사」+「さらに【更に】[副]또한. 전혀 ~지 않다」+「うけがふ【肯ふ】[4]이해하다. 승낙하다」의 未然形「うけがは」+「ず[助動]부정」.

35) 「つま【妻】처. 아내」+「かさねて【重ねて】[副]다시. 재차」+「いはく【曰く】말하길. 이르길」.

36) 「わが【我が・吾が】[連体]나의. 자신의」+「をつと→おっと【夫】지아비」+「は[助詞]」

ず38)。
⇨ 아내가 거듭 말하길 "우리 남편은 살갗이 야위고 생김새가 또한 작다. 참으로 먹을 만하지 않다.

❏われ、きく事[こと]あり39)、女(をんな)の身(ミ)40)、肉(しゝ)あつく、こえて41)、色(いろ)くろきものハ42)、肉(にく)のあぢハひ美(うま)し、といふ43)、
⇨ 내가 들은 바가 있다. 여자의 몸이 살이 두툼하게 올라서 색깔이 검은 것은 고기 맛이 좋다고 한다.

❏われ、今[いま]こえて44)、しかも色(いろ)くろし45)。ねがハくハ、夫(おつと)にかへて46)、我われ]を烹(に)て食(しよく)し給[たま]へ47)。」

+「はだへ→はだえ【肌・膚】 피부」(〈-え〉는 歷史的仮名遣에 어긋남)+「やす【痩す・瘠す】[下2]마르다」의 連用形「やせ」+「て」.

37) 「かたち【形・容】 모습. 용모」+「しかも【然も・而も】[接續]게다가. 그래도. 하지만」+「ちひさし【小さし】[形ク작다」(〈-い〉는 歷史的仮名遣에 어긋남).

38) 「まことに【真に・実に・誠に】[副]정말로. 거짓 없이. 매우」+「くらふ【食らふ・喰らふ】[4]먹다」의 終止形「くらふ」+「べかり[助動추량・가능 등]」의 未然形「べから」+「ず[助動부정]」.

39) 「われ【我・吾】[代]나」+「きく【聞く・聴く】[4]듣다」의 連体形「きく」+「こと【事】것. 일」+「あり【有り】[ラ変]있다」.

40) 「をんな→おんな【女】 여자」+「の[助詞]」+「み【身】 몸. 자신」.

41) 「しし【肉・宍】 고기. 특히 식용 짐승고기」+「あつし【厚し・篤し】[形ク두텁다. 후하다. 풍부하다」의 連用形「あつく」+「こゆ【肥ゆ】[下2]살찌다」의 連用形「こえ」+「て」.

42) 「いろ【色】 색깔. 기색. 안색. 낯빛」+「くろし【黒し】[形ク검다」의 連体形「くろき」+「もの【者・物】 사람. 것」+「は[助詞]」.

43) 「にく【肉】 고기. 살」+「の[助詞]」+「あぢはひ【味はい】 맛」+「うまし【美し・甘し・旨し】[形ク맛있다」+「と[助詞]~라고」+「いふ【言ふ・云ふ】[4]말하다」.

44) 「われ【我・吾】[代]나」+「いま【今】 지금. 이제」+「こゆ【肥ゆ】[下2]살찌다」의 連用形「こえ」+「て」.

45) 「しかも【然も・而も】[接續]게다가」+「いろ【色】 색깔」+「くろし【黒し】[形ク검다」.

46) 「ねがはくは【願はくは】[副]바라기는. 원하기는」+「をつと→おっと【夫】 지아비」+「に[助詞]」+「かふ【替ふ・換ふ・代ふ・変ふ】[下2]바꾸다. 대신하다」의 連用形「かへ」+「て」.

とて48)、

⇨ 나는 지금 살이 오르고 게다가 색깔이 검다. 원컨대 남편 대신하여 나를 삶아 드십시오."라며,

☐涙[なみだ]をおとす事[こと]49)、雨(あめ)のごとく50)、思[おも]ひいりたる有様(ありさま)51)、よそのたもとも、ぬるゝ斗(バかり)なりけれども52)、

⇨ 눈물 떨구기가 비와 같고, 한결 같이 생각하는 모습이 다른 이의 옷소매도 젖을 정도였지만,

☐賊兵(ぞくへい)、さらに、あはれをしらず53)、つゐに、夫(おつと)の54)李仲義(りちうぎ)をばゆるして55)、

---

47) 「われ【我・吾】[代]나」+「を[助詞]」+「にる【煮る】[上1]삶다」의 連用形「に」+「て」+「しょくす【食す】[サ変]먹다」의 連用形「しょくし」+「たまふ【給ふ】[助動존경]」의 命令形「たまへ」.

48) 「とて[助詞]인용. ~라 해서. ~라는 것으로. ~라는 이름으로」.

49) 「なみだ【涙】눈물」+「を[助詞]」+「おとす【落とす・墜す・貶す】[4]떨어뜨리다」의 連体形「おとす」+「こと【事】것. 일」.

50) 「あめ【雨】비」+「の[助詞]」+「ごとし【如し】[助動]~와 같다. ~와 비슷하다」의 連用形「ごとく」.

51) 「おもひいる【思ひ入る】[4]깊이 생각하다. 한결같이 생각하다. 반하다」의 連用形「おもひいり」+「たり[助動]완료・존속」의 連体形「たる」+「ありさま【有様】일의 모습. 상태. 상황」.

52) 「よそ【余所・他所】다른 곳. 다른 사람」+「の[助詞]」+「たもと【袂】옷소매」+「も[助詞]」+「ぬる【濡る】[下2]젖다」의 連体形「ぬるる」+「ばかり【許】[助詞]정도. 쯤」+「なり[助動단정・지정]」의 連用形「なり」+「けり[助動]회상・과거」의 已然形「けれ」+「ども[助詞]역접」.

53) 「ぞくへい【賊兵】적병. 적군의 병사」+「さらに【更に】[副]전혀 ~지 않다」+「あはれ【哀れ】[名]존귀함. 절절함. 가여움」+「を[助詞]」+「しる【知る】[4]알다」의 未然形「しら」+「ず[助動부정]」의 連用形「ず」.

54) 「つひに→つゐに【終に・遂に】[副]결국. 마침내」(〈-ゐ〉는 정서법에 어긋남)+「をつと→おっと【夫】지아비」+「の[助詞]~인」.

55) 「をば : (格助詞〈を〉에 係助詞〈は〉가 붙어 濁音化한 것)〈を〉의 뜻을 강하게 함」+「ゆるす【許す・赦す】[4]풀어주다」의 連用形「ゆるし」+「て」.

⇨ 도적의 병사는 전혀 자비를 몰라 끝내 남편인 이중의를 풀어주고,

❏ 妻(つま)の劉(りう)氏(し)をハ56)、情(なさけ)もなく、ころして57)、その肉(にく)を煮(に)て58)、くらひ侍(はん)べりけるこそ無漸(むざん)なれ59)。

⇨ 아내인 유 씨를 인정머리도 없이 죽여서 그 고기를 삶아서 먹었던 일이 무참하다.

---

56) 「つま【妻】처. 아내」+「の[助詞]~의」+「りう→りゅう【劉】류」+「し【氏】씨」+「をば: 〈を〉의 뜻을 강하게 함」(〈-は〉는 無濁点표기).

57) 「なさけ【情け】인간으로서의 마음. 감정. 자애. 인정. 배려」+「も[助詞]」+「なし【無し】[形ク]없다」의 連用形「なく」+「ころす【殺す】[4]죽이다」의 連用形「ころし」+「て」.

58) 「その【其の】[連体]그」+「にく【肉】고기. 살」+「を[助詞]」+「にる【煮る】[上1]삶다」의 連用形「に」+「て」.

59) 「くらふ【食らふ・喰らふ】[4]먹다」의 連用形「くらひ」+「はんべり【侍り】〈侍(はべ)り[助動]격식・정중〉가 변한 말」의 連用形「はんべり」+「けり[助動]회상・과거」의 連体形「ける」+「こそ[係助詞]뜻을 강하게 함」(문말은 已然形)+「むざん【無慙・無漸・無惨・無残】[形動ナリ]무참하다」의 已然形「なれ」(앞의 〈こそ〉에 호응).

29. 甯(ねい)女(ぢよ)貞(てい)節(せつ)
영녀정절

❏ 国朝(こくてう)の甯(ねい)氏(し)がむすめハ1)、年(とし)わづかに十六[じゅうろく]のとき2)、劉眞児(りうしんげい)3)が妻(つま)になさん、と4)、親(おや)これを兼(かね)てより契約(けいやく)しけり5)。

⇨ 우리나라의 영 씨의 딸은 나이가 불과 열여섯일 때 유진아의 아내로 삼겠다고 부모가 이를 예전부터 약조했다.

❏ しかるに6)、いまだ妻(つま)をむかへざるうちに7)、劉眞児(りうしんげい)やまひにあふて、むなしくなれり8)、

---

1) 「こくてう→こくちょう【国朝】우리나라의 조정. 우리나라. 본조(本朝)」+「の[助詞]」+「ねい【甯】영」+「し【氏】씨」+「が[助詞]현대일본어〈の〉의 쓰임」+「むすめ【娘】딸. 젊은 미혼여성」+「は[助詞]」.

2) 「とし【年・歳】해. 나이」+「わづか→わずか【僅か・纔か】[形動ナリ](단독으로 부사적으로도 쓰임)다소. 조금. 불과. 기껏해야」의 連用形「わづかに」+「じゅうろく【十六】16」+「の[助詞]」+「とき【時】때」.

3) 「児」는 漢音이「ジ」, 呉音이「二」로 이를「げい」로 읽은 것은 미상.

4) 「が[助詞]현대일본어〈の〉의 쓰임」+「つま【妻】처. 아내」+「に[助詞]」+「なす【生す・成す・為す】[4]만들어내다. 행하다」의 未然形「なさ」+「む[助動]추량・의지」→「ん」+「と[助詞]」.

5) 「おや【親】부모」+「これ【此・是】[代]이것. 이사람」+「を[助詞]」+「かねて【予て】[副]미리. 사전에. 전부터 내내」+「より[助詞]동작・장소・시간의 起點. ~부터」+「けいやく【契約】계약. 약속」+「すサ変]하다」의 連用形「し」+「けり[助動]회상・과거」.

6) 「しかるに【然るに】[接續]그런데. 하지만. 그건 그렇고」.

7) 「いまだ【未だ】[副]아직. 여전히」+「つま【妻】처. 아내」+「を[助詞]」+「むかふ【迎ふ】[下2]마중하다. 불러들이다. 받아들이다」의 未然形「むかへ」+「ざり[助動]부정」의 連体形「ざる」+「うち【内】안. 사이」+「に[助詞]」.

8) 「やまひ→やまい【病】병」+「に[助詞]」+「あふ【合ふ・会ふ・逢ふ・遭ふ・遇ふ】[4]만나

❏ 그런데 아직 아내를 맞아들이기 전에 유진아가 병들어 죽었다.

❏甯(ねい)氏(し)、これを聞[きき]て9)、哭(こく)して歎(なげ)く事[こと]10)はなハだ、あはれなり11)。

❏ 영 씨가 이를 듣고서 곡하고 슬퍼하기가 몹시 절절하다.

❏すでにして、父母(ぶも)に、かたりて、いはく12)、「いにしへに、いふ烈女(れつぢよ)ハ13)、二夫(じふ)を14)更(かへ)15)ず、と16)。

❏ 그러는 사이에 부모에게 밝혀 말하길 "자고로 일컫는 열녀는 두 지아비를 바꾸지 아니한다고 한다.

❏われ、いまだ17)劉眞児(りうしんげい)をミず18)、まして、かの家(い

다. 당하다」의 終止形「あふ」+「て」+「むなし【空し・虚し】[形シク]덧없다. 무상하다. 죽었다」의 連用形「むなしく」+「なる【成る・為る】[4]되다」의 命令形「なれ」+「り[助動]완료・존속」.

9) 「ねい【甯】영」+「し【氏】씨」+「これ【此・是】[代]이것. 이사람」+「を[助詞]」+「きく【聞く】[4]듣다」의 連用形「きき」+「て」.

10) 「こくす【哭す】[サ変]곡하다. 큰소리로 울부짖다」의 連用形「こくし」+「て」+「なげく【嘆く・歎く】[4]한숨짓다. 탄식하다. 슬퍼하다. 절망하다. 애원하다. 호소하다」의 連体形「なげく」+「こと【事】것. 일」.

11) 「はなはだ【甚だ】[副]매우. 몹시. 대단히. 현저히」+「あはれ【哀れ】[形動ナリ]마음 속에서 끓어오르는 절절한 감동이나 감정을 일컫는 말. 친애・정취・감격・애련・비애 등」의 終止形「あはれなり」.

12) 「すでにして【既にして】[接続]그러는 사이에. 그런데」+「ぶも【父母】부모」(〈父母〉는 통상〈ふぼ〉로 읽지만〈ぶも〉로도 읽는다. 이 경우〈ブ〉와〈モ〉는 呉音)+「に[助詞]」+「かたる【語る】[4]상대에게 전하다. 자초지종을 이야기하다」의 連用形「かたり」+「て」+「いはく【曰く】말하길. 이르길」.

13) 「いにしへ→いにしえ【古】옛날. 과거」+「に[助詞]」+「いふ【言ふ・云ふ】[4]말하다」의 連体形「いふ」+「れつぢよ→れつじょ【烈女・列女】열녀」+「は[助詞]」.

14) 「じふ【二夫】두 남편」+「を[助詞]」.

15) 일본어에서「更」은 音으로「カウ→コウ」(漢音), 訓으로「さら・ふける・ふかす・あらたまる・あらためる・かえる」가 있으나 '바꾸다'는 뜻의「かふ[下2]→かえる[下1]」는 한자로「替・換・代・変」을 쓴다. 한편〈한문본〉에는「古云烈女不更二夫」다.

16) 「ず[助動]부정」+「と[助詞]~라고」.

17) 「われ【我・吾】[代]나」+「いまだ【未だ】[副]아직. 여전히」.

へ)にゆかず、と、いへども19)、

⇨ 나는 아직 유진아를 만나보지 않고 하물며 그 집에 가지 않았다고 해도,

❏ 媒妁(なかだち)20)の契約(けいやく)21)聘幣(へいへい)22)のしるし23)、父母(ぶも)のゆるされ24)、みな、すでに、さたまりたり25)。

⇨ 중매의 약조와 예물의 표시, 부모의 허락, 모두 이미 정해졌다.

❏ 今(いま)われ不幸(ふかう)にして26)、劉眞児(りうしんげい)はやく死[し]して27)、われ、いまだ、ゆかずして28)、やもめとなれり29)。

---

18) 「を[助詞]」+「みる【見る・視る・観る】[上1]보다. 만나다. 부부의 언약을 맺다」의 未然形「み」+「ず[助動]부정」의 連用形「ず」.

19) 「まして【況して】[副]게다가. 물론. 하물며」+「かの【彼の】[連体]저. 그」+「いへ→いえ【家】집」+「に[助詞]」+「ゆく【行く】[4]가다」의 未然形「ゆか」+「ず[助動]부정」의 終止形「ず」+「と[助詞]~라고」+「いふ【言ふ・云ふ】[4]말하다」의 已然形「いへ」+「ども[助詞]역접」.

20) 「媒妁」은 「ばいしゃく」로 읽으며 '결혼의 중매를 하는 것(사람)'의 뜻이다. 이를 「なかだち」라고 하며 본문에서는 그 뜻을 채용해서 읽고 있다.

21) 「の[助詞]」+「けいやく【契約】계약. 약속」.

22) 「聘幣」는 『広辞苑』등에 등재되지 않은 말이다. 「聘」은 일본어에서 「ヘイ」(漢音)로 읽으며 '방문하여 안부를 묻다. 예물을 준비하여 사람을 맞아들이다'의 뜻이다. 그리고 「幣」는 「ヘイ」(漢音)로 읽으며 '신 앞에 바치는 비단. 천자나 손님에게 주는 선물. 예물'의 뜻이다. 한편 『표준국어대사전』에는 「빙폐(聘幣)」가 '①공경하는 뜻으로 보내는 예물 ②『기독교』유대인들 사이에서, 남편이 아내 될 처녀를 데려가는 데 필요한 돈이나 예물'로 풀이되어있다.

23) 「の[助詞]」+「しるし【印・標・徴】표시. 기호. 증거」.

24) 「ぶも【父母】부모」+「の[助詞]」+「ゆるされ【許され】[名]허가. 면허. 사면. 용서」.

25) 「みな【皆】①[名]모든 사람. 전부 ②[副]남김없이. 모두」+「すでに【既に・已に】[副]①이미. 벌써 ②모두. 남김없이 ③이제 ④틀림없이」+「さだまる【定まる】[4]결정되다. 정해지다」의 連用形「さだまり」(〈-た-〉는 無濁点표기)+「たり[助動]완료・존속」.

26) 「いま【今】현재. 지금」+「われ【我・吾】[代]나」+「ふかう→ふこう【不幸】[形動ナリ]불행하다」의 連用形「ふかうに」+「して[助詞](連用形에 접속)상태를 나타냄. ~으로. ~의 상태로」.

27) 「はやし【早し・速し・疾し・捷し】[形ク]이르다. 빠르다」의 連用形「はやく」(부사적인 쓰임)+「しす【死す】[サ変]죽다」의 連用形「しし」+「て」.

⇨ 이제 내가 불행하게 유진아가 일찍 죽어서, 나는 아직 가지 아니하고서 미망인이 되었다.

❏劉眞児(りうしんげい)の父母(ぶも)とし老(おひ)て30)、又[また]、たのむかたなし31)、

⇨ 유진아의 부보는 나이 늙어서 달리 기댈 곳이 없다.

❏われ、これにそむきて32)、又[また]、他人[たにん]の家[いえ]の父母(ぶも)に、したがハんや33)。

⇨ 내가 이를 등지고서 달리 다른 사람 집의 부모를 따르겠는가?

❏ねがハくは、我[われ]をゆるして34)夫(おつと)の家[いえ]に、ゆかしめ給[たま]へ35)、夫(おつと)の父母(ぶも)を、やしなひたてまつらん36)。」と、いふ37)。

---

28) 「われ【我・吾】[代]나」+「いまだ【未だ】[副]아직. 여전히」+「ゆく【行く】[4]가다」의 未然形「ゆか」+「ず[助動]부정」+「して[助詞](連用形에 접속)~인 상태로」.

29) 「やもめ【寡・寡婦・孀・鰥・鰥夫】과부. 미망인」+「と[助詞]」+「なる【成る・為る】[4]되다」의 命令形「なれ」+「り[助動]완료・존속」.

30) 「の[助詞]」+「ぶも【父母】부모」+「とし【年・歳】나이」+「おゆ【老ゆ】[上2]늙다」의 連用形「おい」((-ひ)는 정서법에 어긋남)+「て」.

31) 「また【又・亦・復】[副]다시. 달리. 또한」+「たのむ【頼む・恃む・憑む】[4]상대에게 기대다. 기대하다. 신용하다. 맡기다」의 連体形「たのむ」+「かた【方】방향. 쪽」+「なし【無し】[形ク]없다」.

32) 「われ【我・吾】[代]나」+「これ【此・是】[代]이것. 이사람」+「に[助詞]」+「そむく【背く・叛く】[4]등지다. 위반하다. 모반하다. 대들다」의 連用形「そむき」+「て」.

33) 「また【又・亦・復】[副]다시. 같이. 달리. 또한. 게다가」+「たにん【他人】타인」+「の[助詞]」+「いへ→いえ【家】집」+「の[助詞]」+「ぶも【父母】부모」+「に[助詞]」+「したがふ【従ふ・随ふ・順ふ】[4]말하는 대로 따르다. 거스르지 않다. 맡기다」의 未然形「したがは」+「む[助動]추량・의지」→「ん」+「や[係助詞]의문・질문」.

34) 「ねがはくは→ねがわくは【願わくは】[副]바라기는. 원하기는」+「われ【我・吾】[代]나」+「を[助詞]」+「ゆるす【許す・赦す】[4]풀어주다. 승낙하다. 허가하다」의 連用形「ゆるし」+「て」.

35) 「をつと→おっと【夫】지아비」((お)는 歷史的仮名遣에 어긋남)+「の[助詞]」+「いへ→いえ【家】집」+「に[助詞]」+「ゆく【行く】[4]가다」의 未然形「ゆか」+「しむ[助動]사역. ~시키다」의 連用形「しめ」+「たまふ【給ふ】[助動존경]」의 命令形「たまへ」.

⇨ 원컨대 나를 허락하여 남편 집에 가도록 하십시오. 남편의 부모를 봉양하겠다."라고 한다.

▫ 父母(ぶも)、これを聞[きき]て38)、心[こころ]ざしの深(ふか)き事[こと]を、かんじて39)、もろ友[とも]に、うち泣(なき)つゝ40)、

⇨ 부모가 이를 듣고서 뜻이 깊은 것을 감복하여 한가지로 통곡하고서,

▫ 「まことに、汝(なんぢ)がいふところ41)、そのことハり、なきにハあらず42)。

⇨ "참으로 네가 말하는 바는 그 이치가 없지 아니하다.

▫ されども、年(とし)いまだわかし43)、又[また]、いかならん人[ひと]にも、ゆるして44)、さかゆくすゑをも、ミ侍[は]べらん45)、とこそ思[お

---

36) 「をつと→おっと【夫】지아비」+「の[助詞]」+「ぶも【父母】부모」+「を[助詞]」+「やしなふ【養ふ】[4]양육하다. 부양하다. 키우다」의 連用形 「やしなひ」+「たてまつる[助動]겸양. ~해드리다. ~해 올리다」의 未然形 「たてまつら」+「む[助動]추량·의지」→「ん」.

37) 「と[助詞]~라고」+「いふ【言ふ・云ふ】[4]말하다」.

38) 「ぶも【父母】부모」+「これ【此・是】[代]이것」+「を[助詞]」+「きく【聞く】[4]듣다」의 連用形 「きき」+「て」.

39) 「こころざし【志】마음이 향하는 바. 뜻. 마음가짐」+「の[助詞]현대일본어 〈が〉의 쓰임」+「ふかし【深し】[形ク]깊다」의 連体形 「ふかき」+「こと【事】것. 일」+「を[助詞]」+「かんず【感ず】[サ変]①자극을 받다. 느끼다 ②마음에 생각하다 ③마음이 움직이다. 감동하다」의 連用形 「かんじ」+「て」.

40) 「もろとも【諸共】[形動ナリ]함께 하는 모양. 같이. 동시」의 連用形 「もろともに」+「うち【打ち】[接頭]동사 앞에 써서 뜻을 강하게 함」+「なく【泣く・啼く】[4]울다」의 連用形 「なき」+「つつ[助詞]같은 동작의 반복·계속 등. ~하면서. ~해 두고 나서」.

41) 「まことに【真に・実に・誠に】[副]정말로. 거짓 없이. 매우」+「なんぢ→なんじ【汝·爾】[代]아랫사람을 가리키는 말. 너」+「が[助詞]」+「いふ【言ふ・云ふ】[4]말하다」의 連体形 「いふ」+「ところ【所・処】곳. 바. 상황」.

42) 「その【其の】[連体]그」+「ことはり【理】도리. 조리. 이치. 이유. 까닭. 당연한 것」+「なし【無し】[形ク]없다」의 連体形 「なき」+「に[助詞]」+「は[助詞]」+「あり【有り】[ラ変]있다」(〈~にあり〉는 현대일본어의 〈~である〉)의 未然形 「あら」+「ず[助動]부정」(〈あらず〉는 현대일본어의 〈ない〉).

43) 「されども【然れども】[接続]그렇지만. 그러나」+「とし【年·歳】나이」+「いまだ【未だ】[副]아직. 여전히」+「わかし【若し・稚し】[形ク]어리다. 젊다」.

も]ふに46)、いかに、かくハ聞(きこ)ゆるぞや47)。

⇨ 하지만 나이 아직 어리다. 달리 아무 사람에게라도 보내서 꽃피우는 자손까지도 보겠다고 생각하는데 어찌 이렇게 받아들일 수 있겠는가?

❏そのうへ、いまだ、ゆかざる内[うち]に48)、むなしくなれる夫(おつと)のために49)、貞節(ていせつ)ありとも50)、たれかハ、これをしるべき51)。」と、

⇨ 게다가 아직 가지 않은 사이에 죽은 남편을 위해 정절 있더라도 누가 이를 알겠는가?'라고,

---

44) 「また【又・亦・復】[副]다시. 달리. 또한」+「いかなり【如何なり】[ラ変]어떠하다」의 未然形「いかなら」+「む[助動]추량・완곡」의 連体形「む」→「ん」+「ひと【人】사람. 다른 사람」+「に[助詞]」+「も[助詞]」+「ゆるす【許す・赦す】[4]풀어주다. 승낙하다. 허가하다」의 連用形「ゆるし」+「て」.

45) 「さかゆく【栄行く】[4]더욱 번영해가다」의 連体形「さかゆく」+「すゑ→すえ【末】말. 끝. 결말. 미래. 자손」+「を[助詞]」+「も[助詞]」(〈をも〉는 '~까지도・~조차도'의 뜻)+「みる【見る・視る・観る】[上1]보다. 조우하다. 찾다」의 連用形「み」+「侍(はべ)り[助動]격식・정중」의 未然形「はべら」+「む[助動]추량・의지」→「ん」.

46) 「と[助詞]~라고」+「こそ[係助詞]뜻을 강하게 함」+「おもふ【思ふ】[4]생각하다」의 連体形「おもふ」+「に[助詞]~하니. ~하는데」.

47) 「いかに【如何に】[副]어떻게. 어찌. 어째서. 얼마나」+「かく【斯く・是く】이렇게. 이처럼」+「は[助詞]」+「きこゆ【聞ゆ】[下2]들리다. 이해되다. 받아들여지다. 세간에 전해지다. 이해할 수 있다」의 連体形「きこゆる」+「ぞや[助詞](지정의 〈ぞ〉에 영탄의 〈や〉를 붙인 말)~인 것이다」.

48) 「そのうへ【其の上】[接続]그에 덧붙여서. 게다가」+「いまだ【未だ】[副]아직. 여전히」+「ゆく【行く】[4]가다」의 未然形「ゆか」+「ざり[助動]부정」의 連体形「ざる」+「うち【内】안. 사이」+「に[助詞]」.

49) 「むなし【空し・虚し】[形シク]덧없다. 무상하다. 죽었다」의 連用形「むなしく」+「なる【成る・為る】[4]되다」의 命令形「なれ」+「り[助動]완료・존속」의 連体形「る」+「をつと→おっと【夫】지아비」+「の[助詞]」+「ため【為】[名]이득. 행복. 위함」+「に[助詞]」(〈~の(が)ために〉의 꼴로 '이익・이유・목적'의 뜻. ~때문에. ~위해).

50) 「ていせつ【貞節】정절」+「あり【有り】[ラ変]있다」의 終止形「あり」+「とも[助詞]역접의 가정조건. ~해도」.

51) 「たれ【誰・孰】[代]누구」+「か[係助詞]의문・질문」(문말은 連体形)+「は[助詞]」+「これ【此・是】[代]이것. 이사람」+「を[助詞]」+「しる【知る】[4]알다」의 終止形「しる」+「べし[助動]의무・당연・추량・가능 등」의 連体形「べき」(앞의 〈か〉에 호응).

□ かきくどき、とゞむれども52)、ますゝゝ、いとまを、もとめければ53)、

⇨ 하소연하여 가로막지만 더더욱 작별을 요구하니,

□ 父母(ぶも)ちからなく、ゆるしはなちて54)、夫(おつと)の家(いへ)に、つかはしけり55)。

⇨ 부모가 어쩔 수 없이 허락해 놓아줘서 남편 집으로 보내셨다.

□ 甯(ねい)氏(し)、大[おおい]に、よろこびて56)、すなハち、夫家(ふか)にいたりて57)哭(こく)するこゑ58)、あはれにも、又[また]かなしく59)、

---

52) 「かきくどく【搔き口説く】[4]자신의 마음속을 상대방에게 확실히 알도록 하거나, 상대방을 설득하기 위해 구구하게 이야기하다」의 連用形 「かきくどき」+「て」+「とどむ【止む・留む・停む】」[下2]멈추게 하다. 막다」의 已然形 「とどむれ」+「ども[助詞]역접. ~하지만」.

53) 「ますます【益】[副]전보다 더욱. 가일층」+「いとま【暇・遑】휴가. 사직. 이별. 면제하여 떠나게 하는 일. 해고」+「を[助詞]」+「もとむ【求む】[下2]찾다. 구하다」의 連用形 「もとめ」+「けり[助動]회상・과거」의 已然形 「けれ」+「ば[助詞]확정조건. 원인・이유」.

54) 「ぶも【父母】부모」+「ちからなし[形ク]→ちからない【力無い】[形]어쩔 수 없다. 기운이 없다」의 連用形 「ちからなく」+「ゆるす【許す・赦す・聽す】[4]느슨하게 하다. 경계심을 풀어주다. 사면하다. 승낙하다」의 連用形 「ゆるし」+「はなつ【放つ】[4]풀어주다. 자유롭게 하다」의 連用形 「はなち」+「て」.

55) 「をっと→おっと【夫】지아비」+「の[助詞]」+「いへ→いえ【家】집」+「に[助詞]」+「つかはす【使はす・遣はす】[4]심부름 보내시다. 파견하시다. 하사하시다」의 連用形 「つかはし」+「けり[助動]회상・과거」.

56) 「ねい【甯】영」+「し【氏】씨」+「おおいに【大いに】[副]매우. 몹시. 많이」+「よろこぶ【喜ぶ・悦ぶ】[4]기뻐하다」의 連用形 「よろこび」+「て」.

57) 「すなはち【即ち・則ち】[副]곧바로. 즉시」+「ふか【夫家】남편의 집」+「に[助詞]」+「いたる【至る・到る】[4]도착하다. 도달하다」의 連用形 「いたり」+「て」.

58) 「こくす【哭す】[サ変]곡하다」의 連体形 「こくする」+「こゑ→こえ【声】목소리」.

59) 「あはれ【哀れ】[形動ナリ]절절함」의 語幹 「あはれ」+「に[助詞]」+「も[助詞]」+「また【又・亦・復】[副]또한」+「かなし【悲し・哀し・愛し】[形シク]눈물이 날 정도로 괴롭다. 슬프다」의 連用形 「かなしく」.

⇨ 영 씨가 크게 기뻐하며 곧 남편 집에 가서 곡하는 소리가 절절하고 또한 구슬퍼,

❏すでに、さうれいのときに、のぞみて⁶⁰⁾、その法(ほう)すこしも、たかふことなし⁶¹⁾。

⇨ 이제 장례 때에 임하여 그 법도를 조금도 어기는 적이 없다.

❏婦(ふ)の道(ミち)をつとめて、わたくしなく⁶²⁾、縑(かとり)の絹(きぬ)⁶³⁾、錦(にしき)綾(あや)⁶⁴⁾もろ＼／のをり物(もの)をいたすに⁶⁵⁾、さしも、すぐれて、ならびなし⁶⁶⁾。

⇨ 부인의 도리를 힘써 사사로움이 없고 비단옷과 온갖 직물을 힘쓰니 그렇게도 빼어나 견줄 것이 없다.

❏これを、をりいだしつゝ⁶⁷⁾、舅(しうと)しうとめの膳(ぜん)を⁶⁸⁾、そ

---

60) 「すでに【既に·已に】[副]이미. 이제」+「さうれい→そうれい【葬礼·喪礼】장례」+「の[助詞]」+「とき【時】때」+「に[助詞]」+「のぞむ【臨む】[4]목전에 두다. 면(面)하다. 임하다」의 連用形「のぞみ」+「て」.

61) 「その【其の】[連体ユ]」+「はふ→ほう【法】법. 방식. 법도. 규정」+「すこしも【少しも】[副]조금이라도. 조금도」+「たがふ【違ふ】[4]상위하다. 어긋나다」의 連体形「たがふ」(〈-か〉는 無濁点表기)+「こと【事】것. 일」+「なし【無し】[形ク]없다」.

62) 「ふ【婦】부인. 아내. 여자」+「の[助詞]」+「みち【道】길. 도리」+「を[助詞]」+「つとむ【勤む·努む·務む·力む·勉む】[下2]힘쓰다. 노력하다. 섬기다. 근행하다」의 連用形「つとめ」+「て」+「わたくし【私】[名]공(公)에 대한 사(私)」+「なし【無し】[形ク]없다」의 連用形「なく」.

63) 「かとりのきぬ【縑の衣】비단으로 지은 의복」.

64) 「にしき【錦】무늬 있는 직물(織物)의 총칭. 비단」+「あや【文·綾】문양. 비단」.

65) 「もろもろ【諸諸·諸】수많은 것(사람). 모든 것(사람). 모두」+「の[助詞]」+「おりもの【織物】직물」(〈を-〉는 정서법에 어긋남)+「を[助詞]」+「いたす【致す】[4]하다. 혼신을 다 바치다. 온힘을 쏟다」의 連体形「いたす」+「に[助詞]~하니. ~하는데」.

66) 「さしも【然しも】[副]그렇게. 이렇게도. 그 정도까지도」+「すぐる【優る·勝る】[下2]빼어나다」의 連用形「すぐれ」+「て」+「ならび【並び】[名]늘어서는 것. 비교할 수 있는 것」+「なし【無し】[形ク]없다」.

67) 「これ【此·是】[代]이것. 이사람」+「を[助詞]」+「おりいだす【織り出す】[4]짜서 만들어내다」의 連用形「おりいだし」(〈を-〉는 정서법에 어긋남)+「つつ[助詞]같은 동작의 반복·계속 등. ~하면서. ~해 두고 나서」.

68) 「しうと→しゅうと【舅·姑】시아버지. 장인」+「しうとめ→しゅうとめ【姑】시어머니. 장

□なふる、たすけとせり69)。
⇨ 이를 짜내면서 시아버지 시어머니의 음식을 마련하는 도움으로 삼았다.

□あしたゆふべの、おこなひ70)、さらに心[こころ]に、たがふ事[こと]なし71)。
⇨ 아침저녁의 행실이 조금도 뜻에 어긋나는 적이 없다.

□かくのことくする事[こと]72)すべて、五十二[ごじゅうに]年(ねん)也(なり)73)。
⇨ 이와 같이 하는 것이 모두 52년이다.

□此[この]事[こと]、天下[てんか]にかくれなく74)、帝(ミかど)聞[きこ]しめし及(をよ)バれ75)、すなハち、勅(ちよく)をくだし給[たま]ひて76)、

모」+「の[助詞]」+「ぜん【膳】음식. 상」+「を[助詞]」.

69) 「そなふ【供ふ】[下2]올리다. 음식을 준비하여 드리다」의 連体形「そなふる」+「たすけ【助·扶·佐】[名]도움. 가세. 일용품」+「と[助詞]」+「す[サ変]하다」의 命令形「せ」+「り[助動]완료·존속」.

70) 「あしたゆふべ【朝夕】조석. 아침과 저녁. 항상」+「の[助詞]」+「おこなひ【行】[名]행동. 행실」.

71) 「さらに【更に】[副]전혀 ~지 않다」+「こころ【心】마음. 뜻. 생각」+「に[助詞]」+「たがふ【違ふ】[4]어긋나다」의 連体形「たがふ」+「こと【事】것. 일」+「なし【無し】[形ク]없다」.

72) 「かくのごとく【斯くの如く】[連語]이처럼. 이와 같이」(〈-こ-〉는 無濁点표기)+「す[サ変]하다」의 連体形「する」+「こと【事】것. 일」

73) 「すべて【総て·全て·凡て·渾て】[副]모두. 전부. 대략」+「ごじゅうに【五十二】52」+「ねん【年】년」+「なり[助動]단정·지정」.

74) 「この【此の·斯の】[連体]이」+「こと【事】것. 일」+「てんか【天下】천하」+「に[助詞]」+「かくれなし【隠れ無し】[形ク]숨긴 부분이 없다. 널리 알려져 있다」의 連用形「かくれなく」.

75) 「みかど【御門·帝】황제. 천자」+「きこしめす【聞し召す】[4]들으시다」의 連用形「きこしめし」+「および【及ぶ】[4]어떤 때나 장소 등에 다다르다. 도달하다. 영향을 미치다」의 未然形「および」(〈を-〉는 정서법에 어긋남)+「る[助動]수동·존경」의 連用形「れ」. 참고로 「ききおよぶ【聞き及ぶ】[4]」는 '남을 통해 들어 알다'의 뜻.

⇨ 이 일이 세상에 널리 알려져 천자가 들으시기에 이르러서 곧 칙령을 내리셔서

❏ 其(その)門(もん)に旌(はた)をたて77)、旌(はた)に此[この]事[こと]をかきつけさせ78)、名[な]を貞節(ていせつ)と給[たま]ハりけり79)。

⇨ 그 가문에 깃발을 세우고, 깃발에 이 일을 기록하시고 이름을 정절이라 내리셨다.

---

76) 「すなはち【即ち・則ち】[副]곧바로, 즉시」+「ちょく【勅】칙. 천자의 명령(말씀)」+「を[助詞]」+「くだす【下す】[4]내리다. 하사하다」의 連用形「くだし」+「たまふ【給ふ】[助動존경]」의 連用形「たまひ」+「て」.

77) 「その【其の】[連体]그」+「もん【門】문. 가문」+「に[助詞]」+「はた【旗】깃발」(본문의 〈旌〉은 〈セイ〉(漢音)로 읽어서 '새털을 깃대 위에 붙인 깃발'의 뜻이며 〈はた〉로도 읽음)」+「を[助詞]」+「たつ【立つ】[下2]세우다」의 連用形「たて」+「て」.

78) 「はた【旗】깃발」+「に[助詞]」+「この【此の・斯の】[連体]이」+「こと【事】것. 일」+「を[助詞]」+「かきつく【書き付く】[下2]적어두다」의 未然形「かきつけ」+「さす[助動]사역・존경」의 連用形「させ」.

79) 「な【名】이름」+「を[助詞]」+「ていせつ【貞節】정절」+「と[助詞]」+「たまはる【賜る・給はる】[4]①받다(겸양어) ②주시다(존경어)」의 連用形「たまはり」+「けり[助動]회상・과거」.

30. 彌(び)妻(さい)啖(くらふ)ㇾ草(くさを)
미의 아내가 풀을 먹다

❏ 百済(はくさい)¹⁾国(こく)の²⁾都彌(とひ)³⁾が妻(つま)ハ⁴⁾、かほかたち美麗(びれい)にして⁵⁾、国中(こくちう)に又[また]たぐひなく⁶⁾、
  ⇨ 백제국 도미의 아내는 얼굴 생김새가 미려하여 온 나라에 달리 견줄 바 없고,

❏ しかも、婦(ふ)の道(ミち)をまもりて⁷⁾、節義(せつぎ)わたくしなし⁸⁾。
  ⇨ 게다가 부인의 도리를 지켜서 절의에 사사로움이 없다.

❏ 盖婁王(かいろうわう)⁹⁾これを聞[きき]つたへて¹⁰⁾、都彌(とひ)に、か

---

1) 「百済」는 일본에서는 일반적으로 「くだら」로 읽으며 音으로는 「ひゃくさい」다. 참고로 「百」은 呉音으로는 「ヒャク」漢音으로는 「ハク」로 읽으며, 「済」는 呉音으로는 「サイ」漢音으로는 「セイ」로 읽는다.
2) 「こく【国】」국. 나라」+「の[助詞]」.
3) 「彌」는 일본한자음으로는 「ビ(漢音)·ミ(呉音)」로 읽는다. 「弥」는 「彌」의 간체자.
4) 「が[助詞]현대일본어 〈の〉의 쓰임」+「つま【妻】」처. 아내」+「は[助詞]」.
5) 「かほかたち【顔貌·顔容·顔形】」 얼굴 생김새. 용모」+「びれい【美麗】[形動ナリ]미려. 아름다운 것. 아름답고 고운 것(모습)」의 連用形「びれいに」+「して[助詞](連用形에 접속)상태를 나타냄. ~으로. ~의 상태로」.
6) 「こくちゅう【国中】국중. 국내. 온 나라」+「に[助詞]」+「また【又·亦·復】[副]다시. 같이. 달리. 또한」+「たぐひなし【類無し】[形ク]비교할 것이 없다. 매우 빼어나다. 현저하다」의 連用形「たぐひなく」.
7) 「しかも【然も·而も】[接続]게다가. 그래도. 하지만」+「ふ【婦】부인. 아내. 여자」+「の[助詞]」+「みち【道】길. 도리」+「を[助詞]」+「まもる【守る·護る】[4]지키다. 막다」의 連用形「まもり」+「て」.
8) 「せつぎ【節義】절의. 정절을 지키고 정도(正道)를 걷는 것」+「わたくし【私】[名]공(公)에 대한 사(私)」+「なし【無し】[形ク]없다」.

たりて、いはく11)、

⇨ 개루왕이 이를 전해 듣고서 도미에게 밝혀 이르길,

❏「女[おんな]の心[こころ]と云[いふ]ハ12)、たとひ、いかなる貞節(ていせつ)あり、と、いふとも13)、

⇨ "여자의 마음이라 하는 것은 비록 어떠한 정절이 있다고 해도,

❏奥(おく)ふかく14)人[ひと]の、きかざらんところにして15)、ひそかに、こと葉(バ)をつくして、かきくどきて16)、

⇨ 안쪽 깊이 다른 사람이 듣지 않을 곳에서 슬며시 말을 애써 꾸며서,

❏さそひ引(ひく)ときハ17)、心[こころ]たちまちに、うごきかたふき

---

9) 〈표준국어대사전〉의「개루왕(蓋婁王)」에 대한 설명은 다음과 같다.「백제 제4대 왕(?~166). 165년에 신라를 모반한 아찬 길선(吉宣)의 망명을 받아들인 뒤로 신라와 사이가 나빠졌다. 재위 기간은 128~166년이다.」한편〈본문〉의「盖」는「蓋」의 異體字.

10) 「これ【此・是】[代]이것. 이사람」+「を[助詞]」+「ききつたふ【聞き伝ふ】[下2]남에게 전해 듣다」의 連用形「ききつたへ」+「て」.

11) 「に[助詞]」+「かたる【語る】[4]상대에게 전하다. 자초지종을 이야기하다」의 連用形「かたり」+「て」+「いはく【曰く】말하길. 이르길」.

12) 「をんな→おんな【女】여자」+「の[助詞]」+「こころ【心】마음. 뜻. 생각」+「と[助詞]~라고」+「いふ【言ふ・云ふ】[4]말하다」의 連体形「いふ」+「は[助詞]」.

13) 「たとひ【縱ひ・仮令・縱令】[副]①만일. 만약에 ②만일 그렇다 해도. 비록」+「いかなり【如何なり】[ラ変](의문을 나타냄)어떠하다. 어떻게 되다」의 連体形「いかなる」+「ていせつ【貞節】정절」+「あり【有り】[ラ変]있다」+「と[助詞]~라고」+「いふ【言ふ・云ふ】[4]말하다」의 終止形「いふ」+「とも[助詞]역접의 가정조건. ~해도」.

14) 「おく【奥】안으로 깊이 들어간 곳. 먼 곳. 마음속」+「ふかし【深し】[形ク]깊다」의 連用形「ふかく」.

15) 「ひと【人】사람」+「の[助詞]현대일본어〈が〉의 쓰임」+「きく【聞く】[4]듣다」의 未然形「きか」+「ざり[助動]부정」의 未然形「ざら」+「む[助動]추량・의지・완곡」의 連体形「む」→「ん」+「ところ【所・処】곳」+「にして[連詞]현대일본어의〈で〉와 같은 쓰임. ~에서」.

16) 「ひそか【密か】[形動ナリ]남모르게. 몰래」의 連用形「ひそかに」+「ことば【言葉・詞・辞】말. 말투. 표현. 이야기」+「を[助詞]」+「つくす【尽くす】[4]노력하다. 힘쓰다. 다하다」의 連用形「つくし」+「て」+「かきくどく【掻き口説く】[4]자신의 마음속을 상대방에게 확실히 알도록 하거나, 상대방을 설득하기 위해 구구하게 이야기하다」의 連用形「かきくどき」+「て」.

て18)、なびくものなり、と、いふ19)。
⇨ 꾀어낼 때는 마음이 이내 움직여 기울어서 좇기 마련이라고 한다.

☐何(なん)ぞわづかに聞[きき]つたへたるをもつて20)、直(ぢき)に貞節(ていせつ)あり、と、いふべきや21)。」と。
⇨ 어찌 고작 전해들은 것으로써 곧 정절 있다고 할 수 있겠는가?'라고.

☐都弥(とび)22)こたへて、いはく23)、「臣(しん)が妻(つま)のごときハ24)、たとひ死(し)すといふとも25)、更(さら)に二心[ふたごころ]な

---

17) 「さそふ【誘ふ】[4]권하다. 이끌다」의 連用形「さそひ」+「ひく【引く】[4]끌다」의 連體形「ひく」+「とき【時】때」+「は[助詞]」.

18) 「こころ【心】마음. 뜻. 생각」+「たちまち【忽ち】[名・副]갑자기. 곧」+「に[助詞]」+「うごく【動く】[4]움직이다」의 連用形「うごき」+「かたぶく【傾く】[4]기울어지다. 기울다. 수상쩍게 여기다. 불안정해지다」의 連用形「かたぶき」(〈-ふ-〉는 無濁点표기)+「て」.

19) 「なびく【靡く】[4]펄럭이다. 복종하다. 마음을 움직이다」의 連體形「なびく」+「もの【物】 (문말에서 단정하는 말을 수반하여)화자가 단정하는 뜻을 강하게 나타냄. ~하는 법이다. ~하기 마련이다」+「なり[助動단정・지정]」의 終止形「なり」+「と[助詞]~라고」+「いふ【言ふ・云ふ】[4]말하다」.

20) 「なんぞ【何ぞ】[副]어찌. 어떤. 무언가」+「わづか【僅か・纔か】[形動ナリ]다소. 조금. 불과. 기껏해야」의 連用形「わづかに」+「ききつたふ【聞き伝ふ】[下2]남에게 전해 듣다」의 連用形「ききつたへ」+「たり[助動완료・존속]」의 連體形「たる」+「を[助詞]」+「もって【以て】(〈を[助詞]〉에 이어져서)수단이나 원인 등을 나타냄. ~로써. ~때문에」.

21) 「ぢきに【直に】[副]직접. 곧바로. 금세」+「ていせつ【貞節】정절」+「あり【有り】[ラ変]있다」+「と[助詞]~라고」+「いふ【言ふ・云ふ】[4]말하다」의 終止形「いふ」+「べし[助動의무・당연・추량・가능 등]」의 連體形「べき」+「や[係助詞]의문・질문」.

22) 『假名草子集成』에는 「弥」에 원문의 잘못을 그대로 옮긴다는 표시인 "ママ"가 붙어 있다. 그러나 「弥」는 「彌」의 간체자이므로 별 문제는 없는 것으로 보인다.

23) 「こたふ【答ふ・応ふ】[下2]대답하다. 반응하다」의 連用形「こたへ」+「て」+「いはく【曰く】말하길. 이르길」.

24) 「しん【臣下】신. 신하. 주군에 대한 자칭(自称)」+「が[助詞]현대일본어 〈の〉의 쓰임」+「つま【妻】처. 아내」+「の[助詞]」+「ごとし【如し】[助動]~와 같다. ~와 닮았다」의 連體形「ごとき」+「は[助詞]」.

25) 「たとひ【縦ひ・仮令・縦令】[副]만일. 비록」+「しす【死す】[サ変]죽다」의 終止形「し

からん26)。」と。
⇨ 도미가 대답하여 이르길 "신의 아내와 같은 사람은 비록 죽는다 하더라도 절대로 두 마음이 없을 것이다."라고.

❏盖婁(かいろう)王[おう]、これを、こゝろミん、と、おもひて27)、都弥(とび)をバ事(こと)によせて28)、禁中(きんちう)にとゞめ29)、
⇨ 개루왕이 이를 시험해보고자 생각해서 도미를 일을 핑계 삼아 궁궐에 머물게 하고,

❏ある臣下(しんか)に30)、大王[だいおう]の御衣(ぎよい)をきせて31)、大[だい]わうの冠(かうふり)を32)いだかしめ33)、

す」+「と[助詞]~라고」+「いふ【言ふ·云ふ】[4]말하다」의 終止形「いふ」+「とも[助詞] 역접의 가정조건. ~해도」.

26) 「さらに【更に】[副]①또한. 거듭. 더욱 ②새로이 ③강한 부정. 절대로 ~가 아니다. 전혀 ~지 않다」+「ふたごころ【二心】두 마음. 배반하려는 마음. 역심(逆心)」+「なし【無し】[形ク]없다」의 未然形「なから」+「む[助動]추량·의지」→「ん」.

27) 「これ【此·是】[代]이것. 이사람」+「を[助詞]」+「こころみる【試みる】[上1]시험하다」의 未然形「こころみ」+「む[助動]추량·의지」→「ん」+「と[助詞]」+「おもふ【思ふ】[4]생각하다」의 連用形「おもひ」+「て」.

28) 「をば : 〈格助詞「を」에 係助詞「は」가 붙어 濁音化한 것〉〈を〉의 뜻을 강하게 함」+「こと【事】일」+「に[助詞]」+「よす【寄す】[下2]가까이 오게 하다. 구실로 삼다. 어떤 것에 관련지어 말하다. 의뢰하다」의 連用形「よせ」+「て」.

29) 「きんちゅう【禁中】금중. 궁중」+「に[助詞]」+「とどむ【止む·留む·停む】[下2]멈추게 하다. 남기다」의 連用形「とどめ」.

30) 「ある【或る】[連体]어떤」+「しんか【臣下】신하」+「に[助詞]」.

31) 「だいわう→だいおう【大王】대왕」+「の[助詞]」+「ぎよい【御衣】어의」+「を[助詞]」+「きす【着す】[下2]①옷 따위를 입히다 ②덮다. 씌우다 ③지우다. 받도록 하다」의 連用形「きせ」+「て」.

32) 「だいわう【大王】대왕」+「の[助詞]」+「かうぶり→こうぶり【冠】관. 머리에 쓰는 것의 총칭」(〈-ふ〉는 無濁点표기)+「を[助詞]」.

33) 『假名草子集成』에는 「いだかしめ」로 되어 있는데「〈いだく【抱く·懷く·擁く】[4]품다. 안다〉의 未然形〈いだか〉+〈しむ[助動]사역. ~시키다〉의 連用形〈しめ〉」이므로 풀이가 쉽지 않다. 이에 일본〈国文学研究資料館〉의「三綱行實圖」를 살펴보니「いたゞかしめ」이고 이는「〈いただく【戴く·頂く】[4]머리 위에 올리다〉의 未然形〈いただか〉+〈しむ[助動]사역. ~시키다〉의 連用形〈しめ〉」이므로 이쪽을 채택하여 풀이

⇨ 어떤 신하에게 대왕의 어의를 입히고 대왕의 관을 쓰게 하여,

☐夜(よ)にいりて34)、ひそかに、その家(いへ)に、いたらしめて35)、妻(つま)に対面(たいめん)せしむ36)。

⇨ 밤들어서 남몰래 그 집에 다다르게 하여 아내와 대면하게 한다.

☐妻(つま)ハ、まことの大[だい]わうの御幸(ごかう)なり、と、おもひて37)、大[おおい]におどろくバかりにして38)、おそれいりて、せんかたなし39)。

⇨ 아내는 정말로 대왕의 행차라고 생각하여 크게 놀랄 뿐으로 황송하여 어찌할 바 모른다.

☐爰(こゝ)に40)、妻(つま)にむかひて41)、ひそかに、かたりて、いは

하겠다.

34) 「よ【夜】밤」+「に[助詞]」+「いる【入る】[4]들어오(가)다」의 連用形「いり」+「て」.

35) 「ひそか【密か】[形動ナリ]남모르게. 몰래」의 連用形「ひそかに」+「その【其の】[連体]그」+「いへ→いえ【家】집」+「に[助詞]」+「いたる【至る・到る】[4]도착하다. 도달하다」의 未然形「いたら」+「しむ[助動]사역. ~시키다」의 連用形「しめ」+「て」.

36) 「つま【妻】처. 아내」+「に[助詞]」+「たいめん【対面】대면」+「す[サ変]하다」의 未然形「せ」+「しむ[助動]사역. ~시키다」.

37) 「つま【妻】처. 아내」+「は[助詞]」+「まこと【真・実・誠】[名]진짜. 진정. 거짓 없음」+「の[助詞]」+「だいわう【大王】대왕」+「の[助詞]」+「ごかう→ごこう【御幸】천자의 외출」+「なり[助動]단정・지정」+「と[助詞]~라고」+「おもふ【思ふ】[4]생각하다」의 連用形「おもひ」+「て」.

38) 「おおいに【大いに】[副]매우. 몹시. 많이」+「おどろく【驚く・愕く・駭く】[4]놀라다」의 連体形「おどろく」+「ばかり【許】[助詞]대략적인 정도. ~만. 현재 그런 상태」+「なり[助動]단정」의 連用形「に」+「して[助詞](連用形에 접속)상태를 나타냄. ~으로. ~의 상태로」.

39) 「おそれいる【恐れ入る・畏れ入る】[4]황송하다. 황공하다」의 連用形「おそれいり」+「て」+「せんかたなし【為ん方無し・詮方無し】[形ク]어찌할 방도가 없다. 견딜 수 없다」.

40) 「ここに【此に・是に・爰に・玆に】[接続]이야기를 시작하거나 또는 화제를 전환할 때 쓰는 말. 그런데. 그건 그렇고. 그래서」.

41) 「つま【妻】처. 아내」+「に[助詞]」+「むかふ【向かふ・対ふ】[4]향하다. 맞서다」의 連用形「むかひ」+「て」.

く42)、
⇨ 그런데 아내를 향해 슬며시 밝혀 이르길,

❏朕(ちん)、なんぢが、かほかたち43)、たぐひなき事[こと]をきくに44)、心[こころ]たゞ空[そら]にうかれて45)、
⇨ 짐이 네 얼굴 생김새가 견줄 바 없다는 것을 듣고서 마음이 그저 허공에 들떠서,

❏夢(ゆめ)ぢをたどることくなれバ46)、万機(ばんき)のまつりごとも47) 思[おも]ひとげられす48)。
⇨ 꿈길을 헤매는 것과 같으니 중요한 정사도 뜻대로 되지 않는다.

❏寝(いね)ておもひ、おきておもひ49)、おもひあまりのことの葉[は]

---

42) 「ひそか【密か】[形動ナリ]남모르게. 몰래」의 連用形 「ひそかに」+「かたる【語る】[4] 상대에게 전하다. 자초지종을 이야기하다」의 連用形 「かたり」+「て」+「いはく【曰く】말하길. 이르길」.

43) 「ちん【朕】[代]짐. 천자의 자칭(自稱)」+「なんぢ→なんじ【汝・爾】[代]아랫사람을 가리키는 말. 너」+「が[助詞]현대일본어〈の〉의 쓰임」+「かほかたち【顔貌・顔容・顔形】얼굴 생김새. 용모」.

44) 「たぐひなし【類無し】[形ク]비교할 것이 없다. 매우 빼어나다. 현저하다」의 連体形 「たぐひなき」+「こと【事】것. 일」+「を[助詞]」+「きく【聞く・聴く】[4]듣다」의 連体形 「きく」+「に[助詞]~하니. ~하는데」.

45) 「こころ【心】마음. 뜻. 생각」+「ただ【只・唯】[副]단지. 오직. 그저」+「そら【空】하늘」+「に[助詞]」+「うかる【浮かる】[下2]뜨다. 마음을 빼앗기다」의 連用形 「うかれ」+「て」.

46) 「ゆめぢ【夢路】꿈속에서 다니는 길. 꿈」+「を[助詞]」+「たどる【辿る】[4]찾다. 찾아 헤매다. 길을 따라 가다」의 連体形 「たどる」+「ごとし【如し】[助動]~와 같다. ~와 닮았다」의 連用形 「ごとく」(〈こ-〉는 無濁点표기)+「なり[助動]단정・지정」의 已然形 「なれ」+「ば[助詞]확정조건. 원인・이유」.

47) 「ばんき【万機】①수많은 중요한 일. 특히 정치상 수많은 중요한 일 ②제왕의 정무(政務). 천하의 정치」+「の[助詞]」+「まつりごと【政】제사(祭祀). 정치. 통치. 정사」+「も[助詞]」.

48) 「おもふ【思ふ】[4]생각하다」의 連用形 「おもひ」+「とぐ【遂ぐ】[下2]이루다. 완수하다. 성취하다」의 未然形 「とげ」+「らる[助動]수동・가능」의 未然形 「られ」+「ず[助動]부정」(〈ず〉는 無濁点표기).

49) 「いぬ【寝ぬ】[下2]자다」의 連用形 「いね」+「て」+「おもふ【思ふ・想ふ・憶ふ・念ふ】[4] 생각하다. 원하다. 기대하다. 상상하다. 결심하다. 걱정하다. 회상하다」의 連用形

を50)、せめてハ汝(なんぢ)にしらせんとて51)、玉[たま]のうてなを忍[しの]び出[いで]て52)、いま爰(こゝ)にきたれり53)。

⇨ 누워서 생각하고 일어나서 생각하여 사무치는 말을 적어도 너에게 알리려 하여 궁궐을 몰래 빠져나와서 지금 여기에 왔다.

☐ 今[いま]かたちを、ミるにつけて54)、聞[きき]しにハ、いやまさりて55)、露[つゆ]の命(いのち)ハ56)中(なか)＼／に、ながらふべくも、おほえず57)、

⇨ 이제 얼굴을 보니 들었던 것에 훨씬 뛰어넘어서, 덧없는 목숨은 어중간하게 이어질 것으로도 생각되지 않는다.

☐ たとひ、むなしくなるとても58)、汝(なんぢ)かために、きえん命(い

「おもひ」+「おく【起く】[上2]일어나다. 깨다」의 連用形「おき」+「て」+「おもふ【思ふ】[4]생각하다」의 連用形「おもひ」.

50) 「おもひあまる【思ひ余る】[4]지나치게 생각하다. 그리움에 견딜 수 없게 되다」의 連用形「おもひあまり」(명사로 쓰임)+「の[助詞]」+「ことのは【言の葉】말」+「を[助詞]」.

51) 「せめては[副]충분하지는 않지만. 어쩔 수 없으면」+「なんぢ【汝・爾】[代]너」+「に[助詞]」+「しらす【知らす・報す】[下2]알리다」의 未然形「しらせ」+「む[助動추량・의지]」→「ん」+「とて[助詞]인용. ~라 해서. ~라는 것으로. ~라는 이름으로」.

52) 「たまのうてな【玉の台】옥으로 꾸민 아름다운 건물. 훌륭한 궁궐」+「を[助詞]」+「しのぶ【忍ぶ】[上2]참다. 눈에 띄지 않게 하다. 남의 눈을 피하다」의 連用形「しのび」+「いづ【出づ】[下2]나오(가)다」의 連用形「いで」+「て」.

53) 「いま【今】현재. 지금」+「ここ【此処・此所・此・是・爰】[代]여기. 이것」+「に[助詞]」+「きたる【来る】[4]오다」의 命令形「きたれ」+「り[助動]완료・존속」.

54) 「いま【今】지금. 이제」+「かたち【形・容】모습. 용모」+「を[助詞]」+「みる【見る】[上1]보다」의 連体形「みる」+「に[助詞]」+「つく【付く・附く・着く・就く・即く】[下2]붙다」의 連用形「つけ」+「て」(〈~につけて〉의 꼴로 '~에 따라서. ~에 관련해서'의 뜻).

55) 「きく【聞く】[4]듣다」의 連用形「きき」+「き[助動]회상・과거」의 連体形「し」+「に[助詞]」+「は[助詞]」+「いやまさる【弥増さる】[4]점점 정도가 심해지다. 더욱 거세지다」의 連用形「いやまさり」+「て」.

56) 「つゆ【露】이슬. 매우 작은(적은) 것」+「の[助詞]」+「いのち【命】목숨」+「は[助詞]」.

57) 「なかなかに【中中に】[副]어정쩡하게. 차라리」+「ながらふ【存ふ・永らふ】[下2]같은 상태가 이어지다. 오래 살다」의 終止形「ながらふ」+「べし[助動]의무・당연・추량・가능 등」의 連用形「べく」+「も[助詞]」+「おぼゆ【覚ゆ】[下2]느껴지다. 생각되다. 저절로 떠오르다」의 未然形「おぼえ」+「ず[助動]부정」.

のち)ハ59)、又[また]さらに、おしからず60)。

⇨ 설령 죽더라도 너로 인해 사라질 목숨은 또한 조금도 아깝지 않다.

❏たゞねがハくは61)、汝(なんぢ)と朕(ちん)と心[こころ]とけて62)、かたらハん事[こと]を63)、天[てん]にいのる事[こと]日(ひ)久[ひさ]し64)、

⇨ 그저 바라기는 너와 짐이 마음을 풀고 가까워질 것을 하늘에 비는 일이 오래되었다.

❏つゝむとするに、ほころびて65)、今[いま]ハ、ひたすら色[いろ]にいでゝ66)、せんかたなさのあまりに67)、

---

58) 「たとひ【縱ひ・仮令・縱令】[副]만일. 비록」+「むなし【空し・虚し】[形シク]덧없다. 무상하다. 죽었다」의 連用形「むなしく」+「なる【成る・為る】[4]되다」의 終止形「なる」+「とも[助詞]역접의 가정조건. ~해도」.

59) 「なんぢ【汝・爾】[代]너」+「が[助詞]」(〈か〉는 無濁点表記)+「ため【為】[名]때문. 위함」+「に[助詞]」(〈~の(が)ために〉의 꼴로 '이익・이유・목적'의 뜻. ~때문에. ~위해)+「きゆ【消ゆ】[下2]사라지다. 끊어지다. 죽다」의 未然形「きえ」+「む[助動]추량・의지・완곡」의 連体形「む」→「ん」+「いのち【命】목숨」+「は[助詞]」.

60) 「また【又・亦・復】[副]달리. 또한」+「さらに【更に】[副]또한. 전혀 ~지 않다」+「をし【惜し・愛し】[形シク]사랑스럽다. 아깝다」의 連用形「をしから」(〈お〉는 歷史的仮名遣에 어긋남)+「ず[助動]부정」.

61) 「ただ【只・唯】[副]단지. 오직. 그저」+「ねがはくは【願はくは】[副]바라기는. 원하기는」.

62) 「なんぢ【汝・爾】[代]너」+「と[助詞]~와」+「ちん【朕】[代]짐」+「と[助詞]~와」+「こころとく【心解く】[下2]마음이 풀어지다. 편안해지다. 걸리적거림이 없어지다」의 連用形「こころとけ」+「て」.

63) 「かたらふ【語らふ】[4]서로 이야기 나누다. 친교하다. 약조하다」의 未然形「かたらは」+「む[助動]추량・의지」의 連体形「む」→「ん」+「こと【事】것. 일」+「を[助詞]」.

64) 「てん【天】하늘」+「に[助詞]」+「いのる【祈る・禱る】[4]기원하다. 기도하다. 바라다」의 連体形「いのる」+「こと【事】것. 일」+「ひ【日】날」+「ひさし【久し】[形シク]길다. 오래 경과하다」.

65) 「つつむ【包む・裹む・慎む】[4]싸다. 숨기다. 견디다. 삼가다」의 終止形「つつむ」+「と[助詞]」+「す[サ変]하다」의 連体形「する」+「に[助詞]~하니. ~하는데」+「ほころぶ【綻ぶ】[上2]꿰맨 곳이 터지다. 숨겼던 것이 밖으로 드러나다」의 連用形「ほころび」+「て」.

66) 「いま【今】지금. 이제」+「は[助詞]」+「ひたすら【頓・一向・只管】[副]오직. 오로지. 완

⇨ 숨기려 하는데 터져 나와서 이제는 고스란히 낯빛에 드러나 어찌할 바 없는 나머지,

☐ 都弥(とび)と朕(ちん)と、うとく成(なり)て68)、忍[しの]びて爰[ここ]にきたれり69)。

⇨ 도미와 내가 서먹해져서 슬그머니 여기에 왔다.

☐ 明日(ミやうにち)なんぢを、禁中(きんちう)にめしいれて70)妃(きさき)と、すべし71)。

⇨ 내일 너를 궁중으로 불러들여서 비로 삼겠다.

☐ 汝(なんぢ)ゆへに72)、まつりごとの、ミだれん、とする事[こと]を、いかに73)。」と、まことしく、かたりけり74)。

전히」+「いろ【色】색채. 안색. 표정」+「に助詞」+「いづ【出づ】[下2]나오(가)다」의 連用形「いで」+「て」.

67) 「せんかたなし【為ん方無し・詮方無し】[形ク]어찌할 방도가 없다」의 語幹「せんかたな」+「さ]接尾(형용사의 어간에 접속)그 정도나 상태를 나타내는 名詞를 만듦」+「の[助詞]」+「あまり【余り】(〈~のあまり〉의 꼴로)도를 넘은 ~때문에」+「に助詞」.

68) 「と[助詞]~와」+「ちん【朕】[代]짐」+「と[助詞]~와」+「うとし【疎し】[形ク]친하지 않다. 무뚝뚝하다. 무관심하다」의 連用形「うとく」+「なる【成る・為る】[4]되다」의 連用形「なり」+「て」.

69) 「しのぶ【忍ぶ】[上2]남의 눈을 피하다」의 連用形「しのび」+「て」+「ここ【此処・此所・此・是・爰】[代]여기」+「に助詞」+「きたる【来る】[4]오다」의 命令形「きたれ」+「り[助動]완료・존속」.

70) 「みやうにち→みょうにち【明日】명일. 내일. 이튿날」+「なんぢ【汝・爾】[代]너」+「を[助詞]」+「きんちゅう【禁中】금중. 궁중」+「に[助詞]」+「めしいる【召し入る】[下2]아랫사람을 안으로 불러들이다」의 連用形「めしいれ」+「て」.

71) 「きさき【后・妃・後宮】비」+「と[助詞]」+「す[サ変]하다」의 終止形「す」+「べし[助動]의 무・당연・추량・가능 등」.

72) 「なんぢ【汝・爾】[代]너」+「ゆゑ→ゆえ【故】때문. 이유. 까닭」(〈-へ〉는 정서법에 어긋남)+「に[助詞]」.

73) 「まつりごと【政】정사」+「の[助詞]현대일본어 〈が〉의 쓰임」+「みだる【乱る・紊る】[下2]혼란하다. 흐트러지다. 뒤섞이다. 소동이 일어나다」의 未然形「みだれ」+「む[助動]추량・완곡」→「ん」+「と[助詞]」+「す[サ変]하다」의 連体形「する」+「こと【事】것. 일」+「を[助詞]」+「いかに【如何に】[副]어떻게. 어찌. 어째서. 얼마나」.

⇨ 너로 인해 정사가 어지러워지려 하는 것을 어찌?라고 진짜처럼 이야기했다.

❏ 妻(つま)、これを聞[きき]て、いはく75)、「大[だい]わうに、まうごなし76)、ミづから、ともかくも77)、みことのりに、したがひたてまつらん78)。

⇨ 아내가 이를 듣고서 말하길 "대왕에게 망어가 없다. 나는 어찌됐든 어명에 따르겠습니다.

❏ ねがハくは、大[だい]わう、まづ79)、わが室(しつ)に、いり給[たま]へ80)。

⇨ 원컨대 대왕이 먼저 내 방에 드십시오.

❏ われも衣(ころも)をあらためて、まかりいでん81)。」と、いふて82)、

⇨ 나도 옷을 갈아입고 찾아뵙겠다."라고 하고,

---

74) 「まことし【真し・実し】[形シク]진짜인 모양. 정말인 것 같은 모양」의 連用形「まことしく」+「かたる【語る】[4]상대에게 전하다. 자초지종을 이야기하다」의 連用形「かたり」+「けり[助動]회상・과거」.

75) 「つま【妻】처. 아내」+「これ【此・是】[代]이것. 이사람」+「を[助詞]」+「きく【聞く】[4]듣다」의 連用形「きき」+「て」+「いはく【曰く】말하길. 이르길」.

76) 「だいわう【大王】대왕」+「に[助詞]」+「まうご→もうご【妄語】망어. 오악(五悪)・십악(十悪)의 하나. 거짓말하는 것」+「なし【無し】[形ク]없다」.

77) 「みづから【自ら】[名]자기 자신. 나 [副]스스로. 친히」+「ともかくも[副]아무래도. 어떻게든」.

78) 「みことのり【詔・勅】천자의 말씀. 조칙(詔勅). 칙명」+「に[助詞]」+「したがふ【従ふ・随ふ・順ふ】[4]말하는 대로 따르다. 거스르지 않다. 맡기다」의 連用形「したがひ」+「たてまつる[助動]겸양. ~해드리다」의 未然形「たてまつら」+「む[助動]추량・의지」→「ん」.

79) 「ねがはくは【願はくは】[副]바라기는. 원하기는」+「だいわう【大王】대왕」+「まづ→まず【先ず】[副]우선. 먼저」.

80) 「わが【我が・吾が】[連体]나의. 자신의」+「しつ【室】실. 방」+「に[助詞]」+「いる【入る】[4]들어가다」의 連用形「いり」+「たまふ【給ふ】[助動]존경」의 命令形「たまへ」.

81) 「われ【我・吾】[代]나」+「も[助詞]」+「ころも【衣】옷」+「を[助詞]」+「あらたむ【改む・革む】[下2]고치다. 바꾸다. 새로이 하다」의 連用形「あらため」+「て」+「まかりいづ【罷り出づ】[下2]귀인 앞에서 물러나다. 찾아가다」의 未然形「まかりいで」+「む[助動]추량・의지」→「ん」.

82) 「と[助詞]~라고」+「いふ【言ふ・云ふ】[4]말하다」+「て」.

❏ 奧(おく)ふかくいざなひ入(いれ)83)、一人[ひとり]のわかき女[にょう]
バウを84)、うつくしく、かざりたて丶、すゝめたり85)。

　⇨ 안쪽 깊이 이끌어 들이고 한 젊은 시녀를 아름답게 치장해서 올렸다.

❏ 大[だい]わう、まことに86)心[こころ]よくハ、かたふきたり、と、おも
ひて87)、すなハち夜(よ)も、あけゝれば88)、禁中(きんちう)にめしい
れん、と、するに89)、

　⇨ 대왕이 정말로 흔쾌히 기울었다고 생각하여 이내 밤도 밝았기에 궁중으로 불러들이려 하는데,

❏ おもひのほかに、きたらざりけるより90)、今宵(こよひ)すゝめたる女

---

83) 「おく【奧】안쪽」+「ふかし【深し】[形ク]깊다」의 連用形「ふかく」+「いざなふ【誘ふ】[4]권하다. 안내하다」의 連用形「いざなひ」+「いる【入る·容る】[下2]안으로 옮기다. 넣다」의 連用形「いれ」.

84) 「ひとり【一人·獨り】한 사람. 혼자」+「の[助詞]」+「わかし【若し·稚し】[形ク]어리다. 젊다」의 連體形「わかき」+「にょうばう→にょうぼう【女房】귀족 집에서 일하는 여자. 부인. 여자」+「を[助詞]」.

85) 「うつくし【美し·愛し】[形シク]아름답다」의 連用形「うつくしく」+「かざりたつ【飾り立つ】[下2]눈에 띄게 매우 꾸미다. 요란하게 치장하다」의 連用形「かざりたて」+「て」+「すすむ【勸む·奬む·薦む】[下2]권유하다. 장려하다. 추천하다. 바치다. 내밀다」의 連用形「すすめ」+「たり[助動]완료·존속」.

86) 「だいわう【大王】대왕」+「まことに【真に·實に·誠に】[副]정말로. 거짓 없이. 매우」.

87) 「こころよし【快し】[形ク]기분이 좋다. 유쾌하다. 흥겹다」의 連用形「こころよく」+「は[助詞]」+「かたぶく【傾く】[4]기울어지다. 치우치다. 기울다. 수상쩍게 여기다. 불안정해지다」의 連用形「かたぶき」(〈-ふ-〉는 無濁点表記)+「たり[助動]완료·존속」+「と[助詞]~라고」+「おもふ【思ふ】[4]생각하다」의 連用形「おもひ」+「て」.

88) 「すなはち【即ち·則ち】[副]곧바로. 즉시」+「よ【夜】밤」+「も[助詞]」+「あく【明く】[下2]밝아지다. 아침이 되다」의 連用形「あけ」+「けり[助動]회상·과거」의 已然形「けれ」+「ば[助詞]확정조건. 원인·이유」.

89) 「きんちゅう【禁中】금중. 궁중」+「に[助詞]」+「めしいる【召し入る】[下2]아랫사람을 안으로 불러들이다」의 未然形「めしいれ」+「む[助動]추량·의지」→「ん」+「と[助詞]」+「す[サ変]하다」의 連體形「する」+「に[助詞]~하니. ~하는데」.

90) 「おもひのほか【思ひの外】예상과 달리. 뜻밖에」+「に[助詞]」+「きたる【来る】[4]오다」의 未然形「きたら」+「ざり[助動]부정」의 連用形「ざり」+「けり[助動]회상·과거」의 連體形「ける」+「より[助詞]동작·장소·시간의 起點. ~부터」(또는 〈よる【因る·由る·拠

[にょう]バうハ⁹¹⁾、都弥(とび)がまことの妻(つま)にハ、あらざりける事[こと]]を、さとりて⁹²⁾、

⇨ 뜻밖에 오지 않았기에 오늘밤 올린 여자는 도미의 진짜 아내가 아니었다는 것을 알아차리고,

☐かれがために⁹³⁾、あざむかれける、くちおしさよと⁹⁴⁾、かいろう王(わう)、大[おおい]に、いかりて⁹⁵⁾、

⇨ 그로 인해 웃음거리가 되었던 분함이라고 개루왕이 크게 노해서,

☐すなハち⁹⁶⁾都弥(とび)に、無実(むじつ)の罪(ツミ)を⁹⁷⁾、をふせ⁹⁸⁾、

る·依る】[4]기인하다. 의거하다. ~에 따르다〉의 連用形〈より〉).

91) 「こよひ【今宵】오늘밤. 어젯밤」+「すすむ【勧む·奨む·薦む】[下2]바치다. 내밀다」의 連用形「すすめ」+「たり[助動]완료·존속」의 連体形「たる」+「にようばう【女房】시녀. 부인」.

92) 「が[助詞]현대일본어〈の〉의 쓰임」+「まこと【真·実·誠】[名]진짜. 진정. 거짓 없음」+「の[助詞]」+「つま【妻】처. 아내」+「に[助詞]」+「は[助詞]」+「あり【有り】[ラ変]있다」(〈-にあり〉는 현대일본어〈-である〉의 쓰임)의 未然形「あら」+「ざり[助動]부정」(〈あらざり〉는 현대일본어의〈ない〉에 해당)의 連用形「ざり」+「けり[助動]회상·과거」의 連体形「ける」+「こと【事】것. 일」+「を[助詞]」+「さとる【悟る·覚る】[4]알다. 깨닫다. 알아차리다」의 連用形「さとり」+「て」.

93) 「かれ【彼】[代]그. 저사람」+「が[助詞]」+「ため【為】[名]때문. 위함」(助詞인〈の·が〉또는 用言의 連体形에 접속하여 '이익·이유·목적'의 뜻. ~때문에. ~위해)+「に[助詞]」.

94) 「あざむく【欺く】[4]속이다. 놀리다. 업신여기다」의 未然形「あざむか」+「る[助動]수동·존경」의 連用形「れ」+「けり[助動]회상·과거」의 連体形「ける」+「くちをし【口惜し】[形シク]분하다」의 語幹「くちをし」(〈-お〉는 歷史的仮名遣에 어긋남)+「さ[接尾](형용사의 어간에 접속)그 정도나 상태를 나타내는 名詞를 만듦」+「よ[終助詞]~다」+「と[助詞]~라고」.

95) 「おおいに【大いに】[副]매우. 몹시. 많이」+「いかる【怒る】[4]화내다. 노하다」의 連用形「いかり」+「て」.

96) 「すなはち→すなわち【即ち·則ち】[副]곧바로. 즉시. 그래서. 즉」.

97) 「に[助詞]~에게」+「むじつ【無実】죄가 없는데 죄가 있는 것으로 뒤집어쓰는 것. 원죄(冤罪)」+「の[助詞]」+「つみ【罪】죄」+「を[助詞]」.

98) 이는 문맥상「おほす【負す·課す·仰す】[下2]짊어지게 하다. 죄를 씌우다. 책임지게 하다」의 連用形「おほせ」으로 봐야겠는데 확실치 않다.

すなハち、とらへて99)、
⇨ 곧 도미에게 없는 죄를 씌워서 곧바로 붙잡아서,

❏両[りょう]のまなこをくじり出[いだ]してのち100)、舟[ふね]にのせて101)、いづくともなく、ながしつゝ102)、
⇨ 두 눈알을 도려낸 후에 배에 태워서 어딘지도 모르게 유배 보내고서,

❏さて、その妻(つま)を禁中(きんちう)に、めしいれて103)、心[こころ]のまゝに、をかさん、とす104)。
⇨ 그리고 그 아내를 궁중으로 불러들여서 마음껏 범하려 한다.

❏妻(つま)のいはく105)、「わが夫(おつと)ハ106)、行[ゆく]かたしらず、うせたり107)、

---

99) 「すなはち【即ち・則ち】[副]곧바로. 즉시」+「とらふ【捕らふ・捉ふ】[下2]붙들다. 붙잡다. 포박하다」의 連用形「とらへ」+「て」.

100) 「りやう→りょう【両】양」+「の[助詞]」+「まなこ【眼】안구. 눈. 검은자위」+「を[助詞]」+「くじる【抉る・挑る】[4]구멍을 뚫다. 파서 안에서 빼내다」의 連用形「くじり」+「いだす【出す】[4]내보내다」의 連用形「いだし」+「て」+「のち【後】후」.

101) 「ふね【船・舟・槽】배」+「に[助詞]」+「のす【乗す・載す】[下2]태우다. 싣다」의 連用形「のせ」+「て」.

102) 「いづく【何処】[代]어디」+「と[助詞]~라고」+「も[助詞]~도」+「なし【無し】[形ク]없다. 아니다」의 連用形「なく」+「ながす【流す】[4]흘리다. 유배형에 처하다」의 連用形「ながし」+「つつ[助詞]같은 동작의 반복・계속 등. ~하면서. ~해 두고 나서」.

103) 「さて[接続]그리고. 그런데. 한편」+「その【其の】[連体]그」+「つま【妻】처. 아내」+「を[助詞]」+「きんちゅう【禁中】금중」+「に[助詞]」+「めしいる【召し入る】[下2]아랫사람을 안으로 불러들이다」의 連用形「めしいれ」+「て」.

104) 「こころのまま【心の儘】생각대로. 마음껏」+「に[助詞]」+「をかす【犯す・侵す・冒す】[4]범하다. 거스르다. 더럽히다」의 未然形「をかさ」+「む[助動]추량・의지」→「ん」+「と[助詞]」+「す[サ変]하다」.

105) 「つま【妻】처. 아내」+「の[助詞]현대일본어〈が〉의 쓰임」+「いはく【曰く】말하길. 이르길」.

106) 「わが【我が・吾が】[連体]나의. 자신의」+「をつと→おっと【夫】지아비」(〈お〉는 歷史的仮名遣에 어긋남)+「は[助詞]」.

107) 「ゆくかた【行方】향하는 방향. 행선지. 행방」+「しる【知る】[4]알다」의 未然形「し

⇨ 아내가 말하길 "내 남편은 어디 갔는지 모르게 사라졌다.

❏ われ今[いま]、独[ひと]り身[み]にして108)、この身[み]をたに109)、心[こころ]のまゝに、節(せつ)をたもつこと、あたハず110)、

⇨ 나는 이제 혼자 몸으로서 이 몸조차 뜻대로 절개를 지킬 수 없다.

❏ 夫(おつと)をうしなひてハ111)、又[また]たのむかたなし112)。

⇨ 남편을 잃어서는 달리 기댈 곳이 없다.

❏ このうへに113)、大[だい]わうの命(めい)に、したかひ奉[たてまつ]らずハ114)、又[また]わがいのち、あるべからず115)。

⇨ 더 이상 대왕의 명에 따르지 않으면 또한 내 목숨은 없을 것이다.

ら」+「ず[助動부정]」의 連用形 「ず」+「うす【失す】[下2]사라지다. 죽다」의 連用形 「うせ」+「たり[助動완료・존속]」.

108) 「われ【我・吾】[代]나」+「いま【今】지금. 이제」+「ひとりみ【独り身】혼자. 독신. 홀몸」+「なり[助動단정]」의 連用形 「に」+「して[助詞(連用形에 접속)]상태를 나타냄. ~으로. ~의 상태로」(〈にして[連語]〉는 현대일본어 〈~で〉의 쓰임).

109) 「この【此の・斯の】[連体]이」+「み【身】몸. 자신. 자기」+「を[助詞]」+「だに[助詞]~조차. ~만. ~라도」(〈た-〉는 無濁点표기).

110) 「こころのまま【心の儘】생각대로. 마음껏」+「に[助詞]」+「せつ【節】절개」+「を[助詞]」+「たもつ【保つ】[4]지키다. 유지하다」의 連体形 「たもつ」+「こと【事】것. 일」+「あたふ【能ふ・適ふ】[4]할 수 있다. 적합하다」의 未然形 「あたは」+「ず[助動부정]」.

111) 「をつと→おっと【夫】지아비」+「を[助詞]」+「うしなふ【失ふ】[4]잃다. 빼앗기다」의 連用形 「うしなひ」+「て」+「は[助詞]」.

112) 「また【又・亦・復】[副]다시. 달리. 또한」+「たのむ【頼む・恃む・憑む】[4]상대에게 기대다. 기대하다. 신용하다. 맡기다」의 連体形 「たのむ」+「かた【方】방향. 쪽」+「なし【無し】[形]없다」.

113) 「このうへ【此の上】[連語]더 이상」+「に[助詞]」.

114) 「だいわう【大王】대왕」+「の[助詞]」+「めい【命】명」+「に[助詞]」+「したがふ【從ふ・隨ふ・順ふ】[4]따르다」의 連用形 「したがひ」(〈-か〉는 無濁点표기)+「たてまつる[助動겸양. ~해드리다」의 未然形 「たてまつら」+「ずは：(助詞〈ず〉+〈は〉의 형태)①~하지 않고 ②가정조건. 만일 ~가 아니라면」.

115) 「また【又・亦・復】[副]다시. 또한」+「わが【我が・吾が】[連体]나의. 자신의」+「いのち【命】목숨」+「あり【有り】[ラ変]있다」의 連体形 「ある」+「べかり[助動추량・가능 등]」의 未然形 「べから」+「ず[助動부정]」.

❏ねがハくは、一二日[いちににち]のいとまを給[たま]ハるへし116)、
⇨ 원컨대 하루 이틀의 말미를 주십시오.

❏家[いえ]をとゝのへて後(のち)117)、禁中(きんちう)にまいりて118)、大[だい]わうに、つかへ侍[は]へらん119)。」と申[もう]す120)。
⇨ 집을 정리한 연후에 궁중에 가서 대왕에게 섬기겠습니다."라고 한다.

❏大[だい]わう、まことゝ思[おも]ひて、これをゆるす121)。
⇨ 대왕이 정말이라고 생각해서 이를 허락한다.

❏妻(つま)、夜[よ]にまぎれて122)、家[いえ]をにげ出[いで]つゝ123)、江(え)のほとりに、いたりけれども124)、舟[ふね]なくして125)渡[わた]る

---

116) 「ねがはくは【願はくは】[副]바라기는. 원하기는」+「いち【一】1」+「に【二】2」+「にち【日】일」+「の[助詞]」+「いとま【暇・遑】휴가. 사직. 이별. 면제하여 떠나게 하는 일. 해고」+「を[助詞]」+「たまはる【賜る・給はる】[4]①받다(겸양어) ②주시다(존경어)」의 終止形「たまはる」+「べし[助動]의무・당연・추량・가능 등」(〈へ〉는 無濁点 표기).

117) 「いへ→いえ【家】집」+「を[助詞]」+「ととのふ【調ふ・整ふ・斉ふ】[下2]정돈하다. 맞추다. 갖추다. 준비하다」의 連用形「ととのへ」+「て」+「のち【後】후」.

118) 「きんちゅう【禁中】금중」+「に[助詞]」+「まゐる【参る】[4]궁중이나 신분이 높은 사람이 있는 곳으로 가다」의 連用形「まゐり」(〈-ぃ〉는 歷史的仮名遣에 어긋남)+「て」.

119) 「だいわう【大王】대왕」+「に[助詞]」+「つかふ【仕ふ】[下2]①윗사람 가까이에서 섬기다. 모시다 ②관직을 수행하다」의 連用形「つかへ」+「侍(はべ)り[助動]격식・정중」의 未然形「はべら」(〈-へ〉는 無濁点표기)+「む[助動]추량・의지」→「ん」.

120) 「と[助詞]~라고」+「まうす[4]→もうす【申す】[5]말하다・고하다'의 겸양어. 부탁드리다」.

121) 「だいわう【大王】대왕」+「まこと【真・実・誠】[名]진짜. 진정. 거짓 없음」+「と[助詞]~라고」+「おもふ【思ふ】[4]생각하다」의 連用形「おもひ」+「て」+「これ【此・是】[代]이것. 이사람」+「を[助詞]」+「ゆるす【許す・赦す】[4]풀어주다. 승낙하다. 허가하다」.

122) 「つま【妻】처. 아내」+「よ【夜】밤」+「に[助詞]」+「まぎる【紛る】[下2]뒤섞이다. 구별하기 어렵게 되다. 숨다」의 連用形「まぎれ」+「て」.

123) 「いへ→いえ【家】집」+「を[助詞]」+「にぐ【逃ぐ】[下2]도망치다」의 連用形「にげ」+「いづ【出づ】[下2]나오(가)다」의 連用形「いで」+「つつ[助詞]같은 동작의 반복・계속 등. ~하면서. ~해 두고 나서」.

124) 「え【江】원래 강이나 바다 호수 등에 대한 일반적인 호칭인데, 바다나 호수의

事[こと]あたハず126)。

⇨ 아내는 밤을 틈타서 집을 도망쳐 나와서 강가에 다다랐지만 배가 없어서 건널 수 없다.

❏ 天[てん]にあふぎて、よバひなげきけるに127)、天[てん]、そのまことを、かんじ給[たま]ふ故[ゆえ]にや128)、たちまちに舟[ふね]一[いっ]そう、うかひきたれり129)。

⇨ 하늘에 우러러 애원했는데 하늘이 그 진정을 감동하신 까닭인지 느닷없이 배 한 척이 떠내려 왔다.

❏ これに、とりのりて130)、泉城嶋(せんじやうたう)といふ嶋(しま)に、いたりつきて131)、

일부분이 육지로 파고 들어와 있는 곳을 가리키는 경우가 많음」+「の[助詞]」+「ほとり[辺] 주변. 근처」+「に[助詞]」+「いたる【至る・到る】[4]도착하다. 도달하다」의 連用形「いたり」+「けり[助動]회상・과거」의 已然形「けれ」+「ども[助詞]역접」.

125) 「ふね【船・舟・槽】배」+「なし【無し】[形ク]없다」의 連用形「なく」+「して[接続助詞] 상태를 나타냄. ~로서. ~인 상태로」.

126) 「わたる【渡る・渉る】[4]건너다」의 連体形「わたる」+「こと【事】것. 일」+「あたふ【能ふ・適ふ】[4]할 수 있다」의 未然形「あたは」+「ず[助動]부정」.

127) 「てん【天】하늘」+「に[助詞]」+「あふぐ【仰ぐ】[4]우러러보다. 존경하다」의 連用形「あふぎ」+「て」+「よばふ【呼ばふ・喚ばふ】[4]계속 부르다. 호소하다」의 連用形「よばひ」+「なげく【嘆く・歎く】[4]한숨짓다. 탄식하다. 슬퍼하다. 절망하다. 애원하다. 호소하다」의 連用形「なげき」+「けり[助動]회상・과거」의 連体形「ける」+「に[助詞]~하니. ~하는데」.

128) 「てん【天】하늘」+「その【其の】[連体]그」+「まこと【真・実・誠】[名]진짜. 진정. 거짓 없음」+「を[助詞]」+「かんず【感ず】[サ変]①자극을 받다. 느끼다 ②마음에 생각하다 ③마음이 움직이다. 감동하다」의 連用形「かんじ」+「たまふ【給ふ】[助動]존경」의 連体形「たまふ」+「ゆゑ→ゆえ【故】이유. 때문」+「にや(くなり[助動]단정・지정)의 連用形〈に〉에 〈や[係助詞]의문・질문〉가 접속한 형태」문말에 사용하여 '의문'의 뜻. ~인 것인가?」.

129) 「たちまち【忽ち】[名・副]갑자기. 곧」+「に[助詞]」+「ふね【船・舟・槽】배」+「いっそう【一艘】한 척」+「うかぶ【浮かぶ】[4]뜨다. 물위로 나오다」의 連用形「うかび」(-ひ는 無濁点표기)+「きたる【来る】[4]오다」의 命令形「きたれ」+「り[助動]완료・존속」.

130) 「これ【此・是】[代]이것. 이사람」+「に[助詞]」+「とる【取る・執る】[4]잡다」의 連用形「とり」+「のる【乗る】[4]타다」의 連用形「のり」+「て」.

⇨ 이에 집어타고 천성도라고 하는 섬에 다다라서,

❏ その夫(おつと)に、ゆきあふたりければ132)、いまだ死[し]なずして133)、草[くさ]の根(ね)をほりて134)、命(いのち)をつなぐ食(しよく)とせり135)。

⇨ 그 남편과 만났더니 아직 죽지 아니하고 풀뿌리를 파서 목숨을 잇는 음식으로 삼았다.

❏ つひに妻(つま)ともろともに136)、高勾麗(かうこうらい)にいたりて137)、旅たびやにして終(おハ)りけり138)。

⇨ 끝내 아내와 함께 고구려에 이르러서 객사에서 죽었다.

---

131) 「と[助詞]~라고」+「いふ【言ふ・云ふ】[4]말하다」의 連体形「いふ」+「しま【島・嶋】섬」+「に[助詞]」+「いたりつく【至り着く】[4]목적지에 다다르다. 도착하다」의 連用形「いたりつき」+「て」.

132) 「その【其の】[連体]그」+「をつと→おっと【夫】지아비」+「に[助詞]」+「ゆきあふ【行き合ふ・行き逢ふ】[4]나아가서 마주치다」(문법적으로는 連用形인〈ゆきあひ〉가 쓰여야 함)+「たり[助動]완료・존속」의 連用形「たり」+「けり[助動]회상・과거」의 已然形「けれ」+「ば[助詞]확정조건. 원인・이유」.

133) 「いまだ【未だ】[副]아직. 여전히」+「しぬ【死ぬ】[ナ変]죽다」의 未然形「しな」+「ず[助動]부정」의 連用形「ず」+「して[助詞](連用形에 접속)~인 상태로」.

134) 「くさ【草】풀」+「の[助詞]」+「ね【根】뿌리」+「を[助詞]」+「ほる【掘る】[4]파내다. 뚫다」의 連用形「ほり」+「て」.

135) 「いのち【命】목숨」+「を[助詞]」+「つなぐ【繋ぐ】[4]잇다. 끊어지지 않게 하다」의 連体形「つなぐ」+「しよく【食】식사. 음식」+「と[助詞]~로」+「す[サ変]하다」의 命令形「せ」+「り[助動]완료・존속」.

136) 「つひに→ついに【終に・遂に】[副]결국. 마침내」(〈ゐ〉는 정서법에 어긋남)+「つま【妻】처. 아내」+「と[助詞]~와」+「もろとも【諸共】[形動ナリ]함께 하는 모양. 같이. 동시」의 連用形「もろともに」.

137) 「かうくり→こうくり【高句麗・高勾麗】고구려」(〈勾〉를〈コウ〉로 읽은 것은 漢音)+「に[助詞]」+「いたる【至る・到る】[4]도착하다. 도달하다」의 連用形「いたり」+「て」.

138) 「たびや【旅屋】역참에서 객을 머물게 하는 곳」+「に[助詞]」+「して[助詞]」(〈にして[連語]〉는 장소나 때를 나타냄. ~에서. ~에)+「をはる【終はる】[4]끝나다. 끝내다. 죽다」의 連用形「をはり」(〈お〉는 歴史的仮名遣에 어긋남)+「けり[助動]회상・과거」.

31. 崔(さい)氏(し)奮(ふるひ)罵(のる)
최 씨가 떨쳐 욕설하다

❑ 高麗(かうらい)国(こく)の烈婦(れつふ)、崔(さい)氏(し)ハ[1]、霊巌(れいがん)と、いふところの士人(しにん)[2]、仁祐(じんゆう)と、いふものゝ、むすめなり[3]。

　⇨ 고려국의 열부 최 씨는 영암이라 하는 곳의 선비 인우라고 하는 사람의 딸이다.

❑ 晉州(しんじう)の戸長(こちやう)[4]、鄭満(ていまん)が妻(つま)と成なり]て[5]、四人[よにん]の子(こ)を、うめり[6]。

　⇨ 진주의 호장 정만의 아내가 되어서 네 아이를 낳았다.

---

1) 「かうらい→こうらい【高麗】고려」+「こく【国】국」+「の[助詞]」+「れっぷ【烈婦】열부. 열녀」+「さい【崔】최」+「し【氏】씨」+「は[助詞]」.

2) 「と[助詞]~라고」+「いふ【言ふ·云ふ】[4]말하다」의 連体形「いふ」+「ところ【所·処】곳」+「の[助詞]」+「しじん【士人】사인. 사무라이. 인사」(『広辞苑』 등에는 〈しにん〉으로 읽은 예가 없다. 〈人〉은 〈ジン(漢音)〉〈ニン(呉音)〉이다. 〈표준국어대사전〉에는 〈사인(士人)〉이 '벼슬을 하지 않은 선비'로 풀이되어 있다).

3) 「と[助詞]~라고」+「いふ【言ふ·云ふ】[4]말하다」의 連体形「いふ」+「もの【者】자. 사람」+「の[助詞]」+「むすめ【娘】딸. 젊은 미혼여성」+「なり[助動]단정·지정」.

4) 「戸長」에 대해서는 〈표준국어대사전〉에 「고을 구실아치의 우두머리. (고려) 성종 2년(983)에 당대등을 고친 것이다」라는 풀이가 있다. 한편 『広辞苑』의 설명은 다음과 같다. 「こちやう→こちょう【戸長】메이지(明治) 초기 정촌제(町村制) 시행 이전에 정촌(町村)에 두었던 자리. 행정사무를 관장함과 더불어 정촌(町村)의 대표를 한다는 성격도 가졌다. 1889년 폐지」.

5) 「が[助詞]현대일본어〈の〉의 쓰임」+「つま【妻】처. 아내」+「と[助詞]」+「なる【成る·為る】[4]되다」의 連用形「なり」+「て」.

6) 「よにん【四人】4명」+「の[助詞]」+「こ【子】아이. 자식」+「を[助詞]」+「うむ【産む·生む】[4]낳다. 출산하다」의 命令形「うめ」+「り[助動]완료·존속」.

□其[その]季(おとご)ハ7)、いまだ襁褓(むつき)の中[なか]に、あり8)。
⇨ 그 막내는 아직 강보 안에 있다.

□洪武(こうぶ)つちのとのひつじのとしに、あたりで9)、倭(わ)国(こく)の賊(ぞく)10)、晉州(しんじう)に、よせ来(きた)る11)。
⇨ 홍무 기미년에 이르러 왜나라의 도적이 진주에 밀려온다.

□郡[こおり]の12)男女(なんぢよ)13)おそれて、にげまどふをりふし14)、鄭満(ていまん)は、事[こと]の用(よう)有[あり]て15)、京[みやこ]に行[ゆき]たりし留主(るす)なり16)。
⇨ 고을의 남녀가 두려워해서 도망치려 허둥지둥하는 그때 정만은 일이 있어서 도읍

---

7) 「その【其の】[連体]그」+「おとご【弟子・乙子】막내」(〈季〉는 音으로는 〈キ(呉・漢音)〉訓으로는 〈すえ〉인데 여기에 '막내'라는 뜻이 있다. 아울러 '막내'의 뜻인 〈すえこ〉를 〈末子・季子〉로 쓴다)+「は助詞」.

8) 「いまだ【未だ】[副]아직. 여전히」+「むつき【襁褓】막 태어난 아이에게 입히는 옷. 강보」+「の[助詞]」+「なか【中】안. 가운데」+「に[助詞]」+「あり【有り】[ラ変]있다」.

9) 「こうぶ【洪武】홍무. 명(明)나라 태조 때 연호(1368~1398)」+「つちのと【己】기. 십간(十干;じっかん)의 여섯 번째」+「の[助詞]」+「ひつじ【未】미. 십이지(十二支;じゅうにし)의 여덟 번째」+「の[助詞]」+「とし【年】해. 년」+「に[助詞]」+「あたる【当たる・中る】[4]닿다. 해당하다. 딱 그 시기다」의 連用形「あたり」+「て」.

10) 「わこく【倭国・和国】왜국. 한(漢)나라 이래 중국에서 일본을 부르는 말」+「の[助詞]」+「ぞく【賊】도둑」.

11) 「に[助詞]」+「よす【寄す】[下2]다가오다」의 連用形「よせ」+「きたる【来る】[4]오다」.

12) 「こほり→こおり【郡】군. 고을」+「の[助詞]」.

13) 「男女」는「だんぢょ→だんじょ」나「なんにょ」로 읽는다.「男」은「ダン(漢音)・ナン(呉音)」,「女」는「ヂョ→ジョ(漢音)・ニョ(呉音)」이다.

14) 「おそる【恐る・畏る・怖る・懼る】[下2]두려워하다. 무서워하다. 우려하다」의 連用形「おそれ」+「て」+「にげまどふ【逃げ惑ふ】[4]도망치려 우왕좌왕하다」의 連体形「にげまどふ」+「をりふし→おりふし【折節】[名]바로 그때. 그때그때. 시절. 계절」.

15) 「は助詞」+「こと【事】어떤 일. 사건. 대사」+「の[助詞]」+「よう【用】일. 역할」+「あり【有り】[ラ変]있다」의 連用形「あり」+「て」.

16) 「みやこ【都・京】도읍」+「に[助詞]」+「ゆく【行く】[4]가다」의 連用形「ゆき」+「たり[助動]완료・존속」+「き[助動]회상・과거」의 連体形「し」+「るす【留守・留主】부재」+「なり[助動]단정・지정」.

으로 가서 부재중이다.

❏賊ぞく]、すでに、ちかづき来[きた]る17)。
　⇨ 적이 이미 다가온다.

❏しかるに、崔(さい)氏(し)18)、年(とし)まさに三十[さんじゅう]あまりにして19)、かたち、いまだ、をとろへず20)、姿(すがた)かゝり21)世[よ]にうるハし22)。
　⇨ 그런데 최 씨는 나이가 이제 서른 남짓으로 용모가 아직 허물어지지 않고 자태가 이러하고 세상에 곱다.

❏ミづから四人[よにん]の子[こ]を、つれて23)、山中[さんちゅう]をさして24)、はしりにげゝれども25)、賊(ぞく)さきゝ／より、かけ出[いで]

---

17) 「ぞく【賊】도둑」+「すでに【既に・已に】[副]이미. 벌써. 이제. 틀림없이」+「ちかづく【近付く】[4]가까워지다. 다가오다」의 連用形「ちかづき」+「きたる【来る】[4]오다」.

18) 「しかるに【然るに】[接続]그런데. 하지만. 그건 그렇고」+「さい【崔】최」+「し【氏】씨」.

19) 「とし【年・歳】해. 나이」+「まさに【正に】[副]①틀림없이. 분명 ②바로 지금. 이제라도」+「さんじゅう【三十】30」+「あまり【余】여. 남음」+「なり[助動]단정」의 連用形「に」+「して[助詞]」(〈にして[連語]〉는 장소나 때를 나타냄. ~에서. ~에).

20) 「かたち【形・容】모습. 용모」+「いまだ【未だ】[副]아직. 여전히」+「おとろふ[下2]→おとろえる【衰える】[下1]약한 상태가 되다. 쇠약하다. 수척해지다」의 未然形「おとろへ」(〈を-〉는 정서법에 어긋남)+「ず[助動]부정」의 連用形「ず」.

21) 「すがた【姿】모습. 인상」+「かかり：〈かく【斯く・是く】이렇게〉에 〈あり【有り】[ラ変]있다〉가 이어진 말. 이러하다」.

22) 「よ【世】세상」+「に[助詞]」+「うるはし【麗し・美し・愛し】[形シク]단정하다. 기분이나 표정이 밝다」.

23) 「みづから→みずから【自ら】[名]자기 자신. 나 [副]스스로. 친히」+「よにん【四人】4명」+「の[助詞]」+「こ【子】아이. 자식」+「を[助詞]」+「つる【連る】[下2]동행하다」의 連用形「つれ」+「て」.

24) 「さんちゅう【山中】산중」+「を[助詞]」+「さす【差す・指す】[4]그 방향을 가리키다. 그 쪽으로 향하다」의 連用形「さし」+「て」.

25) 「はしる【走る・奔る】[4]뛰다. 달리다」의 連用形「はしり」+「にぐ【逃ぐ】[下2]도망치다」의 連用形「にげ」+「けり[助動]회상・과거」의 已然形「けれ」+「ども[助詞]역접」. 〈본문〉에는 「はしりにげゝけれども」로 되어 있으나 일본〈国文学研究資料館〉의 「三

⇨ 몸소 네 아이를 데리고 산속을 향해 내달려 도망쳤지만 도적이 가는 곳마다 뛰쳐 나와서,

☐ つゐに、崔(さい)氏(し)をとらへ27)、かたなをぬきて、おびやかす28)。

⇨ 끝내 최 씨를 붙잡아 칼을 뽑아 위협한다.

☐ 崔(さい)氏(し)、木[き]をいだきて29)、これを、こばみ、ふせぎつゝ30)、罵(のり)て、いはく31)、

⇨ 최 씨는 나무를 껴안고서 이를 물리쳐 막으면서 욕설하여 이르길,

☐ 「大[だい]賊(ぞく)等(ら)32)、われ汝(なんぢ)らに、けがされて33)、命(いのち)いきんよりハ34)、義(ぎ)をまもりて死し]なんにハ35)。」と。

綱行實圖」를 살펴보니「はしりにげゝれども」이므로 바로잡아 제시하고 풀이한다.

26)「ぞく【賊】도둑」+「さきざき【先先】장래. 향하는 곳의 여기저기」+「より[助詞]기점. ~로부터」+「かけいづ【駆け出づ】[下2]달려 나오다」의 連用形「かけいで」+「て」.

27)「つひに→つゐに【終に・遂に】[副]결국. 마침내(〈-ゐ〉는 정서법에 어긋남)+「さい【崔】최」+「し【氏】씨」+「を[助詞]」+「とらふ【捕らふ・捉ふ】[下2]손으로 꽉 붙들다. 꽉 쥐다. 동물을 붙잡다. 포박하다」의 連用形「とらへ」.

28)「かたな【刀】칼」+「を[助詞]」+「ぬく【抜く】[4]뽑다」의 連用形「ぬき」+「て」+「おびやかす【脅かす】[4]위협하다」.

29)「さい【崔】최」+「し【氏】씨」+「き【木】나무」+「を[助詞]」+「いだく【抱く・懐く】[4]안다. 품다」의 連用形「いだき」+「て」.

30)「これ【此・是】[代]이것. 이사람」+「を[助詞]」+「こばむ【拒む】[4]가로막다. 거절하다」의 連用形「こばみ」+「ふせぐ【防ぐ・禦ぐ・拒ぐ】[4]막다. 가로막다. 방어하다」의 連用形「ふせぎ」+「つつ[助詞]같은 동작의 반복・계속 등. ~하면서. ~해 두고 나서」.

31)「のる【罵る】[4]욕하다. 험담하다」의 連用形「のり」+「て」+「いはく【曰く】말하길. 이르길」.

32)「だいぞく【大賊】큰 악행을 저지르는 도둑. 대도」+「ら【等】[接尾]복수(複數)를 나타냄. ~들」.

33)「われ【我・吾】[代]나」+「なんぢ→なんじ【汝・爾】[代]아랫사람을 가리키는 말. 너」+「ら【等】[接尾]~들」+「に[助詞]」+「けがす【穢す・汚す】[4]더럽히다. 상처내다」의 未然形「けがさ」+「る[助動]수동」의 未然形「れ」+「て」.

⇨ "큰 도적들아, 내가 너희들에게 욕보여지고 목숨 잇기보다는 도리를 지켜서 죽는다면 (더할 나위가 없다)."라고.

☐ 賊(ぞく)、大[おほい]に、いかりて36)、つゐに、うちころし侍[はべ]べり37)。

⇨ 도적이 크게 노하여 끝내 쳐 죽였습니다.

☐ 賊(ぞく)、情(なさけ)なく38)、崔(さい)氏(し)をば、木[き]のもとに、きりたをし39)、子(こ)を40)、とりもの41)にして去(さり)けり42)。

⇨ 도적이 무참하게 최 씨를 나무 아래에서 베어 죽이고 아이를 노획물삼아 떠났다.

☐ 第(だい)三[さん]の子(こ)、名(な)ハ43)鄭習(ていしう)、年(とし)初(は

---

34) 「いのち【命】목숨」+「いく【生く・活く】[上2]살다. 생존하다」의 未然形 「いき」+「む[助動]추량・의지」→「ん」+「より[助詞]비교. ~보다」+「は[助詞]」.

35) 「ぎ【義】의. 도리」+「を[助詞]」+「まもる【守る・護る】[4]지키다. 막다」의 連用形 「まもり」+「て」+「しぬ【死ぬ】[ナ変]죽다」의 未然形 「しな」+「む[助動]추량・의지」→「ん」+「には : (〈む[助動]추량〉에 이어져서)가벼운 가정조건. ~한다면」.

36) 「ぞく【賊】도둑」+「おほいに【大いに】[副]매우. 몹시. 많이」+「いかる【怒る】[4]화내다. 노하다」의 連用形 「いかり」+「て」.

37) 「つひに→ついに【終に・遂に】[副]결국. 마침내」(〈-ゐ-〉는 정서법에 어긋남)+「うちころす【打ち殺す】[4]죽이다. 쳐서 죽이다」의 連用形 「うちころし」+「侍(はべ)り[助動]격식・정중」.

38) 「ぞく【賊】도둑」+「なさけなし【情け無し】[形ク]매정하다. 무뚝뚝하다. 잔혹하다」의 連用形 「なさけなく」.

39) 「さい【崔】최」+「し【氏】씨」+「をば : (格助詞〈を〉에 係助詞〈は〉가 붙어 濁音化한 것)〈を〉의 뜻을 강하게 함」+「き【木】나무」+「の[助詞]」+「もと【本・元・基・下・許・素】초목의 뿌리. 아래쪽」+「に[助詞]~에. ~에서」+「きりたふす【切り倒す・斬り倒す】[4]서 있는 것을 잘라서 넘어뜨리다. 베어서 죽이다」의 連用形 「きりたふし」(〈-を-〉는 정서법에 어긋남).

40) 「こ【子】아이. 자식」+「を[助詞]」.

41) 「とりもの【取物・採物】약탈하는 것. 약탈한 것」 또는 「とりもの【捕物・捕者】범인 체포」. 이 부분은 〈한문본〉에 「賊擄二息以去」이며 〈언해본〉은 「두 子息을 자바 니거늘」이다.

42) 「に[助詞]」+「す[サ変]하다」의 連用形 「し」+「て」+「さる【去る】[4]떠나다」의 連用形 「さり」+「けり[助動]회상・과거」.

じ)めて六[ろく]歳(さい)⁴⁴⁾、母[はは]のかバねのほとりに立[たち]て、なきかなしむ⁴⁵⁾。

⇨ 셋째 아이가 이름은 정습인데 나이가 이제 여섯, 어머니 주검 가에 서서 울며 슬퍼한다.

□ 襁褓(むつき)の中[なか]に、そだてし子[こ]⁴⁶⁾、なを匍匐(はらばひ)なきつゝ⁴⁷⁾、乳房(ちぶさ)につきて、のむ⁴⁸⁾。

⇨ 강보 안에서 키웠던 아이는 아직 배밀이하며 울면서 가슴에 매달려 빤다.

□ながるゝ血(ち)、そゝきて⁴⁹⁾、口(くち)に入(いり)ければ⁵⁰⁾、つゐに、この小児(せうに)も死(し)したり⁵¹⁾。

---

43) 「だいさん【第三】세 번째」+「の[助詞]」+「こ【子】아이. 자식」+「な【名】이름」+「は[助詞]」.

44) 「とし【年・歳】해. 나이」+「はじめて【始めて・初めて】[副]새로이. 이윽고. 비로소」+「ろく【六】6」+「さい【歳】세」.

45) 「はは【母】어머니」+「の[助詞]」+「かばね【屍・尸】시체. 주검」+「の[助詞]」+「ほとり【辺】주변. 근처」+「に[助詞]」+「たつ【立つ】[4]서다」의 連用形「たち」+「て」+「なく【泣く・啼く】[4]울다」의 連用形「なき」+「かなしむ【悲しむ・哀しむ】[4]슬퍼하다. 가여워하다. 그리워하다」.

46) 「むつき【襁褓】강보」+「の[助詞]」+「なか【中】안. 가운데」+「に[助詞]」+「そだつ【育つ】[下2]키우다. 양육하다」의 連用形「そだて」+「き[助動]회상・과거」의 連体形「し」+「こ【子】아이. 자식」.

47) 「なほ→なお【猶・尚】[副]아직. 역시. 그래도. 다시. 원래대로」(〈-を〉는 정서법에 어긋남)+「はらばふ【腹這ふ】[4]배를 땅에 대고 기다」의 連用形「はらばひ」(본문의〈匍匐〉은 〈ほふく〉로 읽으며 '포복')+「なく【泣く・啼く】[4]울다」의 連用形「なき」+「つゝ[助詞]같은 동작의 반복・계속 등. ~하면서. ~해 두고 나서」.

48) 「ちぶさ【乳房】유방」+「に[助詞]」+「つく【付く・附く・着く】[4]달라붙다」의 連用形「つき」+「て」+「のむ【飲む】[4]마시다」.

49) 「ながる【流る】[下2]흐르다」의 連体形「ながるる」+「ち【血】피」+「そそぐ【注ぐ・灌ぐ】[4](옛날에는 〈そそく〉)흘리다. 떨구다. 쏟다」의 連用形「そそき」+「て」.

50) 「くち【口】입」+「に[助詞]」+「いる【入る】[4]들어가다」의 連用形「いり」+「けり[助動]회상・과거」의 已然形「けれ」+「ば[助詞]확정조건. 원인・이유」.

51) 「つひに→ついに【終に・遂に】[副]결국. 마침내」(〈-ゐ-〉는 정서법에 어긋남)+「この【此の・斯の】[連体]이」+「せうに→しょうに【小児】소아」+「も[助詞]」+「しす【死す】[サ変]죽다」의 連用形「しし」+「たり[助動]완료・존속」.

❏後(のち)十年[じゅうねん]52)、つちのとの巳(ミ)のとし53)、都(と)観察使(くわんざつし)、張夏(ちゃうか)と云(いふ)人[ひと]54)、この事[こと]を聞[きき]つたへて55)、みかどに、そうもんす56)。

 ⇨ 이후 10년, 기사년 도 관찰사 장하라고 하는 사람이 이 일을 전해 듣고서 천자에게 아뢴다.

❏天子[てんし]も不敏(ふびん)のえい慮(りよ)あさからず57)、門(もん)をあらハして58)、習吏(しうり)の役(やく)を、ゆるされたり59)。

 ⇨ 천자도 가여워하는 예려가 가볍지 아니하여, 문을 만들고 습리의 부역을 면하셨다.★

---

52) 「のち【後】후」+「じゅうねん【十年】10년」.

53) 「つちのと【己】기. 십간(十干;じっかん)의 여섯 번째」+「の[助詞]」+「み【巳】사. 십이지(十二支;じゅうにし)의 여섯 번째」+「の[助詞]」+「とし【年】해. 년」.

54) 「と[助詞]~라고」+「いふ【言ふ・云ふ】[4]말하다」의 連体形「いふ」+「ひと【人】사람」.

55) 「この【此の・斯の】[連体]이」+「こと【事】것. 일」+「を[助詞]」+「ききつたふ【聞き伝ふ】[下2]남에게 전해 듣다」의 連用形「ききつたへ」+「て」.

56) 「みかど【御門・帝】황제. 천자」+「に[助詞]」+「そうもん【奏聞】주문. 천자에게 주상(奏上)하는 것. 주달(奏達)」+「す[サ変]하다」.

57) 「てんし【天子】천자」+「も[助詞]」+「ふびん【不便・不憫・不愍】[形動ナリ]불편한 것. 불쌍한 것. 귀엽다고 생각하는 것」(본문의 〈不敏(ふびん)〉은 '민첩하지 않은 것. 재능이 떨어지는 것'의 뜻)의 語幹「ふびん」+「の[助詞]」+「えいりよ【叡慮】예려. 천자의 생각이나 마음」+「あさし【浅し】[形ク]얕다. 가볍다」의 未然形「あさから」+「ず[助動]부정」의 連用形「ず」.

58) 「もん【門】문. 가문. 일파」+「を[助詞]」+「あらはす【表す・現す・顕す・著す】[4]드러내다. 보이다. 표현하다. 널리 세상에 알리다. 꾸미다」의 連用形「あらはし」+「て」.

59) 「の[助詞]」+「やく【役】관에서 인민에게 부과하는 노동. 세금」+「を[助詞]」+「ゆるす【許す・赦す】[4]풀어주다. 승낙하다. 허가하다. 사면하다. 면제하다」의 未然形「ゆるさ」+「る[助動]수동・존경」의 連用形「れ」+「たり[助動]완료・존속」. 이 부분은 〈한문본〉에「乃命旌門, 蠲習吏役」이고 〈언해본〉은「紅門 셰오 鄭習의 그위실 덜라 ᄒᆞ시니라」다.

★ 〈왜적〉을 묘사하는 그림에서 〈영국 런던대학교 소장본〉과 일본 〈国文学研究資料館〉 공개 「三綱行實圖」와는 구도는 같으나 미묘한 차이가 있다. 이러한 경향은 〈32. 烈婦入江〉 〈33. 林氏斷足〉의 그림에서도 마찬가지로 확인된다. 위쪽이 〈런던대학교 소장본〉.

32. 烈(れつ)婦(ふ)入(いる)ㄴ江(えに)
열부가 강에 들어가다

☐烈婦(れつふ)ハ[1]、京山(きんざん)の人[ひと]なり[2]。
⇨ 열부는 경산 사람이다.

☐進士(しんじ)[3]裵中善(はいちうせん)か娘(むすめ)として[4]、士族(しぞく)[5]李東郊(りとうかう)が妻(つま)と成なり]て[6]、よく節義(せつぎ)をまもる[7]。
⇨ 진사 배중선의 딸로서 사족 이동교의 아내가 되어서 제대로 절의를 지킨다.

---

1) 「れつぷ【烈婦】열부. 열녀」(〈-ふ〉는 無半濁点표기. 이하 같음)+「は[助詞]」.

2) 「の[助詞]」+「ひと【人】사람」+「なり[助動단정・지정]」.

3) 「しんし【進士】중국에서 수(隋)・당(唐) 시절 과거(科挙) 시험과목의 하나. 후에는 그 합격자도 일컫는. 진사」(〈進士〉는 〈しじ・しんし・しんじ〉로 읽는다). 한편 〈표준국어대사전〉에는 「진사(進士)」가 '①고려 시대에, 과거의 문과 가운데 제술과에 합격한 사람에게 주던 칭호 ②고려 시대에, 국자감시에 합격한 사람 ③조선 시대에, 과거의 예비 시험인 소과(小科)의 복시에 합격한 사람에게 준 칭호. 또는 그런 사람 ④중국에서 보던 과거의 과목. 또는 그 합격자'로 풀이되어 있다.

4) 「が[助詞]현대일본어 〈の〉의 쓰임」(〈か〉는 無濁点표기)+「むすめ【娘】딸. 젊은 미혼여성」+「として[助詞]~의 자격으로. ~로서」.

5) 「しぞく【士族】사무라이 신분의 집안. 무사 집안. 무사」. 한편 〈표준국어대사전〉에는 「사족(士族)」이 '①문벌이 좋은 집안. 또는 그 자손 ②선비나 무인(武人)의 집안. 또는 그 자손'으로 풀이되어 있다.

6) 「が[助詞]현대일본어 〈の〉의 쓰임」+「つま【妻】처. 아내」+「と[助詞]」+「なる【成る・為る】[4]되다」의 連用形「なり」+「て」.

7) 「よく【善く・良く・能く】[副충분히. 상세히. 능숙하게. 잘. 매우. 흔히. 종종」+「せつぎ【節義】절의. 정절을 지키고 정도(正道)를 걷는 것」+「を[助詞]」+「まもる【守る・護る】[4]지키다. 막다」.

❏洪武(こうぶ)かのえ申(さる)のとし8)、倭(わ)賊(ぞく)9)、京山(きんざん)にいたる10)。

⇨ 홍무 경신년에 왜적이 경산에 다다른다.

❏貴賤(きせん)はしりにげて11)、その難(なん)を、のがれんとして12)、さらに、ふせぐ人[ひと]なし13)。

⇨ 귀천이 내달려 도망쳐 그 난을 피하려 해서 전혀 지킬 사람이 없다.

❏李東郊(りとうかう)ハ、そのころ14)、合浦(がつほ)と、いふところの15)師幕(そつばく)16)にしたがひ行[ゆき]て17)、いまだ、かへらず18)。

---

8) 「こうぶ【洪武】홍무. 명(明)나라 태조 때 연호(1368~1398)」+「かのえ【庚】경. 십간(十干;じっかん)의 일곱 번째」+「さる【申】신. 십이지(十二支;じゅうにし)의 아홉 번째」+「の[助詞]」+「とし【年】해. 년」.

9) 「わ【倭】왜나라」+「ぞく【賊】적. 도둑」.

10) 「に[助詞]」+「いたる【至る·到る】[4]도착하다. 도달하다」.

11) 「きせん【貴賤】귀천. 신분이 높은 사람과 낮은 사람」+「はしる【走る·奔る】[4]뛰다. 달리다」의 連用形「はしり」+「にぐ【逃ぐ】[下2]도망치다」의 連用形「にげ」+「て」.

12) 「その【其の】[連体ユ]」+「なん【難】어려움. 재난」+「を[助詞]」+「のがる【逃る·遁る】[下2]벗어나다. 피하다. 도망치다」의 未然形「のがれ」+「む[助動추량·의지]→「ん」+「と[助詞]」+「す[サ変]하다」의 連用形「し」+「て」.

13) 「さらに【更に】[副]또한. 전혀 ~지 않다」+「ふせぐ【防ぐ·禦ぐ·拒ぐ】[4]막다. 가로막다. 방어하다」의 連体形「ふせぐ」+「ひと【人】사람」+「なし【無し】[形]없다」.

14) 「は[助詞]」+「その【其の】[連体ユ]」+「ころ【頃·比】무렵. 즈음」.

15) 「と[助詞]~라고」+「いふ【言ふ·云ふ】[4]말하다」의 連体形「いふ」+「ところ【所·処】곳」+「の[助詞]」.

16) 〈본문〉에는 「師幕」인데 〈한문본〉에 「東郊時赴合浦帥幕」이고 일본〈国文学研究資料館〉에서 공개하고 있는 「三綱行實圖」을 보더라도 역시 「帥幕」으로 읽을 수 있겠다. 「帥幕」은 『広辞苑』이나 〈표준국어대사전〉에는 등재되지 않은 말인데 네이버를 통해 제공되고 있는 〈한국한자어사전〉에는 「수막(帥幕)」이 '장수가 군무를 보는 막사'로 풀이되어 있다. 한편 「帥」는 일본한자음이 「スイ(呉·漢音)/ソツ(漢音)/ソチ(呉音)」이고 「幕」은 「マク(呉音)/バク(漢音)」이다.

17) 「に[助詞]」+「したがふ【従ふ·随ふ·順ふ】[4]따르다」의 連用形「したがひ」+「ゆく【行く】[4]가다」의 連用形「ゆき」+「て」.

⇨ 이동교는 그 무렵 합포라고 하는 곳의 막사에 따라가서 아직 돌아오지 않았다.

❏時[とき]に、倭(わ)国(こく)のつハものども19)、烈婦(れつふ)のすみける里[さと]に、乱(ミたれ)いり20)、人[ひと]をころし、物[もの]をとる事[こと]かぎりなし21)。

  ⇨ 그때 왜나라 병사들이 열부가 살았던 마을에 어지러이 들어와 사람을 죽이고 물건을 빼앗는 일이 끝이 없다.

❏烈婦(れつふ)、いとけなき子[こ]を、いだきて22)、家[いえ]を出[いで]て23)、山[やま]にはしる24)。

  ⇨ 열부는 어린 아이를 안고서 집을 나와서 산으로 내달린다.

❏賊(ぞく)これを追(をひ)て、江(え)にいたる25)。

---

18)「いまだ【未だ】[副]아직. 여전히」+「かへる【帰る】[4]돌아오(가)다」의 未然形「かへら」+「ず[助動]부정」.

19)「ときに【時に】[副]그때에. 때마침. 때때로」+「わこく【倭国・和国】왜국. 한(漢)나라 이래 중국에서 일본을 부르는 말」+「の[助詞]」+「つはもの【兵】무기. 병사」+「ども【共】[接尾]복수(複數)의 뜻을 나타내는 접미어. ~들」.

20)「れつぷ【烈婦】열부. 열녀」+「の[助詞]현대일본어〈が〉의 쓰임」+「すむ【住む・棲む・栖む】[4]살다. 생활하다」의 連用形「すみ」+「けり[助動]회상・과거」의 連体形「ける」+「さと【里】동네. 마을」+「に[助詞]」+「みだる【乱る・紊る】[下2]흐트러지다. 혼란하다. 뒤섞이다. 소동이 일어나다. 산란(散亂)하다」의 連用形「みだれ」(〈-た-〉는 無濁点표기)+「いる【入る】[4]들어오다」의 連用形「いり」.

21)「ひと【人】사람. 다른 사람」+「を[助詞]」+「ころす【殺す】[4]죽이다」의 連用形「ころし」+「もの【物】물건」+「を[助詞]」+「とる【取る・採る・捕・執る・撮る】[4]취하다. 빼앗다. 훔치다」의 連体形「とる」+「こと【事】것. 일」+「かぎりなし【限りなし】[形ク]한도가 없다. 더할 나위 없다. 심하다」.

22)「れつぷ【烈婦】열부. 열녀」+「いとけなし【幼し・稚し】[形ク]나이 어리다. 철없다」의 連体形「いとけなき」+「こ【子】아이. 자식」+「を[助詞]」+「いだく【抱く・懐く】[4]안다. 품다」의 連用形「いだき」+「て」.

23)「いへ→いえ【家】집」+「を[助詞]」+「いづ【出づ】[下2]나오(가)다」의 連用形「いで」+「て」.

24)「やま【山】산」+「に[助詞]」+「はしる【走る・奔る】[4]뛰다. 달리다」.

25)「ぞく【賊】도둑」+「これ【此・是】[代]이것. 이사람」+「を[助詞]」+「おふ【追ふ・逐ふ】[4]쫓다」의 連用形「おひ」(〈を-〉는 정서법에 어긋남)+「て」+「え【江】원래 강이나 바다 호수 등에 대한 일반적인 호칭인데, 바다나 호수의 일부분이 육지로 파고

⇨ 도적이 이를 쫓아 강에 다다른다.

❏水[みず]ふかく浪[なみ]ミなぎりて26)、わたる事[こと]あたハず27)。
　⇨ 물이 깊고 물결이 일어 건널 수 없다.

❏烈婦(れつふ)、のがるべからざる事[こと]を、しりて28)、いとけなき子[こ]をば29)、岸(きし)の上[うえ]に、すへをき30)、ミづから水[みず]の中[なか]に、おちいる31)。
　⇨ 열부는 벗어날 수 없다는 것을 깨닫고서 어린 아이를 물가에 놓아두고 스스로 물 속으로 뛰어든다.

❏賊(ぞく)騎(き)、ちかく追(をひ)つめ32)、矢(や)をつがふて、いはく33)、

들어와 있는 곳을 가리키는 경우가 많음」+「に[助詞]」+「いたる【至る・到る】[4]도착하다. 도달하다」.

26) 「みづ→みず【水】물」+「ふかし【深し】[形ク깊다」의 連用形 「ふかく」+「なみ【波・浪・濤】파도」+「みなぎる【漲る】[4]출렁이다. 파도가 일다」의 連用形 「みなぎり」+「て」.

27) 「わたる【渡る・涉る】[4]건너다」의 連體形 「わたる」+「こと【事】것. 일」+「あたふ【能ふ・適ふ】[4]할 수 있다. 적합하다」의 未然形 「あたは」+「ず[助動]부정」.

28) 「れつぷ【烈婦】열부. 열녀」+「のがる【逃る・遁る】[下2]벗어나다. 피하다. 도망치다」의 終止形 「のがる」+「べかり[助動]추량・가능 등」의 未然形 「べから」+「ざり[助動]부정」의 連體形 「ざる」+「こと【事】것. 일」+「を[助詞]」+「しる【知る】[4]알다. 이해하다. 식별하다」의 連用形 「しり」+「て」.

29) 「いとけなし【幼し・稚し】[形ク나이 어리다」의 連體形 「いとけなき」+「こ【子】아이. 자식」+「をば：(格助詞〈を〉에 係助詞〈は〉가 붙어 濁音化한 것)〈を〉의 뜻을 강하게 함」.

30) 「きし【岸】벼랑. 물가」+「の[助詞]」+「うへ→うえ【上】위」+「に[助詞]」+「すう【据う】[下2]놓다. 설치하다」의 連用形 「すゑ」(〈-へ〉는 정서법에 어긋남)+「おく【置く・措く・擱く】[4]두다」의 連用形 「おき」(〈を-〉는 정서법에 어긋남).

31) 「みづから→みずから【自ら】[名]자기 자신. 나 [副]스스로. 친히」+「みづ→みず【水】물」+「の[助詞]」+「なか【中】속. 가운데」+「に[助詞]」+「おちいる【陷る・落ち入る】[4]떨어지다. 들어가다」.

32) 「ぞく【賊】도둑」+「き【騎】기. 말을 타는 것. 말을 탄 사람」+「ちかし【近し】[形ク가깝다」의 連用形 「ちかく」+「おひつむ【追ひ詰む】[下2]압박하다. 추급하다」의 連用形 「おひつめ」(〈を-〉는 정서법에 어긋남).

⇨ 도적의 말이 가까이 따라잡아서 화살을 메기고 말하길,

❏「汝(なんぢ)わがいふ事[こと]に、したかふて34)、命(いのち)をたすかれ35)。」て36)。

⇨ "너는 내가 하는 말에 따라서 목숨을 구하라."라고.

❏烈婦(れつふ)、これを聞[きき]て、罵(のり)て、いはく37)、「何(なん)ぞはやく我[われ]を、ころさゞる38)。

⇨ 열부가 이를 듣고서 욕설하여 이르길 "어찌 냉큼 나를 죽이지 않는가?

❏われ、汝(なんぢ)らがこときの39)大[だい]ぞくに、けがされんや40)。」と。

---

33) 「や【矢】화살」+「を[助詞]」+「つがふ【番ふ】[下2]활에 화살을 메기다」+「て」+「いはく【曰く】말하길. 이르길」.

34) 「なんぢ→なんじ【汝·爾】[代]너」+「わが【我が·吾が】[連体]나의. 자신의」+「いふ【言ふ·云ふ】[4]말하다」의 連体形 「いふ」+「こと【事】것. 일」+「に[助詞]」+「したがふ【從ふ·隨ふ·順ふ】[4]말하는 대로 따르다. 거스르지 않다」(〈-か〉는 無濁点표기)+「て」.

35) 「いのち【命】목숨」+「を[助詞]」+「たすかる【助かる】[4]재난·죽음 따위를 면하다」의 命令形「たすかれ」.

36) 문맥상 「と[助詞]~라고」가 놓일 자리. 『假名草子集成』에 원문의 잘못을 그대로 옮긴다는 표시인 "ママ"가 붙어있다.

37) 「れつぷ【烈婦】열부. 열녀」+「これ【此·是】[代]이것. 이사람」+「を[助詞]」+「きく【聞く】[4]듣다」의 連用形「きき」+「て」+「のる【罵る】[4]욕하다. 험담하다」의 連用形「のり」+「て」+「いはく【曰く】말하길. 이르길」.

38) 「なんぞ【何ぞ】[副]어찌. 어떤. 무언가」+「はやし【早し·速し·疾し·捷し】[形ク]이르다. 빠르다」의 連用形「はやく」(부사적인 쓰임)+「われ【我·吾】[代]나」+「を[助詞]」+「ころす【殺す】[4]죽이다」의 未然形「ころさ」+「ざり[助動]부정」의 連体形「ざる」(문맥상 아래에〈や係助詞의문·질문〉등이 있는 것으로 봐야겠다).

39) 「われ【我·吾】[代]나」+「なんぢ→なんじ【汝·爾】[代]너」+「ら【等】[接尾]~들」+「が[助詞]현대일본어〈の〉의 쓰임」+「ごとし【如し】[助動]~와 같다」의 連体形「ごとき」+「の[助詞]」.

40) 「だいぞく【大賊】큰 악행을 저지르는 도둑. 대도」+「に[助詞]」+「けがす【穢す·汚す】[4]더럽히다. 상처내다」의 未然形「けがさ」+「る[助動]수동」의 未然形「れ」+「む[助動]추량·의지」→「ん」+「や係助詞의문·질문」.

▫ 賊(ぞく)、いかりて41)、矢(や)を、はなつに42)、肩(かた)にあたる43)。

⇨ 도적이 노하여 화살을 쏘니 어깨에 맞는다.

▫ 又[また]、はなつ矢(や)、かうべに、あたりて44)、血(ち)ながれて、水[みず]と、ひとし45)。

⇨ 또 쏜 화살이 머리에 맞아서 피가 흐르는데 물과 같다.

▫ つゐに、水底(ミなそこ)に、しづミけり46)。

⇨ 끝내 강바닥에 가라앉았다.

▫ いとけなき子[こ]ハ47)、岸(きし)のかたハらに、はらバひ、なき居(ゐ)たりしが48)、日[ひ]くれてのち49)、いつちともなく、うせにけり50)。

---

41) 「ぞく【賊】도둑」+「いかる【怒る】[4]화내다. 노하다」의 連用形 「いかり」+「て」.

42) 「や【矢】화살」+「を[助詞]」+「はなつ【放つ】[4]쏘다」의 連體形 「はなつ」+「に[助詞]~하니. ~하는데」.

43) 「かた【肩】어깨」+「に[助詞]」+「あたる【当たる・中る】[4]닿다. 명중하다」.

44) 「また【又・亦・復】[副]다시. 또한」+「はなつ【放つ】[4]쏘다」의 連體形 「はなつ」+「や【矢】화살」+「かうべ→こうべ【首・頭】머리. 목」+「に[助詞]」+「あたる【当たる・中る】[4]명중하다」의 連用形 「あたり」+「て」.

45) 「ち【血】피」+「ながる【流る】[下2]흐르다」의 連用形 「ながれ」+「て」+「みづ→みず【水】물」+「と[助詞]」+「ひとし【等し・均し・斉し】[形ク]같다. 동등하다」.

46) 「つひに→つひに【終に・遂に】[副]결국. 마침내」(〈-ゐ-〉는 정서법에 어긋남)+「みなそこ【水底】물의 바닥」+「に[助詞]」+「しづむ【沈む】[4]가라앉다. 잠기다」의 連用形 「しづみ」+「けり[助動]회상・과거」.

47) 「いとけなし【幼し・稚し】[形ク]나이 어리다」의 連體形 「いとけなき」+「こ【子】아이. 자식」+「は[助詞]」.

48) 「きし【岸】벼랑. 물가」+「の[助詞]」+「かたはら【傍・旁・側・脇】옆. 곁. 끄트머리」+「に[助詞]~에서」+「はらばふ【腹這ふ】[4]배를 땅에 대고 기다」의 連用形 「はらばひ」+「なく【泣く・啼く】[4]울다」의 連用形 「なき」+「ゐる【居る】[上1]있다. 머물다」의 連用形 「ゐ」+「たり[助動]완료・존속」+「き[助動]회상・과거」의 連體形 「し」+「が[接續助詞](連體形에 접속)공존적 사실. 역접. ~인데」.

49) 「ひ【日】해. 날」+「くる【暮る】[下2]저물다」의 連用形 「くれ」+「て」+「のち【後】후」.

⇨ 어린 아이는 강가에서 기며 울고 있었는데 날이 저문 후에 어딘지도 모르게 사라졌다.

❏あはれなりける有様[ありさま]なり51)。
⇨ 처참했던 모습이다.

❏躰覆使(ていふくし)52)、趙俊(てうしゆん)と、いふ人[ひと]53)、その事[こと]を、つまびらかに、しるして54)、みかどに、そうもんして55)、門(もん)をあらハせり56)。
⇨ 체복사 조준이라 하는 사람이 그 일을 상세히 적어서 천자에게 아뢰어서 가문을 드러냈다.

---

50) 「いづち→いずち【何方】[代]어느 방향. 어느 쪽」(〈-つ-〉는 無濁点표기)+「と[助詞]~라고」+「も[助詞]~도」+「なし【無し】[形ク]없다. 아니다」의 連用形「なく」+「うす【失す】[下2]사라지다」의 連用形「うせ」+「ぬ[助動]완료・존속」의 連用形「に」+「けり[助動]회상・과거」.

51) 「あはれ【哀れ】[形動ナリ]마음속에서 끓어오르는 절절한 감동이나 감정을 일컫는 말. 친애・정취・감격・애련・비애 등」의 連用形「あはれなり」+「けり[助動]회상・과거」의 連体形「ける」+「ありさま【有様】일의 모습. 상태. 처지」+「なり[助動]단정・지정」.

52) 〈본문〉의「躰覆使」(〈躰〉는〈體〉의 異體字)는〈한문본〉과〈언해본〉에「體覆使」다. 이는『広辞苑』이나〈표준국어대사전〉에는 등재되지 않은 말인데 네이버를 통해 제공되고 있는〈한국한자어사전〉에는「체복사(體覆使)」가 '임금의 명령을 받고 지방에 나가서 벼슬아치들의 군무(軍務)에 관한 범죄 사실을 조사하는 임시 벼슬. 또는 그 벼슬아치'로 풀이되어 있다. 한편「體」는 일본한자음이「タイ(呉音)/テイ(漢音)」,「覆」은「フク(呉・漢音)/フウ(漢音)」,「使」는「シ(呉・漢音)」다.

53) 「と[助詞]~라고」+「いふ【言ふ・云ふ】[4]말하다」의 連体形「いふ」+「ひと【人】사람」.

54) 「その【其の】[連体ユ]」+「こと【事】것. 일」+「を[助詞]」+「つまびらか【詳らか・審らか】[形動ナリ]상세한 모양」의 連用形「つまびらかに」+「しるす【記す・誌す】[4]써넣다. 기록하다」의 連用形「しるし」+「て」.

55) 「みかど【御門・帝】황제. 천자」+「に[助詞]」+「そうもん【奏聞】주문. 천자에게 주상(奏上)하는 것. 주달(奏達)」+「す[サ変]하다」의 連用形「し」+「て」.

56) 「もん【門】문. 가문. 일파」+「を[助詞]」+「あらはす【表す・現す・顕す・著す】[4]드러내다. 보이다. 표현하다. 널리 세상에 알리다. 꾸미다」의 命令形「あらはせ」+「り[助動]완료・존속」.

33. 林(りん)氏(し)斷(きる)ㇾ足(あしを)
임 씨 발을 자르다

☐ 本国(ほんごく)の林(りん)氏(し)ハ¹⁾、完山府(くわんざんふ)の儒士(じゆし)²⁾、柜之(きよし)といふ人[ひと]の女(むすめ)也(なり)³⁾。
⇨ 우리나라의 임 씨는 완산부의 유생 거지라고 하는 사람의 딸이다.

☐ 知樂安郡事(ちがくあんきんし)、崔克孚(さいこくふ)といふ人[ひと]の妻(つま)と、なりて⁴⁾、
⇨ 지악안군사 최극부라는 사람의 아내가 되어서,

☐ 心[こころ]ざし、つねに貞節(ていせつ)をまもり⁵⁾、露[つゆ]ばかりも、わたくしの思[おも]ひなし⁶⁾。
⇨ 마음가짐이 항상 정절을 지켜 털끝만큼도 사사로운 마음이 없다.

---

1) 「ほんごく【本国】본국. 그 사람이 태어난 지역(나라). 고향」+「の[助詞]」+「りん【林】임」+「し【氏】씨」+「は[助詞]」.
2) 「の[助詞]」+「じゆし【儒士】유사. 유자(儒者)」.
3) 「と[助詞]~라고」+「いふ【言ふ・云ふ】[4]말하다」의 連体形「いふ」+「ひと【人】사람」+「の[助詞]」+「むすめ【娘】딸. 젊은 미혼여성(〈女〉를〈むすめ〉로 읽은 것은 특이함)」+「なり[助動]단정・지정」.
4) 「と[助詞]~라고」+「いふ【言ふ・云ふ】[4]말하다」의 連体形「いふ」+「ひと【人】사람」+「の[助詞]」+「つま【妻】처. 아내」+「と[助詞]」+「なる【成る・為る】[4]되다」의 連用形「なり」+「て」.
5) 「こころざし【志】마음이 향하는 바. 뜻. 마음가짐」+「つねに【常に】[副]항상. 늘. 언제나. 영구히. 변함없이」+「ていせつ【貞節】정절」+「を[助詞]」+「まもる【守る・護る】[4]지키다」의 連用形「まもり」.
6) 「つゆ【露】이슬. 매우 작은(적은) 것」+「ばかり【許り】[助詞]정도. 쯤」+「も[助詞]」+「わたくし【私】[名]공(公)에 대한 사(私)」+「の[助詞]」+「おもひ【思ひ・念ひ・想ひ】생각. 마음」+「なし【無し】[形ク]없다」.

❏ しかるに7)、倭(わ)国(こく)の賊(ぞく)兵(へい)8)、本(ほん)府(ふ)に、をしわたり9)、人[ひと]をころし物[もの]をとりかすめ10)、をかす事[こと]ほしゐまゝなり11)。

   ⇨ 그런데 왜나라 적병이 여기에 건너와서 사람을 죽이고 물건을 훔치고 범하기가 제멋대로다.

❏ 隣家(りんか)の男女(なんによ)12)、あはてまどひ、にげはしる13)。

   ⇨ 이웃집 남녀가 허둥지둥 우왕좌왕 도망쳐 내달린다.

❏ 林(りん)氏(し)、つゐに、とらへられて14)、のがれん、と、するに、ちからなし15)。

---

7) 「しかるに【然るに】[接続]그런데. 하지만. 그건 그렇고」.

8) 「わこく【倭国·和国】왜국. 한(漢)나라 이래 중국에서 일본을 부르는 말」+「の[助詞]」+「ぞくへい【賊兵】적병. 적군의 병사」.

9) 「ほん【本】본」+「ふ【府】부」+「に[助詞]」+「おしわたる【押し渡る】[4]바다나 강 따위를 기세 좋게 건너다」의 連用形「おしわたり」(〈を-〉는 정서법에 어긋남).

10) 「ひと【人】사람. 다른 사람」+「を[助詞]」+「ころす【殺す】[4]죽이다」의 連用形「ころし」+「もの【物】물건」+「を[助詞]」+「とり【取り】[接頭](동사 앞에 붙여서)어세(語勢)를 강하게 하는 데 쓰는 말」+「かすむ【掠む】[下2]훔치다. 몰래 빼앗다. 남의 눈을 속이다」의 連用形「かすめ」.

11) 「をかす【犯す·侵す·冒す】[4]범하다. 거스르다. 더럽히다」의 連体形「をかす」+「こと【事】것. 일」+「ほしいまま【擅·恣·縦】[形動ナリ]자신의 생각대로 행동하는 모양」의 終止形「ほしいままなり」(〈-ゐ-〉는 정서법에 어긋남).

12) 「りんか【隣家】이웃집」+「の[助詞]」+「なんによ【男女】남녀」.

13) 「あわつ【慌つ·周章つ】[下2]당황하다. 허둥지둥하다」의 連用形「あわて」(〈-は-〉는 정서법에 어긋남)+「まどふ【惑ふ】[4]어찌할 바를 모르다. 갈팡질팡하다. 당황하다」의 連用形「まどひ」+「にぐ【逃ぐ】[下2]도망치다」의 連用形「にげ」+「はしる【走る·奔る】[4]뛰다. 달리다」.

14) 「りん【林】임」+「し【氏】씨」+「つひに→つひに【終に·遂に】[副]결국. 마침내」(〈-ゐ-〉는 정서법에 어긋남)+「とらふ【捕らふ·捉ふ】[下2]손으로 꽉 붙들다. 꽉 쥐다. 동물을 붙잡다」의 未然形「とらへ」+「らる[助動수동]」의 連用形「られ」+「て」.

15) 「のがる【逃る·遁る】[下1]벗어나다. 도망치다. 면하다」의 未然形「のがれ」+「む[助動추량·의지]」→「ん」+「と[助詞]」+「す[サ変하다]」의 連体形「する」+「に[助詞]~하니. ~하는데」+「ちからなし【力無し】[形ク]어쩔 수 없다. 기운이 없다」.

⇨ 임 씨가 끝내 붙잡혀서 피하려 하는데 기운이 없다.

❏賊(ぞく)騎(き)、これを、をかし、けがさむ、とす16)。
⇨ 도적이 이를 범해 욕보이려 한다.

❏林(りん)氏(し)、かたく、ふせぎて17)、心[こころ]のまゝに、したがハず18)。
⇨ 임 씨가 굳게 지켜서 뜻대로 따르지 않는다.

❏賊(ぞく)いかりて19)、右(ミぎ)のかいなを、うちおとしけり20)。
⇨ 도적이 노해서 오른팔을 잘라냈다.

❏林(りん)氏(し)、大[おおい]に罵(のり)いましめければ21)、又[また]、左(ひだり)のあしを、きりおとす22)。
⇨ 임 씨가 몹시 욕설하며 꾸짖었기에 다시 왼발을 잘라낸다.

---

16) 「ぞく【賊】도둑」+「き【騎】기. 말을 타는 것. 말을 탄 사람」+「これ【此・是】[代] 이것. 이사람」+「を[助詞]」+「をかす【犯す・侵す・冒す】[4]범하다」의 連用形「をかし」+「けがす【穢す・汚す】[4]더럽히다. 상처내다」의 未然形「けがさ」+「む[助動]추량・의지」+「と[助詞]」+「す[サ變]하다」

17) 「りん【林】임」+「し【氏】씨」+「かたし【堅し・固し・硬し】[形ク]굳다. 확실하다. 완고하다」의 連用形「かたく」+「ふせぐ【防ぐ・禦ぐ・拒ぐ】[4]막다. 가로막다. 방어하다」의 連用形「ふせぎ」+「て」.

18) 「こころのまま【心の儘】생각대로. 마음껏」+「に[助詞]」+「したがふ【從ふ・隨ふ・順ふ】[4]말하는 대로 따르다. 거스르지 않다. 맡기다」의 未然形「したがは」+「ず[助動]부정」.

19) 「ぞく【賊】도둑」+「いかる【怒る】[4]화내다. 노하다」의 連用形「いかり」+「て」.

20) 「みぎ【右】오른쪽」+「の[助詞]」+「かひな→かいな【腕・肱】팔」(〈-い〉는 歷史的仮名遣에 어긋남)+「を[助詞]」+「うちおとす【打ち落とす】[4]쳐서 떨어뜨리다. 잘라서 떨어뜨리다」의 連用形「うちおとし」+「けり[助動]회상・과거」.

21) 「りん【林】임」+「し【氏】씨」+「おおいに【大いに】[副]매우. 몹시. 많이」+「のる【罵る】[4]욕하다. 험담하다」의 連用形「のり」+「いましむ【戒む・誡む・警む】[下2]훈계하다. 경계하다」의 連用形「いましめ」+「けり[助動]회상・과거」의 已然形「けれ」+「ば[助詞]확정조건. 원인・이유」.

22) 「また【又・亦・復】[副]또한. 달리」+「ひだり【左】왼쪽」+「の[助詞]」+「あし【足・脚】발」+「を[助詞]」+「きりおとす【切り落とす】[4]잘라내 버리다」.

❏林(りん)氏(し)、いよ＼／罵(のり)つゝ²³⁾、すこしも口(くち)を、とゞめざりしかば²⁴⁾、
⇨ 임 씨는 더욱 욕설하면서 조금도 말을 멈추지 아니했기에,

❏賊(ぞく)ます＼／いかりて²⁵⁾、つゐに林(りん)氏(し)を、さしころして去(さり)侍(は)へりけり²⁶⁾。
⇨ 도적이 더욱 노해서 끝내 임 씨를 찔러 죽이고 떠났습니다.

---

23) 「りん【林】 임」+「し【氏】 씨」+「いよいよ[副]더욱. 한층 더」+「のる【罵る】 [4]욕하다」의 連用形 「のり」+「つつ[助詞]같은 동작의 반복·계속 등. ~하면서. ~해 두고 나서」.

24) 「すこしも【少しも】[副]조금이라도. 조금도」+「くち【口】 입. 말」+「を[助詞]」+「とどむ【止む・留む・停む】[下2]멈추게 하다. 그만두다. 중지하다」의 未然形 「とどめ」+「ざり[助動]부정」의 連用形 「ざり」+「き[助動]회상·과거」의 已然形 「しか」+「ば[助詞]확정조건. 원인·이유」.

25) 「ぞく【賊】 도둑」+「ますます【益】[副]전보다 더욱. 가일층」+「いかる【怒る】[4]화내다」의 連用形 「いかり」+「て」.

26) 「つひに→ついに【終に・遂に】[副]결국. 마침내」(〈-ゐ〉는 정서법에 어긋남)+「りん【林】 임」+「し【氏】 씨」+「を[助詞]」+「さしころす【刺し殺す】[4]칼이나 창으로 찔러 죽이다」의 連用形 「さしころし」+「て」+「さる【去る】[4]떠나다」의 連用形 「さり」+「侍(はべ)り[助動]격식·정중」의 連用形 「はべり」(〈-へ-〉는 無濁点표기)+「けり[助動]회상·과거」.

34. 金(きん)氏(し)撲(うつ)ㄴ虎(とらを)
김 씨가 호랑이를 치다

☐ 金(きん)氏(し)ハ[1]、安東(あんとう)[2]と、いふところの人[ひと]なり[3]。
　⇨ 김 씨는 안동이라 하는 곳의 사람이다.

☐ 本国(ほんごく)の[4]散員(さんいん)[5]兪天桂(ゆうてんけい)と云[いう]人[ひと]の妻(つま)と、なれり[6]。
　⇨ 그 지역의 산원 유천계라 하는 사람의 아내가 되었다.

☐ 洪武(こうぶ)[7]かのとの巳(ミ)のとし[8]、天桂(てんけい)すでに戌(じ

---

1) 「きん【金】김」+「し【氏】씨」+「は[助詞]」.

2) 『広辞苑』에는 「あんとう【安東】(Andong)중국 요녕성(遼寧省) 단동(丹東)의 옛 이름」만 제시되어 있지만 『日本国語大辞典』에는 이와 더불어서 '朝鮮半島南部, 慶尚北道中央部の都市. 新羅のころ発達. 高麗建国のとき戰場となり, 以後東部の政治, 軍事の要地. アントン'이라는 풀이도 확인된다.

3) 「と[助詞]~라고」+「いふ【言ふ・云ふ】[4]말하다」의 連体形 「いふ」+「ところ【所・処】곳」+「の[助詞]」+「ひと【人】사람」+「なり[助動단정・지정]」.

4) 「ほんごく【本国】본국. 그 사람이 태어난 지역(나라). 고향」+「の[助詞]」.

5) 「散員」은 『広辞苑』 등에 등재되지 않은 말이다. 〈표준국어대사전〉에는 「산원(散員)」이 '①=산관(散官) ②고려 시대에 둔, 정팔품의 무관 벼슬. 한 영(領)에 다섯 사람씩 두었다 ③조선 시대에, 의흥친군위의 십위에 속한 정팔품의 무관 벼슬'로 풀이되어 있다.

6) 「と[助詞]~라고」+「いふ【言ふ・云ふ】[4]말하다」의 連体形 「いふ」+「ひと【人】사람」+「の[助詞]」+「つま【妻】처, 아내」+「と[助詞]」+「なる【成る・為る】[4]되다」의 명령형 「なれ」+「り[助動완료・존속]」.

7) 「こうぶ【洪武】홍무. 명(明)나라 태조 때 연호(1368~1398)」.

8) 「かのと【辛】신. 십간(十干;じっかん)의 여덟 번째」+「の[助詞]」+「み【巳】사. 십이

ゆ)に行[ゆき]けり9)。

⇨ 홍무 신사년에 천계가 이제 서북쪽으로 갔다.

□その妻(つま)に、かたりて、いはく10)、「今日(けふ)ハ、これ吉日(きちにち)なり11)、われ出[いで]て12)、外(ほか)にやどらん、と、おもふ13)。」と。

⇨ 그 아내에게 밝혀 말하길 "오늘은 바로 길일이다. 나는 나가서 다른 곳에서 지내고자 생각한다."라고.

□その妻(つま)の、いはく14)、「我(われ)も、おなしく出[いで]て、やどるへし15)。」と、いふて16)、つゐに夫婦(ふうふ)もろ友(とも)に17)、室

지(十二支;じゅうにし)의 여섯 번째」+「の[助詞]」+「とし【年】해. 년」.

9) 「すでに【既に・已に】[副]이미. 모두. 이제」(〈-て-〉는 無濁点표기)+「じゅつ【戌】술. 십이지의 열한 번째. 서북서쪽」+「に[助詞]」+「ゆく【行く】[4]가다」의 連用形「ゆき」+「けり[助動]회상・과거」.

10) 「その【其の】[連体ユ]」+「つま【妻】처. 아내」+「に[助詞]」+「かたる【語る】[4]상대에게 전하다. 자초지종을 이야기하다」의 連用形「かたり」+「て」+「いはく【曰く】말하길. 이르길」.

11) 「けふ→きょう【今日】오늘」+「は[助詞]」+「これ【此・是】[代]앞에 제시한 말을 재차 언급할 때 사용하는 말」+「きちにち【吉日】길일」+「なり[助動]단정・지정」.

12) 「われ【我・吾】[代]나」+「いづ【出づ】[下2]나오(가)다」의 連用形「いで」+「て」.

13) 「ほか【外・他】밖. 다른 곳」+「に[助詞]~에서」+「やどる【宿る】[4]살다. 머무르다. 위치를 잡다」의 未然形「やどら」+「む[助動]추량・의지」→「ん」+「と[助詞]」+「おもふ【思ふ】[4]생각하다」.

14) 「その【其の】[連体ユ]」+「つま【妻】처. 아내」+「の[助詞]현대일본어〈が〉의 쓰임」+「いはく【曰く】말하길. 이르길」.

15) 「われ【我・吾】[代]나」+「も[助詞]」+「おなじ【同じ】[形シク]같다」의 連用形「おなじく」(〈-し-〉는 無濁点표기)+「いづ【出づ】[下2]나오(가)다」의 連用形「いで」+「て」+「やどる【宿る】[4]살다. 머무르다」의 終止形「やどる」+「べし[助動]의무・당연・추량・가능 등」(〈へ〉는 無濁点표기).

16) 「と[助詞]~라고」+「いふ【言ふ・云ふ】[4]말하다」+「て」.

17) 「つひに→ついに【終に・遂に】[副]결국. 마침내」(〈-ゐ-〉는 정서법에 어긋남)+「ふうふ【夫婦】부부」+「もろとも【諸共】[形動ナリ]함께 하는 모양. 같이. 동시」의 連用形「もろともに」.

(しつ)にいりたり[18]。

⇨ 그 아내가 말하길 "나도 한가지로 나가서 지내겠다."라고 하고 마침내 부부가 함께 방에 들었다.

□夜半(やはん)ばかりに[19]、たちまちに人[ひと]の、おどろき[20]、よバふこゑを、きく[21]。

⇨ 한밤중에 느닷없이 사람이 놀라 부르는 소리를 듣는다.

□人[ひと]ミな首(くび)を、しゞめて[22]、おそるゝところに[23]、天桂(てんけい)すでに、おそろしき虎(とら)に、くハへられて[24]、

⇨ 사람들이 모두 목을 움츠리고 두려워하고 있는데 천계는 이미 무서운 호랑이에게 물려서,

□「人[ひと]ハ、なきか[25]、たすけよや＼／[26]。」と、よバゝりゆく[27]。

⇨ "사람은 없는가? 살려줘, 살려줘."라고 부르짖으며 간다.

---

18) 「しつ【室】실. 방」+「に[助詞]」+「いる【入る】[4]들어가다」의 連用形「いり」+「たり[助動]완료·존속」.

19) 「やはん【夜半】밤. 한밤중」+「ばかり【許】[助詞]정도. 쯤」+「に[助詞]」.

20) 「たちまち【忽ち】[名·副]갑자기. 곧. 얼른」+「に[助詞]」+「ひと【人】사람. 다른 사람」+「の[助詞]현대일본어 〈が〉의 쓰임」+「おどろく【驚く·愕く·駭く】[4]놀라다」의 連用形「おどろき」.

21) 「よばふ【呼ばふ·喚ばふ】[4]계속 부르다. 호소하다」의 連体形「よばふ」+「こゑ→こえ【声】목소리」+「を[助詞]」+「きく【聞く·聴く】[4]듣다」.

22) 「ひと【人】사람. 다른 사람」+「みな【皆】①[名]모든 사람. 전부 ②[副]남김없이. 모두」+「くび【首】목」+「を[助詞]」+「しじむ【蹙む·縮む】[下2]움츠리다. 줄이다」의 連用形「しじめ」+「て」.

23) 「おそる【恐る·畏る·怖る·懼る】[下2]두려워하다. 무서워하다. 우려하다」의 連体形「おそるる」+「ところに【所に】[助詞]~하고 있는데. ~하고 있었지만」.

24) 「おそろし【恐ろし】[形シク]무섭다. 놀랍다. 엄청나다. 신기하다」의 連体形「おそろしき」+「とら【虎】호랑이」+「に[助詞]」+「くはふ【銜ふ·啣ふ·咥ふ】[下2]물다. 끌고 가다」의 未然形「くはへ」+「らる[助動]수동」의 連用形「られ」+「て」.

25) 「ひと【人】사람. 다른 사람」+「は[助詞]」+「なし【無し】[形ク]없다」의 連体形「なき」+「か[係助詞]의문·질문」.

26) 「たすけ【助·扶·佐】도움. 가호. 보좌」+「よや(감탄조사인 〈よ〉와 〈や〉가 이어진 것)문말에 써서 감동을 담아 상대방에게 호소하는 뜻을 나타냄」.

❏ 妻(つま)の金(きん)氏(し)²⁸⁾、弓(ゆミ)をとりて、はしり出[いで]て²⁹⁾、大[おおい]に、よばひ、さけびて追(おつ)かけ³⁰⁾、

　⇨ 아내인 김 씨가 활을 집고 달려 나와서 크게 불러 고함치며 뒤쫓아서,

❏ 左(ひだり)の手[て]に、夫(おつと)をとらへ³¹⁾、弓(ゆミ)をもつて虎(とら)をうつに³²⁾、

　⇨ 왼팔로 남편을 붙들고 활로써 호랑이를 치니,

❏ 虎(とら)にひかれて³³⁾、一町[いっちょう]ばかりにして³⁴⁾、虎(とら)いかゞしたりけん³⁵⁾、天桂(てんけい)をうちすてゝ、にげさりけり³⁶⁾。

---

27) 「よばはる【呼ばはる】」[4]큰 소리로 외치다」의 連用形「よばはり」+「ゆく【行く】」[4]가다」.

28) 「つま【妻】」처. 아내」+「の[助詞]~인」+「きん【金】」김」+「し【氏】」씨」.

29) 「ゆみ【弓】」활」+「を[助詞]」+「とる【取る・執る】」[4]취하다. 집다」의 連用形「とり」+「て」+「はしる【走る・奔る・趨る】」[4]달리다」의 連用形「はしり」+「いづ【出づ】」[下2]나오(가)다」의 連用形「いで」+「て」.

30) 「おほいに【大いに】」[副]매우. 몹시. 크게」+「よばふ【呼ばふ・喚ばふ】」[4]계속 부르다」의 連用形「よばひ」+「さけぶ【叫ぶ】」[4]외치다」의 連用形「さけび」+「て」+「おっかく【追っ掛く】」[下2]뒤쫓다. 추격하다」의 連用形「おっかけ」.

31) 「ひだり【左】」왼쪽」+「の[助詞]」+「て【手】」손」+「に[助詞]」+「をつと → おっと【夫】」지아비」(〈お〉는 歷史的仮名遣에 어긋남)+「を[助詞]」+「とらふ【捕らふ・捉ふ】」[下2]손으로 꽉 붙들다. 꽉 쥐다. 동물을 붙잡다」의 連用形「とらへ」.

32) 「ゆみ【弓】」활」+「を[助詞]」+「もって【以て】」(〈を[助詞]〉에 이어져서)수단이나 원인 등을 나타냄. ~로써. ~때문에」+「とら【虎】」호랑이」+「を[助詞]」+「うつ【打つ・討つ・撃つ】」[4]때리다. 쏘다. 맞추다」의 連体形「うつ」+「に[助詞]~하니. ~하는데」.

33) 「とら【虎】」호랑이」+「に[助詞]」+「ひく【引く・曳く・牽く】」[4]끌다」의 未然形「ひか」+「る[助動]수동」의 連用形「れ」+「て」.

34) 「いっちょう【一町】」약 109미터 남짓」+「ばかり【許り】」[助詞]정도. 쯤」+「なり[助動]단정」의 連用形「に」+「して[助詞]」(〈にして[連語]〉는 장소나 때를 나타냄. ~에서. ~에).

35) 「とら【虎】」호랑이」+「いかが【如何】」[副]어떻게. 어째서」+「す[サ変]하다」의 連用形「し」+「たり[助動]완료・존속」의 連用形「たり」+「けむ[助動]과거추량. ~했을 것이다. ~였을 것이다」(주로 의문을 나타내는 말과 함께 쓰여서, 과거의 사실에 대해 원인이나 이유를 의심하거나 상상하는 뜻을 나타냄) → 「けん」.

36) 「を[助詞]」+「うちすつ【打ち捨つ・討ち捨つ】」[下2]내던지다. 내버리다. 신경 쓰지 않고 내버려두다」의 連用形「うちすて」+「て」+「にげさる【逃げ去る】」[4]도망쳐 사라지다」의 連用形「にげさり」+「けり[助動]회상・과거」.

❏夫(おつと)ハ、すでに息(いき)たへたり37)。
⇨ 남편은 이미 숨이 끊어졌다.

❏金(きん)氏(し)、夫(おつと)を、せなかにをふて38)、家(いへ)に帰[かえ]る39)。
⇨ 김 씨가 남편을 등에 짊어지고 집으로 돌아온다.

❏夜(よ)あけがたに、やう＼／よみかへりぬ40)。
⇨ 새벽녘에 겨우 되살아났다.

❏其[その]夜(よ)、又[また]、虎(とら)きたれり41)、家(いへ)につきいりて42)、大[おおい]にほえ、いかる43)。
⇨ 그날 밤 다시 호랑이가 왔다. 집에 마구 뛰어들어서 크게 으르렁거리고 성낸다.

❏金(きん)氏(し)、又[また]、立(たち)出[いで]て44)、杖(つえ)をになふ

---

37)「をつと→おっと【夫】지아비」+「ハ[助詞]」+「すでに【既に・已に】[副]이미. 모두. 이제. 틀림없이」+「いき【息】숨」+「たゆ【絶ゆ】[下2]끊어지다」의 連用形「たえ」(〈-へ〉는 정서법에 어긋남)+「たり[助動完了・존속]」.

38)「きん【金】김」+「し【氏】씨」+「をつと→おっと【夫】지아비」+「を[助詞]」+「せなか【背中】등. 뒤」+「に[助詞]」+「おふ【負ふ】[4]등에 지다」(〈を-〉는 정서법에 어긋남)+「て」.

39)「いへ→いえ【家】집」+「に[助詞]」+「かへる【帰る】[4]돌아오(가)다」.

40)「よあけがた【夜明け方】날이 샐 무렵」+「に[助詞]」+「やうやう→ようよう【漸う】[副] 점차. 차츰. 겨우. 이윽고. 마침내」+「よみがへる【蘇る・甦る】[4]되살아나다. 소생하다」의 連用形「よみがへり」(〈-か〉는 無濁点표기)+「ぬ[助動완료・존속]」.

41)「その【其の】[連体]그」+「よ【夜】밤」+「また【又・亦・復】[副]다시. 또한」+「とら【虎】호랑이」+「きたる【来る】[4]오다」의 命令形「きたれ」+「り[助動완료・존속]」.

42)「いへ→いえ【家】집」+「に[助詞]」+「つきいる【突き入る】[4]거칠게 들어오(가)다. 돌입하다」의 連用形「つきいり」+「て」.

43)「おほいに【大いに】[副]매우. 몹시. 많이」+「ほゆ【吠ゆ・吼ゆ】[下2]울다. 짖다」의 連用形「ほえ」+「いかる【怒る】[4]화내다. 노하다」.

44)「きん【金】김」+「し【氏】씨」+「また【又・亦・復】[副]또한」+「たちいづ【立ち出づ】

て45)、虎(とら)に、かたりて、いはく46)、

⇨ 김 씨가 다시 나서서 막대기를 메고 호랑이에게 밝혀 말하길,

☐「汝(なんぢ)も、又[また]47)、灵(れい)をふくむの物[もの]なり48)。いかにして、かくのことく49)、はげしく、きたるや50)。」と。

⇨ "너도 또한 영을 품은 것이다. 어찌 이렇게 거칠게 오는가?"라고.

☐虎(とら)、このこと葉(バ)にや恥(はぢ)けん51)、家[いえ]のかたハらなる52)梨(なし)の木[き]のもとを、かみて去(さり)けり53)。

⇨ 호랑이가 이 말에 부끄러웠던지 집 옆에 있는 배나무 밑동을 물고서 떠났다.

　　[下2]일어서서 나가다. 나서다」의 連用形「たちいで」+「て」.

45)「つゑ→つえ【杖】지팡이. 막대기」(〈-え〉는 歷史的仮名遣에 어긋남)+「を[助詞]」+「になふ【担ふ・荷ふ】[4]어깨에 메다」+「て」.

46)「とら【虎】호랑이」+「に[助詞]」+「かたる【語る】[4]상대에게 전하다. 자초지종을 이야기하다」의 連用形「かたり」+「て」+「いはく【曰く】말하길. 이르길」.

47)「なんぢ→なんじ【汝・爾】[代]아랫사람을 가리키는 말. 너」+「も[助詞]」+「また【又・亦・復】[副]또한. 같이」.

48)「れい【霊】영」(〈灵〉은 〈霊〉의 異體字)+「を[助詞]」+「ふくむ【含む】[4]담다. 지니다」의 連体形「ふくむ」+「の[助詞]」+「もの【物】것」+「なり[助動]단정・지정」.

49)「いかにして【如何にして】①(의문)어떻게 하여 ②(바람)부디」(〈いかに【如何に】[副]어떻게. 어찌」+〈す[サ變]하다〉의 連用形〈し〉+〈て〉로도 분석할 수 있다)+「かくのごとく【斯くの如く】[連語]이처럼. 이와 같이」(〈-ご-〉는 無濁点표기).

50)「はげし【激し・烈し・劇し】[形シク]격렬하다. 거칠다. 심하다」의 連用形「はげしく」+「きたる【来る】[4]오다」의 連体形「きたる」+「や[係助詞]의문・질문」.

51)「とら【虎】호랑이」+「この【此の・斯の】[連体]이」+「ことば【言葉・詞・辞】말. 말투. 표현. 이야기」+「に[助詞]」+「や[係助詞]의문・질문」(문말은 連体形)+「はづ【恥づ・愧づ・羞づ・慙づ】[上2]부끄러워하다」의 連用形「はぢ」+「けむ[助動]과거추량. ~했을 것이다. ~였을 것이다」의 連体形「けむ」(앞의 〈や〉에 호응) →「けん」.

52)「いへ→いえ【家】집」+「の[助詞]」+「かたはら→かたわら【傍・旁・側・脇】옆. 곁」+「なり:〈にあり[~에 있다]〉의 준말」의 連体形「なる」.

53)「なし【梨・梨子】배」+「の[助詞]」+「き【木】나무」+「の[助詞]」+「もと【本・元・基・下・許・素】초목의 뿌리. 아래쪽」+「を[助詞]」+「かむ【嚙む・嚼む・咬む】[4]씹다. 물다」의 連用形「かみ」+「て」+「さる【去る】[4]가다. 떠나다」의 連用形「さり」+「けり[助動]회상・과거」.

□木[き]ハ、又[また]54)、これがために枯(かれ)たり55)。
⇨ 나무는 또한 이로 인해 시들었다.

□それより後(のち)56)、虎(とら)二[ふた]たび来(きた)らず、と、いふ57)。
⇨ 그 후에 호랑이는 다시 오지 않았다고 한다.

□まことに、ちくるいなり、と、いへども58)、その心[こころ]をかんずる故[ゆえ]に59)、かさねて害(かい)を、なさゞりける60)。
⇨ 참으로 짐승이라 해도 그 마음을 감동한 까닭에 거듭해서 해를 끼치지 않았다.

□人[ひと]ミな61)、これを嘆(たん)ぜず、と、いふ事[こと]なし62)。
⇨ 사람들이 모두 이를 감탄하지 않는다고 하는 경우가 없다.

---

54) 「き【木】나무」+「は[助詞]」+「また 【又・亦・復】 [副]또한」.

55) 「これ 【此・是】 [代]이것. 이사람」+「が[助詞]」+「ため 【為】 [名]때문. 위함」+「に[助詞]」+「かる 【涸る・枯る】 [下2]수분이 없어지다. 수척해지다」의 連用形 「かれ」+「たり[助動]완료・존속」.

56) 「それ 【其・夫】 [代]그. 그것」+「より[助詞]기점. ~로부터」+「のち 【後】 후」.

57) 「とら 【虎】 호랑이」+「ふたたび 【二度・再び】 두 번. 다시. 거듭」+「きたる 【来る】 [4] 오다」의 未然形 「きたら」+「ず[助動]부정」+「と[助詞]~라고」+「いふ 【言ふ・云ふ】 [4] 말하다」.

58) 「まことに 【真に・実に・誠に】 [副]정말로. 거짓 없이」+「ちくるい 【畜類】 가축. 짐승」+「なり[助動]단정・지정」+「と[助詞]~라고」+「いふ 【言ふ・云ふ】 [4]말하다」의 已然形 「いへ」+「ども[助詞]역접」.

59) 「その 【其の】 [連体]그」+「こころ 【心】 마음. 뜻. 생각」+「を[助詞]」+「かんず 【感ず】 [サ変]①자극을 받다. 느끼다 ②마음에 생각하다 ③마음이 움직이다. 감동하다」의 連体形 「かんずる」+「ゆゑ→ゆえ 【故】 이유. 까닭」+「に[助詞]」.

60) 「かさねて 【重ねて】 [副]다시. 재차」+「かい 【害】 방해. 재난. 화」+「を[助詞]」+「なす 【生す・成す・為す】 [4]만들어내다. 낳다. 행하다」의 未然形 「なさ」+「ざり[助動]부정」의 連用形 「ざり」+「けり[助動]회상・과거」(본문에 連体形인〈ける〉가 쓰인 이유는 미상. 여운을 남기는 '連体止め'인가).

61) 「ひと 【人】 사람」+「みな 【皆】 ①[名]모든 사람. 전부 ②[副]남김없이. 모두」.

62) 「これ 【此・是】 [代]이것. 이사람」+「を[助詞]」+「たんず 【嘆ず・歎ず】 [サ変]분개하다. 감탄하다. 기특해하다」의 未然形 「たんぜ」+「ず[助動]부정」+「と[助詞]~라고」+「いふ 【言ふ・云ふ】 [4]말하다」의 連体形 「いふ」+「こと 【事】 것. 일」+「なし 【無し】 [形ク]없다」.

35. 金(きん)氏(し)同(とう)定¹⁾(てい)
김씨동정

▢ 国朝(こくてう)の金(きん)氏(し)ハ²⁾、豊山(ほうざん)と、いふところの人[ひと]なり³⁾。
    ⇨ 우리나라의 김 씨는 풍산이라 하는 곳의 사람이다.

▢ 李橿(りきやう)と、いふものに嫁(か)して⁴⁾、婦(ふ)の義(ぎ)まつたし⁵⁾。
    ⇨ 이강이라 하는 사람에게 시집가서 부인의 도리에 족하다.

▢ しかるに⁶⁾、李橿(りきやう)よそに、ゆきたりしが⁷⁾、馬[うま]よりおちて⁸⁾、道[みち]のほとりに、むなしくなれり⁹⁾。

---

1) 〈한문본〉에는 「金氏同窆」.
2) 「こくてう→こくちょう【国朝】 우리나라의 조정. 우리나라. 본조(本朝)」+「の[助詞]」+「きん【金】 김」+「し【氏】 씨」+「は[助詞]」.
3) 「と[助詞]~라고」+「いふ【言ふ・云ふ】 [4]말하다」의 連體形 「いふ」+「ところ【所・処】 곳」+「の[助詞]」+「ひと【人】 사람」+「なり[助動]단정・지정」.
4) 「と[助詞]~라고」+「いふ【言ふ・云ふ】 [4]말하다」의 連體形 「いふ」+「もの【者】 자. 사람」+「に[助詞]」+「かす【嫁す】 [サ変]시집가다. 시집보내다」의 連用形 「かし」+「て」.
5) 「ふ【婦】 부인. 아내. 여자」+「の[助詞]」+「ぎ【義】 의. 도리」+「まったし【全し】 [形ク] 빠진 곳이 없다. 충분하다. 완전하다」.
6) 「しかるに【然るに】 [接続]그런데. 하지만. 그건 그렇고」.
7) 「よそ【余所・他所】 다른 곳(집)」+「に[助詞]」+「ゆく【行く】 [4]가다」의 連用形 「ゆき」+「たり[助動]완료・존속」의 連用形 「たり」+「き[助動]회상・과거」의 連體形 「し」+「が[接続助詞](連體形에 접속)공존적 사실・역접. ~인데」.
8) 「うま【馬】 말」+「より[助詞]동작・장소・시간의 起点. ~부터」+「おつ【落つ】 [上2]떨어지다」의 連用形 「おち」+「て」.

⇨ 그런데 이강이 다른 곳에 갔는데 말에서 떨어져서 길가에서 죽었다.

▫ 家[いえ]の子[こ][10)おどろき、はしりて[11)、かバねをかきて、帰[かえ]りぬ[12)。

⇨ 사내종이 놀라 달려가 주검을 짊어지고 돌아왔다.

▫ 金(きん)氏(し)、かバねに[13)、とりつぎて[14)、もだえ、こがるれども[15)、さらに甲斐(かひ)なし[16)。

⇨ 김 씨가 주검에 매달려 정신 잃어 애태우지만 도무지 소용이 없다.

▫ かくて[17)、三日[みか][18)三[さん]夜(や)[19)のうち[20)湯水(ゆミづ)をだに

---

9) 「みち【道】길」+「の[助詞]」+「ほとり【辺】주변. 근처」+「に[助詞]~에서」+「むなし【空し・虚し】[形シク]덧없다. 무상하다. 죽었다」의 連用形「むなしく」+「なる【成る・為る】[4]되다」의 命令形「なれ」+「り[助動]완료・존속」.

10) 「いへのこ【家の子】①그 가문에 태어난 아이 ②무사 일족으로 본가와 주종관계에 있는 사람 ③무가(武家)의 가신(家臣) ④사가(私家)의 종복(從僕)」.

11) 「おどろく【驚く・愕く・駭く】[4]놀라다」의 連用形「おどろき」+「はしる【走る・奔る】[4]뛰다. 달리다」의 連用形「はしり」+「て」.

12) 「かばね【屍・尸】시체. 주검」((-は-)는 無濁点표기)+「を[助詞]」+「かく【舁く】[4]어깨에 짊어지고 운반하다. 어깨에 메다」의 連用形「かき」+「て」+「かへる【帰る】[4]돌아오(가)다」의 連用形「かへり」+「ぬ[助動]완료・존속」.

13) 「きん【金】김」+「し【氏】씨」+「かばね【屍・尸】시체. 주검」+「に[助詞]」.

14) 〈본문〉에는「とりつぎて」로 되어있는데「とりつぐ【取り次ぐ】[4]쌍방 사이에 서서 일을 전달하다. 한쪽에서 받은 것을 다른 쪽으로 보내다」여서는 풀이가 어렵다. 일본〈国文学研究資料館〉의「三綱行實圖」를 살펴보니「ぎ」가 濁点인지 여부가 명확하지 않고「とりつく【取り付く】[4]매달리다. 붙들다」가 문맥상 통하므로 이를 채택하여 풀이한다.

15) 「もだゆ【悶ゆ】[下2]기절하다. 기절할 정도로 고통스러워하다」의 連用形「もだえ」+「こがる【焦がる】[下2]타다. 절절히 그리워하다」의 已然形「こがるれ」+「ども[助詞]역접. ~하지만」.

16) 「さらに【更に】[副]또한. 전혀 ~지 않다」+「かひ→かい【詮・甲斐】보람. 값어치. 효과」+「なし【無し】[形ク]없다」.

17) 「かくて【斯くて】[副・接続]이러해서. 이렇게 해서. 그건 그렇고」.

18) 「みか【三日】사흘. 3일간」.

も聞[きき]いれず[21])。
  ⇨ 이러해서 사흘 낮 사흘 밤 동안 더운물조차도 들이지 않는다.

❑ 夫[おっと]のかバねを、いだきて[22])、鳴(なき)かなしミけるを[23])、人
  ＼／[ひとびと]これを、たすけて[24])、漸(やうや)くはうふりたり[25])。
  ⇨ 남편의 주검을 안고서 울며 슬퍼했는데 사람들이 이를 도와서 겨우 장사지냈다.

❑ 妻(つま)、なげきのおもひ[26])、むねにふさがりて[27])、月[つき]をこゆ
  るまで食(しよく)せず[28])、わづかに、水[みず]をのむバかりなり[29])。

---

19) 「さんや【三夜】」는 본래 '①초승달 ②결혼 후 사흘째 밤'의 뜻이지만 문맥상 '사흘 밤'으로 풀이한다.

20) 「の[助詞]」+「うち【内】 안」.

21) 「ゆみづ→ゆみず【湯水】 더운물과 찬물. 더운물 또는 물」+「を[助詞]」+「だに[助詞]~조차. ~만. ~라도」+「も[助詞]」+「ききいる【聞き入る】[下2]받아들이다. 승낙하다」의 未然形「ききいれ」+「ず[助動]부정」(〈す〉는 無濁点표기).

22) 「をつと→おっと【夫】 지아비」+「の[助詞]」+「かばね【屍·尸】시체. 주검」+「を[助詞]」+「いだく【抱く·懐く】[4]안다. 품다」의 連用形「いだき」+「て」.

23) 「なく【泣く·啼く】[4]울다」의 連用形「なき」+「かなしむ【悲しむ·哀しむ】[4]슬퍼하다」의 連用形「かなしみ」+「けり[助動]회상·과거」의 連体形「ける」+「を[助詞]~한 것을. ~하는데」.

24) 「ひとびと【人人】사람들」+「これ【此·是】[代]이것. 이사람」+「を[助詞]」+「たすく【助く·輔く·扶く】[下2]돕다. 힘을 보태다. 구조하다」의 連用形「たすけ」+「て」.

25) 「やうやく→ようやく【漸】[副]점점. 점차. 겨우. 이미. 마침내」+「はうぶる→ほうぶる【葬る】[4]장사지내다. 매장하다」의 連用形「はうぶり」(〈-ふ-〉는 無濁点표기)+「たり[助動]완료·존속」.

26) 「つま【妻】처. 아내」+「なげき【嘆き·歎き】[名]슬픔. 탄식. 비탄」+「の[助詞]」+「おもひ【思ひ·念ひ·想ひ】[名]생각. 마음」.

27) 「むね【胸】가슴」+「に[助詞]」+「ふさがる【塞がる】[4]막히다. 메다. 닫히다」의 連用形「ふさがり」+「て」.

28) 「つき【月】달」+「を[助詞]」+「こゆ【越ゆ·超ゆ】[下2]넘다. 지나다」의 連体形「こゆる」+「まで【迄】[助詞]~까지」+「しよくす【食す】[サ変]먹다. 생활하다」의 未然形「しよくせ」+「ず[助動]부정」.

29) 「わづか→わずか【僅か·纔か】[形動ナリ]다소. 조금. 불과. 기껏해야」의 連用形「わづかに」+「みづ→みず【水】물. 찬물」+「を[助詞]」+「のむ【飲む】[4]마시다」+「ばか

⇨ 아내는 슬픈 생각이 가슴에 메어 달이 지날 때까지 먹지 아니하고 고작 물을 마실 뿐이다.

❏ その父母[ぶも]30)、これを見[み]て、いはく31)、「なげくところハ、ことハり也[なり]、と、いへども32)、せめて、食(しよく)をば、すゝめよ33)。」と、いふ34)。

⇨ 그 부모가 이를 보고서 이르길 "한탄하는 것은 지당하다 해도 적어도 음식을 들어라."라고 한다.

❏ 金(きん)氏(し)、こたへて、いはく35)、「悲かなしミて、義(ぎ)のために36)食(しよく)せざるにハ、あらず37)、食(しよく)をおもふ心[こころ]の、なきなり38)。」と、いふて39)、

り【許り】[助詞]대략적인 정도. ~만. 현재 그런 상태」+「なり[助動]단정·지정」.

30) 「その【其の】[連体]그」+「ぶも【父母】부모」(〈父母〉는 일반적으로 〈ふぼ〉로 읽지만 〈ぶも〉로 읽는 방법도 있고, 아래에서도 〈ぶも〉로 읽고 있다. 이 경우 〈ブ〉와 〈モ〉는 呉音).

31) 「これ【此·是】[代]이것. 이사람」+「を[助詞]」+「みる【見る】[上1]보다」의 連用形「み」+「て」+「いはく【曰く】말하길. 이르길」.

32) 「なげく【嘆く·歎く】[4]한숨짓다. 탄식하다. 슬퍼하다. 절망하다. 애원하다. 분노하다. 호소하다」의 連体形「なげく」+「ところ【所·処】곳. 상황. 바」+「は[助詞]」+「ことはり【理】[名]도리. 조리. 이치. 이유. 까닭. 당연한 것」+「なり[助動]단정·지정」+「と[助詞]~라고」+「いふ【言ふ·云ふ】[4]말하다」의 已然形「いへ」+「ども[助詞]역접」.

33) 「せめて[副]억지로. 매우. 기껏. 적어도. 넉넉하지는 않지만」+「しよく【食】식사. 음식」+「をば : [格助詞 〈を〉에 係助詞 〈は〉가 붙어 濁音化한 것]〈を〉의 뜻을 강하게 함」+「すすむ【進む】[4]앞에 나가다. 전진하다. 마음이 내키다. 왕성해지다. 식욕이 나다」의 命令形「すすめよ」.

34) 「と[助詞]~라고」+「いふ【言ふ·云ふ】[4]말하다」.

35) 「きん【金】김」+「し【氏】씨」+「こたふ【答ふ·応ふ】[下2]대답하다. 반응하다」의 連用形「こたへ」+「て」+「いはく【曰く】말하길. 이르길」.

36) 「かなしむ【悲しむ·哀しむ】[4]슬퍼하다」의 連用形「かなしみ」+「て」+「ぎ【義】의. 도리」+「の[助詞]」+「ため【為】[名]때문. 위함」+「に[助詞]」(〈~の(が)ために〉의 꼴로 '이익·이유·목적'의 뜻. ~때문에. ~위해).

37) 「しよくす【食す】[サ変]먹다」의 未然形「しよくせ」+「ざり[助動]부정」의 連体形「ざる」+「に[助詞]」+「は[助詞]」+「あり【有り】[ラ変]있다」(〈~にあり〉는 현대일본어의 〈~である〉)의 未然形「あら」+「ず[助動]부정」(〈あらず〉는 현대일본어의 〈ない〉).

⇨ 김 씨가 대답하여 말하길 "슬퍼서 도리 때문에 먹지 않는 것이 아니다. 음식을 생각하는 마음이 없는 것이다."라고 하고서,

❏ つゐに、夫(おつと)の死(し)してより40)、五十三日[ごじゅうさんにち]にいたりて41)、かたち、をとろへ42)、はだえ、かじけて43)、

⇨ 끝내 남편이 죽은 이래 53일에 이르러서 모습이 야위고 살갗이 꺼칠해져서,

❏ 一[ひと]重(へ)なる皮(かわ)の44)、骨(ほね)につきたる有[あり]さまにて45)、ちからよハく、ひれふしつゝ46)、つゐに絶(たえ)いりにけり47)。

──────────────

38) 「しょく【食】식사. 음식」+「を[助詞]」+「おもふ【思ふ】[4]생각하다」의 連體形「おもふ」+「こころ【心】마음. 뜻. 생각」+「の[助詞]현대일본어 〈が〉의 쓰임」+「なし【無し】[形ク]없다」의 連體形「なき」+「なり[助動단정·지정].

39) 「と[助詞]~라고」+「いふ【言ふ·云ふ】[4]말하다」+「て」.

40) 「つひに→つゐに【終に·遂に】[副]결국. 마침내」(〈-ゐ〉는 정서법에 어긋남)+「をつと→おっと【夫】지아비」(〈お〉는 歷史的仮名遣에 어긋남)+「の[助詞]현대일본어 〈が〉의 쓰임」+「しす【死す】[サ變]죽다」의 連用形「しし」+「て」+「より[助詞]동작·장소·시간의 起點. ~부터」.

41) 「ごじゅうさん【五十三】53」+「にち【日】일」+「に[助詞]」+「いたる【至る·到る】[4]도달하다」의 連用形「いたり」+「て」.

42) 「かたち【形·容】모습. 용모」+「おとろふ【衰ふ】[下2]약한 상태가 되다. 쇠약하다. 수척해지다」의 連用形「おとろへ」(〈を-〉는 정서법에 어긋남).

43) 「はだへ→はだえ【肌·膚】피부」(〈-え〉는 歷史的仮名遣에 어긋남)+「かじく【悴く】[下2]생기를 잃다. 손발이 얼어서 생각대로 움직이지 않게 되다」의 連用形「かじけ」+「て」.

44) 「ひとへ→ひとえ【一重】한 겹. 홑겹」+「なり[助動단정·지정]」의 連體形「なる」+「かは→かわ【皮】껍질. 가죽」(〈-わ〉는 歷史的仮名遣에 어긋남)+「の[助詞]현대일본어 〈が〉의 쓰임」.

45) 「ほね【骨】뼈」+「に[助詞]」+「つく【付く·附く·着く】[4]달라붙다」의 連用形「つき」+「たり[助動완료·존속」의 連體形「たる」+「ありさま【有樣】일의 모습. 상태. 상황」+「にて[助詞]현대일본어의 〈で〉와 같은 쓰임」.

46) 「ちから【力】힘」+「よわし【弱し】[形ク]약하다. 무능력하다」의 連用形「よわく」(〈-は-〉는 정서법에 어긋남)+「ひれふす【平伏す】[4]엎드리다」의 連用形「ひれふし」+「つつ[助詞]같은 동작의 반복·계속 등. ~하면서. ~해 두고 나서」.

47) 「つひに→つゐに【終に·遂に】[副]결국. 마침내」(〈-ゐ〉는 정서법에 어긋남)+「たえ

⇨ 한 겹인 가죽이 뼈에 달라붙은 모습으로 힘없이 엎드린 채로 끝내 죽고 말았다.

❏ 父母(ぶも)、これを、あはれミて⁴⁸⁾、夫(おつと)の墳(つか)に⁴⁹⁾、おなじく、つきこめたり⁵⁰⁾。

⇨ 부모가 이를 가여워하여 남편의 무덤에 함께 묻었다.

いる【絶え入る】[4]숨이 끊어지다. 기절하다」의 連用形「たえいり」+「ぬ[助動]완료・존속」의 連用形「に」+「けり[助動]회상・과거」.

48)「ぶも【父母】 부모」+「これ【此・是】[代]이것. 이사람」+「を[助詞]」+「あはれむ【哀れむ・憐れむ】[4]동정하다. 불쌍히 여기다」의 連用形「あはれみ」+「て」.

49)「をつと→おっと【夫】지아비」(〈お〉는 歷史的仮名遣에 어긋남)+「の[助詞]」+「つか【塚・冢】무덤. 묘」(〈墳〉은『広辞苑』에서는〈ふん〉으로만 읽음)+「に[助詞]」.

50)「おなじ【同じ】[形シク같다」의 連用形「おなじく」+「つきこむ【築き込む・築き籠む】[下2] ①흙이나 돌을 쌓아 올리거나 그것으로 입구를 막고 안에 무언가를 넣다 ②무덤을 만들어 시체를 묻다」의 連用形「つきこめ」+「たり[助動]완료・존속」.

■ **참고문헌**

김정수 역주(2010), 『역주 삼강행실도』(세종대왕기념사업회)
민병찬(2017), 『역주 일본판 삼강행실도1 효자』(시간의물레)
민병찬(2018), 『역주 일본판 삼강행실도2 충신』(시간의물레)
成百曉(2013), 『개정증보판 懸吐完譯 論語集註』(傳統文化研究會)
朝倉治彦編(1980), 『假名草子集成』第32卷(東京堂出版)
小学館国語辞典編集部(2003), 『日本国語大辞典』(小学館)
新村出編(2008), 『広辞苑』第六版(岩波書店)
諸橋轍次他(1981), 『広漢和辞典』(大修館書店)
山口明穂編(2001), 『日本語文法大辞典』(明治書院)

■ 저자 민병찬

인하대학교 일본언어문화학과 교수

■ 저서

『역주 일본판 삼강행실도 2(충신)』, 시간의물레, 2018
『역주 일본판 삼강행실도 1(효자)』, 시간의물레, 2017
『고지엔 제6판 일한사전』(제1-2권), 어문학사, 2012
『일본인의 국어인식과 神代文字』, 제이앤씨, 2012
『일본어 경어의 제문제』, 불이문화, 2006
『일본어 옛글 연구』, 불이문화, 2005
『일본어 수동문 용례 연구 3』, 불이문화, 2005
『日本韻學과 韓語』, 불이문화, 2004
『일본어고전문법개설』, 불이문화, 2003
『일본어수동문용례연구』, 불이문화, 2003
『現代日本語敬語の研究』, 不二文化社, 1999

■논문

『小公子』와 『쇼영웅(小英雄)』에 관한 일고찰 -언어연구 자료로서의 활용 가치를 중심으로-, 『일본학보』, 2018
『捷解新語』의 〈못 부정〉과 그 改修에 관한 일고찰, 『비교일본학』 40, 2017
가능표현의 일한번역에 관한 통시적 일고찰, 『일본학보』, 2016
『보감(寶鑑)』과 20세기 초 일한번역의 양상, 『비교일본학』 35, 2015
〈べし〉의 대역어 〈可하다〉에 대하여 -『조선총독부관보』를 중심으로-, 『비교일본학』 32, 2014
〈べし〉의 한국어 번역에 관한 일고찰 -〈べから-〉에 대한 대역어를 중심으로-, 『일본학보』, 2014
『朝鮮總督府官報』의 언어자료로서의 활용 가능성에 대하여-〈努む〉에 대한 대역어를 중심으로-, 『일본학보』, 2014
『日文譯法』의 일한번역 양상에 대하여, 『일본학보』, 2013
조선총독부관보의 '조선역문'에 대하여, 『일본학보』, 2012
헤본·브라운譯『馬可傳』에 있어「べし」에 대하여, 『일본학보』, 2012
伴信友와 神代文字: 平田篤胤와의 비교를 중심으로, 『일본학보』, 2012
落合直澄와 韓語 -『日本古代文字考』를 중심으로-, 『일본학보』, 2011

역주 **일본판 삼강행실도 3(열녀)**

초판인쇄 2019년 4월 11일
초판발행 2019년 4월 17일
저　　자 민병찬
발 행 인 권호순
발 행 처 시간의물레
주　　소 서울시 마포구 마포대로 4다길 3, 1층
전　　화 02-3273-3867
팩　　스 02-3273-3868
전자우편 timeofr@naver.com
홈페이지 http://www.mulretime.com
블 로 그 http://blog.naver.com/mulretime
I S B N 978-89-6511-275-4 (93730)
정　　가 25,000원

ⓒ 2019 민병찬
* 잘못된 책은 바꾸어 드립니다.

이 도서의 국립중앙도서관 출판예정도서목록(CIP)은 서지정보유통지원시스템 홈페이지(http://seoji.nl.go.kr)와 국가자료종합목록시스템(http://www.nl.go.kr/kolisnet)에서 이용하실 수 있습니다.(CIP제어번호 : CIP2019009709)